Hans-Günter Ottenberg
Carl Philipp Emanuel Bach

SERIE MUSIK
PIPER·SCHOTT
Band 8235

Zu diesem Buch

Carl Philipp Emanuel Bach, der zweitälteste Sohn von Johann Sebastian Bach, steht heute im Schatten seines Vaters. In der 2. Hälfte des 18. Jahrhunderts war dies anders. Sprach man damals vom »großen« Bach, so war Carl Philipp Emanuel gemeint, der Hauptvertreter des musikalischen »Sturm und Drang«, zugleich einer der berühmtesten Klaviervirtuosen und Musikwissenschaftler seiner Zeit. Hans-Günter Ottenbergs Biographie – sie wird aus Anlaß des 200. Todestages des Komponisten (17. 12. 1988) in einer überarbeiteten Neuausgabe vorgelegt – will die Begegnung mit dem Menschen und Musiker C. Ph. E. Bach fördern und Etiketten wie »Vorläufer« und »Wegbereiter« relativieren. Das Buch führt ein in Leben und Werk Bachs und bietet zudem einen ausführlichen Anhang mit Zeittafel, Werkverzeichnis, Diskographie und biographischem Register.

Ottenberg bezieht die musikalische Entwicklung der Frühklassik und den kulturgeschichtlichen Rahmen der Aufklärung in seine Darstellung des »Hamburger« Bach ein und zeigt , daß dieser nicht einfach ein Wegbereiter war, der durch die weitere Entwicklung überholt wurde. Gerade in jüngster Zeit erlebt Bachs Musik eine Renaissance, auf die auch Thorsten P. Schicke in seinem Geleitwort zur Neuausgabe hinweist.

Hans-Günter Ottenberg, geboren 1947 in Niederbobritzsch (Kreis Freiberg), Studium der Musikwissenschaft, Musikpädagogik und Germanistik in Rostock und Berlin, 1973 Promotion. 1972–1978 wiss. Mitarbeiter an der Konzerthalle »C. Ph. E. Bach« in Frankfurt / Oder, seit 1978 Musikwissenschaftler an der Technischen Universität Dresden. Zahlreiche Veröffentlichungen.
Thorsten P. Schicke, geboren 1962 in Hamburg, Künstleragent, gründete 1985 mit Edith Picht-Axenfeld die »Hamburger Bach-Gesellschaft e. V. – Internationaler Verein für die Musik der Bach-Söhne«.

Hans-Günter Ottenberg

CARL PHILIPP EMANUEL BACH

Mit einem Geleitwort von
Thorsten P. Schicke

*Mit 91 Abbildungen und
96 Notenbeispielen*

Piper München · Schott Mainz

SERIE MUSIK
PIPER · SCHOTT

ISBN 3-492-18235-6 (Piper)
ISBN 3-7957-8235-X (Schott)
November 1988
R. Piper GmbH & Co. KG, München 1988
Lizenzausgabe mit Genehmigung des Verlags Philipp Reclam jun., Leipzig

Umschlag: Federico Luci,
unter Verwendung eines Kupferstichs, koloriert, von F. C. Krueger
(Archiv für Kunst und Geschichte, Berlin)
Photo Umschlagrückseite: Wilfried Diebel, Dresden
Satz: Graphischer Großbetrieb Völkerfreundschaft, Dresden
Druck und Bindung: Clausen & Bosse, Leck
Printed in Germany

MEINEN ELTERN

GELEITWORT

Vor dem Hintergrund der aufführungspraktischen Beschäftigung mit der Musik des 18. Jahrhunderts erleben wir derzeit eine Renaissance der Tonkunst jener »Übergangsperiode« zwischen Spätbarock und Wiener Klassik, die unzureichend als musikalische Vorklassik bezeichnet wird. Gemeint ist hier die mit dem kulturgeschichtlichen Kontext der Aufklärung verknüpfte Stilsphäre des »Sturm und Drang«, aus der das Gesamtwerk der Bach-Söhne besonders hervorsticht. Der kompositorische Hauptvertreter dieser Stilsphäre war zugleich einer der berühmtesten Klaviervirtuosen und Musikwissenschaftler seiner Zeit: Carl Philipp Emanuel Bach, zweitältester Sohn und Schüler Johann Sebastians.
Unabhängig von der Protektion der Kirche oder des Hofes, allerdings noch eingebunden in das Amt als Director Musices der fünf Hauptkirchen in Hamburg, begegnen wir in ihm einem der ersten »freien Künstler« aus heutiger Sicht. Diese Existenz wurde eigentlich nur möglich auf der Grundlage von Bachs kaufmännischem Geschick, das sich z. B. in seiner Tätigkeit als Verleger der eigenen Werke zeigt.
Für die Erneuerung der musikwissenschaftlichen und -praktischen Auseinandersetzung mit dem musikalischen »Sturm und Drang« seien an dieser Stelle drei Beispiele aus einer Vielzahl von Initiativen herausgegriffen: die »Carl Philipp Emanuel Bach-Edition« des Plattenlabels »Capriccio«, die Herausgabe des neuen Werkverzeichnisses der Kompositionen Carl Philipp Emanuel Bachs durch Eugene Helm sowie die damit verbundene Gesamtausgabe seiner Werke durch die University of Maryland (USA) und drittens – anläßlich der Feierlichkeiten zum 200. Todestag des »Hamburger Bach« – die Veranstaltung des »1. Internationalen Carl-Philipp-Emanuel-Bach-Wettbewerbes für Cembalo, Clavichord und Fortepiano« in Hamburg unter der Schirmherrschaft des Bundespräsidenten Richard von Weizsäcker.
Die Neuausgabe von Hans-Günter Ottenbergs Carl Philipp Emanuel Bach-Biographie, erstmalig 1982 im Reclam Verlag Leipzig erschienen, ist in diesem Zusammenhang zu sehen. Das Buch ist die erste umfassende Beschreibung eines einzigartigen Künstlerlebens, leicht verständlich, reich illustriert, und im Anhang versehen mit Zeittafel, Werkverzeichnis, Diskographie und ausführlichem biographischen Register. Es wird dadurch zu einem unentbehrlichen Handbuch für jeden Musikfreund.
Dem Piper Verlag ist zu danken, daß Ottenbergs Arbeit nun – im 200. Todesjahr des Hamburger Meisters – einer breiten Leserschaft zugänglich gemacht wird.

Hamburg,
im Mai 1988

Thorsten P. Schicke, Gründer der Hamburger
Bach-Gesellschaft e.V. – Internationaler Verein
für die Musik der Bach-Söhne

Plädoyer für ein „Originalgenie“

„Sein vor uns liegendes Gesicht“ – vergleiche unser Frontispiz – „ist unter dem Geschlechte, in das er gehört – eben so original, als sein musikalischer Mensch. Es ist eine Gattung, die immer in der Welt etwas poußiren und vorstellen wird. Zwischen den Augenbrauen, im Blicke der Augen – scheint ein geistiger Ausdruck seiner produktifen Kraft zu schweben. Er kann, er wird, er muß sich, mit solcher Physiognomie, an vielen Orten, mit Anstand und Vortheil produciren können. Auch sieht man zugleich, daß er für das Herablassende und Resignirende nicht ganz gemacht ist. Wie's denn so die Originalität mit sich bringt. Aufgenommen oder verworfen; geschätzt oder verkannt – seiner Organisation gemäß wandelt das Original in seiner Einheit, Fülle und Genügsamkeit fort...[1]
Doch den Fehler am linken Auge in der Natur hat der Mahler aus Höflichkeit vermuthlich und schonender Güte weggepinselt ... und ganz unfehlbar damit zugleich — ein beträchtliches von Ausdruck. Seele genug bleibt übrigens noch in Aug und Augenbrauen übrig. Die Nase, zu sehr abgerundet, läßt indeß immer noch genug von Feinheit und würkender Kraft durchscheinen. Der Mund — welch ein einfach gewordener Ausdruck von Feingefühl, Sattheit, Trockenheit, Selbstbewußtheit und Sicherheit; die Unterlippe etwas listig und schwach — aber nur leiser Hauch der Lästigkeit drüber! Die nah an die Lippe gränzende Einkerbung — kräftigt wieder sehr.
Feste, Heiterkeit, Muth und Drang ist in der Stirne. Ich weiß nicht, ob's Trug ist — wenigstens scheint's mir, daß der untere Theil des Gesichtes bey den mehresten Virtuosen, die ich im Urbilde oder Nachbilde sah, nicht ganz vortheilhaft ist, der Umriß vom Oberkinn ist indeß hier nicht gemein.“[2]
Diese Beschreibung der Gesichtszüge Carl Philipp Emanuel Bachs anhand eines Kupferstichs von Johann Heinrich Lips findet sich im dritten Band der Lavaterschen „Physiognomischen Fragmente zur Beförderung der Menschenkenntniß und Menschenliebe“ (1777). Daß der zweitälteste Sohn Johann Sebastian Bachs neben Jean-Philippe Rameau und Niccolò Jom-

melli als einziger Musiker inmitten einer Vielzahl von Politikern, Philosophen, Dichtern, Malern und Wissenschaftlern die Aufmerksamkeit Johann Caspar Lavaters fesselte, war kein Zufall.

Der Schweizer Theologe und Dichter, ein Freund Goethes, zählte zeitweise zu den einflußreichsten Wortführern der Generation der Stürmer und Dränger. Für seine „Physiognomischen Fragmente" suchte er einen gleicherweise populären wie den Ideen dieser geistigen Bewegung verpflichteten Musiker. Er fand ihn in Carl Philipp Emanuel Bach. Mochte Goethe — zu Recht — das Mechanistische der Denkweise Lavaters kritisieren,[3] derzufolge das Seelische, die charakterliche Veranlagung eines Menschen unmißverständlich in dessen Äußerem ablesbar sei — die Deutung der Bachschen Individualität enthält sehr viel Richtiges. Eine solche Beschreibung korrespondiert auffällig mit dem Bild, das Zeitgenossen von Carl Philipp Emanuel Bach prägten — dem eines Originalgenies. Auch die entsprechenden Attribute, sowohl auf den Komponisten wie auf den Klavierspieler bezogen, blieben nicht aus. Christian Friedrich Daniel Schubart, bedeutender Publizist, Herausgeber der „Deutschen Chronik" (1774—1776), ausgezeichneter Kenner der Musikverhältnisse Deutschlands, schrieb in seinen „Ideen zu einer Ästhetik der Tonkunst" (1784/85): „Man hat unzählige Clavierstücke von diesem Meister, die alle das Gepräge des ausserordentlichsten Genies tragen. So reich an Erfindungen, so unerschöpflich in neuen Modulationen, so harmonisch voll ist keiner wie dieser."[4] „Hätten Sie nur einmal gehört", schwärmte Johann Friedrich Reichardt, der als angehender Kapellmeister 1772 in Hamburg die Bekanntschaft des damals schon weithin geachteten Meisters machte, „wie Bach sein Clavier — ein Instrument, das von vielen, vielleicht mit einigem Rechte, lange schon für todt und unbeseelt gehalten wurde — wie er das beseelt, wie er den Ton jeder Empfindung, jeder Leidenschaft hineinlegt, — mit einem großen Worte alles zu sagen — wie er seine ganze große Seele darinnen abbildet."[5] Und der englische Musikhistoriker Charles Burney konstatierte: „Indessen muß ein jeder aufrichtiger Hörer und Bemerker in seinen unbeträchtlichsten Arbeiten jeder Gattung, solche Originalzüge in der Modulation, dem Accompagnement oder der Melodie entdecken, welche ein grosses und erhabnes Genie beweisen."[6] Die Auf-

zählung solcher und ähnlicher Urteile ließe sich noch weiter fortsetzen.
War in der zweiten Hälfte des 18. Jahrhunderts vom „grossen Bach" die Rede, so war fast immer Carl Philipp Emanuel gemeint. Kein Wunder, daß er geradezu als ein Komponist galt, der Gedankengut des Sturm und Drang auf musikalischem Gebiet am nachdrücklichsten vertrat: eine Tonsprache, die persönlicher Selbstausdruck sein will, die ihre Aufgabe darin sieht, „das Herz zu rühren" und „Leidenschaften zu erregen",[7] die die verschiedenartigsten seelischen Fluktuationen, den Gefühlsüberschwang wie den stillen Humor, ungebändigtes Temperament wie verinnerlichte Sensibilität, Empfindsames, wiedergibt; eine Tonsprache, in der das kompositorische Detail meisterhaft ausgeformt, in der phantasievoll die Architektur eines Stücks errichtet wird. In ihr begegnen uns harmonische Fortschreitungen von erstaunlicher Kühnheit; Artikulation und Dynamik sind bis in die feinsten Verästelungen musikalischen Ausdrucks auskomponiert; das individuell gestaltete Thema birgt mannigfache Verarbeitungsmöglichkeiten in sich. Es ist eine Musik des Anbruchs, des Beginns einer neuen musikgeschichtlichen Entwicklungsphase mit all ihren Vorzügen und Mängeln, dem Suchen nach neuartigen Ausdrucksformen, dem Mut zum Unkonventionellen, aber auch bisweilen behaftet mit Zügen des Unausgereiften, des Unfertigen.
Dennoch, der Eigenwert dieser Musik ist zu groß, als daß Etiketten wie „Vorläufer" und „Wegbereiter" ihrem Schöpfer gerecht würden. Allerdings hat das Schaffen Carl Philipp Emanuel Bachs ungemein produktiv auf den Musikgeschichtsprozeß gewirkt, wurde dann freilich schnell vergessen. Bekannt ist Beethovens im Jahre 1809 an das Leipziger Verlagshaus Breitkopf und Härtel gerichtete Wort: „... von Emanuel Bachs Klavierwerken habe ich nur einige Sachen, und doch müßen einige jedem wahren Künstler gewiß nicht allein zum hohen Genuß sondern auch zum Studium dienen und mein größtes Vergnügen ist es Werke, die ich nie oder nur selten gesehn, bej einigen wahren Kunstfreunden zu spielen."[8]
Zu diesem Zeitpunkt waren Carl Philipp Emanuel Bachs sinfonische Kompositionen und große Vokalwerke jedoch längst aus den öffentlichen Konzerten verschwunden, wurden seine Klaviermusik — der zentrale Schaffenssektor — und die Lieder bestenfalls in die Intimität häuslicher Musikpflege

gedrängt. Der zehnte Jahrgang der „Allgemeinen Musikalischen Zeitung" (1807/08) enthält Rezensionen von Klavierwerken folgender Komponisten: Beethoven, Caudella, Danzi, Dotzauer, Dusík, Goldmann, C. G. Hering, Jadin, Koželuh, Meinecke, Nägeli, Rejcha, Riotte, Starke, Steibelt, F. Stein, Steinacker, Wilms und Wölfl.[9] Weder in diesem noch in weiteren Jahrgängen dieser Zeitung finden Kompositionen Carl Philipp Emanuel Bachs Erwähnung, ein Bild, das sich auch bei einem vergleichenden Blick auf andere Musikperiodika der Zeit nicht wesentlich ändert.[10]

Spätestens seit der denkwürdigen Wiederaufführung der Matthäus-Passion im Jahre 1829 unter Leitung von Felix Mendelssohn Bartholdy wurde der „grosse Bach" im Bewußtsein einer breiten musikalischen Öffentlichkeit unzweideutig mit der Persönlichkeit Johann Sebastian Bachs identifiziert, was selbstverständlich in der klassischen Gestalt des Bachschen Œuvres seine Rechtfertigung fand. Nur zeitigte die Gegenüberstellung des Werkes beider Komponisten ein Vorurteil. Robert Schumanns Aussage im Jahre 1833, Philipp Emanuel habe Johann Sebastian Bach „als schaffender Musiker bei weitem nicht" erreicht,[11] trifft den wahren Sachverhalt nicht, weil sich der Vergleich auf Inkommensurables bezieht. Die künstlerischen Bestrebungen von Vater und Sohn, das gesellschaftliche Umfeld, in dem sie aufwuchsen, waren viel zu verschieden, als daß sich ein gemeinsamer Nenner finden ließe. Auch heute noch bisweilen hartnäckig vertretene Auffassungen, Carl Philipp Emanuel Bachs Kompositionen seien allzu simpel und wenig überzeugend im Technischen (als ob sich dessen Sinnfälligkeit nur an einer „gearbeiteten Schreibart" beweise), sie wären mehr oder minder gelungene Produkte einer jener „Niederungen" der Musikgeschichte, landläufig als „Vorklassik" bezeichnet, führen zu nichts.

Seit einigen Jahren zieht die Musik Carl Philipp Emanuel Bachs in zunehmendem Maße das Interesse auf sich. Kompositionen des instrumentalen wie vokalen Bereichs — wenige vorerst noch — werden erneut für die Musikpraxis entdeckt. Die Musikwissenschaft hat zu verschiedenen Werkgruppen Studien angestellt und erste größere Abhandlungen vorgelegt. Musikhistoriographie orientiert sich, will sie ernst genommen werden, nicht mehr ausschließlich an den Leuchtpunkten der Musikgeschichte, sondern erweitert und differenziert ihren

Gegenstandsbereich und ihr Instrumentarium auch beispielsweise im Hinblick auf die Untersuchung der Entwicklungsphase, die zwischen dem Wirken Johann Sebastian Bachs, Händels und Telemanns und dem der Wiener Klassiker liegt und in der Carl Philipp Emanuel Bach ein großartiges Lebenswerk geschaffen hat.
Dieses birgt Elemente in sich, die möglicherweise günstige Rezeptionsfaktoren unter den Bedingungen heutigen Hörens sind. Im musikalischen Ausdruck spiegelt sich Bachs Bekenntnis zur uneingeschränkten — nicht zügellosen — künstlerischen Subjektivität. Fantasiehaftes Denken führte den Komponisten zur freieren Handhabung überkommener Formen, was Zeitgenossen wiederholt zum Vorwurf musikalischer „Bizarrerie" veranlaßte — dem Musikfreund unserer Zeit erschließen sich hier neuartige, weil für ihn weitgehend unbekannte Hörweisen. Daß sich die Musik Carl Philipp Emanuel Bachs unmittelbar dem Hörer mitzuteilen vermag, ist eine Konsequenz der Forderung Bachs, ein Komponist müsse selbst vom darzustellenden Affekt erfaßt sein. Im abrupten Affektwechsel und fließenden dynamischen Übergang, die in den Bachschen Werken häufig nebeneinanderstehen, deutet sich die psychische Disposition einer Künstlerpersönlichkeit an, die etwas merkwürdig Unausgeglichenes, Nervöses, ja Exaltiertes besitzt, Züge, die in der Musik dieses Meisters nicht als unaufgelöste Querstände verbleiben, sondern Entspannendes affizieren. Ein Beispiel: In der A-Dur-Fantasie aus der vierten Sammlung „für Kenner und Liebhaber" (1783) entfaltet sich virtuoses Spiel. Vierundsechzigstel-Laufwerk, Akkordbrechungen, Triolenketten, in ihrer Bewegungsrichtung denkbar unstet, bewirken allmählich eine Zuspitzung des Affektes, ein Vorgang, der durch Einlagerungen von tempostauenden Adagio-Takten noch forciert wird. Nach harmonisch instabilem Verlauf erfolgt dann in einem taktgebundenen Andante eine tonartliche Konsolidierung und kantable Ausformung der Melodiestimme, gleichbedeutend mit einer Affektberuhigung. Hier herrscht keine klassische Ausgewogenheit, hier agiert vielmehr ein Komponist, der sich von seinen augenblicklichen Empfindungen und Stimmungen fortreißen läßt. Gebunden an eine — aus unserer Sicht — dezente, aber überaus verfeinerte Klanglichkeit ist Bachs Musik ihrer Grundhaltung nach expressiv, leidenschaftlich und entbehrt eines romantischen Zugs

nicht. Bachs kompositorische Handschrift mit ihren originellen Wendungen weckt beim „Kenner“ und „Liebhaber“ — um zwei Begriffe des 18. Jahrhunderts zu gebrauchen — Neugier, bereitet ästhetischen Genuß.

Das vorliegende Buch will auf seine Weise die „Begegnung“ mit dem Menschen und Musiker Carl Philipp Emanuel Bach fördern.

Dresden, Frühjahr 1981

Seit dem Erscheinen dieser Biographie im Jahre 1982 ist im Bereich der C.-Ph.-E.-Bach-Pflege einiges in Bewegung geraten. Die Sinfonien, Konzerte, Kammermusik und Klavierwerke, die Oratorien und Lieder dieses Meisters finden – zögernd freilich noch – Eingang in die Konzertprogramme. Die Zahl der Werkausgaben wie auch der Schallplattenproduktionen nimmt international ständig zu. Einspielungen der Flötenkonzerte (Solist: Eckart Haupt), der Gambensonaten (Solist: Siegfried Pank), der Streichersinfonien (Kammerorchester „C. Ph. E. Bach“, Leitung: Hartmut Haenchen) sind drei von weit über hundert neuen Schallplatten mit Bachschen Werken.

Eine Pionierleistung auf dem Gebiet der Forschung stellt E. Eugene Helms „The New Catalog of the Works of Carl Philipp Emanuel Bach“ dar. Hand in Hand damit geht eine Gesamtausgabe, die gegenwärtig in den USA realisiert wird. Neueren Datums sind eine von P. Soinne vorgenommene Übertragung des ersten Teils des „Versuchs über die wahre Art das Clavier zu spielen“ ins Finnische sowie eine von E. Suchalla betreute Ausgabe von mehr als zweihundert Briefen Bachs an seinen Verleger Breitkopf. Für ein wachsendes Interesse am Gegenstand spricht auch die Verbreitung der vorliegenden Biographie in der BRD und in englischsprachigen Ländern.

Etliche Fehler in der alten Auflage wurden in der neuen verbessert, außerdem einige neue Erkenntnisse eingearbeitet. Eine Aktualisierung der Verzeichnisse des Anhangs war aus technischen Gründen nicht möglich. So hat die Praxis in diesem Punkt das Buch eingeholt. Das Anliegen dieser Biographie jedoch, der Musik C. Ph. E. Bachs neue Freunde zu gewinnen, ist keinesfalls geschmälert; im Hinblick auf die 200. Wiederkehr des Todestages des Komponisten im Jahre 1988 stellt es sich mit besonderem Nachdruck.

Dresden, Oktober 1986 Hans-Günter Ottenberg

I. Weimar — Köthen — Leipzig — Frankfurt (Oder) (1714—1738)

Die Jahre in Weimar und Köthen

Am 2. März 1714 war Johann Sebastian Bach, seit 1708 als Hoforganist und Kammermusiker in Diensten des Weimarer Herzogs Wilhelm Ernst, zum Konzertmeister ernannt worden, ein wichtiges Ereignis in seiner künstlerischen Entwicklung. Eine Woche später — am 8. März — wurde als zweiter Sohn Carl Philipp Emanuel geboren. Kein Geringerer als Georg Philipp Telemann, „bey der Keyserlich Freyen Reichs-Stadt Frankfurth am Mayn Capellmeister“,[1] stand Pate.

Ende 1716 bahnte sich erneut eine berufliche Entscheidung für Johann Sebastian Bach an. Die Stelle des im Dezember 1716 verstorbenen Kapellmeisters Johann Samuel Drese war neu zu besetzen. Bach, sich seiner künstlerischen Fähigkeiten durchaus bewußt, hoffte, daß die Wahl auf ihn fiele. Der Herzog wies jedoch dem Sohn Dreses, Johann Wilhelm, der Jahre zuvor in Italien musikalische Studien betrieben hatte, das Amt zu. Der Bruch des ohnehin gestörten Verhältnisses Johann Sebastian Bachs zu seinem Brotgeber ließ sich nicht mehr vermeiden. Bach sagte zu, als ihm die Position des Hofkapellmeisters des Fürsten Leopold von Anhalt-Köthen angeboten wurde.[2] Jetzt erst forderte er in Weimar seinen Abschied, zu energisch, denn der Herzog ließ ihn kurzerhand „wegen seiner Halßstarrigen Bezeügung v. zu erzwingenden dimission“ arretieren.[3]

In den Weimarer Jahren komponierte Bach Orgelmusik verschiedenster Art, darunter den größeren Teil des „Orgel-Büchleins“, ein Meisterwerk musikalischer Wortausdeutung, einige auf Vivaldi zurückgehende Orgelkonzerte, ferner Präludien und Fugen sowie Kirchenkantaten, in denen sich bereits die Bachsche „Expressivmelodik“ zu artikulieren beginnt.[4]

Als Johann Sebastian Bach im Dezember 1717 mit seiner Frau Maria Barbara und den vier Kindern Catharina Dorothea, Wilhelm Friedemann, Carl Philipp Emanuel und Johann Gottfried Bernhard nach Köthen kam, fand er hier eine sehr lukra-

Ansicht von Weimar. Stich von M. Merian d. Ä.

tive Stellung vor. Er bezog etwa das Doppelte seines letzten Weimarer Gehaltes. Der musikliebende Fürst verfügte über ein kleines Orchester, dessen beachtliches Leistungsvermögen Bach sehr bald schätzenlernte. Der Kapellmeister hatte Gebrauchsmusik im weitesten Sinne des Wortes zu komponieren und aufzuführen: Musik für die Tafel, für abendliche Kammerkonzerte, für Fest- und Feiertage. Die „Freiheit, sich aller

Johann Sebastian Bach als Weimarer Konzertmeister (?). Ölbild von J. E. Rentsch d. Ä. (?)

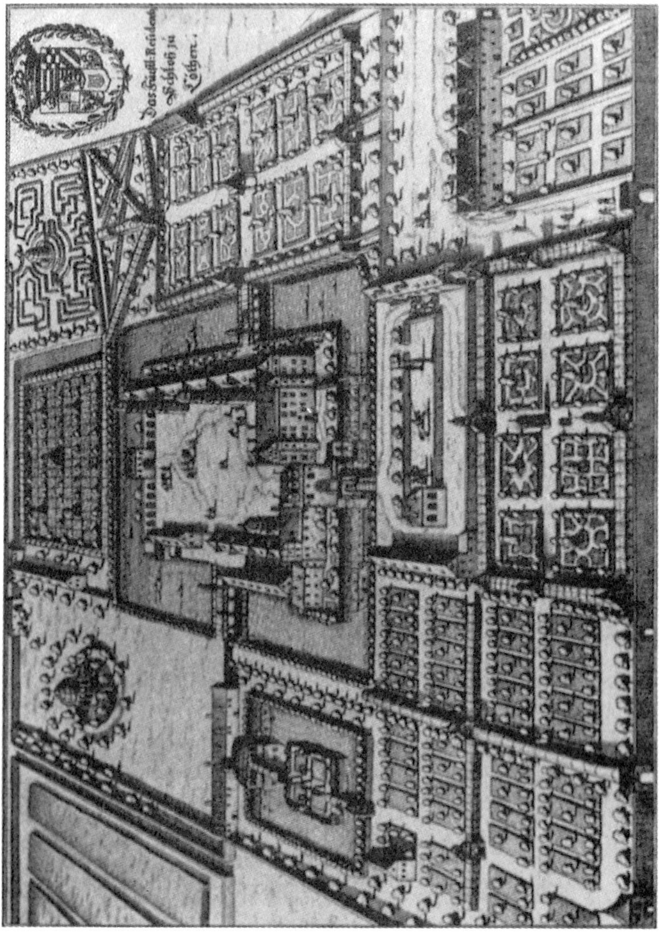

Fürstliches Residenzschloß in Köthen. Stich von Merian, Topographia 1650

Formen und Gattungen der neuen französischen und italienischen Musik bedienen zu können“,[5] bedeutete für Bach einen ausgesprochenen Glücksfall.

Unter den vielen in Köthen entstandenen Instrumentalkompositionen ragen die Inventionen und Sinfonien, der erste Teil des „Wohltemperierten Klaviers“ und die „Brandenburgischen

Konzerte“ heraus. Diese in der thematischen Erfindung und Verarbeitung so prägnanten, in ihrer harmonischen Sprache so reich entfalteten Kompositionen zeigen eine derart souveräne Formbeherrschung und Kenntnis überkommener Gestaltungsweisen und sind doch dabei gänzlich Produkte einer kühn waltenden, unverwechselbaren schöpferischen Individualität, daß sie den Musikliebhabern und Kennern auffallen mußten. Zudem war Bach ein Orgelvirtuose ersten Ranges. Das alles brachte ihm allmählich öffentliches Ansehen ein. Schon 1717 fand in Dresden jene Begegnung mit dem französischen Organisten und Cembalisten Marchand statt, auf deren Mitteilung später kaum eine Bach-Biographie verzichtete.[6] Der bekannte Hamburger Komponist und Musiktheoretiker Johann Mattheson wurde aufmerksam und forderte von Bach biographische Nachrichten für seine „Neu zu errichtende Musicalische Ehren-Pforte“ an.[7]

Erster Musikunterricht

Carl Philipp Emanuel Bach verlebte seine Kindheit also in einer gutsituierten bürgerlichen Familie. Er mag ein temperamentvoller und zu mancherlei Streichen aufgelegter Junge gewesen sein, war ihm doch, wie Rochlitz später berichtet, „viel Lebhaftigkeit des gesammten Wesens“ eigen.[8] Ihren Kindern eine gründliche schulische Ausbildung zukommen zu lassen, lag den Eltern sehr am Herzen. Wie sein vier Jahre älterer Bruder Wilhelm Friedemann besuchte Philipp Emanuel die lutherische Lateinschule in Köthen. Im Juli 1720 starb die Mutter. Johann Sebastian Bach hatte jetzt allein für seine vier Kinder Sorge zu tragen, was er mit großer Umsicht tat und wobei auch die musikalische Erziehung seiner Söhne nicht vernachlässigt wurde. In der Selbstbiographie Carl Philipp Emanuel Bachs heißt es: „In der Komposition und im Clavierspielen habe ich nie einen andern Lehrmeister gehabt, als meinen Vater.“[9] Mit dem Klavierunterricht der Kinder begann Johann Sebastian Bach ziemlich früh; das „Clavier-Büchlein vor Wilhelm Friedemann Bach“, 1720 für den damals Zehnjährigen angefertigt, setzt bereits gewisse klavieristische Fertigkeiten voraus.[10] Es ist anzunehmen, daß auch Carl Philipp Emanuel nach diesem „Clavier-Büchlein“ unterrichtet

Ansicht von Leipzig. Stich von J. Ch. Hafner

wurde, folglich wird er um 1720/21 seine erste Ausbildung am Klavier erhalten haben.
Vermutlich trug sich Johann Sebastian Bach bereits zu dieser Zeit mit dem Gedanken, Stellung und Wohnort zu wechseln. Obwohl er in Köthen gute Entwicklungsmöglichkeiten als Komponist hatte und auch glaubte, hier seine „Lebenszeit zu beschließen“,[11] finden wir ihn, wie in einer Aktennotiz vom 21. Dezember 1722 vermerkt ist, als Mitbewerber um das Thomaskantorat in Leipzig.[12] Nachdem die ebenfalls konkurrierenden Telemann und Graupner abgesagt hatten, war für Bach der Weg frei. Von seinem Köthener Dienstherren mit guten Zeugnissen ausgestattet, konnte er, seit dem 3. Dezember 1721 mit Anna Magdalena Wilcke verheiratet, sein neues Leipziger Amt antreten. Die „Stats- u. Gelehrte Zeitung Des Hollsteinischen unpartheyischen Correspondenten“ teilt mit: „Am vergangenen Sonnabend zu Mittage kamen 4. Wagen mit Haus-Raht beladen von Cöthen allhier an, so dem gewesenen dasigen Fürstl. Capell-Meister, als nach Leipzig vocirten Cantori Figurali, zugehöreten; Um 2. Uhr kam er selbst nebst seiner Familie auf 2 Kutschen an, und bezog die in der Thomas-Schule neu renovirte Wohnung.“[13]

Johann Sebastian Bach in Leipzig

Welche Gründe Bach zur Übersiedelung nach Leipzig bewogen hatten, geht aus einem späteren Brief an den Jugendfreund Georg Erdmann vom 28. Oktober 1730 hervor: „Ob es mir nun zwar anfänglich gar nicht anständig seyn wolte, aus einem Capellmeister ein Cantor zu werden, weßwegen auch meine resolution auf ein vierthel Jahr trainirete, jedoch wurde mir diese station dermaßen favorable beschrieben, daß endlich (zumahln da meine Söhne denen studiis zu incliniren schienen) es in des Höchsten Nahmen wagete, u. mich nachher Leipzig begabe, meine Probe ablegete, u. so dann die mutation vornahme.“[14]
Welche Eindrücke mag die schon damals weit über dreißigtausend Einwohner zählende Handels- und Messestadt auf die Bachsche Familie ausgeübt haben? Geschäftigkeit und kaufmännischer Geist prägten das städtische Bild. Umgeben war Leipzig von einer reizvollen Landschaft, von ausgedehn-

Thomaskirche. Stich von G. Bodenehr d. Ä.

ten Lustgärten nach französischem Vorbild. Die drei Messen im Jahr zogen Leute aus nah und fern an: „Leipzig ist jetzt so hoch im commercio gestiegen, daß es ihm keine Stadt im Reiche, alleine Hamburg ... kann gleichtun."[15] Das wissenschaftliche Profil der Universität war durch ziemlich divergierende Entwicklungszüge bestimmt. Im theologischen Bereich behaupteten sich hartnäckig lutherisch-orthodoxe, zuweilen geradezu scholastische Positionen. Andererseits wirkte an der Alma mater seit 1724 Johann Christoph Gottsched als begeisterter Anwalt eines aufklärerischen Bildungsprogramms, arbeitete der berühmte Historiker Johann Burkhard Mencke, Begründer der „Deutschübenden poetischen Gesellschaft" (1722) und als Dichter unter dem Pseudonym Philander von der Linde bekannt, seine fortschrittliche Geschichtskonzeption aus. In einer weiteren Beziehung wurde Leipzig führend in Deutschland: als Zentrum des Buch- und Musikalienhandels. (Aus diesen günstigen Bedingungen zog Carl Philipp Emanuel Bach später noch manchen Vorteil für sich.)
Sosehr diese und andere Fakten angetan sein mögen, in Leipzig ideale Bedingungen für die Entfaltung bürgerlicher Kultur und Kunst anzunehmen, sosehr gab es auch Erscheinungen von Bürokratie und provinzieller Enge. Das sollte gerade Johann Sebastian Bach in seiner mehr als zweieinhalb Jahrzehnte

währenden Leipziger Tätigkeit wiederholte Male zu spüren bekommen. Sicher, im großen gesehen erlebte die Stadt, nachdem sie sich von den Wirren des Dreißigjährigen Krieges erholt hatte, einen „einzigartigen Aufschwung der Musikpflege, an dem Kirche, städtische Musikerschaft und Universität teilhatten“[16]. Zwei Collegia musica existierten seit der Jahrhundertwende, ihre Anfänge reichten wohl bis in die ersten Dezennien des 17. Jahrhunderts zurück. Aber schon den Thomanerchor übernahm Bach in einem denkbar schlechten Zustand, und seine verschiedenen Versuche, eine „regulirte kirchen music zu Gottes Ehren“ zu schaffen,[17] scheiterten im wesentlichen. Bachs „Kurtzer, iedoch höchstnöthiger Entwurff einer wohlbestallten Kirchen Music; nebst einigem unvorgreiflichen Bedencken von dem Verfall derselben“,[18] am 23. August 1730 als Eingabe an den Rat der Stadt geschickt, blieb unbeantwortet. Kompetenzstreitigkeiten um die Stelle des Universitätsmusikdirektors erwiesen sich ebenfalls als ein ärgerliches Kapitel in Bachs Leipziger Dasein. Weitaus erfreulicher war für ihn die Arbeit mit dem „Schottischen“ Collegium musicum,[19] das auch technisch kompliziertere Aufgaben bewältigte.

Auf Johann Sebastian Bach lastete ein immenses Arbeitspensum. Als „Director musices“, wie er sich statt „Cantor“ lieber nannte, hatte er die Gottesdienste musikalisch auszugestalten und — eine wichtige Nebeneinnahme — Kompositionen für Begräbnisse, Hochzeiten und verschiedene kirchliche wie städtische Feierlichkeiten zu liefern und aufzuführen. Er nahm diese Aufgaben sehr ernst und ließ sich keineswegs durch mißliche Verhältnisse, schlechte Sänger und Instrumentalisten, häufige Kontroversen mit den vorgesetzten Behörden zur Flüchtigkeit verleiten. In den ersten Leipziger Jahren entstanden allein fünf Kantatenjahrgänge, das Magnificat (1723), die Johannes-Passion (1724) und die Matthäus-Passion (wahrscheinlich 1727).

Schüler der Thomasschule und Student an der Universität

In Leipzig besuchte Carl Philipp Emanuel Bach die Thomasschule. Eine Akte vom 14. Juni 1723 weist ihn als Sextaner

aus.[20] In einem späteren Katalog wird er als „externus"[21] und fünfundzwanzigster unter sechsunddreißig Primanern aufgeführt.[22] Bedingt durch die besonderen Aufgaben der Thomasschule, „da aus dieser ... die Musik in den Stadtkirchen, wie auch auf Hochzeiten und Begräbnissen bestellt wird",[23] ergaben sich nicht selten unerfreuliche Auseinandersetzungen innerhalb des Lehrerpersonals. Der Rektor mußte darauf bedacht sein, daß der gegenüber der Nikolaischule ohnehin weniger Stunden (wöchentlich insgesamt einundzwanzig) umfassende wissenschaftliche Unterricht ordentlich durchgeführt wurde. Dem Kantor standen sieben Musikstunden pro Woche zur Verfügung, wenig Zeit, um den Chor einigermaßen leistungsfähig zu machen und zu erhalten. Und bei Johann Heinrich Ernesti, Rektor der Thomasschule von 1684 bis 1729, konnten weder Kuhnau noch sein Nachfolger Johann Sebastian Bach auf Verständnis für ihre Probleme hoffen. Der hochbejahrte Ernesti war viel zu wenig entscheidungsfreudig, als daß er die berechtigten Forderungen seines Kantors nach Verbesserung der musikalischen Arbeitsbedingungen wirksam unterstützt hätte.
Als Carl Philipp Emanuel Schüler der Thomasschule war, trugen die bereits unter Jakob Thomasius angestrebten pädagogischen Reformen erste Früchte.[24] Im Unterricht wie in den Lehrbüchern wurde das Latein durch die deutsche Muttersprache ersetzt. Aber erst unter Johann Matthias Gesner, den der junge Bach noch als Rektor (und Lehrer?) kennenlernte, sollte ein aufgeklärtes und neuhumanistisches Erziehungsideal im umfassenden Sinne angestrebt werden. Innerhalb des Sprachunterrichts — Griechisch und Latein — drang Gesner auf die Lektüre antiker Originalwerke. Diese galten ihm nicht nur als Muster für die Ausbildung eines guten Geschmacks, in ihnen sah er auch seine Grundsätze des Philanthropismus verkörpert. An Schriften des Herodot, Plutarch, Euripides übten die Schüler Rhetorik und Grammatik. Auch Geschichte, Geographie und Mathematik wurden zu wichtigen Unterrichtsfächern.
So erhielt Carl Philipp Emanuel eine ordentliche Bildung, die ihm mühelos den Weg zur Universität ebnete. Am 1. Oktober 1731 ließ er sich in die Matrikel der Juristischen Fakultät, deren Ordinarius von 1726 bis 1734 Michael Heinrich Gribner war, eintragen. Wer sich für das Rechtsstudium entschied,

Jugendbildnis Carl Philipp Emanuel Bachs. Meininger Pastell, um 1733

mußte eine Vielzahl von Disziplinen absolvieren.[25] Gelesen wurde römisches Recht, wobei die Bücher von Heineccius, Böhmer und Hellfeld als Grundlage dienten. Öffentliche „Collegia" in Natur- und Völkerrecht bekräftigten den guten Ruf der Leipziger Juristischen Fakultät. Mit diesen Fachgebieten, aber ebenso mit deutschem Privatrecht, sächsischem Partikularrecht und anderen Zweigen der Rechtswissenschaft wird sich der junge Bach beschäftigt haben. Möglicherweise hörte er auch Vorlesungen bei Gottsched, der an der Philosophischen Fakultät eine Professur für Dichtkunst bekleidete.

Weiterführung der musikalischen Studien

Selbstverständlich wirkte sich die bei aller Einschränkung vielgestaltige Musikszenerie der Messestadt günstig für die handwerkliche und künstlerische Entwicklung des jungen Carl Philipp Emanuel aus. Seit längerem interessierte sich die Musikwelt Deutschlands in zunehmendem Maße für den

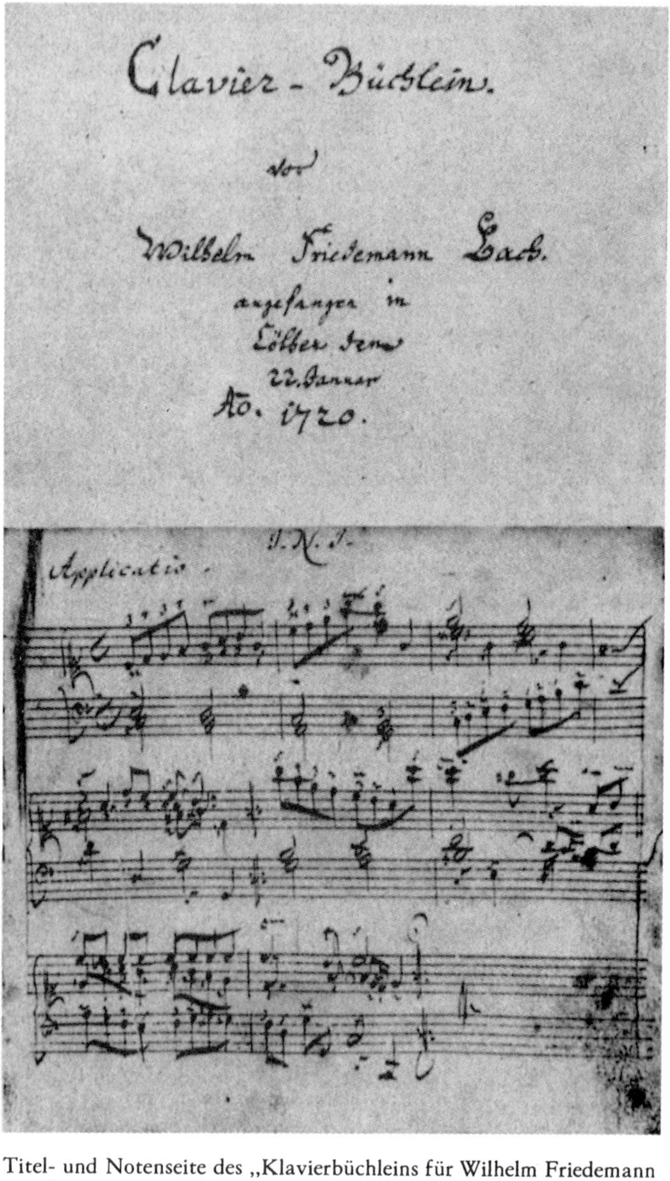

Titel- und Notenseite des „Klavierbüchleins für Wilhelm Friedemann Bach". Autograph

„großen Componisten und Orgelspieler“ Johann Sebastian Bach;[26] so konnte sein Sohn in der Selbstbiographie rückblickend schreiben, daß er schon früh „das besondre Glück“ gehabt hätte, „in der Nähe das Vortreflichste von aller Art von Musik zu hören und sehr viele Bekanntschaften mit Meistern vom ersten Range zu machen, und zum Theil ihre Freundschaft zu erhalten. In meiner Jugend hatte ich diesen Vortheil schon in Leipzig, denn es reisete nicht leicht ein Meister in der Musik durch diesen Ort, ohne meinen Vater kennen zu lernen und sich vor ihm hören zu lassen. Die Grösse dieses meines Vaters in der Komposition, im Orgel und Clavierspielen, welche ihm eigen war, war viel zu bekannt, als daß ein Musikus vom Ansehen, die Gelegenheit, wenn es nur möglich war, hätte vorbey lassen sollen, diesen grossen Mann näher kennen zu lernen.“[27]
Johann Sebastian Bach führte den Unterricht sehr straff durch: „Bey ihm musten seine Scholaren gleich an seine nicht gar leichte Stücke gehen.“[28] Dank vieler erhaltener Mitteilungen und Hinweise der Söhne und Schüler läßt sich annähernd rekonstruieren, wie Bach methodisch vorging. Die Ausbildung im Klavierspiel erfolgte auch für Carl Philipp Emanuel mit großer Wahrscheinlichkeit auf der Grundlage des schon erwähnten „Clavier-Büchleins“, einer Sammlung, die hauptsächlich Kompositionen Bachs und einige wenige Werke von Telemann, G. H. Stölzel und J. Ch. Richter enthält. Entgegen älteren Auffassungen, daß es sich hier um einen Klavierlehrgang handelt, vermutet Wolfgang Plath, die von Bach eingeschriebenen Stücke seien „primär Kompositionsmodelle, wenngleich sie nebenher wohl als Spielstücke gedient haben mögen“[29]. Und aus der Anlage des „Clavier-Büchleins“ folgert er: „Der Kompositionslehrgang ... schreitet allmählich vom Einfachen zum Komplizierten fort, verharrt bei der Mühe der dreistimmigen Fantasien und schließt an dem Punkt, wo die hohe Kunst der Fuge ins Blickfeld des Schülers tritt.“[30]
Klavierunterricht und das Vertrautmachen mit kompositorischen Grundbegriffen und Techniken gingen also Hand in Hand. Diese Methode Bachs, Werke am Klavier gewissermaßen analytisch, mit dem Blick auf ihre kompositorische Logik und Spezifik, zu erarbeiten, erwies sich als außerordentlich vorteilhaft, mehr noch, sie förderte linear-polyphones wie homophones Denken und ausdrucksvolles Spiel. Einer Ausbildung auf solch solider Grundlage hat Carl Philipp Emanuel

Bach in besonderem Maße sein später so erfolgreiches Wirken als Komponist und Klavierspieler zu verdanken. Ob er auch das „Klavierbüchlein für Anna Magdalena Bach" für seine Studien genutzt hat, ist ungewiß. Immerhin lieferte er für diese Sammlung fünf kleine, jedoch nicht vor 1730/31 entstandene Stücke.[31]

Fest steht, daß der junge Bach dank der gründlichen Unterweisungen durch den Vater seine musikalischen Fertigkeiten kontinuierlich erweitern konnte. Nach dem „Clavier-Büchlein" wird er sich die Inventionen und Sinfonien und schließlich das „Wohltemperierte Klavier" erarbeitet haben. Dieses Kompendium des Klavierspiels war von Johann Sebastian Bach eigens „zum Nutzen und Gebrauch der Lehr-begierigen Musicalischen Jugend, als auch derer in diesem studio schon habil seyenden besonderem ZeitVertreib auffgesetzet und verfertiget" worden.[32] Selbstverständlich beteiligte sich Carl Philipp Emanuel auch als Chorsänger an den verschiedenen kirchenmusikalischen Aufführungen.

Wenngleich ein Mitwirken im väterlichen Collegium musicum dokumentarisch nicht belegt ist, liegt es doch nahe, daß der junge Bach zeitweilig öffentlich als Cembalist auftrat, wozu er technisch durchaus imstande war. Indirekt weist eine spätere Quelle aus der zweiten Hälfte des 18. Jahrhunderts darauf hin: „Fast täglich während seines langen Aufenthalts in Leipzig", habe Jacob von Stählin, „mit dem berühmten Karl Philipp Emanuel Bach Umgang gepflogen und zuweilen ein Solo oder ein Konzert im Musikkolleg seines Vaters gespielt."[33] Auch die Tatsache, daß von dem jugendlichen Carl Philipp Emanuel Bach einige Abschriften väterlicher Werke vorliegen, unter anderem eine der einfacheren Fassung des Klavierkonzertes d-Moll, BWV 1052a,[34] würde diese Vermutung bekräftigen. Ebenso können wir uns gut die Söhne als Solisten der Konzerte für zwei Cembali vorstellen. In dem bereits genannten Erdmann-Brief berichtet Johann Sebastian Bach stolz: „Insgesamt aber sind sie" (die Söhne – der Verf.) „gebohrne Musici, u. kan versichern, daß schon ein Concert Vocaliter u. Instrumentaliter mit meiner Familie formiren kan, zumahln da meine itzige Frau gar einen sauberen Soprano singet, auch meine älteste Tochter nicht schlimm einschläget."[35]

In der Selbstbiographie findet Erwähnung, daß Carl Philipp Emanuel offensichtlich die Musikverhältnisse Dresdens gut kannte. Wie Wilhelm Friedemann begleitete er wohl hin und wieder den Vater bei den Reisen in die sächsische Residenzstadt.[36] Johann Sebastian Bachs Orgelimprovisationen galten als ausgesprochene Attraktionen; mit Hasse, Quantz, Heinichen, Pisendel, Zelenka war er persönlich bekannt.[37] Da diese, Instrumentalisten und Komponisten in Personalunion, zugleich Anteil an der Herausbildung neuer Stilelemente hatten, wird man mit Recht auch eine Beeinflussung der kompositorischen Entwicklung des zweiten Bachsohnes annehmen können.

So waren die Jahre des Lernens durch musikalische Anregungen vielfältigster Art geprägt. Wir wissen ferner, daß Carl Philipp Emanuel (wie auch die anderen Familienmitglieder) dem Vater bei der Herstellung von Aufführungsmaterial half. Neben der schon erwähnten Abschrift eines Klavierkonzerts liegen unter anderem in seiner Handschrift Teile des Stimmensatzes des Kyrie und Gloria aus der h-Moll-Messe vor, Stimmen aus den Kantaten „Herr Gott, dich loben wir", BWV 16, „Ich liebe den Höchsten von ganzem Gemüte", BWV 174, sowie der Motette „Der Geist hilft unsrer Schwachheit auf".[38] Daß der junge Bach mit der Mechanik des Cembalos vertraut war, ist in Hinblick auf den Vater, der aufmerksam die Entwicklung des Instrumentenbaus verfolgte und der als ausgezeichneter Orgelfachmann galt, nicht verwunderlich. Er stimmte das Cembalo selbst[39] und wird auch die Docken bekielt haben. Obwohl schon Student der Rechte an der Leipziger Alma mater, unternahm Carl Philipp Emanuel Bach im August 1733 einen ersten Versuch, die Musikerlaufbahn einzuschlagen: Er bewarb sich um die Organistenstelle an der Wenzelskirche in Naumburg — ohne Erfolg allerdings.[40] So verblieb der junge Bach auf der Universität.

Erste Kompositionen

Es wurde bereits erwähnt, daß neben dem Klavierunterricht bei dem Vater die Unterweisung in den Grundbegriffen und Grundregeln musikalischer Setzkunst erfolgte. Dazu gehörte die Erlernung des Generalbaßspiels und -aussetzens, die Kenntnis der stilistischen Eigenarten der verschiedenen Tanzsätze, wie Allemande, Sarabande, Courante, Menuett, die

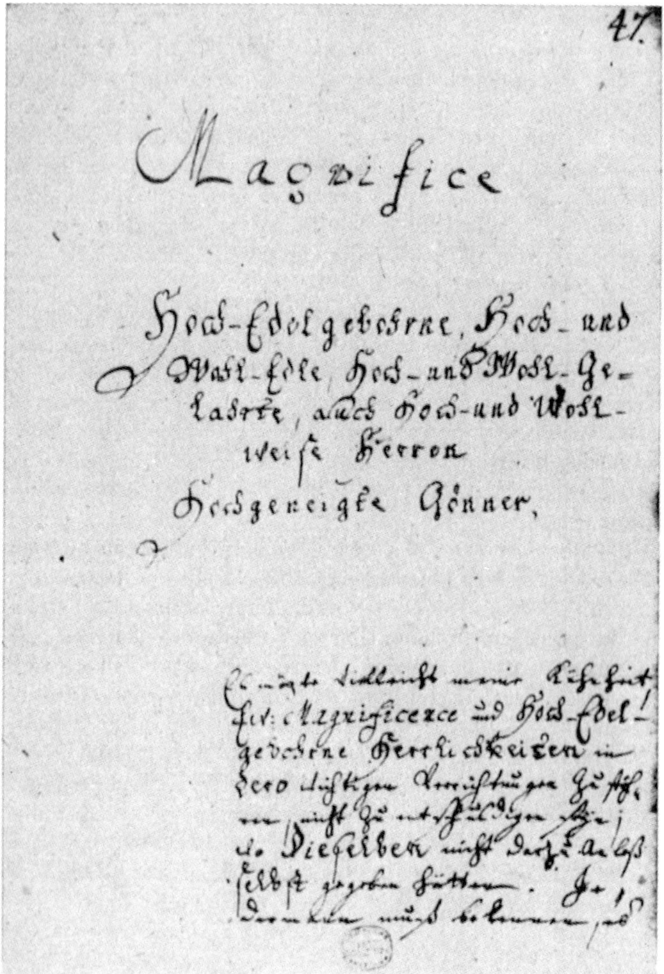

Bewerbungsschreiben Carl Philipp Emanuel Bachs an den Rat der Stadt Naumburg vom 19. August 1733

Beherrschung polyphoner Verarbeitungstechniken. Carl Philipp Emanuel Bach hat sich selbst in sehr aufschlußreicher Weise über die Bachsche Lehrmethode geäußert: „In der Composition gieng er gleich an das Nützliche mit seinen

Scholaren, mit Hinweglaßung aller der trockenen Arten von Contrapuncten, wie sie in Fuxen u. andern stehen. Den Anfang musten seine Schüler mit der Erlernung des reinen 4stimmigen Generalbaßes machen. Hernach gieng er mit ihnen an die Choräle; setzte erstlich selbst den Baß dazu, u. den Alt u. den Tenor musten sie selbst erfinden. Alsdenn lehrte er sie selbst Bäße machen. Besonders drang er sehr starck auf das Aussetzen der Stimmen im General-Baße. Bey der Lehrart in Fugen fieng er mit ihnen die zweystimmigen an, u.s.w. Das Aussetzen des Generalbaßes u. die Anführung zu den Chorälen ist ohne Streit die beste Methode zur Erlernung der Composition, qvoad Harmoniam. Was die Erfindung der Gedancken betrifft, so forderte er gleich anfangs die Fähigkeit darzu, u. wer sie nicht hatte, dem riethe er, gar von der Composition wegzubleiben. Mit seinen Kindern u. auch anderen Schülern fieng er das Compositionsstudium nicht eher an, als bis er vorher Arbeiten von ihnen gesehen hatte, woraus er ein Genie entdeckte."[41]

Carl Philipp Emanuel Bach ist siebzehn Jahre alt, als er erste Werke vorlegt. Kompositionsversuche reichen wohl noch weiter zurück. (Die Frage der Datierung der uns bekannten Bachschen Werke, vor allem des überlieferten autographen Materials, ist weitgehend geklärt, da das „Verzeichniß des musikalischen Nachlasses des verstorbenen Capellmeisters Carl Philipp Emanuel Bach", das aller Wahrscheinlichkeit nach auf ein von Bach selbst angefertigtes thematisches Verzeichnis zurückgeht, präzise Auskunft über Entstehungsdaten und Entstehungsorte gibt.) Naturgemäß dominieren zunächst kleine Formen wie Märsche, Menuette, Polonaisen. Schon bald schreibt er Sonatinen, Sonaten, Trios und Klavierkonzerte.[42] Auch kann der angehende Komponist 1731 sein erstes gedrucktes Opus, ein „Menuet pour le clavessin", Wq 111,[43] präsentieren. Der analytische Befund aller dieser Stücke mutet verblüffend an: Von Anfang an läßt sich in ihnen ein Wille zum Anderssein, zum Ausbrechen aus vorgegebenen Bahnen beobachten. Freilich vollzog sich die Ausbildung der kompositorischen Handschrift nicht in bewußter Abkehr von der väterlichen Tonsprache. Zu stark wirkte die Musik Johann Sebastian Bachs auf den Sohn, als daß er sich ihr als schöpferischer Musiker hätte entziehen können. Gerade die Auseinandersetzung mit den verschiedensten Formen „gearbeiteter" Musik, das Großwerden in der Bachschen Schule bewahrten ihn davor, der Unverbindlichkeit simplifizierender Tendenzen zu verfallen. Eigenes, Individuelles prägt bereits die ersten Werke des jungen Bach. Daß es schließlich, weitgehend emanzipiert von konventionellen Zwängen, vollends überwiegt, ist nur eine Konsequenz der fortschreitenden Entwicklung eines außerordentlich begabten Komponisten. Stilistisch gesehen bieten die Frühwerke ein sehr heterogenes Bild. Es ist ein Sich-Umtun innerhalb einer reichen Überlieferung an musikalischen Formen, ein Erproben verschiedenster technischer Möglichkeiten.

Direkt aus dem Unterricht des Vaters hervorgewachsen scheint die Sonate B-Dur, Wq 62,1 (1731). In der Art der Inventionen von Johann Sebastian Bach wird hier der thematische „Einfall“ in kontrapunktischer Manier, das heißt in strenger Führung der Stimmen, verarbeitet. Von den Stücken, die Carl Philipp Emanuel Bach zum „Klavierbüchlein für Anna Magdalena Bach“ (1725) beigesteuert hatte, ist der Marsch in D-Dur das originellste. Recht selbstbewußt geht der Komponist ans Werk. Das Thema ist so einfach wie prägnant:

In seiner Verarbeitung fehlen nicht die obligatorischen Sequenzbildungen, auch finden sich einige stereotype Baßwiederholungen. Aber der gegebene Rahmen ist durchaus mit Leben erfüllt. Treten kleine kompositorische Komplikationen auf — dies sei am Rande vermerkt —, weiß sich Bach geschickt zu helfen: Nach dem ersten Achttakter ist folgerichtig die Dominanttonart erreicht, mit dem a^1 in der Oberstimme. Um jedoch den „Register“wechsel, der sich mit dem Eintritt des Themas im zweiten Teil ergeben würde, nicht allzu schroff erscheinen zu lassen, schließt Bach mit einem signalartigen Motiv zum a^2 auf, was zu einer zusätzlichen Akzentuierung der Schlußphase führt, aber die Symmetrie des Vordersatzes stört.

Interessanter im Hinblick auf die stilistische Entwicklung sind einige Sonaten und Sonatinen der Leipziger Zeit und das „Solo per il Cembalo“ in Es-Dur, BWV Anh. 129. Die Sonatenform wird für Bach zum bestimmenden Formmodell, und sie bleibt es auch — neben der freien Fantasie — in der Berliner und Hamburger Schaffenszeit. Über Bachs Anteile an der Herausbildung der klassischen Sonatenform ist mehrfach wissenschaftlich gearbeitet worden.[44] Erich Beurmann sieht bereits in der 1731 in Leipzig entstandenen F-Dur-Sonate, Wq 65,1, wesentliche Merkmale derselben vorgebildet: einen konstrastierenden Seitengedanken und eine Durchführung, die nicht als zeitübliche transponierte „Wiederholung“ der Exposition erscheint, sondern eine Arbeit mit dem thematischen Material in weit fortgeschrittener Weise darstellt.[45] Dieses mache Bach — so Beurmann — zu einem maßgeblichen „Inaugurator dieser neuen Form“[46]. Den Hörer freilich dürften die „neuen Töne“, die in diesen Werken anklingen, sehr viel mehr überraschen. Diese Musik gibt sich spielerisch, unbekümmert, besitzt in den langsamen Sätzen hin und wieder einen Anklang von schwärmerischer Empfindsamkeit. Die ungestüme Leidenschaftlichkeit der späteren Kompositionen, die Neigung, mit ungewöhnlichen harmonischen Wendungen aufzuwarten, das musikalische Austragen von Empfindungsgegensätzen — hier, in den „galant“ unterhaltsamen Werken des Sechzehn- und Siebzehnjährigen ist es bereits im Keim enthalten.

Drei Beispiele dafür: Im „Solo per il Cembalo“ in Es-Dur exponiert Carl Philipp Emanuel Bach ein sehr lebhaftes Thema, dessen fortspinnungshafte Verarbeitung — eine Technik, wie sie der junge Komponist besser als von seinem Vater nicht hätte erlernen können — für genügend motivische Farbigkeit und rhythmische Abwechslung sorgt. Die Schlußgruppe wird vorbereitet, doch anstelle des erwarteten Schlußakkords erklingt ein verminderter Septimenakkord, dessen Auflösung Bach noch über zwei Takte verzögert:

Ein harmonischer Spaß, könnte man meinen; gewiß, aber zugleich auch das Element einer eigenwilligen schöpferischen Phantasie des Musikers. Oder die dramatische Zuspitzung des Ausdrucks gegen Ende des c-Moll-Andantes (aus Wq 64,1):

Eine solche Wendung wäre undenkbar bei Johann Sebastian Bach. Sie ist Zeichen einer gänzlich anders gearteten künstlerischen Individualität. Der Sohn läßt sich ganz von seinem augenblicklichen Gefühl her leiten. So erklärt sich das oft unmotivierte Umschlagen der musikalischen Stimmung. In solchen langsamen Sätzen, wie dem Largo aus der Sonatine Wq 64,2 deuten sich schon die gewaltigen Affektentladungen der späteren Werke an:

Um nicht mißverstanden zu werden: Hier herrscht keine subjektive Willkür, die um den Preis des Andersseinwollens einen originellen Einfall an den anderen reiht. Carl Philipp Emanuel Bach weiß klug die Mittel abzuwägen und einzusetzen, die er sich in der gründlichen Schule des Vaters erworben hat: originelle „Erfindung der Gedanken", tragfähige thematische Substanz, stellenweise bereits eine erstaunliche motivische Verwandlungskunst. Freilich findet sich genug Formelhaftes und Unverbindliches. Da reiht der Komponist über weite Strecken Triolenketten aneinander, häufig durch Zäsuren unterbrochen. Kleingliedrigkeit wird zu einem bestimmenden Stilmerkmal dieser Musik. Verzierungen finden noch spärlich Verwendung. Die kompositorische Entwicklung Carl Philipp Emanuel Bachs wird auch unter dem Gesichtspunkt der sich immer mehr differenzierenden Gestaltung des musikalischen Details zu betrachten sein.
Und noch etwas zeigen die Kompositionen der Leipziger Zeit: die Dominanz des Melodischen und damit eine Schwergewichtsverlagerung auf die Oberstimme. Die Vorstellung vom „singend denkenden" Komponisten[47] — ein wesentliches Merkmal der Musikanschauung Carl Philipp Emanuel Bachs – äußert sich in Kantilenen und freien Deklamationen. Melodische Bildungen wie die folgende im Adagio non molto der e-Moll-Sonatine, Wq 64,4, sind ein schönes Beispiel empfindsamen Ausdrucks:

Gattungsspezifisch bedingt stehen die fünf bei Wotquenne verzeichneten Leipziger Trios — Wq 143 bis 147 — der väterlichen Tonsprache näher als die Sonaten und Sonatinen, so nahe immerhin, daß einige bisher Johann Sebastian Bach zugeschriebene kammermusikalische Werke aller Wahrscheinlichkeit nach aus der Feder des zweiten Sohnes stammen oder im Unterricht unter Anleitung und Mithilfe des Vaters entstanden sind.[48] Instrumentale Kompositionen des Thomaskantors, wie die Sonate in G-Dur für zwei Flöten und bezifferten Baß, BWV 1039, sind Muster der „Vereinigung von reiner Polyphonie und vollkommener Harmonie im Zusammenklang und in den Fortschreitungen einer bestimmten Anzahl von Stimmen"[49]. Mit einer solchen Kompositionsweise hatte sich Carl Philipp Emanuel Bach auseinanderzusetzen. Seine ersten kammermusikalischen Arbeiten zeigen dies in aller Deutlichkeit. Zugleich wußte er, daß das väterliche Vorbild unerreichbar war (und wohl auch nicht erstrebenswert). Beide Brüder, Carl Philipp Emanuel und Wilhelm Friedemann, äußerten gegenüber Forkel, daß sie sich hätten „nothwendig eine eigene Art von Styl wählen müssen, weil sie ihren Vater in dem seinigen doch nie erreicht haben würden"[50].

Es läßt sich ziemlich genau verfolgen, wie Carl Philipp Emanuel Bach innerhalb des relativ kurzen Zeitraums von vier Jahren zu einer homophonen Schreibweise findet. Dieses Ablösen der einen Technik durch die andere mag ein Vergleich zwischen dem d-Moll-Trio, Wq 145,[51] und dem in a-Moll, Wq 148,[52] verdeutlichen.

Bemerkenswert ist, wie Bach das Thema des ersten Satzes von Wq 145 im Sinne eines schrittweisen Erschließens des Tonraums aufbaut:

Diese Formung des Themas erklärt sich wohl in erster Linie aus spieltechnischen Gesichtspunkten. In Leipzig wurden die Trios von einem offensichtlich sehr versierten Flötisten geblasen.[53] Ob dieser die eine oder andere Passage und Spielfigur angeregt hat, läßt sich heute nicht mehr sagen, jedenfalls weiß der junge Komponist die klanglichen Möglichkeiten der Instrumente, für die er schreibt, gut auszunutzen. Durch die Verwendung unterschiedlicher Lagen und Register erreicht er auch eine größere melodische Variabilität.[54] Seiner Anlage nach ist das Hauptthema offen gehalten, das heißt, es drängt sofort zur Weiterführung, seine motivische Substanz wird im unmittelbar anschließenden Fortspinnungsteil polyphon verarbeitet; das zweite Melodieinstrument setzt folgerichtig im Quintabstand ein. (Auch für die beiden anderen Sätze des Trios ist ein imitierender Stil kennzeichnend.)

Wir bekräftigen: Die melodische Fortspinnung dominiert, nicht die melodische Entwicklungsthematik. Ob sich der Themenkopf bisweilen verselbständigt, um einen harmonisch flexibleren Fortgang zu ermöglichen, ob Engführungen eine Verdichtung des musikalischen Geschehens bewirken, oder ob sich beide Stimmen in kunstvoller Weise miteinander verzahnen

— das Thema bleibt hinsichtlich seiner Gestalt und seines Ausdrucks eine konstante Größe; die Einheit des Affektes ist während des ganzen Satzes gewahrt. Das ist vom Vater erworbenes kompositorisches Rüstzeug. Doch das „Wie“ dieser Verarbeitung, die Gestaltung des kompositorischen Details, täuscht nicht darüber hinweg, wie stark sich der junge Bach von seinem Ausgangspunkt zu entfernen beginnt. Alles ist denkbar vereinfacht. Alfred Dürr spricht von einem Stil, dessen „modisch-galante Expressivität einen eigenartigen Gegensatz zu den ‚gearbeiteten‘ großlinigen Kompositionen des Vaters gebildet haben mögen“[55].
Hier herrscht ein anderer Ausdruckswille, der andersartige stilistische Merkmale bedingt. Im d-Moll-Trio zeigt Carl Philipp Emanuel Bach, daß er durchaus in der Lage ist, einen Satz mit polyphon-imitatorischen Mitteln zu gestalten. Aber indem er sie gebraucht, setzt er sich zugleich bestimmten Gattungszwängen aus, unterwirft er sich beispielsweise dem „Gesetz“ der linearen Stimmfortschreitung. Der rhythmisch homogene Fluß (überwiegend gleichmäßige Sechzehntelbewegung) in diesem Trio ist nur eine Konsequenz dieser kompositorischen Konvention. Sie schließt schroffe Ausdrucksgegensätze ebenso aus wie jene für Carl Philipp Emanuel Bach später so typische vielgestaltige Sublimierung des melodischen Profils. Die weitere Ausbildung seiner künstlerischen Individualität strebt jedenfalls von der „gearbeiteten Schreibart“ weg, ohne sie gänzlich preiszugeben. Das ist sicher

eine Frage der psychischen Disposition des Komponisten, es ist aber auch eine solche von zeitgeschichtlicher Provenienz. Die Aufklärung, die universale geistige Bewegung des 18. Jahrhunderts, prägt entscheidend die Musikentwicklung der Zeit. Ein neues Musikideal wird von der jungen Generation der um 1710 geborenen Komponisten, zu denen Carl Philipp Emanuel Bach gehört, verfochten und praktisch umgesetzt. Es trägt im weiten Sinne den musikalischen Ansprüchen der „Kenner und Liebhaber" Rechnung. Galanterie und Empfindsamkeit, Einfachheit und leichte Faßlichkeit sind seine hervorstechenden Attribute. Im Urteil Johann Adolph Scheibes über Johann Sebastian Bach findet es seinen polemisch zugespitzten Ausdruck: „Dieser große Mann", so sagt Scheibe, „würde die Bewunderung ganzer Nationen seyn, wenn er mehr Annehmlichkeit hätte, und wenn er nicht seinen Stücken, durch ein schwülstiges und verworrenes Wesen das Natürliche entzöge, und ihre Schönheit durch allzugroße Kunst verdunkelte."[56]
Die historische Distanz von mehr als zwei Jahrhunderten läßt uns den Sachverhalt allerdings differenzierter sehen. Gewiß ist die von den zeitgenössischen Theoretikern konstatierte Inkommensurabilität des Bachschen Schaffens mit dem der nachfolgenden Generation — neben Scheibe seien Jiři Antonín Benda, Carl Philipp Emanuel Bach und Georg Christoph Wagenseil erwähnt — richtig, zumal Johann Sebastian Bach geradezu als „Exponent" einer „gelehrten Schreibart" galt. Doch wurde diese Inkommensurabilität in der älteren Musikgeschichtsschreibung durch eine wertende Gegenüberstellung von „Barock" und „Vorklassik" oder ähnlichen Stilbegriffen nicht hinreichend erklärt.[57] Eine komplexere Sicht gestattet der Aufklärungsbegriff, der bei seiner Anwendung im musikalischen Bereich keinesfalls auf das Ideal der Einfachheit und Natürlichkeit — etwa in der Formulierung Scheibes — reduziert werden darf, sondern der gleicherweise Qualitäten der Musik Johann Sebastian Bachs einschließt.[58] Zwischen beiden Stilrichtungen existieren vielfache Berührungspunkte. Gerade das Beispiel Carl Philipp Emanuel Bachs macht augenscheinlich, wie stark die Bindungen zur väterlichen Tonsprache ausgeprägt sind, in dem Leipziger d-Moll-Trio verständlicherweise stärker als in den späteren Werken.
In vielen der in Leipzig entstandenen Kompositionen häufen

sich stereotype Wendungen, wie Stufenbässe, ständig wiederkehrende Rückleitungsfloskeln. Sequenzierungen begegnen uns auf Schritt und Tritt. Nicht immer erweist sich das thematische Material als genügend tragfähig, um mit ihm einen ganzen Satz phantasievoll ausgestalten zu können. Doch das ist einem jungen Komponisten, der erst am Anfang seiner musikalischen Laufbahn steht, kaum anzulasten.

Die Stadt Frankfurt (Oder) im 18. Jahrhundert und ihr Musikleben

Im Spätsommer 1734 siedelte Carl Philipp Emanuel Bach nach Frankfurt über, um an der Alma mater Viadrina seine Studien fortzusetzen. Über die Beweggründe für diesen Schritt lassen sich nur Vermutungen anstellen. Strebte Bach nach größerer Selbständigkeit und weitgehender Unabhängigkeit vom Elternhause? Eine wesentliche Frage ist allerdings die, ob er mit dem Studium wirklich beabsichtigte, die Qualifikation für einen juristischen Beruf zu erwerben. Nach drei Jahren akademischer Ausbildung in Leipzig hätte er sich nämlich den notwendigen Prüfungen unterziehen müssen, die ihn zum Dienst in den sächsischen Ländern berechtigten.[59] Wollte er einer solchen Entscheidung ausweichen, indem er nach Frankfurt ging? Wahrscheinlich ist jedoch, daß er das Studium nur dazu benutzte — auch Komponisten wie Heinrich Schütz, Johann Mattheson, Georg Friedrich Händel und sein Bruder Wilhelm Friedemann hatten zunächst Jura studiert —, bessere Entwicklungsmöglichkeiten als Musiker zu erhalten. So durfte zum Beispiel die Lehrtätigkeit am Johanneum in Hamburg, wo Bach von 1768 bis zu seinem Tode im Jahre 1788 wirkte, nur durch akademisch gebildete Personen ausgeübt werden.[60] Suchte Bach in der nahe gelegenen preußischen Hauptstadt ein Fortkommen? Allerdings war dort die gesellschaftliche Situation zum damaligen Zeitpunkt so denkbar schlecht, daß sie weder für einen angehenden Juristen noch für einen Musiker verlockend erscheinen konnte. Diese Fragen müssen vorerst noch offenbleiben.
Wie in Leipzig hatten in Frankfurt über Jahrhunderte die Messen Anteil am wirtschaftlichen Profil der Stadt. Doch waren in der ersten Hälfte des 18. Jahrhunderts deutlich rück-

Ansicht von Frankfurt (Oder). Stich von Schleuen

läufige Tendenzen zu verzeichnen. In dem Maße, wie Berlin zur Metropole Preußens heranwuchs, verlor Frankfurt, ehemals wichtigster Umschlagplatz für den Warenaustausch nach Osten und Knotenpunkt an der Nord—Süd-Achse, über die sich Handelsbeziehungen von Skandinavien bis nach Ungarn abwickelten, an Bedeutung. Friedrich Wilhelm I. erklärte Frankfurt zur Garnisonsstadt. Auf über sechzigtausend Taler beliefen sich noch 1713 die Schulden, die Frankfurt infolge des Dreißigjährigen Krieges erwachsen waren. Die Entwicklung des geistigen Zentrums der Stadt, der im 16. Jahrhundert gegründeten Universität, vollzog sich im Spannungsfeld zwischen feudaler Zweckbestimmung und bürgerlichem Emanzipationsstreben. Der preußische König verachtete Wissenschaft und Kunst, sofern sie nicht militärischen Absichten förderlich waren. Sogar persönliche Erniedrigungen durch Friedrich Wilhelm I. blieben nicht aus; am 12. April 1737 mußten in öffentlicher Disputation auf Befehl und in Anwesenheit des Königs einige Professoren der Universität dem Hofnarren Morgenstern opponieren aufgrund seiner Schrift „Vernünftige Gedanken von der Narrheit und Narren“.[61] Vielleicht war Carl Philipp Emanuel Bach Zeuge dieses beschämenden Auftritts? Immerhin versuchten Wissenschaftler an einzelnen Fakultäten Aufklärungsideen durchzusetzen.

Böhmers Strafrechtreform zählte zu den wegweisenden Leistungen der Frankfurter Alma mater. Johann Jakob Moser, der Verfasser des fünfzigbändigen „Teutschen Staatsrechts“ (1737—1754) bemühte sich seit 1736 um eine Modernisierung der juristischen Ausbildung, ohne Erfolg freilich. 1739 verließ Moser bereits wieder die Universität. Seine Schilderungen des Frankfurter Aufenthaltes beschwören ein ziemlich desolates Bild herauf.[62]

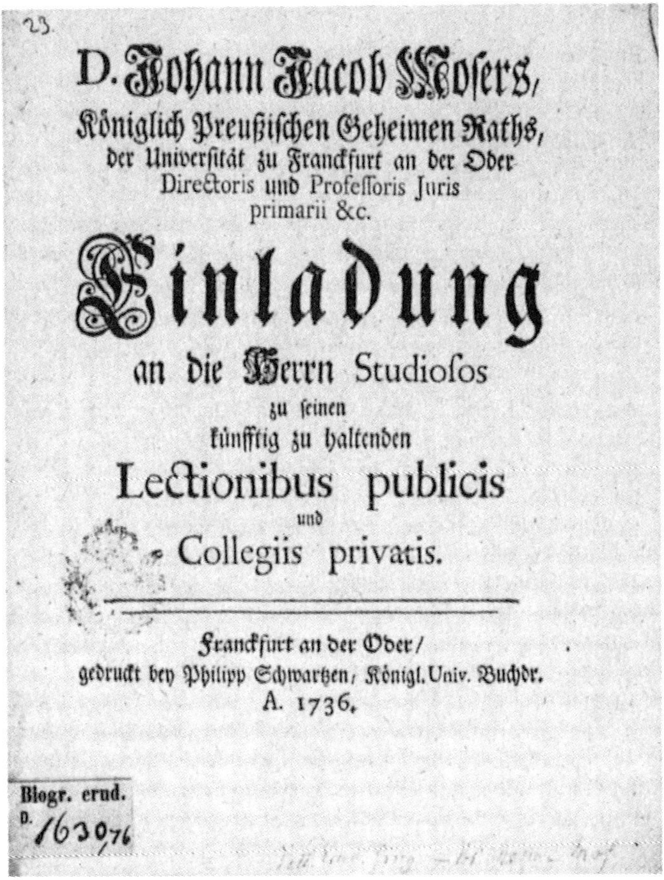

23

D. Johann Jacob Mosers,
Königlich Preußischen Geheimen Raths,
der Universität zu Franckfurt an der Oder
Directoris und Professoris Juris
primarii &c.

Einladung

an die Herrn Studiosos
zu seinen
künfftig zu haltenden

Lectionibus publicis
und
Collegiis privatis.

Franckfurt an der Oder/
gedruckt bey Philipp Schwartzen, Königl. Univ. Buchdr.
A. 1736.

Einladung zur Vorlesung Johann Jakob Mosers, Frankfurt (Oder) 1736

Daß Carl Philipp Emanuel Bach zu seinen Studenten zählte, kann als erwiesen gelten. Näheres über seine juristischen Studien ließ sich jedoch nicht in Erfahrung bringen. Selbstverständlich war er um sein Weiterkommen als Musiker bemüht. Frankfurt konnte sich zwar in seiner musikalischen Bedeutung keineswegs mit Leipzig messen, jedoch eine Bemerkung wie die folgende von Friedrich Rochlitz ist völlig abwegig: „In Frankfurt gab es allerdings fast gar Nichts von Musik.“[63]
Hinsichtlich seiner sozialen Verankerung unterschied sich das Musikleben Frankfurts nicht wesentlich von dem anderer deutscher Städte. Kirche, Rat und Universität benötigten Musik zu den verschiedensten Anlässen, waren denselben widersprüchlichen Entwicklungsverläufen unterworfen. Die Zunft der Stadtpfeifer wurde durch das Aufkommen von bürgerlichen Musiziervereinigungen verdrängt oder günstigenfalls von ihnen absorbiert.
Dabei hatte die Oderstadt in ihrer Musikgeschichte zahlreiche Höhepunkte zu verzeichnen.[64] Jodocus Willich, Humanist und vielseitiger Renaissancegelehrter, schuf um 1530 ein Collegium musicum, eines der ersten in Europa überhaupt. Weit über die Grenzen der Stadt hinaus war der Frankfurter Lautenkreis mit seinen Vertretern Benedict de Drusina, Matthäus Waissel und Gregor Krengel bekannt. Zu den einflußreichsten Kantoren zählte Gregor Lange (1574—1579 in Frankfurt), Friedrich Pittan (1591—1593) und vor allem Bartholomäus Gesius (Kantor von 1593 bis 1613). Michael Praetorius, der Verfasser des berühmten „Syntagma musicum“, studierte hier ab 1585 und übernahm von 1586 bis 1589 das Organistenamt an der Marienkirche. Der Dreißigjährige Krieg zerstörte auch das Musikleben, das sich in den folgenden Jahrzehnten nur zögernd entwickelte. Bekannt sind etliche Daten von Musikdarbietungen im 18. Jahrhundert, die zumeist im Rahmen von Universitätsfeierlichkeiten erfolgten. (Das musikalische Aufführungsmaterial ist in den meisten Fällen verlorengegangen.) Für ein akademisches Jubiläum im Jahre 1706 — um ein Beispiel zu nennen — schuf R. L. Mensching, ein Student aus Hannover, eine Serenade.[65] Unter seiner Leitung wurde dieses Werk, bestehend aus „Ouverture, Gigue, Air chanté alternativement avec les instruments, Sarabande, Entrée, Air de Flutes accompagne des Violons, Menuet“, musiziert. Auch während

des Festumzuges erklang Musik. Die Studenten „wechselten untereinander dergestalt ab, daß die Trompeten bisweilen aufgehöret und die Violinen in einem mäßige, die Fleutes douces aber in einem gantz douces echo beantwortet, und endlich alle drei Chöre zusammengeschlossen“[66]. Ebenso wurden andere Formen akademischer Festlichkeiten, zum Beispiel die sogenannten „Aufzüge“ zur Rektorenwahl, oder die Geburtstage von Professoren musikalisch umrahmt.
Wenige Jahre vor Bachs Übersiedlung nach Frankfurt hatte Johann Gottlieb Janitsch, der später in der Hofkapelle Friedrichs II. wirkte, an der Juristischen Fakultät der Viadrina studiert und zugleich eine rege künstlerische Tätigkeit entfaltet.[67] Am 4. November 1729 führte er mit dem studentischen Collegium musicum anläßlich des Besuches von Friedrich Wilhelm I. in Frankfurt eine eigene Serenade auf. Im gleichen und darauffolgenden Jahre wurden zwei weitere von Janitsch komponierte Serenaden zu ähnlichen Gelegenheiten gespielt.
Aber auch nach Bachs Weggang aus der Oderstadt fanden sich genügend musikfreudige Studenten, die durch mancherlei Aktivitäten auf die Entwicklung des Musiklebens in Frankfurt Einfluß nahmen. Einer von ihnen war Christian Gottfried Krause, Student der Rechte seit Februar 1741. In den 1766 in Leipzig von Johann Adam Hiller herausgegebenen „Wöchentlichen Nachrichten die Musik betreffend“ findet sich folgende Bemerkung: „Auf der Schule in Breslau sowohl, als nachher auf der Akademie zu Frankfurth an der Oder hat er“ (Krause — der Verf.) „schon viele Kirchenstücke gesetzet.“[68] Krause, obwohl seit 1753 als Advokat tätig, wurde einer der führenden Köpfe der Berliner Musiktheorie.

Carl Philipp Emanuel Bachs musikalisches Wirken in der Oderstadt

Über Carl Philipp Emanuel Bachs Frankfurter Zeit geben drei Dokumente Auskunft. Aus der Matrikeleintragung geht hervor, daß „Carolus Philippus Emanuel Bach Vinariensis Thuringus“ am 9. September 1734 Student der Juristischen Fakultät wurde.[69] In der Genealogie der Bachschen Familie ist dem Namen Philipp Emanuel die Bemerkung beigefügt:

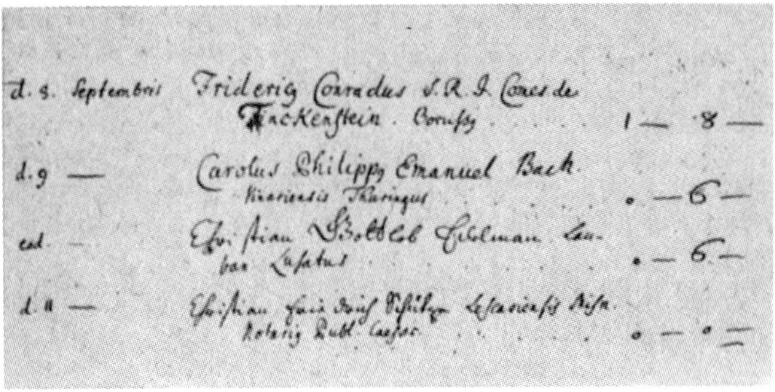

Matrikeleintragung Carl Philipp Emanuel Bachs vom 9. September 1734

„Lebet in Frankfurth an der Oder p. t. als Studiosus und informiret auf dem Clavier."[70] Demnach gab Bach zusätzlich noch Klavierunterricht, um seinen Lebensunterhalt aufzubessern. Schließlich lesen wir in der Selbstbiographie aus dem Jahre 1773: „Nach geendigten Schulstudien auf der leipziger Thomasschule, habe ich die Rechte sowohl in Leipzig als nachher in Frankfurth an der Oder studirt, und dabey am letztern Orte sowohl eine musikalische Akademie als auch alle damals vorfallenden öffentlichen Musiken bey Feyerlichkeiten dirigirt und komponirt."[71]

Bach hat also in Frankfurt eine Musiziergemeinschaft geleitet und Gelegenheitswerke verschiedenster Art und Funktion geschaffen. Wir haben Kenntnis von fünf Kantaten, die im Zeitraum von Januar 1736 bis März 1737 entstanden sind. Von drei Werken liegen die Texte vor, ohne daß jedoch der Komponist genannt wäre;[72] von den beiden anderen ließen sich lediglich die Titel ermitteln.[73] Wenn wir Bachs Äußerung, daß er „alle damals vorfallenden öffentlichen Musiken" komponiert habe, Glauben schenken dürfen, dann ist er als Autor dieser Kantaten anzusehen. Den letzten Beweis freilich würde eine stilkritische Analyse erbringen, doch sind die Autographe nicht auffindbar. Der künstlerische Wert dieser Werke dürfte allerdings nicht allzu hoch zu veranschlagen sein, denn Bach wachte sonst aufmerksam darüber, daß gute Kompositionen nicht verlorengingen. Er schuf hier ausschließlich Gebrauchsmusik, die ihren Entstehungsanlaß kaum überdauert haben wird. Anders verhält es sich mit der handschriftlich überlieferten Klavier- und Kammermusik aus der Frankfurter Zeit. Auch diese hatten einen ganz bestimmten Zweck zu erfüllen. Die sechs erhalten gebliebenen Klaviersonaten[74] verwendete Bach sicher im eigenen Klavierunterricht. Die Kammermusik[75] sowie ein Konzert für Cembalo und Streichorchester[76] wie auch die obenerwähnten Kantaten mag er für jene „Akademie" geschrieben haben, von der in der Selbstbiographie die Rede ist.

In einem Werk der Frankfurter Zeit ist die Individualisierung der kompositorischen Handschrift Carl Philipp Emanuel Bachs bereits weit fortgeschritten: in dem Trio a-Moll für Flöte, Violine und Basso continuo, Wq 148. Im Unterschied zu den Leipziger Trios sind in dieser 1737 entstandenen Komposition ausgesprochen homophone Wirkungen bestimmend.

Der erste Satz beinhaltet schon typische Stilmerkmale wie melodische Linien, die in Vorhaltsbildungen auslaufen und in Terzparallelen geführt werden. Gleich dem Hauptthema des Allegrettos sind solche Züge eigen:

Sie rücken das Werk in die Nähe des empfindsamen Stils. In der Verarbeitung des thematischen Materials folgt Bach weniger dem Prinzip einer motivischen Fortspinnung als dem eines blockhaften Setzens von strukturell heterogenen Komplexen. Diese sind oftmals durch unvermittelte Harmoniewechsel, zum Beispiel C-Dur — D-Dur (Takte 18/19), F-Dur — G-Dur (Takt 35), deutlich voneinander abgehoben. Ein solches Herausstellen von Kontrasten läuft der im zeitgenössischen musikästhetischen Schrifttum immer wieder anzutreffenden Forderung nach Affekteinheit zuwider. Hier deuten sich vielmehr erste Anzeichen eines fantasiehaften musikalischen Denkens an, wie es später für Carl Philipp Emanuel Bach charakteristisch werden sollte. Wenig erinnert in diesem Trio an die weit ausgreifende Melodik der väterlichen Tonsprache.

Kurze Phrasenbildungen sind auch für die anderen Sätze kennzeichnend. Dabei weiß der junge Meister auf der Grundlage dieser eher aufgelockert zu nennenden Musizierhaltung verschiedenartige Möglichkeiten des Kombinierens und Veränderns von Stimmen anzuwenden. In den Verlauf des Eingangssatzes sind Piano-Episoden eingefügt, gefolgt von einem abrupten Umschlagen der Stimmung:

Das Ganze ist ein echtes Stück kammermusikalischer Kunst, phantasievoll in seiner Diktion, lebhaft hinsichtlich seines musikalischen Ausdrucks, ein Stück, das dem Hörer den Genuß geistvoller Unterhaltung bietet.
Ist in diesem Trio Bachs Vorliebe für eigenwillige kompositorische Lösungen schon ansatzweise erkennbar, so kommt sie im Klavierkonzert G-Dur, Wq 3, vollends zum Tragen. Im ersten Satz exponiert Bach ein vehementes Hauptthema, unstet in seiner Bewegungsrichtung, in einem permanenten Auf und Ab begriffen. Das ist bereits der Typus des Individualthemas,[77] und in ihm konfiguriert das ungebändigte, leidenschaftliche Temperament des Künstlers:

In den Skalen lediglich ein mechanisches Spiel des Komponisten mit Tonleitern zu sehen, wäre ein eklatantes Mißverständnis. Sie besitzen vielmehr eindeutigen Ausdruckswert. Es sind energiegeladene Melodielinien, mit denen Bach zunächst sehr frei schaltet, so daß der Eindruck der Ziellosigkeit entsteht. Nach wenigen Takten eines solchen diffusen Verlaufs wird ein erster Ruhepunkt erreicht: Die Bewegung endet auf dem Ton

d^1, der durch Triller und Fermate akzentuiert wird. Auch das ist Bachsche Eigenart: das Herausstellen von Einzeltönen. Sofort ändert sich die musikalische Szenerie. Im Piano, kurz darauf sogar im Pianissimo, führt Bach einen Seitengedanken ein, der eine Art Gegenkraft zum Hauptthema bildet:

Hier kommt Beruhigendes, Kantables ins Spiel, gleich darauf wird durch ein energisches Motiv die Stimmung des Anfangs wieder aufgegriffen:

Hinsichtlich der formalen Ausgestaltung dieses Satzes geht Bach sehr planvoll vor. Die Soloteile, insgesamt drei, nehmen an Umfang zu. Ebenso wird das Reservoir spieltechnischer Möglichkeiten schrittweise erschlossen. Anfangs noch behutsam Laufwerk und Spielfiguren verwendend, gibt der Komponist dem dritten Teil schließlich einen deutlich virtuosen Zuschnitt; hämmernde Sechzehntelpassagen bestimmen das Bild:

Natürlich galt es in einem Klavierkonzert, in einem hohen Maße spielerischen Fertigkeiten Rechnung zu tragen. Bach, selbst ein hervorragender Cembalist, flocht genügend effektvolle Wendungen ein, die ihre Wirkung auf den Hörer kaum verfehlt haben werden. — Was die Durchorganisierung der Satzstruktur anbelangt, so sind einige Stellen des Bachschen Konzertes geradezu musterhaft. In den Anfangstakten des ersten Soloabschnittes durchlaufen Skalen (Hauptthema) in organischer Anordnung den gesamten Stimmenverband, beginnend in den ersten Violinen, endend in der Baßregion, gekoppelt mit aufsteigenden synkopierten Akkordbrechungen. (Nur nebenbei sei vermerkt, daß Bach, um Wiederholungen weitgehend zu vermeiden, die entsprechende Passage zu Beginn des zweiten Soloteils in veränderter Abfolge der einzelnen Instrumente realisiert.[78])

Einen solchen Grad künstlerischer Individualität hat Bach in den anderen Kompositionen der Frankfurter Zeit nicht erreicht. Die Klaviersonaten beispielsweise, mit Ausnahme des zweiten Satzes der Sonate e-Moll, Wq 65,5, einem sehr gefühlsstarken Siciliano, oder dem Eingangssatz der Sonate G-Dur, Wq 65,6, mit seinem subtileren Satzbild, sind meistenteils „Galanteriestücke". In kompositions- und spieltechnischer Hinsicht bieten sie wenig Originelles. Die thematischen Formulierungen sind oft sehr lapidar gehalten, in den Verarbeitungsabschnitten begegnen uns die üblichen Triolen- und Sechzehntelketten. Doch als entscheidend erweist sich, daß Bach in seinen besten Jugendwerken bereits eine neue und eigene Tonsprache gefunden hat, die er in der Folgezeit weiter zu differenzieren wußte.

So gesehen war die Frankfurter „Episode" in zweifacher Hinsicht wichtig. Sie war eine Zeit schöpferischer Produktivität und stilistischen Reifens. Sie war aber auch ein wichtiger Lebensabschnitt, in dem Bach als Persönlichkeit wuchs. Es sind — wie schon festgestellt — keine Dokumente überliefert, die uns näher Auskunft über diesen Prozeß geben könnten, keine Aussagen von Zeitgenossen, keine brieflichen Äußerungen, keine Hinweise in Zeitungen. Aber es liegen Kompositionen vor, und diese haben Beweiskraft auch im Hinblick auf menschliche und charakterliche Eigenschaften Bachs. Werke wie das G-Dur-Klavierkonzert oder das a-Moll-Trio sind als Ausdruck einer reich entfalteten Individualität zu verstehen.

Betrachten wir die in der Analyse dieser beiden Frühwerke gewonnenen Ergebnisse unter diesem Gesichtspunkt, dann erscheint uns Carl Philipp Emanuel Bach als eine sehr lebhafte, geistig äußerst wendige Persönlichkeit, der wohl ein gewisser Hang zum Exzentrischen nicht abgesprochen werden kann. Doch auch Empfindsames, Sensibles, stark Verinnerlichtes und Humorvolles prägen die Bachsche Psyche.

Oftmals gewinnen wir in seinen Kompositionen, namentlich in den langsamen Sätzen, den Eindruck eines sich ganz nach innen versenkenden Künstlers, dem Musik Mitteilung, Selbstausdruck persönlichster Dinge bedeutet. So reifte Bach im Musikalischen wie im Charakterlich-Individuellen. Daß sich hier ein neues Menschenbild — im epochalen Maßstab — durchzusetzen beginnt, wird in der nachfolgenden Berliner Schaffensphase Bachs vollends deutlich. Die allmähliche Verdrängung der „gelehrten" durch die „galante" und schließlich „empfindsame Schreibart" ist nur ein Symptom dieses Prozesses.

II. Berlin (1738—1768)

Kammercembalist in der Hofkapelle

„Als ich 1738 meine akademischen Jahre endigte und nach Berlin ging, bekam ich eine sehr vortheilhafte Gelegenheit einen jungen Herrn in fremde Länder zu führen: ein unvermutheter gnädiger Ruf zum damaligen Kronprinzen von Preussen, jetzigen König, nach Ruppin, machte, daß meine vorhabende Reise rückgängig wurde. Gewisse Umstände machten jedoch, daß ich erst 1740 bey Antritt der Regierung Sr. preussischen Majestät förmlich in Dessen Dienste trat, und die Gnade hatte, das erste Flötensolo, was Sie als König spielten, in Charlottenburg mit dem Flügel ganz allein zu begleiten. Von dieser Zeit an, bis 1767 im November, bin ich beständig in preussischen Diensten gewesen, ohngeachtet ich ein paarmal Gelegenheit hatte, vortheilhaften Rufen anderswohin zu folgen. Se. Majestät waren so gnädig, alles dieses durch eine ansehnliche Zulage meines Gehalts zu vereiteln."[1]
Mit diesen knappen Bemerkungen schilderte Carl Philipp Emanuel Bach in seiner Selbstbiographie, nicht ohne dem einstigen Brotherrn die obligate Reverenz zu erweisen, seine Berliner Jahre. Nahezu drei Jahrzehnte wirkte Bach also in Berlin, fest mit dem Musikleben dieser Stadt verwachsen. Mannigfache Anregungen erfuhr er im Umgang mit den Vertretern der bürgerlichen Aufklärung. Bach schuf hier mehr als dreihundert Werke, vor allem Klavier- und Kammermusik, nachweislich neun Sinfonien, achtunddreißig Klavierkonzerte, ein Magnificat, eine Osterkantate und zahlreiche Lieder. Seine Klavierkompositionen übten nachhaltigen Einfluß auf die Herausbildung neuer Stilmittel aus. Obwohl in zunehmendem Maße rationalistisch-doktrinäre Tendenzen den Bereich der Musiktheorie erfaßten und ein starres Festhalten an überholten Auffassungen die höfische Musikpraxis in Berlin kennzeichnete, Faktoren, die insgesamt hemmend auf die Ausbildung einer eigenständigen Tonsprache wirken mußten, gelangte Bach zu hoher künstlerischer Meisterschaft. Seine

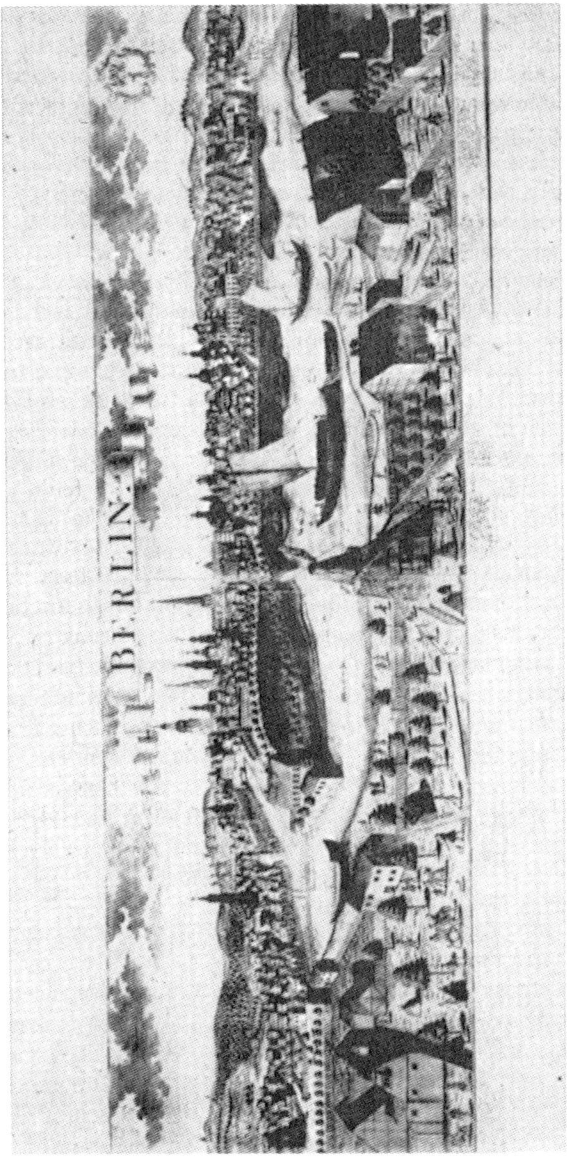

Ansicht von Berlin. Stich, Mitte 18. Jahrhundert

Musik wurde bald über die Grenzen Berlins hinaus in Deutschland, ja sogar im Ausland bekannt und geschätzt.
Bei dem Versuch, die Zeit unmittelbar nach Bachs Frankfurter Studienaufenthalt etwas zu erhellen, versagt die biographische Überlieferung ein weiteres Mal. Das Angebot, den Sohn des Grafen von Keyserlingk als Hofmeister auf einer Reise nach Frankreich, Italien und England zu begleiten,[2] eine denkbar gute Plattform für mancherlei vorteilhafte Beziehungen, hatte er ausgeschlagen; der Ruf des Kronprinzen erschien ihm offenbar mehr zu versprechen. Und tatsächlich konnte sich Bach in der Kapelle des musikbegeisterten preußischen Thronfolgers, die eine stattliche Anzahl bedeutender Musiker vereinte, beste berufliche Entwicklungsbedingungen erhoffen.
Der Kontakt mit Friedrich kam eventuell über die beiden ebenfalls an der Alma mater in Frankfurt (Oder) studierenden Söhne des preußischen Ministers von Happe zustande.[3] Bach hielt sich zunächst, ohne fest etatmäßig angestellt zu sein, abwechselnd in Ruppin und in Rheinsberg auf. Hier lernte er Johann Gottlieb Graun kennen, der seit 1732 dem kleinen Orchester als „Concertmeister" vorstand. Er freundete sich mit den aus Böhmen stammenden Bendas an. František Benda wurde 1733 durch Johann Joachim Quantz' Vermittlung als Violinist nach Ruppin geholt, ein Jahr später sein Bruder Jan Vaclav, ebenfalls als Geiger. (Jiří Antonín Benda wurde erst 1742 Kammermusiker in Berlin.) 1735 berief der Kronprinz Carl Heinrich Graun als „Capellmeister". Als im Jahr darauf Friedrich nach Rheinsberg übersiedelte, wo ihm die alte, durch Georg Wenzeslaus von Knobelsdorff ausgebaute Wasserburg als Wohnsitz zugewiesen worden war, gehörten seiner Kapelle insgesamt siebzehn Musiker an: ein „Capellmeister", ein Cembalist, sieben Violinisten, ein Bratscher, ein Cellist, ein Violonist (Kontrabassist), ein Flötist, zwei Hornisten, ein Harfenist und ein Theorbist.[4]
Bereits zu diesem Zeitpunkt verfügte der Klangkörper über eine beachtliche Leistungsstärke, wie wir aus einem zeitgenössischen Bericht erfahren. Knobelsdorff schrieb aus Rom: „Die Instrumentalmusik hier hat mich noch nie in Verwunderung gesetzt und ich wünschte wohl, denen Römern ein Ruppinisches Konzert hören zu lassen."[5] Anerkennend äußerte sich auch Quantz: Das Orchester habe „schon vom Jahre 1731 bis 1740 in Ruppin und Reinsberg in einer Verfassung gestan-

Flötenkonzert Friedrichs II. in Sanssouci. Gemälde von A. Menzel, 1852

den, die jeden Componisten und Concertisten reizen, und ihm vollkommene Gnüge leisten können".[6] In Livree und Zopf verrichteten die Hofmusiker ihren täglichen Dienst. Dieses äußere Erscheinungsbild sollte sich auch in den nächsten Jahrzehnten nicht ändern. (Das bekannte Ölgemälde von Adolph Menzel kann zumindest in diesem Punkt Authentizität beanspruchen.) Aufgeführt wurden zunächst Instrumentalwerke, vor allem Sinfonien und Kammermusik von Hasse und Johann Gottlieb Graun. Es erklangen aber auch Kammerkantaten, deren Gesangspartien häufig Carl Heinrich Graun und František Benda übernahmen. Mehr und mehr kamen Flötenkompositionen von Quantz hinzu.[7] Auch der Kronprinz betätigte sich kompositorisch.

Nach dem Regierungsantritt Friedrichs im Jahre 1740 erweiterte sich das Orchester auf neununddreißig Musiker. Für den „anno 1741 zugekommenen Capellbedienten" Bach wurde ein jährliches Gehalt von dreihundert Talern bereitgestellt[8]. Dies war für den ersten Cembalisten eine ausgesprochen geringe Entlohnung. Der Flötist und musikalische Berater des Königs, Quantz, war unter weitaus günstigeren finanziellen Bedingungen verpflichtet worden. Neben einem Jahresverdienst von zweitausend Talern honorierte Friedrich II. zusätz-

Hofkonzert. Holzschnitt von A. Menzel

lich noch jede Komposition und jede selbstgefertigte Flöte. Im höfischen Musikleben gingen spürbare Veränderungen vor sich. Der König beauftragte Knobelsdorff mit dem Bau eines Opernhauses. Carl Heinrich Graun reiste nach Italien, um Gesangskräfte zu engagieren. Am 7. Dezember 1742 erfolgte die feierliche Eröffnung des königlichen Opernhauses mit Grauns „Cesare e Cleopatra". Der Aufgabenkreis des Orchesters hatte sich durch die Dienste in der Oper beträchtlich erweitert. Nach den Angaben Marpurgs wurden Opern — ausschließlich Werke von Graun und Hasse — in den Wintermonaten Dezember und Januar jeweils montags und freitags aufgeführt: „Die übrigen Tage der Woche, währender Carnevalszeit", fährt Marpurg fort, „werden mit Redutten, Concerten, Comödien und andern Lustbarkeiten bey Hofe

abgewechselt. Sonst aber wird alle Tage des Abends von 7 bis 9 in der Kammer des Königs" (meistens in den Schlössern Sanssouci und Charlottenburg — der Verf.) „ein ordentliches Concert aufgeführt, in welchem Sr. Majestät selbst von ihrem Einsichtsvollen schönen Geschmack und ihrer ausnehmenden Fertigkeit auf der Flöte Proben darzulegen gewohnt sind."[9]
Carl Philipp Emanuel Bachs Pflichten als Cembalist verlangten ein hohes Maß an handwerklichen und musikalischen Fertigkeiten. Es versteht sich von selbst, daß er pianistisch versiert sein mußte. Auf einer bezifferten Baßstimme ex tempore ein kunstvolles vielstimmiges Satzgefüge zu errichten, gehörte ebenso zu den Anforderungen wie die Beherrschung der verschiedenen Arten des musikalischen Akkompagnements. Je nach Charakter der aufzuführenden Komposition hatte der Cembalist zu wählen zwischen einem ein- oder mehrstimmigen Akkompagnement. Letzteres, das aus vier und mehr Stimmen bestehen konnte, gebrauchte man — so Bach — „für starke Musiken, für gearbeitete Sachen, Contrapuncte, Fugen u.s.w. und überhaupt für Stücke wo nur Musik ist, ohne daß der Geschmack besonders dran Antheil hat"[10]. Gleicherweise mußte der Cembalist im Bereich der gefälligen, galanten „Schreibart" sicher sein. So hatte sich die Begleitung in den Solos oder Arien der Hauptstimme dezent unterzuord-

Berlin, Königliche Oper. Zeitgenössischer Stich

nen, um im geeigneten Augenblick dann wieder mit vielerlei Spielfiguren, wie Sprüngen, Läufen, Trillerketten, hervorzutreten. Aber auch Kenntnisse im Dirigieren, in der Arbeit mit Sängern und Instrumentalisten wurden vorausgesetzt. Bach meisterte alle diese Aufgaben mit großem Geschick und Einfühlungsvermögen. Seine Erfahrungen, die er in den ersten Berliner Jahren sammeln konnte, fanden später ihren theoretischen Niederschlag in dem Lehrwerk „Versuch über die wahre Art das Clavier zu spielen".

Die preußische Metropole um 1740

Friedrich Wilhelm I., preußischer König von 1713 bis 1740, hatte seine Interessen vornehmlich auf die Stärkung des Heeres gerichtet, dessen riesigen Bedarf Handel und Gewerbe zu decken hatten. So wurden fast achtzig Prozent des Staatshaushaltes jährlich militärischen Zwecken zugeführt (das sollte sich auch unter der Regierung Friedrichs II. nicht ändern!). Von den nahezu fünfundsiebzigtausend Einwohnern, die Berlin 1730 zählte (1750 bereits über hunderttausend Einwohner), fiel allein ein Fünftel auf die Garnison. Wissenschaftliches und kulturelles Leben stagnierten, was beispielsweise deutlich darin zum Ausdruck kam, daß die Königliche Akademie zusehends verfiel oder daß der Philosoph Christian Wolff, als „Gottesleugner" verketzert, bei Androhung des Galgens Preußen verlassen mußte. Die Hofkapelle wurde aufgelöst, lediglich an einigen Regimentstrompetern schien der „Soldatenkönig" Gefallen zu finden.
Als Friedrich II. 1740 die Regierungsgeschäfte übernahm, kam es zu einigen wesentlichen Wandlungen in der gesellschaftlichen Praxis. Die Wirtschaftspolitik, zwar noch nach alten merkantilistischen Gesichtspunkten betrieben, zielte auf Unabhängigkeit von ausländischen Märkten ab. Wichtigster Rohstoff wurde die Wolle, wichtigstes Gewerbe die Fabrikation von Stoffen. Im Justizwesen wurden einige Reformen, beispielsweise die Abschaffung der Folter, durchgesetzt. Vier Jahre nach dem Regierungsantritt Friedrichs II. erfolgte die feierliche Wiedereröffnung der Akademie. Namhafte Gelehrte, wie die Mathematiker Maupertuis und Euler, die Philosophen d'Alembert, Voltaire und Lamettrie, der Na-

Berlin, Unter den Linden. Stich, 1756

turforscher von Linné, wurden in den nächsten Jahren als Mitglieder dieser bedeutenden wissenschaftlichen Institution berufen. Der König korrespondierte mit führenden Vertretern der französischen Aufklärung. Seinen musikalischen Neigungen frönte er bei Opernaufführungen und als Flötist bei den abendlichen Kammerkonzerten. Viele Bauten — Oper, Schloß Sanssouci, Potsdamer Stadtschloß und andere — sind beredter Ausdruck für kulturvolle Prachtentfaltung in der preußischen Residenz, „wo man Versailles in Deutschland sah oder sehen wollte"[11].

Doch waren die aufklärerischen Ideen des flöteblasenden Friedrich II. in jedem Falle den militärischen Interessen untergeordnet, und diese zielten darauf ab, Preußen zur europäischen Großmacht zu entwickeln, was nur unter Einsatz militärischer Mittel möglich war. Kein anderer als Voltaire legte in einem Aphorismus die tatsächlichen Absichten Friedrichs II. bloß: „Der Fürst wirft seinen Philosophenmantel ab und greift zum Degen, sobald er eine Provinz erblickt, die ihm gefällt."[12] Bereits wenige Monate nach der Thronbesteigung zettelte Friedrich II. den ersten Schlesischen Krieg an und beschwor damit den sogenannten preußisch-österreichischen Dualismus herauf. Auch in der Folgezeit brachten Kriegshandlungen der Bevölkerung unsagbares Leid

Militärstrafen. Stich von D. Chodowiecki

und große materielle Verluste. Angesichts eines dergestalt expansiven Militarismus ist die Auffassung vom „aufgeklärten Fürsten“, wie sie in der bürgerlichen Geschichtsschreibung vertreten wird, sehr stark zu relativieren. Friedrich II. war ein „Mann des Adels, der kurz vor der Zeitenwende der Französischen Revolution starb, der zwar Impulse des neu heraufkommenden Zeitalters empfing und auf sie reagierte, indem er sein zurückgebliebenes Land den neuen Verhältnissen anzupassen suchte, der aber gleichzeitig — an die Bedingungen seiner Klasse und seines Landes gekettet — Dämme gegen die neue Gesellschaft errichtete“[13].

Aufgrund der in Preußen herrschenden spätfeudalen ökonomischen und sozialen Verhältnisse war die bürgerliche Klasse auch in den vierziger Jahren von der politischen Machtausübung ausgeschlossen. Der Umstand, daß es an der Akademie keine Klasse für „bürgerliche Rechte“ gab,[14] beweist, wie sehr dem feudalabsolutistischen Staat daran gelegen war, das gesellschaftliche Wirken des Bürgertums einzuschränken. Bürgerliche Kultur und Kunst konnten sich unter diesen Bedingungen nur zögernd entfalten. Da am Hofe französisch gesprochen wurde, kam die Akademie ebenfalls nicht umhin, ihre aufklärerischen Schriften in dieser Sprache zu veröffentlichen.

Bald traten jedoch Persönlichkeiten wie Lessing, Nicolai und Moses Mendelssohn auf, welche die deutsche Sprache, Literatur und Philosophie mit allen zu Gebote stehenden Kräften förderten.
Im Bürgertum bildeten sich eigene Formen der Musikausübung heraus. Johann Gottlieb Janitsch, „Contraviolonist" in der Hofkapelle, hatte bereits 1738 in Rheinsberg ein Liebhaberkonzert geschaffen, das in Berlin als „Akademie" weitergeführt wurde. Wenige Jahre später kam es zu weiteren Gründungen von Konzertunternehmungen. Ein ständiges bürgerliches Musiktheater bestand noch nicht. Singspiele wurden hin und wieder durch reisende Schauspielertruppen aufgeführt. Einen deutlichen Aufschwung erfuhr die Liedpflege.[15] Um 1750 bot das bürgerliche Musikleben in Berlin bereits ein imposantes Bild.[16]

Die „Preußischen" und „Württembergischen Sonaten"

Neben dem ständigen Hofdienst, der auf die Dauer bald zu einer gewissen Uniformität führen mußte, suchte Carl Philipp Emanuel Bach nach weiteren Wirkungsmöglichkeiten als Musiker. Wie in Frankfurt gab er auch in Berlin Klavierunterricht. Bach genoß den Ruf eines ausgezeichneten Pädagogen, und mancher bekannt gewordene Komponist ist durch seine Schule gegangen, zum Beispiel sein jüngster Bruder Johann Christian und der spätere Dessauer Musikdirektor Friedrich Wilhelm Rust. Lektionen am Klavier erhielt auch der junge Herzog Carl Eugen von Württemberg, der in späteren Jahren durch eine menschenverachtende Politik, insbesondere den Soldatenhandel mit Amerika, traurige Berühmtheit erlangte.
Die stärkeren Neigungen Bachs lagen jedoch auf kompositorischem Gebiet. Bereits in den ersten Berliner Jahren schuf er eine Vielzahl von Werken, bis 1744 über zwanzig Klaviersonaten und zehn Klavierkonzerte. Zu seinem Fleiß gesellte sich eine ausgesprochene Geschäftstüchtigkeit, die er sich das ganze Leben hindurch bewahrte. In kurzer zeitlicher Aufeinanderfolge erschienen bei den Nürnberger Musikverlegern Balthasar Schmid und Johann Ulrich Haffner zwei Sonatensammlungen: 1742 die „Sei Sonate per Cembalo", Wq 48,

Sei Sonate
per Cembalo
dedicate
ALL' ALTEZZA SERENISSIMA
di
CARLO EVGENIO
DVCA DI WIRTEMBERG E TECKH,
Conte di Montbeliard, Signore di Heidenheim, Cavalier del Toson d'Oro
e Marescciallo di Campo Supremo dell' inclito Circolo di Svevia &c.
Composte da
Carlo Filippo Emanuele Bach, Musico di Camera
di S. M. il Re di Prussia &c. &c.
OPERA IIda
Alle Spese di Giovanni Guglielmo Windter Intagliatore in rame
e Compagnia in Norimberga.
N.º XV.

Widmungsseite der „Württembergischen Sonaten“, Wq 49. Erstdruck, Nürnberg 1744

Sonate a-Moll aus den „Württembergischen Sonaten“, Wq 49. Erstdruck, Nürnberg 1744

die „Preußischen Sonaten", und 1744 die „Sei Sonate per Cembalo", Wq 49, die „Württembergischen Sonaten". Den Kontakt zu den Nürnberger Verlagshäusern hatte vielleicht sein Vater angebahnt.[17]
Beide Sammlungen können, wenn wir von einigen künstlerisch weniger ausgereiften Sonatensätzen absehen, als „die bedeutendsten Zeugnisse der neuen Stilbildung auf dem Gebiet der Klaviersonate" gelten.[18] Einzelne Sätze stehen noch im Bannkreis der Tonsprache Johann Sebastian Bachs, sind deutlich von der Form der Triosonate,[19] der Gigue,[20] der Invention[21] beeinflußt. Es wäre jedoch verfehlt, sie als epigonal abzutun. Vielmehr ist auch hier der schon früher beobachtbare künstlerische Klärungsprozeß ablesbar, der notwendigerweise die Auseinandersetzung mit der überkommenen polyphonen Formenwelt und deren Gestaltungsprinzipien einschließt, mehr noch, der an diese anknüpft und sie dem neuen Ausdruckswillen dienstbar macht.
Wie sicher Carl Philipp Emanuel Bach polyphone Techniken handhabt, mag das nachfolgende Beispiel aus dem langsamen Satz der Sonate E-Dur, Wq 48,3, zeigen:

Dieser Satz ist konsequent dreistimmig durchgearbeitet. Seine gleichförmig fließende Bewegung stellt die Einheit des Affektes her, was gleichbedeutend mit Einheit des Ausdrucks ist. Die lineare Stimmführung mutet wie eine polyphone Studie (Triosonate) an. Doch trügt der Schein: In den Takten 7 und 8 begegnen jene für Bach typischen stilistischen Wendungen:

Der Komponist setzt hier dynamische Kontraste, die durch harmonische Wirkungen (fallende kleine Septime) und die extreme Lage von Oberstimme und Unterstimme verstärkt werden. Das führt nicht nur zu einer Auflockerung des Satzgewebes — überhaupt fehlt der „große Atem" Johann Sebastian Bachscher Polyphonie —, sondern weist auf einen neuen Klavierstil, auf neue Möglichkeiten motivischer Verarbeitung hin.
Die in Berlin ausgebildete Sonatenform ist generell dreisätzig. Das Menuett, in den Sonatenwerken der süddeutschen Meister Wagenseil, Monn, Steffan und anderen fest integriert und Ausdruck für eine leichtere, gefälligere Musizierhaltung, wird ebenso wie das Rondo aus ästhetischen Gründen verworfen.[22] Das inhaltliche Schwergewicht der Bachschen Klaviersonaten liegt zweifelsfrei auf den ersten beiden Sätzen.
Auffallend ist zunächst die ebenso originelle wie unverwechselbare Züge tragende Thematik vieler Sonatensätze. Sie gehört zum Typus des Individualthemas, wie ihn Heinrich Besseler an einem Großteil der Klavier- und Orgelwerke Johann Sebastian Bachs exemplifiziert hat, nicht ohne dabei zugleich auf seine Weiterführung und -entwicklung durch Carl Philipp Emanuel Bach zu verweisen.[23] Das Individuelle zeigt sich als eine kluge Durchdifferenzierung der einzelnen musikalischen Parameter. Greifen wir ein Beispiel — das Vivace der B-Dur-Sonate, Wq 48,2 — heraus:

Man achte auf die rhythmisch-metrische Vielgestaltigkeit des Hauptthemas: In scheinbar loser Aufeinanderfolge werden Sextole, zwei Achtelsprünge, punktiertes Achtel, zwei Zweiunddreißigstel und mehrere Sechzehntel aneinandergereiht. Der Melodieverlauf läßt ein unruhiges Auf und Ab erkennen. Ungewöhnlich ist auch der harmonische Plan, wird doch bereits im zweiten Takt die Tonika zur Dominante umgedeutet. Wenn Bach die Septime zusätzlich mit einem Triller versieht, dazu noch auf unbetonter Zählzeit, dann ist der Eindruck musikalischer Irregularität offenbar. Mit anderen Worten: Alles an diesem kompositorischen Gebilde sperrt sich gegen eine vom Hörer gleichsam vorherbestimmbare Logik des thematischen Verlaufs. Aber gerade in dieser Diskontinuität liegt das Individuelle begründet. Dahinter steht die Komponistenpersönlichkeit Carl Philipp Emanuel Bachs.
Der Überraschungseffekt beim Publikum ist einkalkuliert. Hier agiert ein Komponist, der für sich selbst in Anspruch nimmt, das Herz seines Hörers „in eine sanfte Empfindung zu versetzen und dahin, wo er will, zu reissen“[24]. Die Nähe zur Praxis der Fantasie und Improvisation ist augenfällig. (Sie sollen uns an anderer Stelle ausführlicher beschäftigen.) Das heißt allerdings nicht, daß durchgängig solche Themenformulierungen, wie die soeben beschriebene, anzutreffen sind. Andere thematische Bildungen weisen vielmehr eine homogene Struktur auf, wenn es die zugrunde liegende gestalterische Absicht erfordert. Bach weiß den formalen Grundriß, die Sonatenform, denkbar abwechslungsreich zu realisieren. Immer wieder sucht er nach neuen Lösungen, stellt er das motivische Material in stets neuen Wendungen vor. Das muß die Zeitgenossen ungemein beeindruckt haben: „Unser Herr Bach“, lesen wir in Marpurgs „Critischem Musicus an der Spree“, „spielte vor einiger Zeit einem meiner guten Freunde die sechste aus dem zweyten Theil seiner herausgegebenen Sonaten vor.[25] Dieser Freund gestand mir, daß er sonst das Unglück habe meistentheils zerstreuet zu werden, ehe ein Stück zu Ende käme; bey diesem aber habe er seinen Plan wahrgenommen, und eine Ausführung desselben, die ihn in beständigem Feuer und in unverrückter Aufmercksamkeit erhalten. Dieser gute Freund ist ein blosser Liebhaber der Music, und er hat die Sprache der Töne ohne hinzu gekommene Worte verstanden.“[26]

Zur Demonstration des Neuen sei als weiteres Beispiel die Exposition des ersten Satzes der Sonate a-Moll, Wq 49,1, angeführt. Bach exponiert abermals ein Hauptthema mit einer ungleichförmigen rhythmisch-melodischen Faktur:

Als solches besitzt es ausreichend „entwicklungsträchtige" motivische Substanz, die Bach dann im Satzverlauf kunstvoll verarbeitet. Schon in diesen drei Takten sind differenzierte, motivisch determinierte Bewegungsabläufe zu beobachten, die einen drängenden Impetus bewirken. Aus einem markanten „Tutti"-Einsatz löst sich eine Zweiunddreißigstelfigur, das Kernmotiv, das jeweils in einen für Bach charakteristischen langen Vorhalt mündet. Die Bewegungsrichtung weist dabei eindeutig aufwärts. Mit a^2 wird der Spitzenton des Themas erreicht, gefolgt von einer die Grundtonart bekräftigenden Kadenz. Hier wie in den folgenden Abschnitten zeigt sich Bach als Meister einer neuen Gestaltungsweise, „der thematischen Verarbeitung wandlungsfähiger Motive"[27]. Das dabei zutage tretende Reservoir thematisch-motivischer Verarbeitungsmöglichkeiten erweist sich als schier unerschöpflich.

Bach verselbständigt und erweitert den langen Vorhalt zu einem kontrastierenden, dynamisch deutlich abgestuften Seitengedanken, der den leidenschaftlichen Gestus des Anfangs gleichsam zurücknimmt und der Musik einen flehenden Charakter verleiht:

Im Anschluß hieran entfalten Ober- und Unterstimme einen lebhaften Dialog, dabei ebenfalls auf die heterogene Konsistenz des Hauptthemas zurückgreifend:

In den Takten 8 und 9 wird das Kernmotiv zu Laufwerk umgebildet: in Sextparallelen geführte Zweiunddreißigstelpassagen:

Eine weitere Möglichkeit thematischer Verarbeitung erprobt Bach, indem er zunächst den Themenkopf in seiner originalen Gestalt wiederholt, dann aber dessen Fortführung in die Unterstimme verlegt und diese zugleich mit dem Seitengedanken in der Oberstimme verkettet:

Auf diese Weise schafft der Komponist permanent neue und überraschende motivische Konstellationen. Die feinsinnige Artikulation und ornamentale Ausschmückung der Melodiestimme, die dynamischen Kontraste (zum Beispiel Echowirkungen) und originellen harmonischen Kombinationen (verminderter Septimenakkord als bevorzugtes Ausdruckselement) in diesem Sonatensatz stellen ein weiteres Mal Bachs souveränen Umgang mit den verschiedenartigsten kompositorischen Mitteln unter Beweis.

Solche stilistischen Besonderheiten sind jedoch in jedem Falle Mittel zum Zweck. Carl Philipp Emanuel Bach geht es primär um Affektdarstellung. Ein überkommener ästhetischer Grundsatz besagt, daß in einem musikalischen Satz stets die Einheit des Affektes gewahrt werden müsse.[28] Diese wird im Kunstwerk durch Einheit der Thematik erreicht. Für Bach ist allerdings der Affekt keine starre Größe, sondern Spiegelbild wandlungsfähigen menschlichen Gefühls, dessen feinste Nuancierungen — er spricht von „Licht" und „Schatten"[29] — der Komponist nachzuzeichnen habe. Gerade diese Vielgestaltigkeit des Ausdrucks, die sich in personalstilistischen Eigenarten der Themenbildung und -verarbeitung manifestiert, begründete später Bachs Ruf als Originalgenie.

Der Mozart-Biograph Hermann Abert hat eine treffende Charakteristik des Klavierkomponisten Carl Philipp Emanuel Bach gegeben: „Das beliebte Schlagwort vom ‚galanten Stil' erschöpft nicht entfernt die Kunst dieses merkwürdigen Mannes, in dem sich Züge der Aufklärung alten Schlages mit dem Geiste von Sturm und Drang, ja der späteren Romantik beständig kreuzen. Er ist in vielen Zügen sogar das gerade Widerspiel des galanten Geistes, sofern man darunter eben die Vorliebe für ein teils anmutiges, teils empfindsames Spiel der Gedanken und Gefühle versteht. Trotz aller modischen Einkleidung und trotz des mitunter unklaren Überschwangs, der solchen Neuerern stets zu eigen ist, verlangt Bach in seinen Sonaten weit mehr vom Hörer, er reißt ihn oft über seltsame Höhen und Tiefen hinweg und zwingt ihn, hierin ein echter Bachsohn, namentlich durch eine Harmonik von oft geradezu wilder Kühnheit, in Gebiete des Seelenlebens hinein, die den ‚Galanten', auch seinem Bruder Christian, durchaus ferne lagen."[30]

Insbesondere in den langsamen Sätzen der Bachschen Kla-

viersonaten herrscht jene subjektive und gefühlsbetonte Empfindsamkeit vor, die von den Zeitgenossen so gerühmt wurde. Schon in seinem ersten Sonatenzyklus strebte Bach das Ideal einer ausdrucksvollen „Klang-Rede" (Mattheson) an, wobei er sich in dieser Beziehung auf den festen Bahnen der in der Mitte des Jahrhunderts ausgebildeten Musikanschauung bewegt. Die Nähe der Musik zur Rhetorik galt den Theoretikern als Selbstverständlichkeit. Viele Abhandlungen beinhalten Versuche, sprachliche Erscheinungsarten und Ausdrucksformen auf den Bereich der Musik zu übertragen und ihnen analoge kompositorische Strukturen zuzuordnen. „Die in ein grammatikalisch und syntaktisch richtiges Gewand gekleidete, bestimmte Vorstellungen erregende und verknüpfende Rede soll nachgebildet werden. Die Musik soll sprechen."[31] Hierher gehören die mannigfachen Redefiguren wie die Abruptio,[32] die Ellipsis,[33] die Multiplicatio,[34] die Extensio,[35] aber auch das „redende Prinzip"[36] und die Dialogform. Bach bediente sich in seinen Kompositionen häufig dieser Mittel. Er selbst weist im „Versuch über die wahre Art das Clavier zu spielen" auf die sprechenden Stellen seiner Musik hin.[37] Neben einer solchen Problematik ist eine weitere für die Charakterisierung des Bachschen Klavierstils wichtig. Geiringer spricht von einer „Technik, Elemente des dramatischen Gesangstils auf Klaviermusik zu übertragen"[38].
Der langsame Satz in f-Moll der ersten „Preußischen Sonate" kann in dieser Hinsicht als Musterbeispiel gelten. Carl Philipp Emanuel Bach verwendet in ihm, wohl überhaupt zum erstenmal in seinem Schaffen, ein instrumentales Rezitativ. Auch Johann Sebastian Bachs „Chromatische Fantasie und Fuge", BWV 903, enthält im Mittelteil der Fantasie eine rezitativische Passage, doch ist diese dort gleichsam genrespezifisch bedingt, indem sie ein Gegengewicht zur strengen polyphonen Form der Fuge darstellt. Der Sohn faßt das Rezitativ formal und dem Ausdruck nach als „Klang-Rede" in des Wortes eigentlicher Bedeutung auf. Durch das Kontrastieren zweier unterschiedlicher Klangcharaktere sucht er in jenem Satz den Eindruck eines „Zwiegesprächs" zu erwecken. Das Andante beginnt mit einer Kantilene, die deklamierend in einer weitgeschwungenen Melodielinie dahinfließt. Dabei nimmt der an Vorhaltsbildungen reiche melodische Verlauf Schärfen an — in Takt 2 wird durch die unmittelbare Nachbarschaft

von g^1 und ges^2 Spannung affiziert —, die zweifelsfrei ein Mehr an Intensität des Ausdrucks bewirken sollen:

Das sich anschließende Rezitativ schafft nicht nur einen stimmungsmäßigen Gegensatz zum vorangegangenen, sondern motiviert wiederum im Sinne des „redenden Prinzips“ den folgenden ariosohaften Teil:

Der Wechsel der beiden heterogenen Elemente bleibt auch für den weiteren Satzverlauf bestimmend. Bach findet überraschende harmonische Lösungen, indem er beispielsweise auf engstem Raum von G-Dur nach Es-Dur moduliert.
Solche Sätze, die zu den ausdrucksstärksten musikalischen Schöpfungen Bachs zählen, mag Johann Friedrich Reichardt gemeint haben, wenn er rückblickend im „Musikalischen Almanach“ (1796) schrieb: „... aber keine Instrumentalmusik war bis dahin erschienen, in welcher eine so reiche und doch wohlgeordnete Harmonie mit so edlem Gesange vereinigt, so viel Schönheit und Anordnung bei solcher originellen Laune herrschte, als in den ersten beiden in Nürnberg gestochenen Sonatenwerken und den ersten Koncerten dieses Meisters.“[39]

Reichardts Hinweis auf einige Bachsche „Koncerte", in denen sich ein hohes Maß an künstlerischer Originalität manifestiere, trifft durchaus auf den ersten Satz des Klavierkonzertes in E-Dur, Wq 14, zu. Dieses 1744 komponierte Werk entstand in unmittelbarer zeitlicher Nähe der ersten beiden Klaviersammlungen. Die Tatsache, daß es anderthalb Jahrzehnte später in Berlin gedruckt wurde, beweist, daß es Carl Philipp Emanuel Bach für wert hielt, einer breiten Öffentlichkeit zugänglich zu machen.
Welcher Gestalt ist der von Bach benutzte Konzerttyp? In welchem Traditionszusammenhang steht er? Wie wird der Gedanke des Konzertierens, des „Wettstreites" zwischen Orchester und Solisten, realisiert? Daß dieser Gattung eine Schlüsselstellung in seinem Gesamtschaffen zukommt, ist schon dadurch belegt, daß Bach allein in Berlin achtunddreißig Klavierkonzerte schrieb.[40] Dafür gibt es mehrere Gründe. Als Cembalist und Komponist, der nicht nur in der Hofkapelle Dienst tat — auch hier erklangen hin und wieder seine

Konzert bei Hofe. Stich von D. Beyel nach einer Tuschzeichnung von D. Chodowiecki

Klavierkonzerte[41] —, sondern in verschiedenen musikalischen Liebhabervereinigungen mitwirkte, mußte ihm daran gelegen sein, vorhandene praktische Bedürfnisse durch eigene Werke decken zu helfen. Das große Interesse an Solokonzerten — zumal in einer Zeit, in der sich das bürgerliche Konzertwesen zunehmend institutionalisierte — erklärt sich auch daraus, daß Kenner und Musikliebhaber ebenso durch virtuoses solistisches Spiel als auch durch einen beseelten, gefühlsstarken Vortrag unterhalten und gerührt sein wollten. Es gibt unter den Klavierkonzerten einige Werke, von denen Bach behaupten konnte, er habe sie mit „aller Freyheit" komponiert.[42] Hier herrscht ein Grad an Neuheit hinsichtlich formaler und klanglicher Gestaltungsweisen, der diesen Kompositionen einen wichtigen Platz in der Gattungsgeschichte des Klavierkonzertes einräumt.

Nun ist gerade in diesem Werkbereich die Verhaftung mit der Tradition des Vivaldischen und Johann Sebastian Bachschen Konzerttyps evident. „Das Mehrgliedrige des Anfangsritornells ließ ein Auswahl- und Kombinationsverfahren zu, das zu einer jedesmal veränderten Wiederkehr des Ritornells führen konnte; die Beziehungen der Soloeinsätze zu den Ritornellen konnten von thematischer Kontrastierung bis zu thematischer Identität gehen."[43] Dieses von Vivaldi praktizierte Formungsprinzip wirkte tiefgreifend auf die deutsche Entwicklung der Instrumentalgattung. Johann Sebastian Bachs Begegnung und Auseinandersetzung mit Vivaldi begann spätestens um 1713/14 in Weimar. In diesen Jahren entstanden die Cembalo- und Orgeltranskriptionen, und es gibt begründete Vermutungen dafür, daß auch die Komposition einzelner Bachscher Konzerte schon in die Weimarer Zeit fällt; der Schwerpunkt des Bachschen Konzertschaffens dürfte jedoch in den Köthener Jahren liegen.[44] Die drei erhaltenen Violinkonzerte, BWV 1041—1043, und mehrere verschollene Konzerte für ein oder mehrere Soloinstrumente arbeitete Bach in Leipzig um, indem er das Cembalo als Soloinstrument einsetzte, offensichtlich um neue Literatur für das Collegium musicum der Messestadt zu schaffen. Spätestens zu diesem Zeitpunkt dürfte Carl Philipp Emanuel Bach mit dem Typus des Klavierkonzertes in Berührung gekommen sein. Hieran konnte er dann in Berlin anknüpfen. Insbesondere Johann Sebastian Bachs Technik, die Ritornell- und Soloabschnitte

durch motivische Verknüpfung und Verarbeitung einander anzunähern und zu verschmelzen, wurde vom Sohn aufgegriffen und durch die im Bereich der Klaviersonate gewonnenen Erfahrungen — formaler Grundriß der Sonatenform, individuell geprägtes Thema und Kombination verschiedener Motivgruppen — weiter ausgebildet.
Der schrittweise erfolgende Übergang vom Ritornellsatz zum Sonatenkonzertsatz[45] ist im E-Dur-Konzert, Wq 14, schon weitgehend abgeschlossen. Wie in den meisten Konzerten Carl Philipp Emanuel Bachs wechseln vier Ritornelle mit drei Soli. Nicht thematische Gegensätzlichkeit wird angestrebt, sondern Vereinheitlichung des Ganzen durch weitgehende Übereinstimmung von Tutti- und Solothematik, ein Prinzip, das der generellen Forderung nach Affekteinheit entspricht. Das Hauptthema des E-Dur-Konzertes mit seiner weit ausgreifenden Dreiklangsmelodik in der Oberstimme über schrittweise fallenden Stufenbässen, Relikt der alten Konzertform, ist in allen Tuttiabschnitten präsent:

Die Solothematik weist folgerichtig einige auffällige Veränderungen gegenüber der des Ritornells auf. Ihre Faktur ist klaviermäßiger. Bach verziert die Melodie dezent mit Vorhaltsbildungen und macht sie durch kleinere Notenwerte beweglicher:

Hinsichtlich der räumlichen Anordnung von Tutti und Solo ergibt sich ein interessantes Bild. Im Verlauf des Satzes werden die Soloteile zusehends ausgeweitet; sie erreichen sogar den doppelten Umfang des ersten Tuttiabschnittes, wie es das folgende Schema verdeutlicht:

Tutti (= T)	T1		T2		T3		T4
Solo (= S)		S1		S2		S3	
Takte	50	45	40	55	20	100	40
Verhältnis der T- und S-Teile zueinander:	1,0 :	0,9 :	0,8 :	1,1 :	0,4 :	2,0 :	0,8

Es liegt in der Spezifik des Konzertes, wenn Carl Philipp Emanuel Bach den Akzent auf das solistische Konzertieren verlagert. In den von kurzen Tuttieinwürfen unterbrochenen Soloabschnitten entfaltet er eine reiche motivische Verarbeitungskunst. Nachdem im ersten Solo die Thematik exponiert wird, schließen sich Passagen mit ausgesprochenem Durchführungscharakter an: Bach sequenziert häufig, setzt ein interessantes Wechselspiel zwischen Ober- und Unterstimme in Szene und löst motivisches Material schließlich in figurativ konzipiertes Spielwerk auf. Im zweiten und dritten Solo wird das virtuose Moment gesteigert. Über lange, harmonisch sehr bewegliche Strecken dominieren Läufe und Akkordbrechungen: Die perlende Sechzehntelbewegung in der zwei- und dreigestrichenen Oktave — gespielt auf dem oberen Manual — läßt den hellen, silbrigen Klang des Cembalos schön hervortreten. Aber auch hier ist das Thema in Gestalt seines Kopfmotivs ständig präsent. Es erklingt in der Baßstimme. Der ganze Satz ist von einem ungestümen Drängen erfüllt, spiegelt so ganz Bachsche Leidenschaftlichkeit wider.
Diese wird in späteren Werken noch gesteigert. Der Einleitungssatz des Klavierkonzertes d-Moll, Wq 23, komponiert 1748, antizipiert mit seiner zerklüfteten Thematik und seiner sich ungescheut ausdrückenden Emphase bereits beethovenschen Gestus:

Konzert B-Dur für Oboe und Streichorchester, Wq 164. Autograph

Den langsamen Sätzen gilt Bachs besonderes Interesse, eingedenk des zeitgenössischen Postulats: „Je stärker und rührender ... ein solcher langsamer Satz eines Concerts ist, desto mehr Nachdruck wird er auch haben, und desto besser wird sich ein geschickter Virtuose damit hervorthun können."[46] In einzelnen Mittelsätzen, etwa dem des c-Moll-Konzertes, Wq 31, aus dem Jahre 1753, greift Bach in der Absicht, ein intensives „Zwiegespräch" zwischen Orchester und Solisten zu gestalten, auf das instrumentale Rezitativ und die „redende" Thematik der Klaviersonaten zurück. Die Schlußsätze, formal den ersten ähnlich, geben sich in Ton und Stimmung gelöster, unbekümmerter. Einige Klavierkonzerte wurden vom Komponisten zu Konzerten für Flöte, Oboe und Violoncello umgearbeitet.

Johann Sebastian Bachs Besuche in Berlin

„Anno 1744 habe ich mich in Berlin mit Jungfer Johanna Maria Dannemannin, eines dasigen damals lebenden Weinhändlers jüngsten Tochter verheyrathet."[47] Aus der Ehe mit der zehn Jahre jüngeren Frau gingen drei Kinder hervor. Am 30. November 1745 wurde der erste Sohn Johann August (?Adam) geboren, am 4. September 1747 die Tochter Anna Carolina Philippina und ein Jahr später, im September 1748, schließlich Johann Sebastian. Nach Aussage von Friedrich Rochlitz lag Carl Philipp Emanuel Bach sehr viel daran, in seiner Familie die Bachsche Musikertradition fortzuführen: „Bach besaß einen Sohn und eine Tochter. Keinem dieser Kinder schien besonderes musikalisches Talent zugetheilt, und so ward auch später jener ein Advokat und diese verblieb in gewöhnlichen häuslichen Verhältnissen. Schon in beträchtlich vorgerückten Jahren (?) wurde ihm nun unerwartet und zu seiner großen Freude noch ein Sohn geboren. Dieser, rief er, wird doch endlich in meine Familie einschlagen! und in dieser getrosten

Hoffnung nannte er ihn in der Taufe Sebastian, mehrmals den Freunden erklärend: in dem will ich der Welt einmal Alles hinterlassen, was ich von meinem großen Vater gelernt und dann selbst gefunden habe!"[48] Wenn auch diese Mitteilung sehr ans Anekdotische grenzt und einer gewissen Glorifizierung nicht entbehrt, so ist doch wahr, daß Bachs jüngster Sohn künstlerisch begabt war; allerdings wurde er Maler.

In die frühen Berliner Jahre Carl Philipp Emanuel Bachs fielen auch zwei Besuche des Vaters. Schon im August 1741 hatte Johann Sebastian Bach seinen gerade erst als Kammercembalisten des Königs verpflichteten Sohn aufgesucht und freundliche Aufnahme in der Wohnung des königlichen Leibarztes Dr. Georg Ernst Stahl, eines Freundes von Carl Philipp Emanuel, gefunden. Bachs Reise nach Berlin mag Familienangelegenheiten gegolten haben. Aber auch das künstlerische Klima dieser Stadt schien einen Besuch lohnenswert zu machen, denn in einem Brief von Johann Elias Bach, der seit 1737 zum engsten Familienkreis des Leipziger Thomaskantors gehörte, heißt es, daß „in Berlin nunmehr das musikalische seculum angegangen sei"[49].

Ein weiteres Mal weilte Johann Sebastian Bach 1747 in Berlin, diesmal auf Einladung Friedrichs II., der ihn am 7. und 8. Mai zu einer Audienz empfing. Der von Carl Philipp Emanuel Bach und Johann Friedrich Agricola verfaßte Nekrolog schildert diese Begegnung folgendermaßen: „Im Jahre 1747 that er" (J. S. Bach — der Verf.) „eine Reise nach Berlin, und hatte bey dieser Gelegenheit die Gnade, sich vor Seiner Majestät dem Könige in Preusen, in Potsdam hören zu lassen. Seine Majestät spielten ihm selbst ein Thema zu einer Fuge vor,[50] welches er so gleich, zu Höchstderoselben besondern Vergnügen, auf dem Pianoforte ausführete. Hierauf verlangten Seine Majestät eine Fuge mit sechs obligaten Stimmen zu hören, welchen Befehl er auch, so gleich, über ein selbst erwähltes Thema, zur Verwunderung des Königs, und der anwesenden Tonkünstler, erfüllete. Nach seiner Zurückkunft nach Leipzig, brachte er ein dreystimmiges und ein sechsstimmiges so genanntes Ricercar, nebst noch einigen andern Kunststücken über eben das von Seiner Majestät ihm aufgegebene Thema, zu Papiere, und widmete es, in Kupfer gestochen, dem Könige."[51] So entstand Johann Sebastian Bachs „Musikalisches Opfer".

Johann Sebastian Bach. Ölbild von E. G. Haußmann, 1746

Mit Sicherheit kam es bei den Berliner Besuchen Johann Sebastian Bachs zwischen beiden Musikern zu einem lebhaften Gedankenaustausch über kompositorische Fragen, wobei die divergierenden Positionen so manchen Zündstoff geliefert haben mögen. Jedoch wäre es falsch, wollte man das Vater-Sohn-Verhältnis unter der — zudem nicht verbürgten — aphoristischen Aussage Bachs über seinen zweiten Sohn „'s is Berlinerblau! 's verschießt" sehen[52] oder dem geflügelten Wort von der „alten Perücke", womit die Söhne angeblich den Vater titulierten, allzu großes Gewicht beimessen. Es ist bekannt,

daß sich der Berliner Bach zeitlebens, ob in Briefen, theoretischen Abhandlungen oder Gesprächen, anerkennend über Johann Sebastian Bach geäußert und diesen häufig als Gewährsmann für eigene Anschauungen zitiert hat.[53]
Einen noch schlüssigeren Beweis für die außerordentlich anregende Wirkung der Musik des Vaters bieten die Kompositionen Carl Philipp Emanuel Bachs selbst. Bereits anhand der Sonatensammlungen Wq 48 und 49 und früherer Werke konnten wir nachweisen, daß der neue „gusto" nicht aus einem radikalen Bruch mit der Tradition hervorgegangen ist, sondern in wesentlichen Aspekten aus der väterlichen Tonsprache, freilich recht bald durch personalstilistische, wegweisende Neuerungen auf die Ebene künstlerischer Singularität gehoben. Und um die kompositorische Begabung des Sohnes zu erkennen, bedurfte es nur des vergleichenden Blickes Johann Sebastian Bachs auf Arbeiten anderer zeitgenössischer Musiker wie Schaffrath, Agricola, ja selbst Quantz und Johann Gottlieb Graun. In stärkerem Maße als diese besaßen verschiedene Werke Carl Philipp Emanuel Bachs aus der Berliner Zeit, von denen der Vater sicherlich durch einzelne Abschriften und Erstdrucke Kenntnis hatte, einen hohen Grad an Originalität, den Johann Sebastian Bach kaum übersehen haben dürfte. Diese Originalität, von Burney später bei der Charakteristik des Berliner Komponistenkreises nur dem Bachsohn und František Benda zugebilligt,[54] wurde also nicht zuletzt durch die Integration von Stilmerkmalen Johann Sebastian Bachscher Musik erreicht. Wir begegnen solchen sehr häufig, etwa in den harmonischen Schärfen der musikalischen Diktion, in den polyphonen Wirkungen oder in der fortspinnungshaften Anlage mancher Sonaten.
Noch näher stand allerdings Wilhelm Friedemann Bach der Musik seines Vaters, der diesen auch am liebsten gemocht hatte. Carl Philipp Emanuel Bach sagte vom älteren Bruder: „Er könnte unsern Vater eher ersetzen, als wir andern zusammen genommen."[55] Seinen Kompositionen sind auffällig Merkmale des empfindsamen Stils, Seufzervorhalte und innigmelancholische Stimmungen, amalgamiert, sie sind erfüllt von genialischen Zügen, leidenschaftlich und exaltiert, ganz auf den Kenner zugeschnitten.[56]

Im Jahre 1749 komponierte Carl Philipp Emanuel Bach das Magnificat D-Dur für Soli, Chor und Orchester, Wq 215. Über den Entstehungsanlaß dieses Vokalwerkes ist gerätselt worden. Vielleicht schrieb es Bach in der Hoffnung, den Titel eines Hofkapellmeisters der Prinzessin Anna Amalia von Preußen zu erhalten. Selbst kompositorisch tätig, verfügte diese über eine umfangreiche Musikaliensammlung.[57] Als eine eifrige Verfechterin der „gelehrten Schreibart" verehrte sie die Musik Johann Sebastian Bachs, schätzte aber auch Händel, Hasse, Carl Heinrich und Johann Gottlieb Graun und Carl Philipp Emanuel Bach. — Denkbar wäre auch, daß Bach das Magnificat als „Prüfungsstück" für eine mögliche spätere Bewerbung um das Thomaskantorat in Leipzig vorsah. Zu einer Aufführung dieser Komposition scheint es schon recht früh in der Messestadt gekommen zu sein. Johann Friedrich Wilhelm Sonnenkalb, Thomasschüler von 1746 bis 1754, später Organist und Kantor, berichtet: „Ja, ich erinnere mich auch immer noch mit Vergnügen des prächtigen und vortreflichen Magnificats, welches der Herr Bach in Berlin zu meiner Zeit in der sogenannten Thomaskirche an einem Marienfeste aufführte, ob solches gleich noch zu den Lebzeiten des nunmehro seeligen Herrn Vaters war, und schon ziemlich lange her ist."[58] Als mögliche Aufführungsdaten kämen demnach der 2. Februar, 25. März beziehungsweise 2. Juli 1750 in Frage.[59]

Carl von Winterfeld, der Verfasser der Abhandlung „Der evangelische Kirchengesang" (1843—1847) bezeichnet das Magnificat als „eine Mustersammlung mannichfaltiger Satzformen"[60], und tatsächlich stellt dieses groß angelegte Chorwerk eine Verquickung von überlieferter Formenwelt und neuen, in Richtung auf die Wiener Klassik weisenden Zügen dar.

Nun kommt in der Vertonung des liturgischen Magnificattextes ohnehin ein stärkeres traditionelles gattungsspezifisches Element zum Tragen. Nicht nur, daß den einzelnen Sätzen jeweils ein bestimmter Affektausdruck immanent ist, ihnen sind teilweise auch gleiche Gestaltungstechniken zugeordnet. Das „Sicut erat in principio" wird sowohl im Magnificat D-Dur, BWV 243, von Johann Sebastian Bach wie beim Sohn als Fuge behandelt. Beiden Werken liegt die Haupttonart D-Dur zugrunde, eine gebräuchliche Praxis, um in den Eck- und in einzelnen Binnensätzen die naturtönig geführten D-Trompeten zum Einsatz bringen zu können, aber auch ein gezieltes Mittel, den Affekt der Freude und Verherrlichung, den „Ton des Triumphes“[61] zu treffen. Die Ähnlichkeit der instrumentalen Einleitungsabschnitte in beiden Vertonungen reicht bis in die kompositorische Struktur hinein: bewegte Sechzehntelpassagen in den Streichern und Holzbläsern, Schwerpunktmarkierungen und Dreiklangsbrechungen durch Trompeten und Pauken. Aber schon mit dem ersten Choreinsatz ändert sich das Bild auffällig: Johann Sebastian Bach baut ein kunstvolles polyphones Stimmengeflecht auf, während der Sohn weitaus homophonere Wirkungen eines im ganzen einfacheren Duktus beabsichtigt und erzielt. Auch in der Führung der Chorstimmen zeigt sich Carl Philipp Emanuel Bach weniger „instrumental“:

J. S. Bach, Magnificat, BWV 243, Eingangschor

C. Ph. E. Bach, Magnificat, Wq 215, Eingangschor

Unterschiedliche musikgeschichtliche Positionen und Musikideale manifestieren sich hier. Überwiegt bei Johann Sebastian Bach das polyphone Element und damit der Anteil der Chöre, die wiederum einen dramatischeren Ton bedingen, so sind im Magnificat des Sohnes Oberstimmenzentrizität und Kantabilität die tragenden Säulen.
Das Schwergewicht liegt auf der Ausgestaltung der Solonummern, wodurch die kontrapunktisch-imitatorische Arbeit weitgehend zurücktritt. Jedoch sind einige Chorfugen unmißverständlich dem Vorbild Johann Sebastian Bachs verpflichtet. Die Kopfmotive des „Fecit potentiam" und „Deposuit potentes" erweisen sich als fast notengetreue Übernahmen aus Teilen des väterlichen Magnificats. Die Nähe zur italienischen Oper ist mehr als einmal in Gestalt der verschiedenen Arientypen deutlich. Je nach Charakter der textlichen Vorlage wählt Carl Philipp Emanuel Bach einen empfindsamen, liedhaften, triumphierenden Ausdruck. Da finden wir den an Vorhaltsbildungen, engen Intervallfortschreitungen mit bevorzugter Sekundmotivik und dynamischen Abstufungen reichen Satz „Quia respexit". Im kunstvollen Wechselspiel zwischen Sopran und melodieführenden ersten und zweiten Violinen gelingt Bach eine beseelte, die kleinsten Sinngebungen des Textes nachzeichnende Gesangsszene. Den Gegenpol hierzu bildet die nachfolgende Tenorarie „Quia fecit": aufsteigende Dreiklangsschritte, ein knapp formulierter, energischer Skalenanlauf zum Spitzenton d^2 und eine die Tonart bekräftigende Wendung markieren den Anfang:

Der nach vorn drängende Impetus dieses thematischen Gebildes ist dem ganzen Stück eigen und klassifiziert es als zum Typus der Siegesarie gehörig. Mehrfach nehmen wir Anklänge etwa an spätere Vokalwerke von Mozart wahr, und nicht nur dort, wo sie durch eine ähnliche Melodiegestalt assoziiert werden:

C. Ph. Bach, Magnificat, Wq 215, Sicut erat

W. A. Mozart, Requiem, KV 626, Kyrie eleison

Der väterliche Nachlaß

Am 28. Juli 1750 starb Johann Sebastian Bach. Den Nekrolog für die „Societät der musikalischen Wissenschaften", deren Mitglied Bach seit Juni 1747 gewesen war, verfaßten gemeinsam Carl Philipp Emanuel Bach und Johann Friedrich Agricola. Er erschien 1754 im vierten Band der von Lorenz Mizler herausgegebenen „Musikalischen Bibliothek".
Dieses Dokument ist bedeutungsvoll für die Geschichte der Bach-Rezeption geworden. Es enthält trotz einiger anekdotischer Einflechtungen aus berufenem Munde wichtige Hinweise zur Lebensgeschichte Johann Sebastian Bachs. Erstmals findet sich eine — nicht durchweg detaillierte — Übersicht über sein Gesamtschaffen. Auch versuchen die Autoren des Nekrologs eine Standortbestimmung der Bachschen Musik, die das Bach-Bild der nächsten Jahrzehnte, ja bis in unsere Gegenwart hinein maßgeblich beeinflussen sollte. Zwei zentrale Gedanken sind dabei von besonderem Interesse: Das Beherrschen der „verstecktesten Geheimnisse der Harmonie" — Zeitgenossen sahen in Bach den „grossen Fugenmeister"[62]

und „tiefgründigen Tonsetzer"[63] — wird als Symptom einer „arbeitsamen, ernsthaften, und tiefsinnigen Musik" gewertet.[64] Gleicherweise galt Bach als „der stärkste Orgel- und Clavierspieler"[65] und Meister der Improvisationskunst. Von der subjektiven Warte des empfindsamen Stils aus konstatieren Carl Philipp Emanuel Bach und Johann Friedrich Agricola zwar „sonderbare", „fremde" Züge in der Bachschen Musik,[66] durch Attribute wie „neu", „ausdrückend" und „schön" unterstreichen sie jedoch deren unverwechselbaren Charakter wie ihre stilprägenden Nachwirkungen.

Carl Philipp Emanuel Bach nahm den fünfzehnjährigen Johann Christian in sein Haus auf und unterrichtete ihn auch im Klavierspiel. Doch schon 1754 verließ dieser Berlin, um nach Italien zu gehen und seine musikalischen Studien bei dem berühmten Padre Martini zu vervollkommnen. Er trat zur katholischen Konfession über, ein Schritt, den ihm der ältere Bruder sehr verübelte und den er ironisch kommentierte: „inter nos, machte es anders als der ehrliche Veit."[67] 1760 wurde Johann Christian Bach Domorganist in Mailand, komponierte bereits erste Opern. 1762 übersiedelte er, einem günstigen Angebot des King's Theatre in London folgend, nach England.

Dem Berliner Bach, der in der Erbschaftsangelegenheit durch Wilhelm Friedemann vertreten wurde, fielen große Teile des väterlichen Nachlasses zu, darunter die Autographe der beiden uns bekannten Passionen, des Weihnachtsoratoriums und der h-Moll-Messe. Neben diesen und zahlreichen anderen Werken von Johann Sebastian Bach nennt das Nachlaßverzeichnis (1790) auch solche anderer Komponisten der Bach-Familie. Der Sohn bewahrte die übernommenen Handschriften sorgfältig auf. Die Druckplatten der Ende 1750 oder Anfang 1751 als Erstdruck herausgegebenen „Kunst der Fuge" bot er allerdings 1756 öffentlich zum Kauf an,[68] nicht ohne zu wünschen, daß sich ein Verleger fände, der dieses „vollkommenste practische Fugenwerk ... zum Besten des Publici" bekanntmache.[69] Bachs Hoffnungen erfüllten sich nicht. Vermutlich wurden die Kupferplatten für ihren Metallwert verkauft und dann eingeschmolzen.

Um die durch Johann Sebastian Bachs Tod vakant gewordene Stelle des Thomaskantors bewarb sich neben Johann Gottlieb Görner, Johann Ludwig Krebs und August Friedrich Graun auch Carl Philipp Emanuel Bach, gewählt wurde jedoch Gott-

Johann Sebastian Bach, Matthäus-Passion, BWV 244 — „Wahrlich, dieser ist Gottes Sohn gewesen". Autograph

Johann Sebastian Bach, Kunst der Fuge, BWV 1080, mit Schlußvermerk C. Ph. E. Bachs. Autograph

lob Harrer, durch den Grafen Heinrich von Brühl in diese Position lanciert. Zu diesem Zeitpunkt hatten sich für Bach die aus dem Hofdienst resultierenden Spannungen zugespitzt, wozu insbesondere die geringe Entlohnung beigetragen haben wird. Noch immer bezog er das Anfangsgehalt von dreihundert Talern, was angesichts des Umstandes, daß der zweite Cembalist Nichelmann mit fünfhundert Talern eingestellt wurde und Quantz, Carl Heinrich und Johann Gottlieb Graun nach wie vor zweitausend beziehungsweise zwölfhundert Taler erhielten, zu Konflikten führen mußte. Der König machte auch keine Anstalten, seinen Kammercembalisten besser zu entlohnen, sicher ein Grund, daß dieser 1753 erneut eine berufliche Veränderung anstrebte. Bach bemühte sich um die Organistenstelle in Zittau, auf die auch sein Bruder Wilhelm Friedemann, seit 1746 Organist an der Hallenser Marktkirche und „Director musices", Gottfried August Homilius, Johann Christoph Altnickol und Johann Trier reflektierten. Letzterer, Student an der Leipziger Universität und Leiter des studentischen Collegium musicum, ging als Sieger hervor.

Mitte 1755 war Bachs Gehaltsfrage noch immer nicht geklärt. Der Geheime Kämmerer Friedrichs II., Michael Gabriel

Fredersdorff, berichtet dem König: „... Lautensack“ (Geh. Kriegs- und Kabinettsrat — der Verf.) „hatt mir Bach sein Memoriall auf Ewr K. M. gnädigsten Befehl Zu gesandt die andern Klagen sein Zu viel die hauptuhrsache seines Schreibens ist, Er Konte nicht Mehr mit 300 rt pension lehben Er hätte alle jahr die Zeit seines dienstes 600 rt Zu gesetzet, Nichelman und Agricola währen seine Scholären gewesen und hätten 600 rt, Er Bittet Ew Königl Maj um ver Mehrung seiner Pension, oder untherthänigst um seine dimißion. Die Noth triebe hir Zu, sonst würde Er Ew K Maj mit den Zu Friedensten Hertesten dienen allein Er Kont Mit seine Familie Nicht lehben.“[70] Die Randbemerkung des Königs lautet: „bac ligt“ (lügt — der Verf.) „agricola hat nuhr 500 rt er hat ein mahl im consert hier gespilet nuhn Krigt er Spiritus. er Sol doch zulage Krigen er Sol nuhr auf den Etat warten.“[71] Bach führte also einen hartnäckigen Kampf um eine gesicherte soziale Stellung (die allerdings weder in Berlin noch später in Hamburg jemals ernsthaft gefährdet war). — Als Harrer am 9. Juli 1755 starb, bewarb sich Bach ein weiteres Mal um das Thomaskantorat. Dazu nahm der damalige Leipziger Bürgermeister folgendermaßen Stellung: „Wegen Bachens habe Er eine Recommendation von Thelemannen aus Hamburg bekommen, es könne aber derselbe bey der Schule keine Dienste thun, welches doch nothwendig erfordert werde.“[72] Gewählt wurde Johann Friedrich Doles. Wieder war ein Versuch Bachs, sein Berliner Amt aufzugeben, mißglückt. Immerhin bewilligte der König jetzt eine Gehaltserhöhung um zweihundert auf fünfhundert Taler.[73]

Kammermusik

Trotz solcher unerfreulichen Auseinandersetzungen kam Bach in der kompositorischen Arbeit gut voran. 1751 druckte der durch Balthasar Schmids Witwe weitergeführte Nürnberger Verlag Kammermusik des Berliner Meisters mit nachstehendem Titel: „Zwei trio, das erste für zwo Violinen und Bass, das zweyte für 1 Querflöte, 1 Violine und Bass; bey welchen beyden aber die eine von den Oberstimmen auch auf dem Flügel gespielet werden kann.“ Das erste Trio in c-Moll, Wq 161a,[74] trägt die programmatische Überschrift „Gespräch

zwischen einem Sanguineo und Melancholico". Es hat wie kaum eine andere Komposition Bachs von sich reden gemacht. „In dem ersten Trio hat man versuchet", wird im Vorbericht ausgeführt, „durch Instrumente etwas, so viel als möglich ist, auszudrücken, wozu man sonst viel bequemer die Singstimme und Worte brauchet. Es soll gleichsam ein Gespräch zwischen einem Sanguineus und Melancholicus vorstellen, welche in dem ganzen ersten, und bis nahe ans Ende des zweyten Satzes, mit einander streiten, und sich bemühen, einer den andern auf seine Seite zu ziehen; bis sie sich am Ende des zweyten Satzes vergleichen, indem der Melancholicus endlich nachgiebt, und des andern seinen Hauptsatz annimmt."[75] Es folgt dann eine genaue Aufschlüsselung „alle(r) vorkommende(n) Hauptstellen" der Komposition, so daß jeder einzelne Affekt, jedes situationsverdeutlichende Moment vom Hörer nachvollziehbar wird. Die Anzahl der charakterisierenden Begriffe ist recht groß: brummen, tändeln, bitten, fragen, Schwermut, Munterkeit, Bitterkeit, Traurigkeit und so weiter. Angestrebt wird hier eine bildhafte, assoziative musikalische Sprache.
Carl Philipp Emanuel Bach berührt mit diesem kammermusikalischen Werk eine theoretische Fragestellung, die in der zeitgenössischen Musikästhetik mit Vehemenz diskutiert wurde: Was ist das Spezifische der Instrumentalmusik und wie läßt es sich definieren? Theoretiker wie Christian Gottfried Krause, Quantz, Nichelmann, Marpurg hatten, ausgehend von den Prämissen einer rationalistischen Philosophie, den Vorrang der vokalen vor den instrumentalen Genres und Gattungen propagiert, weil in ihnen die Worte die „deutliche Einsicht der Sachen" zeigen würden.[76] Damit war implizite eine Verkennung von Wesen und Eigenwert der Instrumentalmusik ausgesprochen. „Sonate, que me veux-tu?" („Sonate, was soll ich von dir halten?"), fragte der Franzose Bernard le Bovier Fontenelle.[77] Sonate, Kammermusik, Sinfonie wurden mehr oder weniger in den Bereich einer zweckfreien Spielmusik verbannt, ihren Inhalt suchte man mittels sogenannter Affektkataloge zu bestimmen. Bedenkt man, daß in solchen Katalogen bisweilen über dreißig menschliche Leidenschaften und Affekte klassifiziert und musikalischen Detailstrukturen zugeordnet waren, dann wird verständlich, welche Schwierigkeiten es bereiten mußte, eine solche „Wörterbuchästhetik"[78] auf das konkrete Instrumentalwerk anzuwenden. Und sicher

wähnten sich die Theoretiker erst, wenn sie — etwa in einer Arie oder in einem Lied — das Wort zur Inhaltsdeutung heranziehen konnten. Quantz schreibt in diesem Zusammenhang: „Die Singmusik hat gewisse Vortheile, deren die Instrumentalmusik entbehren muß. Bey jener gereichen die Worte, und die Menschenstimme, den Componisten, sowohl in Ansehung der Erfindung, als der Ausnahme zum größten Vortheile.“[79]
Handelte es sich hier zwar um ein diffiziles theoretisch-ästhetisches Problem, so war es kaum eines für die kompositorische Praxis und noch weniger eines für Carl Philipp Emanuel Bach, der Expressivität und Tiefe der Aussage von Instrumentalmusik als etwas Selbstverständliches ansah. Bach bedurfte des Mediums des Wortes nicht, um sich als Komponist uneingeschränkt entfalten und ausdrücken zu können, mehr noch, er entdeckte in den instrumentalen Genres mancherlei Vorteile. Zu ihnen zählte Bach „das überraschende und feurige, welches die Instrumente vor der Singe-Stimme voraus haben“[80]. Der Bezug zur Sprache und zur Vokalmusik ist dennoch in seinen Instrumentalkompositionen vorhanden, in Gestalt des „redenden Prinzips“ (Schering), als Vorstellung vom „singend denkenden“ Komponisten.[81]
Im c-Moll-Trio tritt Bach gleichsam den praktischen Beweis an, daß musikalische Inhalte auch ohne Worte bestimmbar sind. Freilich hat er diesen konzeptionellen Ausgangspunkt eigentlich wieder in Frage gestellt, denn um seinem Hörer das „Gespräch zwischen einem Sanguineo und Melancholico“ verständlich zu machen, gibt er ihm ein Programm in die Hand. Verständlich zu sein in diesem besonderen Falle bedeutete aber auch zu tradierten, allgemein bekannten, insbesondere tonmalerischen Ausdrucksfloskeln zu greifen. Die daraus erwachsenden Probleme einer Einschränkung künstlerischer Individualität sah Bach durchaus, und sie veranlaßten ihn, in späteren Jahren von ähnlichen Experimenten Abstand zu nehmen. Als er von Gerstenberg gebeten wurde, programmatische Musik zu schaffen, weil es doch möglich sein müsse, „die marquirten Empfindungen, die der Text enthält, eben so marquirt in die Composition“ zu übertragen,[82] antwortete er ausweichend: Man könne es näher haben, wenn man Worte dazu nähme.[83]
Trotz der zuweilen etwas vordergründig wirkenden illustrativen Elemente, die sich nicht zuletzt auch als ein Zugeständnis

an den besonders durch die französische Clavecinmusik programmatischen Charakters heraufbeschworenen Modegeschmack erweisen, ist Bach mit diesem Trio ein künstlerisch wertvolles Opus gelungen. Die im Programm angelegten und durch thematische Differenzierung, ständige Tempoänderungen und Wechsel von Dur und Moll verdeutlichten Ausdrucksgegensätze

werden zu Trägern einer interessanten musikalischen Entwicklung. Wie in anderen Werken zeigt sich auch hier Bachs Fähigkeit, motivisches Material auf mannigfache Weise zu verarbeiten. Ob im Bereich imitatorischer Stimmführung oder in der Erzeugung origineller harmonischer Kombinationen — die Musik wirkt in allen drei Sätzen überraschend neuartig:

Ein Teil der in Berlin entstandenen Kammermusik war für die Aufführung am Hofe bestimmt. Manches davon wird rasch komponiert worden sein, zumal der König ungewöhnliche experimentelle Lösungen nicht gern sah. Verglichen mit den Frankfurter Kompositionen hat sich die Anzahl der von Bach verwendeten Soloinstrumente vergrößert. Er schrieb in Berlin kammermusikalische Werke für obligates Cembalo, Violine, Flöte, Oboe, Viola da gamba, Violoncello und Harfe. In ständigem Kontakt mit seinen Kapellkollegen hatte Bach das

gebräuchliche Instrumentarium genau studieren können. Er kannte die Spezifik eines jeden Instrumentes und dessen spieltechnische Möglichkeiten erstaunlich gut. Neben dem Klavier ist die Flöte das von ihm bevorzugte Soloinstrument.
Sehr phantasievoll gestaltet Bach im einleitenden Andante der Sonate a-Moll für Flöte und Basso continuo, Wq 128, komponiert im Jahre 1740, die Oberstimme. Wir vernehmen eine weitgeschwungene, farbige Melodielinie, deren behutsam gesetzte Hebungen und Senkungen diese Musik außerordentlich beleben:

Wie in vielen langsamen Sätzen schwebt auch hier Bach das Ideal des „singend denkenden" Komponisten vor.
In den schnellen, virtuos angelegten Sätzen der „Solos", „Duette" und „Trios" für Flöte beziehungsweise Violine werden Akkordbrechungen, Skalen und Triolenketten in immer neuen Varianten und Kombinationen vorgeführt.
Den Triosonaten liegen stilistisch gesehen zwei Verarbeitungstechniken zugrunde. Einerseits begegnet uns noch der „barocke Grundsatz"[84], in dem beide Melodieinstrumente gleichgestellt behandelt werden. Es gibt aber auch Kompositionen, wo dieses Gleichgewicht zugunsten eines melodieführenden Instruments aufgehoben ist. In der Sonate d-Moll für zwei Violinen und Basso continuo, Wq 160, einem Werk der mittleren Berliner Zeit, dominiert eindeutig die erste Violine. Das ist bereits ein Schritt in Richtung auf die klassische Kammermusik. Haydns frühe Streichquartette beispielsweise besitzen diese Oberstimmenfaktur, in der *eine* Melodie zum Träger des musikalischen Ausdrucks wird. Der nun notwendig werdende Prozeß der Gleichberechtigung und Individualisierung *aller* Stimmen setzt bei beiden Komponisten erst später ein, bei Haydn in den „Russischen Quartetten" op. 33, die „von einer Neu, gantz besondere(n) Art" sind,[85] bei Bach partiell in den „Quartetten fürs Clavier, Flöte, Bratsche

und Baß", Wq 93 bis 95.[86] Die Satzfaktur in diesen Werken entsteht nicht mehr auf der Grundlage älteren polyphonen Denkens, sondern im Ergebnis der aufkommenden Techniken der thematisch-motivischen Entwicklung und der durchbrochenen Arbeit.

Berliner Musikleben

Längst hatte Carl Philipp Emanuel Bachs Meisterschaft auf kompositorischem Gebiet Ansehen gefunden. Das mußten auch die Kapellmitglieder vorbehaltlos anerkennen. Friedrich II. bevorzugte allerdings die Werke von Hasse, Quantz und der Brüder Graun. Der Musik seines Cembalisten und „Compositeurs" hingegen brachte er ein gewisses Befremden entgegen. Er hat sie — wie Burney später schrieb — nicht sonderlich „goutiert"[87]. Bach seinerseits hatte manches am Flötenspiel des Königs auszusetzen, woraus er gar kein Hehl machte: „Als ein Gast einst", so berichtete ein Zeitgenosse, „dem erlauchten Spieler" (Friedrich II. — der Verf.) „Beifall zollte mit den Worten ‚Was für ein Rhythmus!', murmelte Bach hörbar ‚Was für Rhythmen'."[88]

Der offiziellen höfischen Kultur mit ihrer ausschließlichen Orientierung auf die französische Literatur und die italienische Oper mochte Bach viele Anregungen zu verdanken haben — seine geistige Heimat fand er jedoch in der bürgerlichen Aufklärungsbewegung, die in bewußter Konfrontation zur feudalabsolutistischen Ideologie stand und deren Mitgestalter im musikalischen Bereich er war. Möglichkeiten einer universalen Bildung gab es für den gutsituierten Bürger in der preußischen Residenz viele, und sie wurden auch von Bach in starkem Maße genutzt. Der Musikinteressierte konnte die zunächst privatim veranstalteten, bald aber ans Licht der Öffentlichkeit tretenden Aufführungen der verschiedenen Liebhabervereinigungen besuchen und, sofern er ein Instrument beherrschte und die Richtlinien solcher Musiziergemeinschaften zu akzeptieren bereit war, selbst mitwirken. Das älteste Unternehmen dieser Art bildete Johann Gottlieb Janitschs „Akademie". Seit 1749 versammelte sich bei Johann Philipp Sack allwöchentlich die „Musikübende Gesellschaft". Gern besucht wurden auch die „Musikalische Assembleé"

Carl Philipp Emanuel Bach als Vierzigjähriger. Pastellbild, angeblich von A. F. Oeser, vermutlich von J. F. Reifenstein

bei Christian Friedrich Schale und die bei Johann Friedrich Agricola stattfindenden Konzerte. Geiringer vermutet außerdem eigene Konzerte in Bachs Haus.[89] Daß dieser lebhaften Anteil am Wirken solcher Gemeinschaften nahm, ist bekannt. Am 26. März 1755 spielte er den Cembalopart anläßlich der Uraufführung von Carl Heinrich Grauns Passionsoratorium „Der Tod Jesu".[90]
In seiner „Beschreibung der Königlichen Residenzstädte Berlin

Johann Joachim Quantz. Stich von J. D. Schleuen d. Ä.

und Potsdam und aller daselbst befindlicher Merkwürdigkeiten" (1769) schildert Friedrich Nicolai das Berliner Konzertleben: „Oeffentliche Concerte pflegen den Winter durch, auf Subscription einiger Liebhaber angestellt zu werden, wie denn noch kürzlich ein solches Concert wöchentlich in dem großen Saale des Opernhauses, ist gehalten worden. Privatconcerte sind häufig, welche meistens gut besetzt sind, weil außer der Königl. Kapelle und den verschiednen Kapellen der Prinzen des Königl. Hauses, in Berlin noch verschiedne Privatmusiker, und sonst viele Kenner der Musik befindlich sind."[91]

Zu den tonangebenden Musikern gehörten die Brüder Graun und Benda, Johann Joachim Quantz, Johann Gottlieb Janitsch, Christoph Schaffrath, Christian Friedrich Schale, Johann Philipp Sack, Friedrich Wilhelm Marpurg, Christoph Nichelmann, Johann Friedrich Agricola und Johann Philipp Kirnberger. Engere Kontakte zu Bach ergaben sich schon aus der gemeinsamen Tätigkeit in der Hofkapelle, der ein Großteil der genannten Komponisten und Instrumentalisten angehörte. Aus diesem Kreis rekrutierten sich aber auch die maßgeblichen Vertreter der Berliner Musiktheorie und -kritik. Ihre untereinander geführten Diskussionen berührten gleicherweise Instrumentenprobleme wie ein breites Spektrum musikästhetischer Fragen.

Zurückblickend auf diesen Zeitabschnitt, schreibt Bach in der Selbstbiographie: „Von allem dem, was besonders in Berlin ... zu hören war, brauche ich nicht viele Worte zu machen; wer kennt den Zeitpunkt nicht, in welchem mit der Musik sowohl überhaupt als besonders mit der accuratesten und feinsten Ausführung derselben, eine neue Periode sich gleichsam anfieng, wodurch die Tonkunst zu einer solchen Höhe stieg, wovon ich nach meiner Empfindung befürchte, daß sie gewissermassen schon viel verlohren habe."[92] So stimulierend die verschiedensten Impulse aus der musikalischen Umwelt Bachs für diesen zunächst gewesen sein mochten, in der Folgezeit kam es in Berlin immer mehr zur Ausbildung von doktrinären Zügen in Musikanschauung und Musiktheorie, was jeden originalen Schaffensdrang hemmte und der sogenannten Berliner Schule in Süddeutschland und anderswo den Ruf der Zopfigkeit einbrachte.[93]

Als besonders wichtig für Bachs künstlerische Entwicklung erwies sich der Gedankenaustausch mit den führenden Ber-

Carl Heinrich Graun und seine Gattin. Ölbild von A. Pesne

liner Dichtern, der unter anderem durch etliche gemeinsame Liededitionen gefördert wurde. Nicht nur, daß Bach in seinen Oden und Gesängen erstaunlich sicher mit dem dichterischen Wort umgeht, Vertonungen, die „den Wendungen des Dichters in den Gedanken“ folgen,[94] ein zentrales Stilmerkmal seiner Musik wird durch das „redende Prinzip“ verkörpert. Einige Instrumentalwerke haben gerade wegen ihres sprechenden Ausdrucks in den siebziger Jahren zu Textunterlegungen Anlaß gegeben. (In welchem Maße dichterische Strukturen und Formen, möglicherweise sogar ein Denken in poetischen

Bildern für die Ausbildung des Bachschen Instrumentalschaffens relevant sind, bleibt ein Gegenstand künftiger Forschung.) — Bach war befreundet mit dem Dichter Johann Wilhelm Ludwig Gleim, einem führenden Kopf der deutschen Anakreontik. Die Verbindung riß auch nicht ab, als Gleim 1747 nach Halberstadt übersiedelte. Ein Jahrzehnt später schilderte der Dichter den Freundeskreis, in dem Bach verkehrte: „Ramler, Leßing, Sulzer, Agricola, Krause (Der Musicus, nicht der dumme Zeitungsschreiber für den behüte der Himmel!) Bach, Graun, Kurz alles, was zu den Musen und freyen Künsten gehört gesellte sich täglich zu einander, bald zu Lande, bald zu Waßer; was für ein Vergnügen war es in solcher Gesellschaft auf der Spree mit den Schwänen um die Wette zu schwimmen! Was für eine Lust, in dem ThierGarten sich mit der gantzen Gesellschaft unter tausend Mädchen zu verirren?“[95]

Lessing machte 1748 Bachs Bekanntschaft. Konnte dieser vor allem als Liedkomponist in der Diskussion seine Kenntnisse über Literatur und Sprache erweitern, so dürfen wir annehmen, daß Lessings zwar nicht allzu umfangreiche schriftliche Äußerungen zur Tonkunst, wie sie im 26. und 27. Stück der „Hamburgischen Dramaturgie“ oder in den „Kollektaneen“ entwikkelt sind, auch durch Bach beeinflußt wurden. In wichtigen Punkten, beispielsweise dem Verhältnis zwischen Vokalmusik und Instrumentalmusik oder dem Problem der Affekteinheit, bezogen sie jedoch gegensätzliche Positionen. Zum Kreise der Berliner Schriftsteller gehörte auch Karl Wilhelm Ramler, 1748 als Professor an eine Kadettenanstalt berufen. Bach beteiligte sich an dessen „Oden mit Melodien“ (1753 und 1755) mit fünf Vertonungen. Der Mitherausgeber dieser Liedsammlung, Christian Gottfried Krause,[96] Advokat beim Magistrat und französischen Gericht, hatte neben seiner eigentlichen beruflichen Tätigkeit auch als Komponist und Musiktheoretiker großes Ansehen erlangt. Seine Abhandlung „Von der musikalischen Poesie“ (1753) fand damals in Deutschland weite Verbreitung.

Man traf sich in den verschiedenen, nach englischem Vorbild ins Leben gerufenen literarischen Klubs, dem „Montagsclub“ (seit 1746) und dem „Donnerstagsclub“ (seit 1749). Bach war gern gesehener Gast in wohlhabenden Kreisen des Großbürgertums. Über die jüdische Bankiersfamilie Itzig dürfte wohl

Gotthold Ephraim Lessing. Ölbild von A. Graff, 1771

die Beziehung zu dem Philosophen Moses Mendelssohn zustande gekommen sein, der wiederum mit Friedrich Nicolai, dem Herausgeber der „Allgemeinen Deutschen Bibliothek" — in dieser Zeitung wurden viele Bachsche Kompositionen rezensiert —, bekannt war. Sara Levy, die Großtante Felix Mendelssohn Bartholdys, besaß eine umfangreiche Sammlung von Kompositionen Wilhelm Friedemanns und Carl Philipp Emanuel Bachs. Letzterer revanchierte sich für die freundliche Aufnahme auf seine Weise: Er ließ sich in den bürgerlichen Salons, bewundert ob seiner Improvisationen, am Clavichord oder Cembalo hören und schuf musikalische Porträts von

Frauen seines Bekanntenkreises. Nicht zuletzt war Bachs Wohnung selbst Sammelpunkt für viele Begegnungen; er galt als einer der ersten zeitgenössischen Komponisten und zudem als berühmter Sohn des großen Johann Sebastian Bach. In der Konversation erwies sich Carl Philipp Emanuel Bach als geistvoller und beschlagener Gesprächspartner.
Ein Bild von Bachs Charakter zu zeichnen, über sein Äußeres, seine Lebensart, seine Umgangsformen Auskunft zu geben, bereitet erhebliche Schwierigkeiten. Die diesbezüglichen Quellen aus den Berliner Jahren, die hier weiterhelfen könnten, sind wenig ergiebig. Das braucht uns nicht zu verwundern. Erst in der Zeit des Sturm und Drang erwachte in starkem Maße auch das Interesse an Wesen und Erscheinung der Künstlerpersönlichkeit, an der „Ichheit" „des musikalischen Genies",[97] ein Interesse, das sich in den vielen Tagebüchern, Autobiographien, physiognomischen Studien niederschlug. Aus der Hamburger Schaffensperiode Bachs werden dann auch die verschiedensten Zeugnisse dieser Art vorliegen. Der um die Bach-Forschung verdiente Musikwissenschaftler Rudolf Steglich entwirft ein wohl annähernd authentisches Charakterbild von Carl Philipp Emanuel Bach,[98] das wir in einigen Punkten ergänzen. Er nennt ihn einen Menschen mit starken, überaus empfänglichen Sinnen. Er besaß genügend Selbstbewußtsein, gesunden Ehrgeiz und — nicht zuletzt — die nötige Tüchtigkeit in geschäftlichen Dingen, um sich als Komponist durchsetzen zu können. Seine Natur war von fast südländischer innerer Beweglichkeit, ein Eindruck, der noch durch Bachs äußere Erscheinung verstärkt werden mochte: dunkle Gesichtsfarbe, dunkle Augen, schwarzes Haar und ziemlich kleiner Wuchs. Lebenslustig und mit einer tüchtigen Portion Humor ausgestattet, wußte Bach die Annehmlichkeiten des Daseins zu schätzen. Alles in allem begegnet uns in ihm eine rechtschaffene und lebenserfahrene, überaus vielseitig entfaltete Persönlichkeit.
Carl Philipp Emanuel Bachs Leistung als Komponist, Theoretiker, Interpret und Organisator muß in erster Linie in ihrem Bezug zur Aufklärungsbewegung gesehen werden. Die Parallelität Bachscher Postulate mit vergleichbaren Intentionen und Bestrebungen des führenden Vertreters der literarischen Aufklärung, Gotthold Ephraim Lessings, ist unverkennbar. Lessings Kritik an einem verzärtelten, in einer abstrakten Mora-

lität befangenen Menschenbild, wie es die klassizistische französische Ästhetik propagierte, seine Hinwendung zu Shakespeares Werk und Gestaltungsweise und die damit verbundene Bevorzugung starker Leidenschaften, seine Zweck-

Johann Winckelmanns,
Präsidentens der Alterthümer zu Rom, und Scrittore der Vaticanischen Bibliothek,
Mitglieds der Königl. Englischen Societät der Alterthümer zu London, der Maleracademie
von St. Luca zu Rom, und der Hetrurischen zu Cortona,

Geschichte der Kunst des Alterthums.

Zweyter Theil.

Mit Königl. Pohlnisch- und Churfürstl. Sächs. allergnädigsten Privilegio.

Dresden, 1764.
In der Waltherischen Hof-Buchhandlung.

Titelseite zu Johann Joachim Winckelmanns „Geschichte der Kunst des Altertums", 1764

setzung der Tragödie, „Furcht und Mitleid" zu erregen, und sein Streben nach Originalität und Individualität der künstlerischen Aussage — das waren im weiteren und verwandten Sinne auch die künstlerischen Forderungen, die Carl Philipp Emanuel Bach vertrat: Leidenschaftlichkeit und Sensibilität des Ausdrucks, „Rührung des Herzens" und hohe Kunstfertigkeit.

Aufgeklärtes Denken erfaßte die verschiedensten Bereiche wissenschaftlicher und künstlerischer Tätigkeit. Namhafte Gelehrte, Schriftsteller und Künstler suchten unter Berufung auf die eigenen Verstandes- und Vernunftskräfte und von einem optimistischen Fortschrittsbewußtsein durchdrungen, universales Wissen und Gedankenfreiheit in das öffentliche Leben zu tragen. Die Entwicklung einer bürgerlichen Nationalkultur wurde zur vorrangigen Aufgabe. Lessing zog gegen das Vorurteil zu Felde, wonach die Tragödie nur Fürstenschicksale darzustellen verpflichtet sei. Die Helden seines Trauerspiels „Miß Sara Sampson" (1753) sind Menschen des dritten Standes, von Gottsched bislang dem Bereich der Komödie zugewiesen. Mit kritischer Feder rezensierte Lessing in der „Berlinischen privilegirten Zeitung" neu erscheinende Literatur, unter anderem von Gottsched und Georg Friedrich Meier.[99] Winckelmann veröffentlichte etwa zur gleichen Zeit seine „Gedanken über die Nachahmung griechischer Werke in der Malerei und Bildhauerkunst" (1755), mit denen er die Antikerezeption in Deutschland nachhaltig beeinflußte.

Wegweisend wurde auch Baumgartens „Aesthetica" (1750), obwohl noch in der Gelehrtensprache Latein geschrieben. Doch bereits die nächsten Ausgaben dieser Abhandlung erschienen unter dem Titel „Anfangsgründe aller schönen Künste und Wissenschaften" (1754—1759)[100] in deutscher Sprache und waren somit einem breiteren Publikum zugänglich. Baumgarten, dem das Verdienst gebührte, die Ästhetik in den Kreis der philosophischen Disziplinen eingeführt zu haben, verstand diese zugleich als wesentlichen „Theil der Weltweisheit"[101], und er sah eine ihrer vornehmlichen Aufgaben darin, den Geschmack zu verbessern und die Tugend zu befördern.[102] In dieser Auffassung stimmten die Berliner Musiktheoretiker mit ihm überein.

Aufgeklärtes Denken kennzeichnete auch die Diskussionen über Spezifik, Stile, Gattungen und Genres der Musik, Diskussionen, die mit einer unglaublichen Intensität und Leidenschaftlichkeit geführt wurden. Das an der Akademie in Berlin vor allem unter Einfluß von Christian Wolff geschaffene rationalistische Lehrsystem blieb für die Musiktheorie und -anschauung bis weit in die zweite Hälfte des 18. Jahrhunderts hinein die bestimmende philosophische Richtung. Das Musikschrifttum entfaltete sich in Berlin in den fünfziger Jahren sehr reich. Es erschienen Lehrwerke unterschiedlichster Thematik und Absicht. Zu den Standardwerken jener Zeit gehörten

Anleitung
zur
Singkunst.
Aus dem Italiänischen
des Herrn
Peter Franz Tosi,
Mitglieds der philarmonischen Akademie;
mit
Erläuterungen und Zusätzen
von
Johann Friedrich Agricola,
Königl. Preuß. Hofcomponisten.

Berlin,
gedruckt bey George Ludewig Winter.
1757.

Titelseite zu Johann Friedrich Agricolas „Anleitung zur Singkunst“, 1757

Quantz' „Versuch einer Anweisung die Flöte traversiere zu spielen" (1752), Krauses „Von der musikalischen Poesie" (1753), Bachs „Versuch über die wahre Art das Clavier zu spielen" (1753 und 1762), Marpurgs „Handbuch bei dem Generalbasse und der Composition" (1755—1758) und Agricolas „Anleitung zur Singekunst" (1757). Die Musikzeitschriften und sogenannten „Schreiben an ..." standen in ihrem oft scharfzüngigen polemischen Ton kaum dem der Blätter französischer oder italienischer Provenienz nach. Die durch Rousseaus heftige Angriffe auf die Musik seines Landes erneut entfachte und politisch brisante Debatte über die Besonderheiten der italienischen und französischen Musik wurde in Deutschland durch Marpurgs „Historisch-Kritische Beyträge zur Aufnahme der Musik" bekannt. Sie bewegte die Gemüter nicht minder heftig, und Marpurg druckte im 2. und 5. Stück dieser Berliner Musikzeitschrift die Titel von neun Gegenschriften zu Rousseaus Kunstauffassung ab, nachdem er bereits mit der Veröffentlichung des Aufsatzes „Schreiben an den Herrn Marquis von B. über den Unterschied zwischen der italienischen und französischen Musik"[103] und einer ausführlichen Rezension der „Lettre sur la musique française"[104] den geistigen Boden für eine solche Diskussion vorbereitet hatte.
Mit streitbarem Geist und im Bewußtsein, daß die Entwicklung der Musik im 18. Jahrhundert ihren bisherigen Höhepunkt erreicht habe, gingen die Theoretiker an die Beantwortung von musikästhetischen Grundfragen. Dabei trat das spekulative Moment zugunsten von Fragestellungen, die sich aus der Musikpraxis ergaben, zurück. Umfassende „Aufklärung" auf dem Gebiet der Tonkunst wurde zum erklärten Ziel der theoretischen Bemühungen.
Die Musik müsse, so argumentierte Carl Philipp Emanuel Bach und war hierin einig mit anderen Zeitgenossen, die menschliche Natur abbilden; sie sei eine Sprache der Affekte, Spiegelbild der Gefühlswelt des Menschen. Ihre Aufgabe bestehe darin, „das Hertz ... in eine sanfte Empfindung" zu versetzen.[105] Christoph Nichelmann, ebenfalls Cembalist in der Berliner Hofkapelle und Schüler von Johann Sebastian Bach, formulierte einen zentralen Gedanken der damaligen Musikanschauung folgendermaßen: „Der letzte Entzweck (der) durch die Kunst veranstalteten verschiedenen Mischungen und Verbindungen der Töne, geht dahin, das Gemüth mittelst der

dadurch auf die sinnlichen Werkzeuge des Gehörs verursachten verschiedenen Rührungen, einzunehmen, die sämmtlichen Kräfte desselben beschäftiget zu halten, und durch die Reinigung der Leidenschaften und Affecten, den innerlichen Wohlstand des Gemüths zu befördern."[106] Zwei Wesensmerkmale von Musik werden hier benannt: ihr Affektgehalt und ihre kathartische Funktion, mit deren Hilfe auch das ethische Hauptziel, der tugendhafte Mensch, realisiert werden soll. Denn schon Mattheson bekräftigte: „Wo keine Leidenschaft, kein Affekt zu finden ist, da ist auch keine Tugend."[107]
Dem Komponisten stand ein Vorrat konventionell geprägter Affektmodelle zur Verfügung. In diesen wurden musikalisch spezifizierte menschliche Leidenschaften klassifiziert. Krause beschrieb unter dreiunddreißig Affekten den Affekt der Reue so: „Die Reue wird mit einer klagenden, seufzenden, und manchmal sich selbst scheltenden Stimme vorgestellet, die zugleich eine Unruhe verräth."[108] Im Affekt widerspiegelt sich nach Auffassung Carl Philipp Emanuel Bachs die Psyche, die seelische Disposition des Komponisten, die sich über die musikalische Darbietung des ebenfalls „gerührten" Interpreten dem Hörer mitteilt: „Indem ein Musickus nicht anders rühren kan, er sey dann selbst gerührt; so muß er nothwendig sich selbst in alle Affeckten setzen können, welche er bey seinen Zuhörern erregen will; er giebt ihnen seine Empfindungen zu verstehen und bewegt sie solchergestallt am besten zur Mit-Empfindung. Bey matten und traurigen Stellen wird er matt und traurig ..."[109] — Hier wird eine Musikanschauung vertreten, die den Blick auf die Gefühle freisetzende und bewegende Funktion der Musik lenkt.

„Versuch über die wahre Art das Clavier zu spielen"

Auch als Musiktheoretiker beeinflußte Carl Philipp Emanuel Bach maßgeblich die Diskussion ästhetischer, kompositionstechnischer und instrumentenspezifischer Probleme. Sein „Versuch über die wahre Art das Clavier zu spielen" zählt neben Quantz' Kompendium des Flötenspiels und Leopold Mozarts „Gründlicher Violinschule" zu den wichtigsten Lehrwerken des 18. Jahrhunderts. In einer gedankenreichen Studie „C. P. E. Bachs Essay. An Introduction" weist der amerika-

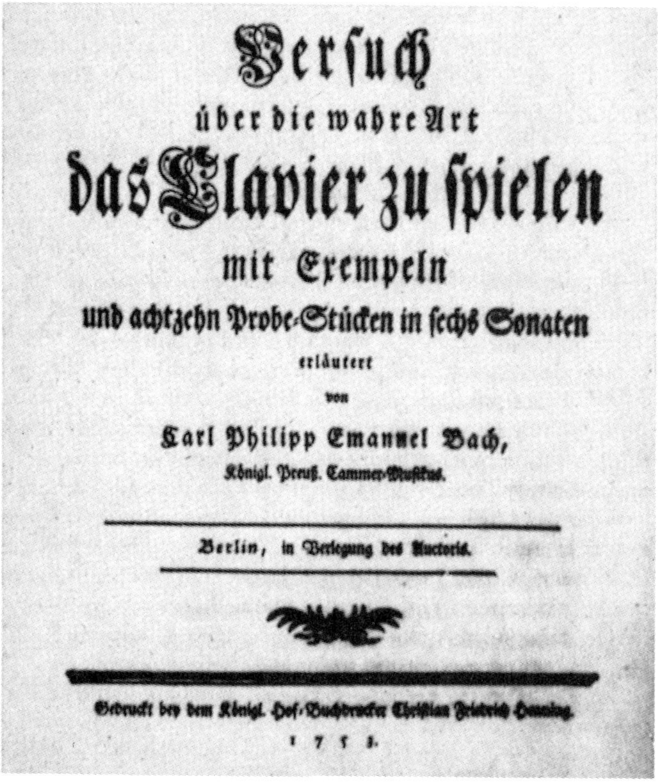

Versuch
über die wahre Art
das Clavier zu spielen
mit Exempeln
und achtzehn Probe-Stücken in sechs Sonaten
erläutert
von
Carl Philipp Emanuel Bach,
Königl. Preuß. Cammer-Musikus.

Berlin, in Verlegung des Auctoris.

Gedruckt bey dem Königl. Hof-Buchdrucker Christian Friedrich Henning.
1753.

Titelseite zu Carl Philipp Emanuel Bachs „Versuch über die wahre Art das Clavier zu spielen“, Teil 1, 1753

nische Musikforscher William J. Mitchell nach, daß beide Teile des „Versuchs“ zu Lebzeiten Bachs eine Gesamtauflage von je tausend bis tausendfünfhundert Exemplaren hatten.[110] Daß dies eine außerordentlich weite Verbreitung bedeutete, zeigt der von Mitchell vorgenommene Vergleich mit der vom Verleger Georg Joachim Göschen besorgten Ausgabe der Werke Goethes (1786–1790), die in einer Auflagenhöhe von zweitausend Exemplaren erschien.

Bachs „Versuch“ markiert den Beginn der Technik des modernen Klavierspiels.[111] Die Klassiker Haydn, Mozart und Beethoven studierten dieses Buch aufmerksam, noch Carl

Maria von Weber verdankte ihm manche Anregung. — Dem heutigen Musikliebhaber, Künstler und Wissenschaftler vermittelt der „Versuch“ wichtige Einsichten in das Klavierspiel sowie die Generalbaß- und Aufführungspraxis jener Zeit. Er trägt zugleich zum besseren Verständnis der stilistischen und satztechnischen Besonderheiten der Bachschen Werke und ihrer Interpretationsproblematik bei.
Carl Philipp Emanuel Bach hatte sich mit der Konzipierung des „Versuchs“ eine schwierige Aufgabe gestellt. Er wollte eine Klavierschule schaffen, die den großen Fundus traditionellen Materials kritisch auswertet und dem neuen Musikideal bis ins technische Detail hinein Rechnung trägt. Bach beruft sich nachdrücklich auf die „frantzösischen Clavier-Sachen“ als „eine(r) gute(n) Schule für Clavier-Spieler“,[112] wie sie sich insbesondere durch den Einfluß von François Couperins „L'art de toucher le clavecin“ herausgebildet hatte. Mehr noch waren für Carl Philipp Emanuel Bach die pädagogischen Bestrebungen seines Vaters vorbildlich: „Es ist schädlich, die Scholaren mit zu vielen leichten Sachen aufzuhalten; sie bleiben hierdurch immer auf einer Stelle, einige wenige von der ersten Art können zum Anfange hinlänglich seyn. Es ist also besser, daß ein geschickter Lehrmeister seine Schüler nach und nach an schwerere Sachen gewöhnet. Es beruht alles auf der Art zu unterweisen und auf vorhero gelegten guten Gründen, hierdurch empfindet der Schüler nicht mehr, daß er an schwerere Stücke gebracht worden ist. Mein seliger Vater hat in dieser Art glückliche Proben abgelegt.“[113]
Die weite Verbreitung, die dieses Werk damals fand, erklärt

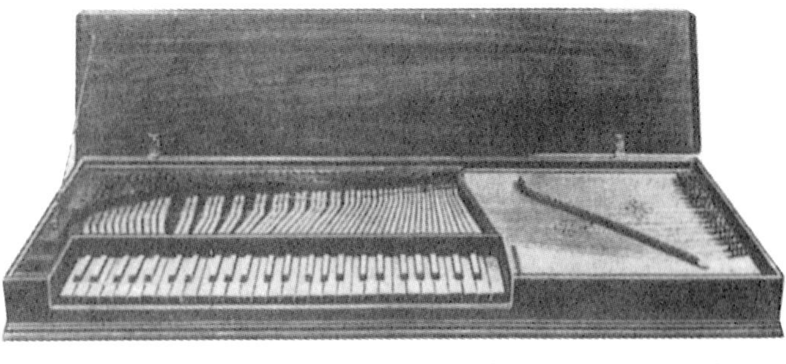

Clavichord, deutscher Herkunft, erste Hälfte des 18. Jahrhunderts

Zweimanualiges Cembalo, J. H. Gräbner d. J., Dresden 1774

sich daraus, daß Bach hier eine zweckmäßige Handwerkslehre geschaffen hat, die Spekulatives meidet, die ganz der Praxis dienlich ist und im weitesten Sinne zur Bildung des musikalischen Geschmacks beitragen will. Die häufigen Auflagen des „Versuchs" machen deutlich, wie Bach auf ein aktuelles Erfordernis der Musikpraxis reagierte. Nachdem der erste Teil (1753) bei Kennern und Liebhabern gleicherweise auf gute

Resonanz gestoßen war, entschloß sich Bach 1759 zu einer Zweitauflage.[114] Durch diesen Erfolg ermuntert, ließ er im Jahre 1762 einen noch umfangreicheren zweiten Teil folgen, dessen „vornehmste(r) Inhalt ... das feine Accompagnement" ist.[115] Der Qualität dieses Lehrwerkes kam zugute, daß Bach auf fast zwei Jahrzehnte Tätigkeit als Cembalist und Klavierpädagoge zurückblicken konnte und somit über einen immensen Erfahrungsschatz verfügte. Eine Vielzahl methodischer und inhaltlicher Fragestellungen war in dieser Zeit herangereift. Der „Versuch" vermittelt über das Handwerkliche hinaus wesentliche Erkenntnisse im Hinblick auf den musikalischen Ausdruck und Geschmack. Der Schüler müsse die verschiedenen Stile, „Schreibarten", Gattungen und überhaupt viele „gute Musiken" kennenlernen.[116] Bach beabsichtigt – und das ist der vorrangige Zweck seines Lehrwerkes –, „die wahre Art zu zeigen, Handsachen mit Beyfall vernünftiger Kenner zu spielen"[117] Nach einem einleitenden Kapitel, in dem die einzelnen Typen von Tasteninstrumenten, deren Vorzüge und Nachteile, Klangspezifik, Mechanik, Temperierung und anderes mehr erläutert werden, beschäftigt sich Bach

Hammerklavier, A. Beyer, London 1777

in drei Hauptstücken mit Problemen der Applikatur, der Manieren (Verzierungen) und schließlich des Vortrags, wobei im letzteren ausführliche Passagen der Form der Fantasie gewidmet sind.
Bach besitzt ein umfassendes Wissen von den Eigenarten eines jeden Tasteninstrumentes. Seine ganze Sympathie gilt dem Clavichord, dessen wandlungsfähiger und zarter Klang sich besonders zur Wiedergabe feinster Schattierungen des Ausdrucks eignet. Außerdem kann mittels der Bebung, eines Effektes, der sich erreichen läßt, indem der Spieler nach dem Anschlag den Ton in eine dem Vibrato ähnliche Bewegung versetzt, das musikalische Geschehen wesentlich belebt werden. Deshalb empfiehlt Bach, das Clavichord zur Erlernung des guten Vortrags, des Klavierspiels überhaupt, zu benutzen: „Wer mit einer guten Art auf dem Clavicorde spielen kan, wird solches auch auf dem Flügel zuwege bringen können, aber nicht umgekehrt.“[118]
Das Cembalo benötige man insbesondere „zu starcken Musicken“[119] als unentbehrliches Generalbaßinstrument wie als Soloinstrument in Konzerten. Dem sich gerade erst in der Musikpraxis durchsetzenden Hammerklavier stand Bach zunächst skeptisch gegenüber. Es wies zu diesem Zeitpunkt noch zu viel technische Mängel auf und kam Bachs Klangempfinden wenig entgegen. Im „Versuch“ konstatiert er: „Die neuern Forte piano, wenn sie dauerhaft und gut gearbeitet sind, haben viele Vorzüge, ohngeachtet ihre Tractirung besonders und nicht ohne Schwierigkeit ausstudiret werden muß. Sie thun gut beym allein spielen und bey einer nicht gar zu starck gesetzten Music, ich glaube aber doch, daß ein gutes Clavicord, ausgenommen daß es einen schwächern Ton hat, alle Schönheiten mit jenem gemein und überdem noch die Bebung und das Tragen der Tone voraus hat ... Das Clavicord ist also das Instrument, worauf man einen Clavieristen aufs genaueste zu beurtheilen fähig ist.“[120]
Im ersten Hauptstück „Von der Finger-Setzung“ plädiert Bach für eine gleichmäßige Verwendung der Finger. Damit grenzt er sich von früheren Praktiken ab, bei denen der Daumen nicht einbezogen wurde. Bach führt diesen Umstand darauf zurück, daß die Vorfahren mehr akkordisch gespielt hätten.[121] In neueren Zeiten hingegen sei eine „Verschiedenheit von Passagien“ anzutreffen,[122] wodurch vor allem die Finger

der rechten Hand stärker als bisher beansprucht würden. Gewiß hat sich Carl Philipp Emanuel Bach hier bestimmte Beobachtungen und Erfahrungen des väterlichen Klavierspiels zunutze gemacht, denn es ist bekannt, daß Johann Sebastian Bach die Daumen wohl zu gebrauchen wußte.[123] Es geht also um die „gleichmäßige Beschäftigung aller Finger". Sie ist „besonders notwendig für das Ineinanderflechten der Spielpartien beider Hände, um wirkliche Bindung der Stimmen zu erzielen, wie im Beispiel b aus § 94 des I. Hauptstückes, dessen Fingersatz als typisch auch für die Wiedergabe der Polyphonie gelten kann"[124].

Zum andern steht die Forderung Bachs, man müsse die „begleitenden Stimmen ... soviel möglich, von derjenigen Hand verschonen, welche den herrschenden Gesang führet, damit sie selbigen mit aller Freiheit ungehindert geschickt herausbringen könne"[125].

Das Kapitel enthält ferner detaillierte Hinweise auf verschiedene Arten des Über- und Untersetzens beim Spielen von Skalen, Akkorden und anderen „Passagien" sowie auf die Technik des stummen Fingerwechsels, so daß insgesamt Bachs „Versuch" eine systematische und für die damalige Zeit moderne Lehre der Applikatur darstellt.

Im zweiten Hauptstück, dem umfangreichsten des „Versuchs", beschäftigt sich der Autor mit den Manieren. Auch in diesem Bereich hat Bach Grundlegendes geschaffen. Er beeinflußte die zeitgenössische Ornamentik, indem er „zur Stabilisierung bisher noch schwankender Ausführungsformen, zur Bereicherung des Vorrates an Verzierungen" beitrug.[126] In der älteren Musikforschung — etwa bei Riemann,[127] Baumgart[128] und Mennicke[129] — wurde dem Komponisten zum Vorwurf gemacht, seine Werke seien mit Manieren überladen. Ihre Verwendung resultiere lediglich aus dem Bestreben, die an sich klangarmen Tasteninstrumente des 18. Jahrhunderts zu beleben. Solche Auffassungen, die zeitweise auch die Herausgabe fehlerhafter praktischer Notendrucke begünstigt haben,[130] sind nicht aufrechtzuerhalten. Bach sieht in den

Manieren nicht nur Ornamente, Zierat, sondern wesenseigene Merkmale des musikalischen Ausdrucks, die der Differenzierung und Verfeinerung der Melodie innerhalb einer oberstimmenbetonten Satzfaktur dienen. Die verzierten Noten sind als die bedeutungsvolleren und gewichtigeren herausgehoben. Manieren „hängen die Noten zusammen; sie beleben sie; sie geben ihnen, wenn es nöthig ist, einen besondern Nachdruck und Gewicht; sie machen sie gefällig und erwecken folglich eine besondere Aufmercksamkeit; sie helffen ihren Inhalt erklären; es mag dieser traurig oder frölich oder sonst beschaffen seyn wie er will, so tragen sie allezeit das ihrige darzu bey; sie geben einen ansehnlichen Theil der Gelegenheit und Materie zum wahren Vortrage; einer mäßigen Composition kan durch sie aufgeholfen werden, da hingegen der beste Gesang ohne sie leer und einfältig, und der käreste Inhalt davon allezeit undeutlich erscheinen muß“[131]. In jedem Falle habe der Komponist bei dem Gebrauch von Manieren auf den Hauptzweck, die Affektdarstellung, zu achten. Sie müssen eingesetzt werden, „ohne dem Affecte des Stückes Gewalt zu thun“[132]. Bach warnt zugleich vor ihrer übermäßigen Benutzung, weil „dadurch die nöthige Deutlichkeit und edle Einfalt des Gesanges“ verlorengehe.[133] Nach solchen allgemeinen Grundsätzen erläutert er einzelne Manieren und ihre stilistischen, spieltechnischen und ausdrucksmäßigen Konsequenzen. Er unterscheidet acht Arten von Manieren: Vorschläge, Triller, Doppelschläge, Mordente, Anschläge (Doppelvorschläge), Schleifer, Schneller und Verzierungen von Fermaten. Über die Wirkungen dieser Manieren hat sich Bach eingehend geäußert: Die Vorschläge würden „so wohl die Melodie als auch die Harmonie“ verbessern und damit „eine Gefälligkeit“ erregen.[134] „Die Triller beleben den Gesang, und sind also unentbehrlich.“[135] „Der Doppelschlag ist eine leichte Manier, welche den Gesang zugleich angenehm und gläntzend macht.“[136]

Übersicht der wichtigsten Verzierungen (nach C. Ph. E. Bach/C. Krebs)

a) Die Vorschläge
   Lange Vorschläge:

Kurze Vorschläge:

Die „unveränderlichen kurtzen Vorschläge ... werden ein, zwey, dreymahl oder noch öffter geschwäntzt und so kurtz abgefertiget, daß man kaum merckt, daß die folgende Note an ihrer Geltung etwas verliehret“ (Versuch, Teil 1, S. 65f.).

b) Die Triller

Der Triller von unten:

Der Triller von oben:

Der halbe oder Pralltriller:

c) Die Doppelschläge

Der prallende Doppelschlag:

Der geschnellte Doppelschlag:

Der Doppelschlag von unten:

d) Der Mordent

lang:

kurz:

e) Der Anschlag:

f) Der Schleifer
von zwei Noten:

von drei Noten:

g) Der Schneller:

Wie sehr die Manieren in das musikalische Geschehen integriert sind, soll an zwei Notenbeispielen verdeutlicht werden. Im Schlußsatz der dritten Sonate aus den „18 Probestücken“ wird im Takt 3 die Oberstimme aufwärts zum Spitzenton h^2 geführt:

Dieser Passage ist ein prallender Doppelschlag auf dem Ton a^1 vorgelagert. Lassen wir seine Verkettung mit dem vorangehenden motivischen Segment einmal außer acht, so erschließt sich uns der eigentliche Sinn des Doppelschlags darin, daß er als Bewegungsantrieb für die nachfolgende aufsteigende Melodielinie fungiert. Diese gewinnt ihre innere Dynamik aus dem Kräfteimpuls, der durch die Umspielung des a^1 freigesetzt wird. — Die Häufung von Verzierungen in den langsamen Sätzen hat verschiedene Gründe. In seinem Bestreben, den melodischen Verlauf mannigfaltig zu differenzieren, wählt Bach oftmals kleinste Notenwerte als rhythmische Grundeinheiten. (Vierundsechzigstel sind keine Seltenheit.) Verzierungen wie Triller, Mordente oder Doppelschläge lassen sich organisch in diese Bewegung einflechten und verleihen ihr Farbigkeit und Variabilität. Die Takte 13 und 14 aus dem Mittelsatz der fünften Sonate, ebenfalls aus den „18 Probestücken“, beinhalten eine meisterhaft ausgeführte Sequenz. Die Manieren werden hier zu unentbehrlichen Mitteln variativer Gestaltung:

Eine solche Kunst musikalischer Diminution mag vor allem deshalb faszinierend auf Hörer wie Interpreten wirken, weil Bach die Verzierungen so phantasievoll anzuwenden weiß.
In einem dritten zentralen Komplex des „Versuchs“ werden Probleme des Vortrags untersucht. Abgrenzend von brillanter Virtuosität, die zwar das Publikum erstaunen macht, ohne „das Hertz ... in eine sanfte Empfindung zu versetzen“[137], will Bach mit seiner Musik rühren. (Dieses Wort hatte im damaligen Sprachgebrauch noch keineswegs die pejorative Bedeutung, die es heute im Sinne etwa von sentimental, rührselig besitzt.) Vom Affekt des vorzutragenden Stückes erfüllt, mußte sich der Musiker der Gemüter seiner Zuhörer bemächtigen, mußte er sie traurig und nachdenklich stimmen, heftig erregen oder erheitern, kurz, mußte er sie rühren. Bach verlangt weitgehende Unmittelbarkeit des seelischen Ausdrucks, die der „singend denkende“ Komponist[138] durch Annäherung an das Vorbild der menschlichen Stimme erreicht. Damit ist jedoch mehr als nur Kantabilität gemeint. „Singend denken“ bedeutet auch leidenschaftliche Deklamation, Ausruf, Klage, Meditation. Eine melodische Wendung, wie die im vorhergehenden Notenbeispiel zitierte, von einem Sänger vorgetragen, würde eine allmähliche Verstärkung der Stimme zum Spitzenton hin erfordern, dann eine schnelle Zurücknahme der Lautstärke, schließlich eine deutliche Akzentuierung des as^2 und ein Abebben der Stimme auf ges^2. Derartig feinsinnige — nicht notierte — dynamische Abstufungen hat der Instrumentalist zu realisieren. Das erklärt auch Bachs Vorliebe für das Clavichord. „Singend denken“ gilt jedoch auch für das Spiel auf dem Cembalo. Bachs Kompositionen für zweimanualiges Cembalo liefern zahlreiche Beispiele eines nuancenreichen, an der menschlichen Stimme geschulten Ausdrucks. Ihre Interpretation verlangt vom Spieler „eine Freiheit und Gewandheit in der Handhabung des musikalischen Textes ..., welche erst die Cembalisten der letzten Jahrzehnte wieder zurückerobern“[139].
„Singend denken“ bezieht sich also generell auf den beseelten, gefühlsstarken musikalischen Vortrag: „Aus der Seele muß man spielen“,[140] lautet eine Hauptforderung Bachs an den „Clavieristen“. Und das Wesen des guten Vortrags sieht er „in nichts anderm als der Fertigkeit, musikalische Gedancken nach ihrem wahren Inhalte und Affeckt singend oder spielend

dem Gehöre empfindlich zu machen. Man kan durch die Verschiedenheit desselben einerley Gedancken dem Ohre so veränderlich machen, daß man kaum mehr empfindet, daß es einerley Gedancken gewesen sind."[141] Ein schon mehrfach erwähnter Vorteil des „Versuchs" besteht darin, daß jedes ästhetische Postulat auf seine praktische Anwendbarkeit hin überprüft wird; anders gesagt, Bach versteht auch die in diesem Kapitel entwickelte Musikanschauung im Sinne einer fundierten Handwerkslehre: „Die Gegenstände des Vortrages sind die Stärcke und Schwäche der Töne, ihr Druck, Schnellen, Ziehen, Stossen, Beben, Brechen, Halten, Schleppen und Fortgehen. Wer diese Dinge entweder gar nicht oder zur unrechten Zeit gebrauchet, der hat einen schlechten Vortrag."[142]

Als unmittelbare praktische Umsetzung von Bachs theoretischer Argumentation sind die dem „Versuch" beigefügten „18 Probestücke in 6 Sonaten" zu betrachten.[143] Bach hat hier in einem Maße wie sonst nirgendwo in seinen Klavierwerken den Notentext genau auskomponiert und fixiert. Auf Ausdruck und Inhalt weisen Satzbezeichnungen wie Allegretto tranquillamente, Andante ma innocentemente, Andante lusingando, Allegretto arioso ed amoroso hin. Festgelegt sind Tempi, Phrasierungen und Anschlagarten. Die dynamische Skalierung reicht vom ppp über die einzelnen Zwischenstufen bis zum ff. Bach weicht von der älteren Registerdynamik ab und nähert sich dem gleitenden dynamischen Übergang.

Das Fantasieprinzip

Immer wieder unterstreicht Bach die Wichtigkeit des Ausdrucks. Er geht sogar so weit, ein Aufbrechen des Metrums für legitim zu halten, wenn es der Ausdruck erfordert und — so fügt er erläuternd hinzu — „wenn man alleine oder mit wenigen und zwar verständigen Personen spielt"[144]. Solche Gedanken waren in der Mitte des 18. Jahrhunderts neuartig. Sie weisen auf eine musikalische Gattung hin, die bei kaum einem anderen Komponisten dieser Zeit eine derartige Schlüsselposition besaß wie bei Carl Philipp Emanuel Bach: die „freye Fantasie". Die Neigung zum Fantasiehaften ist Ausdruck der künstlerischen Physiognomie Bachs. Seine Impro-

visationskunst auf dem Clavichord, die als ein Stück väterlichen Erbguts angesehen werden muß und die in der jahrelangen Tätigkeit als Kammercembalist bei Friedrich II. heranreifte, wurde von Zeitgenossen überschwenglich gerühmt.
Bachs Affinität zum Improvisatorischen und freien Fantasieren schlägt sich auch als werkimmanente Qualität nieder. Dabei ist diese Besonderheit keineswegs nur auf den Gattungsbereich „Fantasie" zu reduzieren. Deren Elemente – weitgespannte taktfreie Passagen, Rezitativmelodik, originelle Disposition von Überraschungseffekten, Adagio-Einschübe – begegnen ebenso in Sonaten- und Konzertsätzen. Auch thematische Formulierungen, die sich jeglichem rhythmischen und metrischen Gleichmaß sperren, signalisieren die Nähe zur Fantasie. Auf der einen Seite findet sich oft stundenlanges, bis zu höchster emotionaler Erregung führendes freies Improvisieren, das sich jeder Niederschrift entzieht, auf der andern Bachs ausdrückliche Forderung nach Authentizität der Werkgestalt in der interpretatorischen Wiedergabe entsprechend den Intentionen ihres Schöpfers. Die differenzierten Festlegungen der Dynamik, Artikulation und Ornamentik in den Kompositionen deuten an, daß es um die Fixierung des „Bachschen Idioms"[145] geht. Das heißt nicht, daß Bach generell in seinen Werken auf bestimmte Improvisationspraktiken verzichtet hätte. Wir begegnen ihnen dort, wo es gattungsmäßige und stilistische Konventionen erfordern, etwa in der Generalbaßausführung oder in der Instrumentalkadenz.
Die Bevorzugung der „freyen Fantasie" und ihrer Gestaltungsprinzipien durch Bach erfolgt aus der Absicht heraus, das „Schöne der Mannigfaltigkeit" zu realisieren.[146] Er ist der Auffassung, „daß ein Clavieriste besonders durch Fantasien, welche nicht in auswendig gelernten Passagien oder gestohlnen Gedancken bestehen, sondern aus einer guten musikalischen Seele herkommen müssen, das Sprechende, das hurtig Ueberraschende von einem Affeckte zum andern, alleine vorzüglich vor den übrigen Ton-Künstlern ausüben kann; Ich habe hiervon in der letzten Probe eine kleine Anleitung entworfen. Hierbey ist nach der gewöhnlichen Art der schlechte Tackt vorgezeichnet, ohne sich daran zu binden, was die Eintheilung des Gantzen betrifft; aus dieser Ursache sind allezeit bey dieser Art von Stücken die Abtheilungen des

Tacktes weggebl(ie)ben. Die Dauer der Noten wird durch das vorgesetzte Moderato überhaupt und durch die Verhältniß der Noten unter sich besonders bestimmt. Die Triolen sind hier ebenfals durch die blosse Figur von drey Noten zu erkennen. Das Fantasiren ohne Tackt[147] scheint überhaupt zu Ausdrückung der Affeckten besonders geschickt zu seyn, weil jede Tackt-Art eine Art Zwang mit sich führet. Man siehet wenigstens aus den Recitativen mit einer Begleitung, daß das Tempo und die Tackt-Arten oft verändert werden müssen, um viele Affeckten kurtz hinter einander zu erregen und zu stillen."[148] Damit ist ein wesentliches dramaturgisches Prinzip Bachscher Musik genannt: das Erregen und Stillen von Affekten. Wie äußert es sich in der c-Moll-Fantasie, Wq 63,6, auf die sich Bachs Überlegungen konkret beziehen?

Largo
Allegro moderato

Das Werk ist in drei Hauptabschnitte gegliedert, die durch die Tempobezeichnungen Allegro moderato — Largo — Allegro moderato voneinander abgehoben sind und einen sehr weit ausgreifenden Modulationsplan aufweisen: c — As — D7 — G — g — Es. Die formstabilisierenden Elemente der beiden Rahmenteile sind einerseits aufwärts gerichtete Akkordbrechungen, die in Motive mit betont virtuos-figurativer Wirkung münden, und zum anderen sich hieran unmittelbar anschließende freie instrumentale Nachahmungen des Rezitativs. Aus dem Wechsel dieser heterogenen Elemente entfaltet sich der Verlauf des ersten Hauptabschnittes. Das Rezitativ als musikalisch deklamatorisches Genre hat dabei die Aufgabe, möglichst „viele Affeckten kurtz hinter einander" auszulösen. — Daß man beim Anhören der rezitativischen Passagen an ein dialogisierendes Frage-und-Antwort-Spiel denken mag, lag sicher in der Absicht des Komponisten. — Auffälig ist, daß Bach konsequent die Logik von Affektausbruch und Affektberuhigung beachtet. In einem Abschnitt der Ausdrucksverdichtung wechseln die Akkordarpeggien und die rezitativischen Elemente in schneller Aufeinanderfolge. Kleingliedrige Melodik, permanente harmonische Änderungen durch

Chromatisierung und enharmonische Verwandlungen sowie Forte-Piano-Kontraste beschleunigen die „Erregung" des Affektes, die ihren ersten Höhepunkt in einer musikalisch-rhethorischen Figur findet. Diese hat den Gestus einer Frage. Ihre „Beantwortung" ist identisch mit dem „Stillen" des soeben erregten Affektes und erfolgt in einem knappen Teil lyrischen Charakters. Dieser wird durch eine Fermate begrenzt. Hierauf tritt das figurative Motiv in Erscheinung, jetzt aber dramatisch akzentuiert. Den von neuem notwendig werdenden Vorgang musikalischer Ruhebildung gestaltet Bach im zweiten Großabschnitt der Komposition, einem Largo, dessen größere räumliche Ausdehnung und vorwiegend kantabler Ausdruck diesem dramaturgischen Gestaltungsprinzip Rechnung tragen. Erneut wird die musikalische Entwicklung intensiviert. Als Steigerungsmittel gebraucht Bach Fortissimo-Piano-Effekte, diatonisch aufsteigende Spitzentöne und eine chromatische Aufwärtsbewegung des Basses. Kulminationspunkt ist ein Septimenakkord. Ein Abklingen der „Erregung" gelingt zunächst durch die Auflösung der dem Septimenakkord — hier überdies in dominantischer Funktion — zugrunde liegenden harmonischen Spannungsverhältnisse, vollständig jedoch erst in einem längeren Decrescendo. Das instrumentale Rezitativ leitet zum letzten Hauptabschnitt über, der funktionell als Reprise wirkt und die inhaltliche Beziehung zum ersten Allegro moderato herstellt. Unmittelbar vor dem Schluß erklingen noch einmal Motive des Largos, gewissermaßen als Reminiszenz an den erlebten Mittelteil mit seinem leidenschaftlich-empfindsamen Ausdruck.

Die Spannweite des Ausdrucks innerhalb einer Bachschen Fantasie ist außerordentlich groß; sie kann von lyrischen Stimmungen bis zur „Raserey, ... Zorn oder andere(n) gewaltigen Affeckten" reichen.[149] Eine ziemlich genaue Dechiffrierung dieser Affektinhalte ist möglich. Bach hatte die c-Moll-Fantasie in einem Brief vom 10. Februar 1775 an Forkel eine „finstere Fantasie" genannt.[150] Betrachten wir dieses „Finstere" oder (in synonymer Terminologie) „Dunkle" als einen Stimmungsbereich, zu dem sich als Gegenpol der des „Lichten" oder „Hellen" gesellt, so sind hier tongeschlechtliche und satztechnische Zuordnungen denkbar. Auf den Anfang des Largos bezogen: Es-Dur, langsames Zeitmaß, konsonierende kantable Oberstimmenmelodik. Empfindsamkeit,

„tröstliche Meditation“[151] deuten den Affekt an. Eine solche inhaltliche Bestimmung wird vollends einsehbar, wenn wir jenen Monolog des Hamlet, der später von dem mit Bach befreundeten Gerstenberg diesem Fantasieabschnitt unterlegt wurde, heranziehen. Das Largo, nach der Aussage Gerstenbergs „eine Art von Mittelzustand seiner“ (Hamlets — der Verf.) „erschütterten Seele“,[152] beginnt mit den Worten „ins Licht zum Seyn erwachen! zur Wonn! hinaufwärts schaun...“[153]

Das in der Fantasie gestaltete Prinzip des „Erregens“ und „Stillens“ von Affekten und das dadurch hervorgerufene Pendeln zwischen dramatischen und lyrischen Ausdrucksbereichen entfernt sich von einem engbegrenzten galanten Musikideal. Schubart war es, der später den weiterweisenden Charakter solcher Werke Carl Philipp Emanuel Bachs erkannte: „Alles Tändeln auf dem Clavicorde, alles süßliche geistentnervende Wesen, alles Berlockengeklingel der heutigen Tonmeister ist seinem Riesengeiste ein Greuel. Er bleibt trotz der Mode, was er ist — Bach!“[154]

Beruflicher Alltag und Reisen

Bachs Beschäftigung in der Kapelle Friedrichs II. brachte wenig Abwechslung mit sich. Die stete Pflicht des Akkompagnierens war bald durch die Anstellung eines zweiten Cembalisten — von 1742 bis 1745 Christian Friedrich Schale, von 1745 bis 1756 Christoph Nichelmann und seit 1756 Carl Friedrich Fasch — erleichtert worden. Beide Musiker hielten sich im Wechsel für jeweils vier Wochen vornehmlich in Potsdam auf. Aber auch nach mehr als fünfzehnjähriger Tätigkeit Bachs beharrte der König auf seinen einseitigen Geschmackspositionen. In der Oper duldete er nur Graun, Hasse, gelegentlich auch Vinci und Agricola, in den Konzerten bestritten Quantz, die Brüder Benda und der König selbst das Repertoire.[155] Nur gelegentlich wurden Bachsche Kompositionen in Anwesenheit Friedrichs II. aufgeführt. Ein Bild also, das sich kaum von dem zur Zeit der Regierungsübernahme im Jahre 1740 unterschied. Burney, der während einer Europareise 1772 auch für einige Tage in Berlin weilte, beschrieb in seinen Aufzeichnungen nicht ohne einen leichten

Musikzimmer im Schloß Sanssouci mit Silbermann-Flügel

Anflug von Ironie die dortige Musikszene: „In Ansehung aber des allgemeinen und Nationalgeschmacks in der Komposition und Spielart, scheint es itzt so sehr nach einem Muster gebildet, daß es alles was Erfindung und Genie heißt, ausschließt."[156] Zwei Komponisten klammerte er allerdings aus dieser Einschätzung aus: Carl Philipp Emanuel Bach und František Benda. Bachs künstlerisches Denken war originell und eigen-

ständig genug, um sich nicht ins Fahrwasser eines solchen italienisierenden Geschmacks lavieren zu lassen.
Der ständige und zeitaufwendige Hofdienst erlaubte es Bach nicht, längere Bildungsreisen ins Ausland zu unternehmen, wie es für den Künstler seiner Zeit erstrebenswert schien. Bach hat diesen Umstand sehr bedauert. Jedoch versäumten es angesehene Musiker nicht, dem berühmten Berliner Bach ihre Aufwartung zu machen. Aus späterer Sicht schreibt er: „Es sollte mir nicht schwer fallen, einen grossen Raum von blossen Namen der Komponisten, Sängerinnen, Sänger und Instrumentalisten von aller Art auszufüllen, wenn ich weitläuftig seyn und mein Gedächtniß anstrengen wollte, welche ich habe kennen gelernt. Soviel weiß ich gewiß, daß sich darunter Genies finden, welche noch nicht in dieser Art und Grösse wiedergekommen sind. Diesem allen ohngeachtet, läugne ich nicht, daß es mir ungemein lieb und auch vortheilhaft würde gewesen seyn, wenn ich hätte können Gelegenheit haben, fremde Länder zu besuchen."[157]
Von den wenigen Reisen Bachs, die uns bekannt sind, führte ihn eine bereits 1743 wegen Gichtbeschwerden ins böhmische Bad Teplitz. Im Jahre 1751 war Bach zu Gast bei Gleim in Halberstadt, von wo aus er über Braunschweig nach Hamburg weiterreiste. In der Hansestadt traf er mit Johann Mattheson zusammen. Ein handschriftlicher Nachtrag in der „Grundlage einer Ehren-Pforte" gibt die Begegnung folgendermaßen wieder: „D. 15. Junii statteten der berühmte clavicimbalist, Carl, Philipp, Emanuel Bach, und der starcke italienische Violinist, Pio, samt dem kunstreichen schwedischen Glockenspieler in Stockholm, Namens Seliger, zugleich einen dreyfachen, unvermutheten Besuch bey M.(attheson) ab, wobey die Unterredungen sehr musikalisch und ergötzlich ausfielen."[158]
In Mattheson begegnete Bach einer führenden Musikerpersönlichkeit der Aufklärungsepoche, dessen Ideen auch in Berlin auf eine breite Resonanz stießen.[159] Eine Behauptung wie diese, daß alles, was in der Musik „ohne löblichen Affecten geschiehet, heißt nichts, thut nichts, gilt nichts"[160], stimmt durchaus mit ähnlichen Anschauungen im „Versuch" überein. Möglicherweise traf er sich in Hamburg auch mit seinem Paten Georg Philipp Telemann.
Eine weitere Reise führte Bach 1754 nach Gotha. Hier wirkte seit 1750 Jiří Antonín Benda als Kapellmeister. Bach hatte den

Johann Mattheson. Stich von Ch. Fritzsch

böhmischen Komponisten und Instrumentalisten schon zu Beginn der vierziger Jahre kennengelernt, als dieser Mitglied der Berliner Hofkapelle wurde. In der thüringischen Stadt gab Bach zwei Konzerte.[161] Im gleichen Jahr weilte er in Kassel,[162] wo vermutlich ein von Johann Friedrich Reifenstein gemaltes

Pastellbildnis entstand, das Bach als Vierzigjährigen zeigt. Schließlich haben wir Kenntnis von einer Reise nach Strelitz[163] und von einem mehrmonatigen, durch die Kriegswirren bedingten Aufenthalt der Familie Bach 1758 im Hause des Zerbster Hofkapellmeisters Johann Friedrich Fasch.[164]
Zu den zahlreichen Gästen, die Bach in Berlin begrüßen konnte, zählte auch Baldassare Galuppi, der bekannte italienische Buffokomponist und Erste Kapellmeister an S. Marco in Venedig, der sich 1765 auf der Durchreise nach Petersburg in Berlin aufhielt. Wenn Bach in der Selbstbiographie auf gewisse Niedergangserscheinungen in der Musikentwicklung der zweiten Hälfte des 18. Jahrhunderts Bezug nimmt und „mit vielen einsichtsvollen Männern" einerlei Meinung ist, „daß das itzt so beliebte Komische, hieran den größten Antheil habe",[165] so beruft er sich dabei auf Äußerungen Galuppis, die bei dessen Berlin-Besuch gefallen sind. Als Hasse im März 1753 in die preußische Residenz kam, hatte er Gelegenheit, Bach am Cembalo zu hören. Der Meister der Opera seria äußerte sich in lobenden Worten darüber.[166] Johann Gottfried Müthel, einer der maßgeblichen Neuerer im Bereich der Klaviermusik nach 1750, besuchte Bach in Potsdam.[167]
Trotz aller Einschränkungen boten sich Bach in den Berliner Jahren, auch dank seiner weitreichenden Geschäftsbeziehungen, vielfältige Möglichkeiten, das Musikleben seiner Zeit kennenzulernen, konnte er doch in der preußischen Metropole „ausser den grossen Meistern unsers Vaterlandes, das Vortrefliche von aller Art ... hören, was die fremden Gegenden uns nach Deutschland herausschickten; und ich glaube nicht, daß ein Artikel in der Musik übrig sey, wovon ich nicht einige der größten Meister gehört habe"[168].

Orgelmusik und Sinfonien

Bach wandte sich in den fünziger Jahren einem Werkbereich zu, der in seinem Schaffen nur eine verhältnismäßig geringe Rolle spielt, der Orgelmusik. Bewunderte die Musikwelt in Johann Sebastian Bach den großen Orgelkomponisten und Meister der Improvisationskunst, so hat sich der Sohn auf diesem Gebiet von der väterlichen Tradition am weitesten entfernt. Noch 1773 in Hamburg, wo er infolge seiner dienstlichen Verpflichtungen als Musikdirektor der städtischen Hauptkirchen häufig mit Fragen des Orgelspiels und der Orgelkomposition zu tun hatte, bedauerte Bach Burney gegenüber, „er wisse nichts mehr auf dem Pedal zu machen“[169]. Die Ursachen liegen auf der Hand. Bildete die Kirche jahrhundertelang und noch zu Lebzeiten Johann Sebastian Bachs einen Hauptträger der Musikpflege, so nahm jetzt die Musikausübung des Bürgertums größere Dimensionen an. Konzertsäle, Salons und bürgerliche Hausmusikpflege meldeten einen ungeheuren Bedarf an Musik an, dessen Deckung über ein weitverzweigtes Netz von Musikverlagen, Musikalienhandlungen, über verschiedene Arten des Pränumerationswesens erfolgte. Die Schwerpunktverlagerung in den musikpflegenden Institutionen entsprach den Forderungen des Bürgertums nach eigenen Formen der Musikdarbietung und des Musikerlebnisses. Cembalo und Clavichord, zunehmend auch das Hammerklavier, waren die bevorzugten Tasteninstrumente, gegen die sich die Orgel als kultisches Instrument nur schwer behaupten konnte.

Die wenigen Orgelkompositionen Carl Philipp Emanuel Bachs — einige Sonaten und Fugen, zwei Konzerte, verteilt auf den Zeitraum 1754 bis 1762 – muten wie transkribierte Klavierstücke an. Bis auf eine Ausnahme schreibt Bach „senza pedale“ vor. Ein größerer Gegensatz zur Pedalkunst in den Tokkaten, Präludien und Fugen Johann Sebastian Bachs läßt sich kaum vorstellen, rühmte doch gerade Carl Philipp Emanuel, sein Vater könne „auf dem Pedale solche Sätze ausführen, die manchem nicht ungeschikten Clavieristen mit fünf Fingern zu machen sauer genug werden würden“[170]. Melodieführung und thematische Verarbeitung, überhaupt die gesamte Anlage und Spieltechnik, sind klaviermäßig empfunden. In den zwei Orgelkonzerten, die bezeichnenderweise die Überschrift „Concerto per l’organo overo il Cembalo“ tragen, strebt Bach die klangliche Transparenz des Cembalos an. Herrscht polyphone Stimmführung vor, dann in vereinfachter Gestalt.

Einzelne Fugen des Berliner Bachs benutzte der befreundete Musiktheoretiker Marpurg zur Demonstration von Grundsätzen der „gelehrten Schreibart“.[171] In zwei Fällen ist bekannt, daß Bach einer Kommission angehörte, die über die fachlichen Qualitäten angehender Organisten zu befinden hatte.[172]

Kam es auf diesem Schaffensgebiet nicht zur Ausbildung einer Kontinuität, so zählte die Sinfonik nach einem vereinzelten Erstwerk aus dem Jahre 1741 seit 1755 zu dem Gattungsbereich, mit dem sich Bach verstärkt auseinandersetzte — eine Beschäftigung, die dann in der Veröffentlichung der Hamburger „Orchester-Sinfonien mit zwölf obligaten Stimmen" ihren künstlerischen Höhepunkt fand. Carl Philipp Emanuel Bach hat in seiner Berliner Zeit in den Jahren 1755, 1756, 1758 und 1762 Sinfonien komponiert, insgesamt neun.
Die Sinfonie, gespeist aus vielen Quellen, der Suite und der neapolitanischen Opernsinfonia, dem Concerto, speziell dem Concerto a quattro, avancierte im 18. Jahrhundert zu einer Gattung, die wie kaum eine andere zum Prüffeld für neue künstlerische Ziele und Bestrebungen wurde. In den verschiedenen Musikzentren Deutschlands und Österreichs kam es zu unterschiedlichen Ausprägungen ihrer Spezifik. Die Berliner Komponisten hielten grundsätzlich an der Dreisätzigkeit schnell — langsam — schnell fest. Dem Menuett wurde aus ähnlichen Gründen wie in der Klaviersonate innerhalb des Satzzyklus kein Platz eingeräumt. Hiller gibt sicher eine verbreitete Auffassung wieder, wenn er schreibt: „Menuetten bey Sinfonien kommen uns immer vor, wie Schminkpflästerchen auf dem Angesichte einer Mannsperson; sie geben dem Stück ein Stutzerhaftes Ansehen, und verhindern den männlichen Eindruck, den die ununterbrochene Folge drey aufeinander sich beziehender ernsthaften Sätze allemal macht, und worinnen eine der vornehmsten Schönheiten des Vortrags bestehet."[173]
Als entscheidende Einflußbereiche für die Herausbildung der klassischen Sinfonien Haydns, Mozarts und Beethovens sind die italienische und Wiener Entwicklungsrichtung sowie der Mannheimer Komponistenkreis um Jan Václav Antonín Stamic, František Xaver Richter, Carlo Guiseppe Toeschi zu nennen. Stilprägende Faktoren waren typische Melodieformeln wie die „Orchesterwalze" oder der „Mannheimer Seufzer", die Kontrastthematik und das vielgerühmte Spiel des von Stamic geleiteten Orchesters der kurpfälzischen Residenz Mannheim.[174] Auch die Bachsche Sinfonik hatte eine nachhaltige Wirkung auf die Wiener Klassiker.
Carl Philipp Emanuel Bach, der aufmerksam die Tendenzen im zeitgenössischen Musikleben verfolgte und durchaus imstande war, kompositorische Neuerungen der jüngeren Ge-

neration und neuen „gusto" zu reproduzieren, sah sich in der Sinfonie nicht nur mit wichtigen experimentellen und stilistischen Fragestellungen konfrontiert, sondern erkannte auch die dieser Gattung innewohnenden Möglichkeiten starker Wirkung in der Öffentlichkeit. Seine Sinfonien wurden von Liebhabervereinigungen aufgeführt. War hier der Kreis der Hörer noch relativ klein, so vergrößerte er sich mit der zunehmenden Einbürgerung der Sinfonie in den Konzertsaal um ein vielfaches. Von den Berliner Werken ist zwar nur eines, die Sinfonie e-Moll, Wq 177, gedruckt; es existieren aber zahlreiche Abschriften, die im 18. Jahrhundert weite Verbreitung in ganz Europa fanden. Sie gelangten nach England, Frankreich, Holland, Dänemark, Lettland, Estland, Rußland, Österreich und in die Schweiz.[175] Schließlich fertigte Bach von einigen Sinfonien selbst Klavierauszüge an und veröffentlichte diese in verschiedenen Sammlungen. Hillers „Raccolta della megliore Sinfonie" (1761/62) enthält Werke von Carl Philipp Emanuel Bach, Kirnberger, Rolle, Hasse, Hiller, Leopold Mozart, Wagenseil, Abel und Jiří Antonín Benda.
Die Spanne der stilistischen Mittel, die vom Erstlingswerk (1741) bis hin zu den Hamburger Sinfonien durchmessen wird, ist sehr groß. Züge des Concerto grosso mit seinem markanten Tutti-Concertino-Wechsel, fugierte Abschnitte, Fortspinnungscharakter sind Relikte des älteren Stils und verbinden sich mit neueren Formungsprinzipien. Die Sonatenform, bislang vornehmlich in Klavierwerken erprobt, wird für den sinfonischen Bereich nutzbar gemacht. Sie prägt die Architektonik der beiden Ecksätze. Anlage und Charakter des Mittelsatzes sind dem der Klaviersonaten ähnlich. Wie in seiner Klaviermusik entwickelt Bach die melodischen Gedanken aus einer thematischen Substanz heraus. Die dabei zutage tretende Meisterschaft, kleinste Motive und Motivgruppen auf neue Art und Weise zu verarbeiten, aneinanderzuketten und zu kombinieren, die kühne Behandlung von Dissonanz und Modulation — bevorzugt werden Nebenstufen: Septimen- und Nonenakkorde —, die rhythmischen und dynamischen Finessen bewirken die für Bach typischen Überraschungseffekte und lassen einzelne Berliner Sinfonien bereits zu Werkindividualitäten werden. Hinsichtlich der Instrumentation erreicht Bach noch nicht den Grad klanglicher Differenzierung wie in den späteren Hamburger Werken. Zu den chorisch verwendeten

Streichern — Violine I und II, Viola, Violoncello — treten gewöhnlich je zwei Flöten, Oboen und Hörner hinzu. Diese besitzen lediglich klangfüllende und -verstärkende Funktion. Das Cembalo agiert in allen Sinfonien noch als Generalbaßinstrument.

Sehr beliebt bei den Zeitgenossen war die erwähnte e-Moll-Sinfonie.[176] Hasse äußerte Burney gegenüber, sie sei die beste Sinfonie, die er in seinem Leben gehört hätte.[177] Das vielgestaltige Hauptthema des ersten Satzes mit seinen kraftvollen und energischen Zügen enthält ausreichend motivische Substanz, um dem Satzverlauf die nötige Farbigkeit zu verleihen:

Hiervon hebt sich deutlich ein Seitengedanke ab: eine wenige Takte umfassende gesangliche Passage, mit Sekundvorhalten und Synkopen versetzt, im Piano sowie in sparsamer Instrumentierung vorgetragen:

Von einem „zweiten Thema" im klassischen Sinne zu sprechen wäre verfehlt, weil diese thematische Formulierung das musikalische Geschehen lediglich um Farben, genauer, um eine im Stimmungsgehalt vom Hauptthema abweichende Episode erweitern will. Als ein in sich geschlossener und eine größere Einheit darstellender Ausdrucksgegensatz kann dieser Gedanke nicht angesehen werden. Bestimmend bleibt das Hauptthema. Es besitzt gliedernde Funktion, indem es als Ganzes oder als Themenkopf größere Abschnitte wie Mittelteil und Reprise einleitet. Es prägt aber auch die Mikrostruktur des

Sinfoniesatzes. Im Takt 22 gehen Baß und Oboe/Flöte ein Wechselspiel miteinander ein, das ebenso einfach wie anmutig ist; der Bezug zu Takt 4 des Hauptthemas ist unschwer zu erkennen:

In den Fortspinnungsteilen, in denen das motivische Material aufgegriffen, in Spielfiguren, Skalen zerlegt und in Abhängigkeit vom Modulationsplan sequenzierend fortgeführt wird, sind vielfach stereotype musikalische Wendungen wie Stufenbässe, tremolierende Figuren und Kadenzfloskeln anzutreffen, die in merkwürdigem Gegensatz zu den ansonst reichen individuellen Zügen der e-Moll-Sinfonie stehen. Selbst in späteren Hamburger Werken begegnen uns solche Wendungen noch häufig.

Insgesamt aber können wir dort eine bessere Durchorganisierung des Satzbildes im Sinne einer differenzierteren Behandlung der einzelnen Instrumente wahrnehmen. Der Titel „Orchester-Sinfonien mit zwölf obligaten Stimmen" läßt dies bereits vermuten. Aber zu diesem Zeitpunkt hat Bach schon Stilmerkmale der klassischen Sinfonien Haydns verwertet, wie umgekehrt der Berliner Meister durch die „Vertiefung motivischer Arbeit und ... Vergeistigung und Beseelung des musikalischen Ausdrucks" auf die Klassik gewirkt hat.[178]

Die Zeit des Siebenjährigen Krieges

In den Jahren 1756 bis 1763 wurden Preußen und die benachbarten Provinzen Schlesien und Sachsen zum Schauplatz eines der verheerenden Kriege im 18. Jahrhundert, des Siebenjährigen Krieges. Mehr als hundertachtzigtausend Soldaten verloren ihr Leben, die Verluste unter der Zivilbevölkerung nicht mitgerechnet. Dieser Krieg war nur die offene, gewaltsame Austragung der schon seit Jahren verfochtenen Ziele des preußischen Militarismus: der Entwicklung Preußens zur

Kriegsszene. Zeitgenössischer Stich

europäischen Großmacht. Bereits wenige Monate nach seiner Thronbesteigung fielen Truppen Friedrichs II. in die österreichische Provinz Schlesien ein und annektierten große Gebiete. Mit dem zweiten Schlesischen Krieg (1744/45) und schließlich dem Siebenjährigen Krieg sicherte sich Preußen endgültig den Besitz Schlesiens. Es hatte dadurch sein Territorium erheblich erweitern und um rohstoff- und industrieintensive Positionen bereichern können. Die schweren ökonomischen Begleiterscheinungen und Folgen des Krieges bekamen nicht nur die Bewohner der besetzten Gebiete in Gestalt hoher Kontributionen zu spüren, auch der preußische Steuerzahler mußte enorme Teile der Kriegskosten, die sich auf die Gesamtsumme von hundertneununddreißig Millionen Taler beliefen, aufbringen. Handel und Gewerbe hatten vornehmlich für die Ausrüstung und Bewaffnung des preußischen Heeres zu sorgen. Die schwere Wirtschaftskrise des Jahres 1763 führte zu neuerlichen Belastungen der Bevölkerung.
Viele bürgerliche Künstler lobten, in politischer Engstirnigkeit befangen, die Eroberungspolitik Friedrichs II. überschwenglich. Gleims „Preußische Kriegslieder in den Feldzügen 1756 und 1757 von einem Grenadier“ (1758) sind ein typisches Zeugnis für derartige Verherrlichungstendenzen. Wenn Carl Philipp Emanuel Bach aus dieser Sammlung das „Herausforderungslied vor der Schlacht bei Roßbach“ vertonte, dann läßt

das zumindest auf eine unreflektierte Haltung gegenüber solcher apologetischer Literatur schließen. Soweit wir wissen, ist es sein einziges Lied dieser Thematik geblieben. Auch Lessing wurde zunächst durch die Siege Friedrichs II. im Siebenjährigen Krieg getäuscht, Eindrücke, die er bald korrigierte. Er, der mehrmals in Berlin eine Existenz aufbauen wollte, scheiterte letztlich an den begrenzten Entfaltungsmöglichkeiten auf kulturellem Gebiet. Lessing verließ fast zum gleichen Zeitpunkt wie Bach die preußische Hauptstadt. Wie dieser ging er nach Hamburg, allerdings nur für kurze Zeit. Mit dem ihm eigenen kritischen Geist attackierte der Dichter später, im August 1769, in einem Brief an Nicolai die preußischen Verhältnisse: „Lassen Sie es aber doch einmal einen in Berlin versuchen, über andere Dinge so frei schreiben, als Sonnenfels in Wien geschrieben hat; lassen Sie es ihn versuchen, dem vornehmen Hofpöbel so die Wahrheit zu sagen, als dieser sie ihm gesagt hat, lassen Sie einen in Berlin auftreten, der für die Rechte der Untertanen, der gegen Aussaugung und Despotismus seine Stimme erheben wollte, wie es itzt sogar in Frankreich und Dänemark geschieht; und Sie werden bald die Erfahrung haben, welches Land bis auf den heutigen Tag das sklavischste Land von Europa ist."[179]
Die langen Kriegsjahre hatten auch in Berliner Musikerkreisen zu persönlichen Nöten und Entbehrungen geführt und in die berufliche Tätigkeit einige Unordnung gebracht. Man traf sich zu den Kammerkonzerten nur noch sporadisch, da der König oft abwesend war. Bach tat zeitweise sogar Dienst in den Reihen der Berliner Bürgerwehr. Gleim berichtete an Ramler: „Der reiche Adel flieht, und läßt den Armen ihre Scherflein zusammenlesen, und wagt es, die Stadt der Plünderung und dem Brande zu überliefern! So spricht man hier auf unsern Paradeplätzen wo Sulzer und der Baron Pölnitz, Bach und der Commendant, Doctor Stahl und der Cammerpräsident Gröber u.s.w. u.s.w. nebst vielen andern Patrioten versammelt sind."[180] Als die in den Krieg eingreifende russische Armee im August 1758 in bedrohliche Nähe Berlins rückte, flüchtete Bach mit Frau und Kindern nach Zerbst zu Johann Friedrich Fasch, mit dem er seit Jahren befreundet war.[181] Erst Anfang Dezember kehrte die Familie wieder nach Berlin zurück.
Die Musiker zeigten sich wegen erheblicher finanzieller Einbußen verärgert. Als höfische Bedienstete erhielten sie ihren

Lohn in Papiergeld ausgezahlt, das im Verlauf des Krieges immer mehr seinen Wert verlor. Bach, der ein ständiges Einkommen durch seine zahlreichen Privatschüler bezog, traf es nicht so hart wie andere Berliner Kollegen. Als Friedrich II. nach dem Friedensschluß mit Österreich keine Anstalten machte, die Musiker zu entschädigen, war sein Kammercembalist — wie uns Zelter mitteilt — „sehr aufgebracht darüber und ließ sichs auch merken"[182]

Lieder und Klavierkompositionen

Die künstlerische Produktion Bachs war auch während des Siebenjährigen Krieges nicht zum Erliegen gekommen. In den Jahren 1757/58 vertonte er eine Auswahl von vierundfünfzig (!) Gedichten, die unter dem Titel „Herrn Professor Gellerts geistliche Oden und Lieder mit Melodien" erschienen. Diese erste eigene Liedsammlung machte Bach schlagartig zu einem der angesehensten Liedkomponisten in Deutschland. Allein das Erscheinen von fünf Auflagen zu seinen Lebzeiten (1758, 1759, 1764, 1771 und 1784) weist auf die außerordentliche Beliebtheit der Gellert-Lieder hin.
Schon vor dieser Sammlung hatte Bach etliche weltliche Lieder geschaffen, die in verschiedenen zeitgenössischen Druckwerken veröffentlicht wurden. Das erste nachweisbare Lied, „Eilt, ihr Schäfer", stammt aus dem Jahre 1741. Bach publizierte es in der von Johann Friedrich Gräfe herausgegebenen „Sammlung verschiedener und auserlesener Oden, zu welchen von den berühmtesten Meistern in der Music eigene Melodeyen verfertiget worden". Nach einer mehr als zehnjährigen Pause wandte er sich, sicher unter dem Eindruck der massenhaften Verbreitung, die das Lied in Deutschland erfuhr, erneut diesem Werkbereich zu. Bachs Liedvertonungen fanden Eingang in Ramlers und Krauses „Oden mit Melodien" (1753 und 1755), Marpurgs „Neue Lieder zum Singen beym Claviere" (1756) und in die „Berlinischen Oden und Lieder" (1756 und 1759). In die Musikzeitschrift „Historisch-Kritische Beyträge zur Aufnahme der Musik" wurde das „Scherzlied vom Herrn Leßing" aufgenommen, sicher in der Absicht, die Lektüre der vielen theoretischen Aufsätze aufzulockern.
Das Lied war eine ausgesprochen populäre musikalische

Clavichordspieler. Titelseite zu J. W. Häslers „Clavier- und Singestücken“, 1782

Gattung, die außerhalb des höfischen Kunstbereichs stand. Um 1750 hatte Berlin die weitaus größte Liedproduktion in Deutschland zu verzeichnen. Gellert, Hagedorn, Gleim, Gräfe, Ramler und Lessing waren die bevorzugten Dichter, Agricola, Kirnberger, Marpurg, Quantz, Carl Heinrich Graun und Carl Philipp Emanuel Bach die häufigsten Komponisten. Ästhetische und kompositionstechnische Detailfragen wurden auch im Hinblick auf die soziale Wirksamkeit des Liedes diskutiert. Krause registrierte das große Ansehen des französischen Chansons, des Musters für das Berliner Lied, in allen Schichten der Bevölkerung: „Es ist ein sehr schöner Anblick für den unpartheiischen Weltbürger und allgemeinen Menschenfreund, wenn er bei diesem Volke“ (dem französischen — der Verf.) „einen Landmann mit seiner Traube oder mit seiner Zwiebel in der Hand singend und lustig und glücklich sieht ... Wenn unsere Componisten singend ihre Lieder componiren, ohne das Clavier dabey zu gebrauchen und ohne daran zu denken, daß noch ein Baß hinzukommen soll; so wird der Geschmack am Singen unter unserer Nation bald allgemeiner werden.“[183]

Die vertonten Gedichte entstammen zumeist der Anakreontik, jener literarischen Richtung, die seit den vierziger Jahren mit ihren idyllisch verklärten Szenen aus der antiken Mythologie und den zahllosen Schäfergestalten, den sich ganz sinnlichen Genüssen hingebenden Damons, Doris, Phyllis, Thyrsis, weite bürgerliche Kreise in Deutschland erfreute.[184] In dieser trotz der antikisierenden Thematik an volkstümlichen Elementen reichen Dichtung artikulierte sich ein diesseitsbetontes Selbstbewußtsein des dritten Standes. Von den politischen Mißständen ihrer Zeit nahmen die Anakreontiker freilich entweder keine Notiz oder sie verniedlichten sie, wie es beispielsweise Gleim in den folgenden Versen tat: „Drum, o Deutschland, / Willst du Frieden? / Wein und Liebe / Kann ihn stiften."[185] Lehrhafter, mit Pointen durchsetzter moralischer Ton und tändelnde Liebesgedichte wechselten einander in den Liedsammlungen ab. Das Strophenlied, dessen musikalische Formung und Gestaltung betont einfach gehalten war, dominierte. Sangbarkeit und leichte Rezipierbarkeit wurden zu Postulaten erhoben. Die Melodie müsse „begreiflich ... und für jeden Hals leicht zu singen seyn"[186]. Künstlerische Individualität kann sich in diesen Liedern dann verwirklichen, wenn sich die Komponisten über Konventionalismen und normative Rezepturen hinwegsetzen und einen unverwechselbaren, originellen Ton finden.

Carl Philipp Emanuel Bachs „Eilt, ihr Schäfer" entstand nach einem Gedicht Mariane von Zieglers, die auch Kantatentexte für Johann Sebastian Bach schrieb. Dieses kleine kompositorische Gebilde steht am Anfang der Liedentwicklung in Deutschland und ist thematisch der zeitgenössischen Schäferpoesie verpflichtet. Es besitzt, verglichen mit dem damals weitverbreiteten Parodieverfahren, eine neue Qualität der Einheit von Text und Musik. Die Fabel: Ein Mädchen ist von Sehnsucht nach ihrem Geliebten erfüllt. Schäfer sollen diesem eine Liebesbotschaft überbringen:

Bach sucht die bildhaften und nuancenreichen „Wendungen des Dichters“[187] musikalisch umzusetzen. Der melodische Verlauf der Singstimme zu einem ersten Höhepunkt hin, der mit g^2 und auf der wichtigsten Textstelle „meinem Thyrsis“, dem Empfänger der Liebesbotschaft, erreicht ist, verrät ein innerliches Crescendo, gleichsam Unruhe und Sehnsucht des liebenden Mädchens musikalisch verdeutlichend. Die Synkopen wirken dabei steigerungsintensivierend, während die stereotypen Baßwiederholungen zeigen, daß die verbal-musikalische Einheit noch nicht durchgängig hergestellt ist.
Die meisten weltlichen Lieder Bachs haben einen geringen technischen Schwierigkeitsgrad, so daß sie ohne weiteres von den Musikliebhabern gesungen werden konnten. Die Gellert-Lieder hingegen sind anspruchsvoller, wie eine Rezension in der „Allgemeinen Deutschen Bibliothek“ (1766) bestätigt: „Man verkennet auch in diesen Odenmelodien den feurigen und erfindungsreichen Geist unsers Herrn Bach nicht. Sie scheinen zwar eigentlich mehr zum Clavierspielen als zum Singen eingerichtet zu seyn. Indessen findet doch ein durch gute Vorübungen genugsam zubereiteter Hals hierbey vielfältige Gelegenheit, sich im guten Vortrage der kleinen Manieren, im Treffen verschiedener nicht ganz leichter Tonfolgen, und überhaupt im Ausdrucke fertiger und sicherer zu machen.“[188]
Von pietistischem Gedankengut beeinflußt, bezweckte Bach, mit diesen Liedern Musik zur Erbauung und zur Belehrung zu schaffen. Bezugspunkt ist das zeitgenössische Ideal des tugendhaften Menschen. Wenn es im Lied „Wider den Uebermuth“ beispielsweise heißt: „Wenn ich vielleicht der Welt mehr, als mein Nächster, nütze ...“, so deutet sich hier ein rationalistisch aufklärerischer Nützlichkeitsstandpunkt an. Im ganzen lassen die Gellert-Lieder eine originellere Handhabung der melodischen und harmonischen Mittel erkennen. Der Klaviersatz ist differenzierter geworden.
Prinzipielle liedtheoretische Überlegungen entwickelt Bach in der Vorrede zu dieser Sammlung: „Bey Verfertigung der

Titelseite und Lied aus „Herrn Professor Gellerts Geistlichen Oden und Liedern mit Melodien", 1758

Melodien habe ich, so viel möglich, auf das ganze Lied gesehen. Ich sage, so viel möglich, weil keinem Tonverständigen unwissend seyn kann, daß man von einer Melodie, wonach mehr als eine Strophe gesungen wird, nicht zu viel fordern müsse, indem die Verschiedenheit der Unterscheidungs-Zeichen, der ein- und mehrsylbigten Wörter, auch oft der Materie u.s.w. in dem musikalischen Ausdrucke einen großen Unterscheid machet."[189] Was Bach hier als Mangel empfindet, erweist sich in der Tat als ein Problem von musikgeschichtlicher Tragweite: Wie lassen sich die Gegensätze menschlichen Fühlens im Lied ausdrücken? Das durchkomponierte Lied ist noch nicht „entdeckt". Bach kann die aus der Praxis erwachsende Forderung nach Darstellung des Affektwechsels teilweise kompositorisch umsetzen: „Schon in den Gellert-Liedern wendet er ein ganz persönliches Mittel an, nämlich den Ausbau der Vor-, Zwischen- und Nachspiele. Besonders die Nachspiele lockern die strenge Strophenfolge auf und dienen nicht nur der Überleitung, sondern werden — im Falle der Frageschlüsse — auch der Verschiedenheit der Strophen gerecht."[190]
In dem Lied „Bitten" überwiegt die syllabische Textbehandlung, mit einigen bezeichnenden Ausnahmen. Die Worte „so weit die Wolken gehen" sind, sicher um ihre Bildhaftigkeit zu treffen, als Melismen vertont:

Dazu wählt Bach eine schlichte homophone Begleitung, die sich vorwiegend im Mollbereich (e-Moll) bewegt und sanfte Stimmungen affiziert. Der in der Strophe angelegte Ausdrucksgegensatz (Text: „Herr, meine Burg, mein Fels") wird von Bach bis ins Detail hinein auskomponiert: markante Tonwiederholungen, von bewegten Begleitfiguren umspielt und im Dur-Bereich angesiedelt, unvermitteltes Umschlagen in die Ausgangstonart e-Moll bei den Worten „Vernimm mein Fleh'n" und schließliches Ausklingen im Pianissimo:

Beethoven findet in der Vertonung dieses Gedichtes fast ein halbes Jahrhundert später ganz andere gestalterische Lösungen.[191] Daß er jedoch das gleichnamige Bachsche Lied gekannt hat, steht außer Frage. Die Parallelität einzelner Passagen ist zu auffällig:

Vergleichen wir die Bachschen Lieder mit anderen zeitgenössischen Gellert-Vertonungen,[192] so zeigt sich, daß ihnen stärkere emotionale Kräfte innewohnen. Wie Gellert über sie urteilte, ist aus einem Brief an seine Schwester ersichtlich: „Bach, ein Cammermusici in Berlin, hat alle meine Lieder componirt und mir unlängst ein Exemplar überschickt ... Sie sind schön, aber zu schön für einen Sänger, der nicht musikalisch ist."[193]

Mit einer weiteren Sammlung von Klavierkompositionen betrat Bach Anfang der sechziger Jahre musikgeschichtliches Neuland. Bei seinem Berliner Verleger Winter erschienen 1760 die „Sechs Sonaten für Clavier mit veränderten Reprisen“ im Druck. Was beabsichtigte Bach mit dieser Sammlung? Die Musikausübung im 18. Jahrhundert wurde maßgeblich durch improvisatorisches Musizieren geprägt, wobei es durchaus üblich war, bei Wiederholungen innerhalb einzelner Instrumentalsätze willkürliche Veränderungen und Verzierungen vorzunehmen, die jedoch den künstlerischen Intentionen des Komponisten oftmals zuwiderliefen.

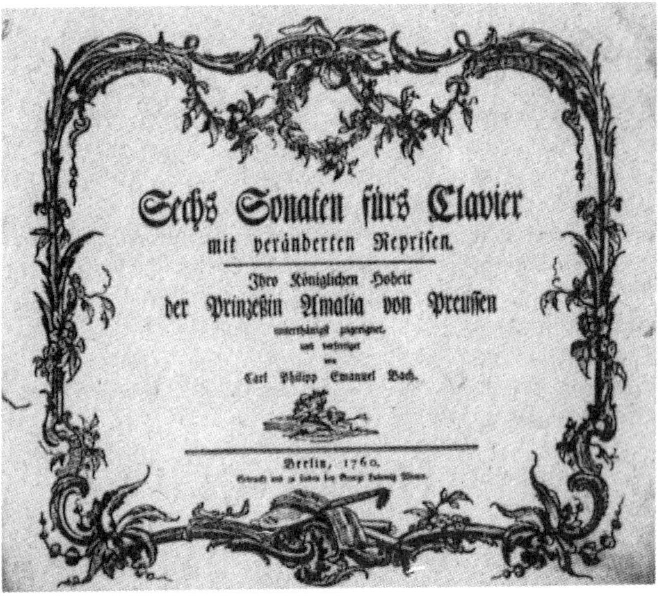

Titelseite zu den „Reprisen-Sonaten“, Wq 50, 1760

Gegen solche Praktiken sprach sich Bach nachdrücklich im Vorwort zu seinen Reprisen-Sonaten aus: „Das Verändern beym Wiederholen ist heut zu Tage unentbehrlich. Man erwartet solches von jedem Ausführer. Einer meiner Freunde giebt sich alle mögliche Mühe, ein Stück, so wie es gesetzt ist, rein und den Regeln des guten Vortrags gemäß herauszubringen; solte man ihm wol den Beyfall versagen können? Ein anderer, oft aus Noth gedrungen, ersetzt durch seine Kühnheit im Verändern, das, was ihm an Ausdruck der vorgeschriebenen

Noten fehlet; nichts destoweniger erhebt ihn das Publicum vor jenem. Man will beynahe jeden Gedanken in der Wiederholung verändert wissen, ohne allezeit zu untersuchen, ob solches die Einrichtung des Stücks, und die Fähigkeit des Ausführers erlaubt. Bloß dieses Verändern, wenn es zumal mit einer langen und zuweilen gar zu sonderbar verzierten Cadenz begleitet ist, preßt oft den meisten Zuhörern das Bravo aus. Was entsteht nicht daher für ein Mißbrauch dieser zwo wirklichen Zierden der Ausführung! Man hat nicht mehr die Gedult, beym erstenmahle die vorgeschriebenen Noten zu spielen; das zu lange Ausbleiben des Bravo wird unerträglich. Oft sind diese unzeitigen Veränderungen wider den Satz, wider den Affect und wider das Verhältniß der Gedanken unter sich; eine unangenehme Sache für manchen Componisten."[194]
Die tiefere Bedeutung dieser Äußerungen ist unmißverständlich. Sie läßt eine neue Auffassung vom Sinn und Wesen eines musikalischen Kunstwerkes erkennen. Für Bach ist Musik Ausdruck eigener und einmalig-unverwechselbarer künstlerischer Individualität. Dies unverfälscht im musikalischen Vortrag wiederzugeben, erfordert eine genaue Festlegung des schöpferischen Einfalls und dessen Ausarbeitung durch den Komponisten. Deshalb hat Bach in vielen Sonaten, Trios, Konzerten und Sinfonien die unterschiedlichen musikalischen Parameter eindeutig fixiert. Das betrifft nicht nur detaillierte Satzbezeichnungen, die auf einen konkreten Affekt hinweisen, auch die Mikrostruktur einer Komposition erscheint wesentlich verfeinert, ausgefeilter, möchte man sagen. Allein durch die subtile Dynamisierung gewinnt das Innenleben des Werkes an Farbigkeit. Wenn Bach nun im Falle der Reprisen-Sonaten die Wiederholungen en détail ausschreibt und dabei permanent variiert, so geschieht das nicht auf Kosten des Ausdrucks. Die Einheit der Gedanken und ihr richtiges Verhältnis zueinander sind durchgängig gewahrt.
Bach sieht im Kunstwerk die vom Komponisten autorisierte letzte Instanz des Schaffensprozesses. Dieses So-und-nicht-anders-Sein von Musik bedingt eine Wiedergabe durch den Interpreten, die jegliche Willkür ausschließt. Beim Vortrag Bachscher Klaviersonaten habe er die Erfahrung gemacht, bemerkt Schubart, daß seine „Ichheit wegschwindet und Bachsches Idiom wird"[195]. Aus ebensolchen Gründen, die die Wahrung der Werkgestalt betreffen, wachte Bach sorgfältig

über die genaue Drucklegung seiner Kompositionen und zog hart gegen Fehler oder Raubdrucke zu Felde.[196] — Die Reprisen-Sonaten, mit denen Bach vornehmlich den Anfänger und Liebhaber erreichen wollte, besitzen Erfindungsreichtum hinsichtlich des thematischen Materials und seiner Verarbeitung. Die Phrasierung ist ausgewogen, der zwei- bis dreistimmige Klaviersatz transparent und sorgfältig durchgestaltet. Die veränderten Reprisen — im folgenden ein Beispiel aus dem F-Dur-Allegretto, Wq 50,1 — bewirken überraschende Nuancierungen des Ausdrucks:

Der großen Nachfrage wegen, die diese Sammlung fand, gab Bach 1761 und 1763 zwei Fortsetzungen zu je sechs Sonaten heraus. In den darin enthaltenen Kompositionen wird das Reprisenprinzip jedoch wieder aufgegeben,[197] einige Jahre später aber in den „Kurzen und leichten Clavierstücken mit veränderten Reprisen" (1766 und 1768) erneut angewandt.
Ende 1760 druckte der Verlag Birnstiel in Berlin das „Musikalische Allerley von verschiedenen Tonkünstlern", an dessen Veröffentlichung Bach maßgeblichen Anteil hatte. Die meisten Kompositionen lieferte er selbst. Über den Zweck dieses Sammelwerks geben die Herausgeber in der Vorrede Auskunft: „Diese Blätter werden alle Sonnabende fortgesetzt, und sind dazu bestimmt, die neuesten musikalischen Versuche guter Tonmeister in Sing- und Spielsachen, Clavier- Violin- und Flötenstücken, kleinern und größern Aufsätzen, Oden, Arien, Polonaisen, Menuetten, Märschen, Duetten, Trios, Fugen und Synfonien, characterisirten Stücken und Sonaten, im deutschen, italienischen und französischen Geschmack, zu

sammeln und nach und nach zum Vorschein zu bringen."[198] Die Beiträge stammen von Kirnberger, Marpurg, Carl Heinrich Graun, Quantz, Agricola, Johann Friedrich Fasch, Rameau, Rolle, František Benda. Carl Philipp Emanuel Bach war mit Klavierstücken — „la Xenophon", „la Sibylla" und andere —, Variationssätzen und Liedern beteiligt.
Etwa ein Jahr später folgte ein ähnliches verlegerisches Unternehmen, das „Musikalische Mancherley". Der Kreis der mitwirkenden Komponisten hatte sich verkleinert: Kirnberger, Johann Friedrich Fasch, Agricola und Bach. Letzterer steuerte vier Sonaten aus den Jahren 1749, 1754 und 1757, ein Menuett für drei Trompeten, Pauken, zwei Violinen und Baß sowie kleinere Charakterstücke — „l'Herrmann", „la Buchholz", „la Boehmer", „la Stahl" und „la Gleim" — bei. Eine lebhafte Wirkung dieser kompositorischen Miniaturen aufs Publikum blieb nicht aus. In den „Ephemeriden der Menschheit" findet sich folgende Notiz: „Karl Philipp Emanuel Bach charakterisierte, wie er noch in Berlin war, mehrere Frauenzimmer, die er kannte, durch angemessene Clavierstücke; und mehrere Personen, die jedes Individuum damals kannten, versicherten mich, ihr Humor und Benehmen im Umgange sei glücklich in denselben ausgedrückt gewesen; nur habe man sie von Bach selbst spielen hören müssen."[199] Graziös und anmutig im Ausdruck beispielsweise ist „la Gleim", Allegro, 6/8-Takt:

Die Kompositionen dieser Sammlungen sind von einfacher Faktur, voll hübscher thematischer Einfälle, leicht spielbar und rezipierbar, so ganz geeignet, dem Unterhaltungsbedürfnis eines bürgerlichen Publikums gerecht zu werden.

Berliner Ausklang

Die letzten Berliner Schaffensjahre Bachs waren angefüllt mit Arbeiten in den verschiedensten Gattungs- und Genrebereichen. Im Jahre 1765 schrieb er die reizvolle kleine Liedkantate „Phillis und Tirsis", Wq 232, für zwei Soprane, zwei Flöten und Basso continuo. Deklamation, Textausdeutung und instrumentale Begleitung werden vortrefflich beherrscht. Die ganz dem Wortausdruck folgende, bald in einen wehmütigen, bald in einen heiteren Ton fallende Singstimme, begleitet von gefälligen Terzen- und Sextenparallelen der Flöten, verleiht diesem kleinen Kunstwerk Innigkeit und Grazilität:

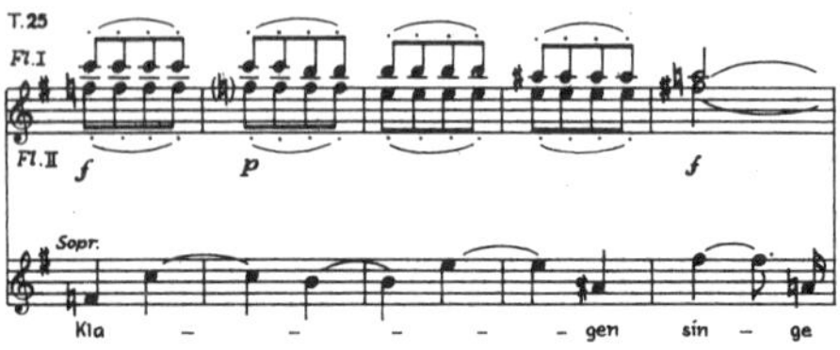

Mit weiteren Klavierwerken trat Bach in den sechziger Jahren an die Öffentlichkeit: „Clavierstücke verschiedener Art“ (1765), „Sechs leichte Clavier-Sonaten“ (1766). Zahlreiche Einzellieder vereinigte er in den „Oden mit Melodien“ (1762). Als ein Glücksfall für die Überlieferung des kompositorischen Œuvres von Johann Sebastian Bach muß die Herausgabe der vierstimmigen Choräle angesehen werden, die Carl Philipp Emanuel Bach einzelnen Passionen, Kantaten und anderen Vokalwerken des Vaters entnommen hatte. Die ersten hundert Choräle erschienen 1765 in Berlin und Leipzig mit einer sehr aufschlußreichen Vorrede: „Ich hoffe ... durch diese Sammlung vielen Nutzen und vieles Vergnügen zu stiften, ohne daß ich nöthig habe, zum Lobe der Harmonie dieser Lieder etwas anzuführen. Der seelige Verfaßer hat meiner Empfehlung nicht nöthig. Man ist von ihm gewohnt gewesen, nichts als Meisterstücke zu sehen. Diesen Nahmen werden die Kenner der Setzkunst gegenwärtiger Sammlung ebenfals nicht versagen können, wenn sie die ganz besondre Einrichtung der Harmonie und das natürlich fließende der Mittelstimmen und des Baßes, wodurch sich diese Choralgesänge vorzüglich unterscheiden, mit gehöriger Aufmercksamkeit betrachten. Wie nutzbar kann eine solche Betrachtung den Lehrbegierigen der Setzkunst werden, und wer läugnet wohl heut zu Tage den Vorzug der Unterweisung in der Setzkunst, vermöge welcher man, statt der steifen und pedantischen Contrapuncte, den Anfang mit Chorälen machet?"[200] Die weitere Publikation der Bachschen Choräle zog sich wegen Verlegerstreitigkeiten und Prioritätsfragen bis weit in die achtziger Jahre hinein.[201]

Seit langem stand Carl Philipp Emanuel Bach mit Georg Philipp Telemann, der seit 1721 die Stelle des Musikdirektors der fünf Hauptkirchen in Hamburg bekleidete, in Verbindung. Möglicherweise hatte Telemann seinen Patensohn schon sehr früh als eventuellen Nachfolger ins Auge gefaßt und ihm dabei geholfen, die notwendigen Kontakte zu einflußreichen Kreisen in der Hansestadt zu knüpfen.[202] Bach wurde in seinem Entschluß, bei sich bietender Gelegenheit den Hofdienst zu quittieren, sicher auch durch hemmende Faktoren im Berliner Musikleben bestärkt, die insbesondere durch den Siebenjährigen Krieg ausgelöst worden waren. Die soziale Stellung eines Hofbediensteten und die daraus resultierenden Abhängigkeitsverhältnisse konnten auf die Dauer ohnehin nicht befriedigen. Bachs Entscheidung, Berlin zu verlassen, war eine Entscheidung für den Status des freien bürgerlichen Künstlers. (Die Lebenswege Haydns, Mozarts und Beethovens zeigen vergleichbare Bestrebungen, sich aus höfischen Bindungen zu lösen.)

Als Telemann am 25. Juni 1767 starb, übernahm vorübergehend sein Enkel Georg Michael Telemann dessen Amt. In den bald beginnenden offiziellen Bewerbungen konnte sich Carl Philipp Emanuel Bach vor seinem Bruder Johann Christoph Friedrich, dem sogenannten Bückeburger Bach, Hermann Friedrich Raupach und Johann Heinrich Rolle durchsetzen. Friedrich II. gewährte seinem Kammercembalisten nur ungern und erst „nach wiederholter alleruntertänigster Vorstellung"[203] den Abschied.

Nahezu drei Jahrzehnte hatte Bach in der preußischen Residenz gewirkt. Zielstrebig baute er in dieser Zeit sein kompositorisches Œuvre auf, fand er — allem Neuen gegenüber aufgeschlossen — einen singulären Stil, der ihn zu einer der angesehensten Komponistenpersönlichkeiten in Deutschland werden ließ. In Bach sahen Künstler und Liebhaber einen Musiker, der neue kompositorische Entwicklungstendenzen am nachdrücklichsten vertrat. Aber Bach wußte bereits um den Konflikt zwischen kompositorischer Freiheit, die sich potentiell aus der individuellen Arbeitsspezialisierung ergab, und den wenig differenzierten Musikbedürfnissen der Liebhaber, die aber das Kaufinteresse an Musik bestimmten[204]: „Unter allen meinen Arbeiten, besonders fürs Clavier, sind blos einige Trios, Solos und Concerte, welche ich mit aller Freyheit und zu meinem eignen Gebrauch gemacht habe."[205]

Für Verleger in Berlin, Leipzig und Nürnberg waren die meisten seiner Werke eine sichere Kapitalanlage. Sie sorgten für ihre Verbreitung im In- und Ausland. Wichtige Gattungsbereiche wurden in der Berliner Zeit zum Gegenstand schöpferischer Auseinandersetzung: Kammermusik, Instrumentalkonzerte, Sinfonien und Lieder. Und in mancherlei Beziehung entdeckte Bach hier neues kompositorisches Terrain.

Sein Hauptbetätigungsfeld blieb jedoch die Klaviermusik. Gleich in den ersten Werken, den „Preußischen" und „Württembergischen Sonaten" bildete Bach einen neuen Stil aus, erreichte er einen hohen Grad künstlerischer Individualität und Ausdruckskraft. Ausgangspunkt und Motor für die musikalische Entwicklung wurde das individuell geprägte Thema. In seinen besten Klavierwerken erwies sich Bach „als Meister geistvollen Verwebens und Verwandelns von Themen und Motiven mit reichster Abwechslung bei Einheit der Thematik in der Mannigfaltigkeit. Seine Themenverwandlung ist nicht mehr kontrapunktisches Variieren mit Reihenbildung und noch nicht thematisch-motivische Arbeit, sondern entwickelnde Ausspinnung eines schöpferischen Einfalls mit Gruppenbildung und dem Reiz überraschender satztechnischer und rhythmischer, harmonischer und dynamischer Kontraste sowie Takt-, Tempo- und Klanglagenwechsel."[206] Modernität und Originalität der musikalischen Sprache korrespondierten mit einer aufgeklärten Musikanschauung, die vor allem im „Versuch über die wahre Art das Clavier zu spielen" ihren theoretischen Ausdruck fand. Als Cembalist in der Hofkapelle und Klavierlehrer hatte er sich große Anerkennung erworben.

Charles Burney stellte fest: „Von allen Tonmeistern, welche seit länger als dreyssig Jahren in preusischen Diensten gestan-

Georg Philipp Telemann. Schabblatt von V. D. Preißler, nach L. M. Schneider

den, haben vielleicht nur zweene, nemlich C. P. E. Bach und Franz Benda, ganz allein den Muth gehabt, selbst Original zu seyn; die übrigen sind Nachahmer."[207] Mit solchem Rüstzeug und solcher Wertschätzung ausgestattet, im Vollbesitz seiner schöpferischen Kräfte und mit dem ihm eigenen künstlerischen Schaffensdrang und seiner Strebsamkeit konnte Carl Philipp Emanuel Bach an die Bewältigung seiner Hamburger Aufgaben gehen.

III. Hamburg (1768—1788)

Bachs Aufgaben und Pflichten

„In diese Stadt kommt man ohne examinirt, oder von Accisbedienten belästigt zu werden." So beginnt der englische Musikhistoriker Charles Burney die Schilderung seines Hamburg-Aufenthaltes: „Der Reisende wird an dem Thore bloß um seinen Namen und Stand befragt. Die Gassen sind schlecht bebauet, schlecht gepflastert und eng, aber voller Menschen, die ihren eignen Geschäften nachzugehn scheinen. Aus den Mienen und Betragen der Einwohner dieses Orts leuchtet eine Zufriedenheit, Geschäftigkeit, Wohlhabenheit und Freyheit hervor, die man in andern Orten Deutschlands nicht häufig zu sehn bekömmt."[1]

Etwa zehn Tage zuvor hatte Burney bei seinem Besuch in Berlin eine Dreiviertelstunde vor dem Schlagbaum warten und sich einer peinlich genauen Zollkontrolle unterziehen müssen, ehe er in Begleitung eines Soldaten „mit geschultertem Gewehre und dem Bajonet auf der Flinte" die preußische Haupt- und Residenzstadt betreten durfte.[2] Wir wissen, daß Burney im ganzen vom Musikleben Berlins enttäuscht war. Anders Hamburg: Hier registrierte er gesündere Musikverhältnisse. Er würdigte die bedeutenden Musiker der Stadt: Händel, Telemann und Mattheson, war überrascht von dem aufgeschlossenen geistigen Klima, das ihm in den bürgerlichen Kreisen der Hansestadt entgegentrat, und lernte den „grösseste(n) Komponist(en) für Clavierinstrumente . . ., der jemals gelebt hat"[3], persönlich kennen: Carl Philipp Emanuel Bach.

Auch dieser empfand, als er im März 1768 Berlin nicht zuletzt wegen des beengenden, durch die Kriegs- und Nachkriegsjahre ohnehin zerrütteten Hofdienstes verließ, die in Hamburg herrschende weltoffenere Atmosphäre als wohltuend und anregend. Bachs soziale wie wirtschaftliche Stellung war hier durchaus gefestigt; in dieser Stadt, in der das Bürgertum den bestimmenden Einfluß auf das Musikleben ausübte, fand er gute Bedingungen für seine kompositorische Entwicklung vor.

Ansicht von Hamburg. Zeitgenössische Zeichnung

Bachsche Klaviersonaten und Sinfonien, Lieder und Oratorien erklangen in öffentlichen Konzerten. Viele bürgerliche Familien Hamburgs befleißigten sich, Werke des „grossen Bach" in ihren Hausmusiken aufzuführen — und mehr als einmal scheiterten sie daran. Wie hätten sie auch die oft ungemein komplizierten Kompositionen, die Bach wiederholt den Vorwurf der „Bizarrerie" einbrachten,[4] technisch oder gar künstlerisch bewältigen können, Kompositionen, die jener Kategorie von Musik zuzuordnen wären, die der Hamburger Meister „mit aller Freyheit" und zu seinem „eignen Gebrauch" schuf. Aber Bach beherzigte andererseits auch für sich den Rat, den er einem jungen Kollegen gab: „Bey Sachen, die zum Druck, also für jedermann, bestimmt sind, seien Sie weniger künstlich und geben mehr Zucker."[5] In Bachs gesamten Hamburger Schaffen ist diese Differenzierung zwischen „privatem und öffentlichem Stil"[6] erkennbar.
Bachs vorgesetzte Behörde, an die er sich auch in rechtlichen Fragen zu wenden hatte, war der Senat, nicht die Kirche. Sein Einkommen wurde ihm vom städtischen Finanzamt bereitgestellt. Noch in Berlin erhielt Bach im November 1767 das Berufungsschreiben des Hamburger Senats, in dem ihm mitgeteilt wurde: „Wir haben uns ein Vergnügen daraus gemacht, solche Wahl zu bestätigen, und zwar um destomehr, da wir, auf dero uns angerühmte Geschicklichkeit, und belobte Eigenschaften ein gegründetes Vertrauen setzen."[7] Für Bachs Wahl hatte sich maßgeblich der Senator und spätere Bürgermeister Anton Wagener eingesetzt.[8] Bachs Weggang aus Berlin verzögerte sich zwar noch um Monate, doch war er in dieser Zeit bereits ganz auf die neue Tätigkeit eingestellt. In Briefen an Georg Michael Telemann erbat sich Bach Auskünfte über die Beschaffenheit der Kirchenmusik in Hamburg, über Texte, Zensur, Musiker, Kopisten und anderes.[9]
Erst Ende März 1768 trat Bach seinen Dienst als Musikdirektor der fünf Hauptkirchen der Hansestadt und als Kantor des Johanneums an. In der Selbstbiographie heißt es: „1767 erhielte ich die Vocation nach Hamburg, als Musikdirektor an die Stelle des seligen Herrn Kapellmeisters Telemanns! Ich erhielte nach wiederholter allerunterthänigsten Vorstellung, meinen Abschied vom Könige, und die Schwester des Königes, der Prinzessinn Amalia von Preussen Hoheit, thaten mir die Gnade, mich zu Höchstdero Kapellmeister bey meiner Abreise

Carl Philipp Emanuel Bach. Stich von J. C. Krüger

zu ernennen. Ich habe zwar, seit meinem Hierseyn wiederum ein paarmal sehr vortheilhafte Rufe anderswohin gehabt, ich habe sie aber jederzeit abgeschrieben."[10] Die feierliche Amtseinführung Bachs erfolgte am 19. April 1768. Der Enkel Telemanns komponierte aus diesem Anlaß zwei Kantaten. Bach hielt eine Antrittsrede in lateinischer Sprache: „De nobilissimo fine artis musicae".[11]

Die Hamburger Stellung brachte im Vergleich zur Berliner ein gänzlich andersgeartetes Betätigungsfeld, das bis zu einem gewissen Grade dem seines Vaters in Leipzig ähnelte. Die Schulordnung des Johanneums, eines städtischen Gymnasiums, verpflichtete Bach, täglich in den oberen Klassen eine Singestunde zu geben und gleichzeitig Kenntnisse in der „Theorie und Historie der Music" zu vermitteln.[12] In praxi wurde dieser Unterricht jedoch meistens von einem dazu geeigneten Sänger übernommen, eine Gepflogenheit, die sich bereits zu Telemanns Zeiten eingebürgert hatte. Bach, der ohnehin sehr bald mit öffentlichen Verpflichtungen überhäuft wurde, sah auch keine Veranlassung, dies zu ändern, zumal Disziplinschwierigkeiten gang und gäbe waren.

Bedingt durch Bachs neue Aufgaben traten jetzt Werkbereiche in seinem Schaffen in den Vordergrund, die früher — wenn wir vom Magnificat absehen — keine Rolle gespielt hatten: die großen Gattungen der Vokalmusik; die Passionen, Oratorien und Kantaten. Allein für die mehr als sechzig kirchlichen Festtage im Jahr mußte Bach Musik schaffen. Obwohl er dabei auf Kantatenjahrgänge und andere Kompositionen seines Vorgängers Telemann sowie seines Vaters zurückgriff und Stücke daraus unverändert übernahm, blieb dennoch ein umfangreiches Arbeitspensum zu bewältigen. Davon zeugen die vielen handschriftlich erhaltenen Passionsmusiken, Ostermusiken, Weihnachtsmusiken, die zahlreichen Trauungskantaten, Trauermusiken und Einführungsmusiken, die für liturgische Zwecke bestimmt waren.[13]

Für städtische Festlichkeiten komponierte Bach etliche weltliche Kantaten und Bürgerkapitänsmusiken. Daß er auch vor unvorhersehbaren Anforderungen nicht sicher war, beweist ein Vermerk auf der Partitur des Chores „Spiega Hammonia fortunata": „Mit diesem Chor ließ Hamburg anno 70 dem Schwedischen Cronprinzen und dessen jüngsten Bruder seine Devotion und Freude über ihre Hohe Gegenwart bezeigen und

besingen. C. P. E. Bach mußte es in zwölf Stunden componiren. Es wurde 2 mahl gemacht, stark besetzt, copirt; an den König nach Stockholm geschickt. Sonst hat es noch Niemand."[14]
Viele der „Singestücke für die Kirche und unterschiedene Feyerlichkeiten"[15] sind bald vergessen worden, manches ist in die Musikgeschichte eingegangen, darunter die Passionskantate „Die letzten Leiden des Erlösers" (1770), die Oratorien „Die Israeliten in der Wüste" (1769, gedruckt 1775) und „Carl Wilhelm Rammlers Auferstehung und Himmelfahrt Jesu" (1777, gedruckt 1787). Von den Zeitgenossen wurden diese Kompositionen außerordentlich geschätzt, Zeitungen zollten ihnen begeisternde Kritiken,[16] und das zu Recht. Der empfindsame Ausdruck, gepaart mit einem tiefen Erlebnisgehalt, entsprach so ganz der musikalischen Vorstellungswelt des Bürgertums, faszinierte Reichardt, Voß, Claudius und Gerstenberg. Frei von sentimentalen Zügen sind jedoch auch diese Werke nicht, eine Konzession an ein Publikum, das Gefallen an rührenden, lyrischen Schilderungen fand.
Für die Aufführungen seiner Vokalwerke standen Bach etliche Sänger, Ratsmusikanten, Hilfsmusiker und der Kirchenchor zur Verfügung. Zu ihnen hatte er allem Anschein nach ein gutes Verhältnis. Anhand der überlieferten Rechnungsbücher, die Bach mit der ihm eigenen Genauigkeit führte, lassen sich Rückschlüsse auf Besetzungsfragen, aufgeführte Werke, Einnahmen und anderes ziehen.[17] Trompeter und Pauker wurden beispielsweise regelmäßig zur Begleitung des Te deum laudamus herangezogen. Die Proben fanden gelegentlich in Bachs Haus statt, was der Komponist zum Anlaß nahm, seine Musiker mit „Butterbrod und Wein und Kuchen" zu bewirten.[18]
Bach leitete die Kirchenmusiken in St. Nikolai, St. Katharinae, St. Jakobi, St. Petri und St. Michaelis. Ihre künstlerische Qualität war meistenteils schlecht. Zu wenig Proben für die vielen Aufführungen — bisweilen zehn Passionen an dreizehn Tagen — und ein unzureichend ausgebildetes Sängerpersonal führten dazu, daß die ohnehin meist in Eile geschriebenen Kompositionen kaum auf Interesse stießen. Hinzu kommt, daß Bach häufig ältere Kantatentexte verwendete, die dem Geschmack der Hamburger Bürger nicht mehr entsprachen. Doch waren diese Unzulänglichkeiten keine Einzelfälle, sondern bereits eine verbreitete Tendenz im deutschen

Musikleben. Hiller klagte über den zunehmenden Verfall der Kirchenmusik.[19] Auch Reichardt äußerte sich später in ähnlicher Weise: „Unverzeihlich, gottlos ist die Entweihung der Kirchenmusik, ihre Herabwürdigung von der edlen Würde, der sie vor Jahrhunderten schon entgegenstrebte, zu elender läppischer Tändeley, und Schönschmäkeley. Sie, die edle, die erhabene, die göttliche Kunst, die mit ihrer Allgewalt so sicher den Menschen bessern und veredeln kann, sie soll sich izt begnügen mit Nervenkützel und Geschmackverschönerung!"[20] Obwohl nicht direkt benannt, meint Reichardt hier offensichtlich das Eindringen von Elementen der italienischen Buffooper in die Kirchenmusik.[21]

Die Gemeinde wollte Erbauung, aber auch Unterhaltung. Selbst die Predigten blieben nicht von bisweilen geradezu an Freigeisterei grenzendem Gedankengut verschont. Hamburg, die Stadt des Handels und der Schiffahrt, stand in dieser Beziehung anderen Städten in Deutschland nicht nach. Heinrich Miesner erwähnt eine Predigt aus dem Jahre 1774: „Was Künste und Wissenschaften der Kaufmannschaft zu danken haben."[22] Daß sogar über die Lotterie und den Wert des Geldes von der Kanzel herab gesprochen wurde, zeigt, wie sehr merkantiles Denken in Hamburg ausgeprägt war.[23] Bach selbst machte keinerlei Anstalten, das Ansehen der Kirchenmusik zu verbessern. Bedauernd bemerkte er gegenüber Burney: „... freylich möchte ich mich zuweilen ein wenig schämen, wenn ein Mann von Geschmack und Einsicht zu uns kommt, der eine bessre musikalische Bewirthung verdiente, als womit wir ihm aufwarten können."[24] Um nicht mißverstanden zu werden: Solche Qualitätsminderungen betrafen vornehmlich die Musik in den Gottesdiensten, nicht jedoch die öffentlichen Konzerte und Oratorienaufführungen. Gerade diesem letzteren Bereich war Bach besonders zugetan; seine kirchlichen Verpflichtungen faßte er mehr als notwendigen Broterwerb auf.

Was Bach an Einnahmen bezog, war beachtlich. Das Grundgehalt betrug jährlich zwölfhundert Taler, rechnet man die Zuschüsse für die Hausmiete sowie die Honorare für zusätzliche kirchliche und städtische Aufführungen hinzu, so belief sich sein ständiges Einkommen auf etwa zweitausend Taler. Weitere Einkünfte kamen aus eigenen Konzerten, seinem Klavierunterricht sowie den zahlreichen Publikationen, so daß

Bach durchaus in der Lage war, ein großzügiges bürgerliches Leben zu führen. Wohl auch diesen pekuniären Gesichtspunkt im Auge, sagte er zu Burney: „... ich bin mit meiner gegenwärtigen Situation sehr zufrieden."[25] Allerdings lebte es sich in Hamburg ziemlich teuer: „Die Erschwerung unsers Handels verursacht unser verzweifelt schweres Geld, dafür wir hier lange nicht so viel kriegen können als in Berlin, Leipzig ... für leichter Geld, und welches Ursache ist, daß wenn man einen Louisd'or in der Tasche hat und nach auswärtiger Art eine gute Börse hat, solche im Augenblick los wird, ohne kaum zu wissen wofür?"[26]

Die Hamburger Tätigkeit Bachs umfaßte weit mehr als die Komposition und Aufführung von Kirchenmusik. Mit großem Eifer initiierte er eigene Konzertreihen, die seit April 1768 dem Publikum der Hansestadt zugänglich waren. Mit seinen Improvisationen auf dem Clavichord und dem Cembalo begeisterte er Musikliebhaber aus nah und fern. Nach wie vor galt er als gefragter Klavierlehrer.[27] Bach wurde auch als Sachverständiger zu Organistenwahlen herangezogen.[28] Die schon in Berlin geknüpften Verbindungen mit führenden deutschen Musikverlagen baute er weiter aus. Viele seiner Werke erschienen im Selbstverlag. Dort, wo der Absatz zu stocken drohte, half er durch geschickte verlegerische Manipulationen nach. In verschiedenen Orten Deutschlands hatten Musiker, Musikalienhändler und andere Geschäftsleute Bachs Pränumerationsangelegenheiten, das heißt den Vertrieb und Verkauf seiner zu einem billigeren Preis abgegebenen Kompositionen, übernommen. Als einer der Zwischenhändler für ihn nicht mehr arbeiten wollte, inserierte Bach kurzerhand am 17. Dezember 1774 in den „Berlinischen Nachrichten Von Staats- und Gelehrten Sachen": „Da der Herr Cantor Pochhammer in Berlin auf mein Oratorium" („Die Israeliten in der Wüste" — der Verf.) „nicht subscribiren läßt: so belieben die Liebhaber sich diesfals an den Musicum Herrn Hering ... zu wenden."[29] Das kam einer öffentlichen Kompromittierung Pochhammers gleich. Dieser gab wenige Tage später, am 29. Dezember, folgende Erklärung ab: „Dem geehrten Publico zeige hierdurch an, daß die Nachricht, als ob ich auf des Kapellmeister Herrn Bachs Oratorium nicht subscribiren lassen wollen, unbegründet und falsch sey, weil ich nicht die gehörige Instruction dazu bekommen habe."[30]

Die Hamburger Jahre waren für den Komponisten außerordentlich produktiv. Es entstanden Sonaten, Trios, Quartette, Fantasien, Konzerte, Sinfonien, Lieder und die schon erwähnten großen Vokalwerke. Größte Meisterschaft erreichte er erneut in den Kompositionen für Klavier: „Alle Züge von Emanuels Berliner Stil finden sich in reiferer und noch konzentrierterer Form wieder in den zwischen 1779 und 1787 veröffentlichten sechs Sammlungen für ‚Kenner und Liebhaber' (Wq 55 bis 59, 61)."[31] — In Hamburg konnte Bach die Position einnehmen, die ihm in Berlin aufgrund der dort herrschenden höfischen Verhältnisse verwehrt blieb: die des freischaffenden, wirtschaftlich weitgehend unabhängigen bürgerlichen Künstlers. Möglich wurde dieser Status, den allerdings neuartige gesellschaftliche Zwänge wieder in Frage stellten — von ihnen wird noch zu sprechen sein —, durch die vom Hamburger Bürgertum seit langem geförderte Entwicklung von Kultur und Kunst.

Das Musikleben in der Hansestadt

Hamburg, seit dem 17. Jahrhundert wichtigster Ausfuhrhafen und Warenumschlagplatz Deutschlands, dessen Handelsbeziehungen bis nach Übersee reichten, erlebte in den ersten Dezennien des 18. Jahrhunderts einen starken wirtschaftlichen Aufschwung. Dank ihrer Neutralitätspolitik blieb die Hansestadt von den Folgen der kriegerischen Auseinandersetzungen der Zeit, insbesondere des Spanischen Erbfolgekrieges, weitgehend verschont, mehr noch, sie konnte vorteilhafte Handelsverträge mit dem Binnenland wie mit den Niederlanden, Frankreich und England abschließen. Schlesische und westfälische Leinwand galt als ein gewinnbringender Exportartikel, während bevorzugt Warengüter aus den Kolonien — insbesondere Zucker und Kaffee — eingeführt wurden. Im Jahre 1712 erfolgte eine Neuordnung des Staats- und Verwaltungsapparates. Diese war notwendig geworden wegen der um die Jahrhundertwende offen ausbrechenden Gegensätze zwischen Gruppierungen von Kleinbürgern und Handwerkern einerseits und aristokratischen Schichten des Rates und den mit ihnen verbündeten Kaufleuten andererseits. Doch führten solche administrativen Maßnahmen nur zu einer partiellen Lösung

der sozialen Konflikte. Am Verfassungsleben konnte sich nur beteiligen, wer über einen schuldenfreien Grundbesitz von mindestens tausend Talern verfügte,[32] was dazu führte, daß weder Kleinbürger noch plebejische Kreise politische Rechte besaßen.
Der auf Handel und Schiffahrt gegründete wirtschaftliche Reichtum schuf auch günstige Voraussetzungen und Bedingungen für die Entwicklung des Musiklebens. Das finanzkräftige Hamburger Bürgertum förderte zahlreiche kulturelle Unternehmungen. Bereits im Jahre 1678 wurde das Opernhaus am Gänsemarkt errichtet, dessen „stehende" bürgerliche Oper einige Jahrzehnte lang in Deutschland beispielgebend war. Die Einwohnerschaft der Hansestadt „zeigte unentwegte Theaterfreudigkeit und prägte die Musikbühne zur Volksoper"[33]. Kusser, Keiser, Händel, Mattheson und Telemann komponierten bühnenwirksame Stücke. Allein einhundertsechzehn Werke stammten aus der Feder Keisers. Stoffe der antiken Götter- und Heldenwelt waren ebenso beliebt wie Szenen aus dem Alltag der Hansestadt, wie sie etwa in den Opern „Der Hamburger Jahr-Marckt" und „Die Hamburger Schlacht-Zeit" (beide 1725) geschildert wurden, oder Begebenheiten aus dem Studentenmilieu, nach denen die Oper „Le bon vivant oder die Leipziger Messe" entstand. In den Stücken herrschte eine derbe Realistik, und ihr häufig scharfer satirischer Ton machte auch vor den Vertretern der höheren Stände nicht halt. In dem Maße jedoch, wie Harlekinaden und Plattitüden in die Oper Eingang fanden, verlor sie an künstlerischem Wert. Auch mehrten sich in den zwanziger und dreißiger Jahren in der wohlhabenden Bürgerschaft Stimmen, denen zufolge durch die Oper die Handelsgeschäfte beeinträchtigt würden. Der Hamburger sei zu sehr Geschäftsmann geworden, heißt es in einer zeitgenössischen Schilderung, und wolle sich nicht drei bis vier Stunden lang auf einen Fleck setzen.[34] Auch blieb die finanzielle Unterstützung durch ebendiese Kreise für die meist sehr kostenaufwendigen Inszenierungen aus. Die Hauptursache für den Niedergang der Oper seit etwa 1725 sieht Hellmuth Christian Wolff in der aufkommenden neuen rationalistischen Geisteshaltung, insbesondere in ihrer Prägung durch Gottsched, „die alles ‚Unnatürliche' und damit die Oper überhaupt ablehnte ... Gottscheds Kritik richtete sich nicht nur gegen die Götter- und Geister-

erscheinungen und gegen die beherrschende, selbständige Stellung der Musik in der Oper. Er lehnte alles selbständige Musizieren, die Koloraturen wie die Textwiederholungen usw. ab."[35] Damit war der Lebensnerv der Hamburger Oper, die sich immerhin mehr als ein halbes Jahrhundert ihre Kontinuität bewahrt hatte, getroffen. Im Jahre 1738 schloß das Haus am Gänsemarkt seine Pforten.

Anhaltenderer Erfolg war dem Hamburger Konzertleben beschieden. Unter Telemanns Leitung fanden im Saal des Drillhauses seit 1722 regelmäßig öffentliche Konzerte statt, die die Bürgerschaft der Hansestadt gegen die Entrichtung eines Eintrittsgeldes besuchen konnte. In seiner mehr als vierzigjährigen Amtszeit hatte Telemann eine Vielzahl eigener Werke und solche von Zeitgenossen wie Händel, Graun und Hasse aufgeführt. Mit einem weiteren Sektor war Hamburg zu Beginn des Jahrhunderts führend im Musikleben Deutschlands: dem musikalischen Zeitschriftenwesen. Nach dem Vorbild der englischen moralischen Wochenschriften hatte Johann Mattheson zunächst den „Vernünfftler" (1713/14) herausgegeben und ließ danach einige Musikzeitungen folgen: „Critica musica" (1722—1725), „Der musicalische Patriot" (1728). Zu einem Zeitpunkt, als in Preußen Friedrich Wilhelm I. die städtische Selbstverwaltung beseitigt hatte und die bürgerliche Klasse rücksichtslos unterdrückte, forderte Mattheson, an die Bürgerschaft appellierend, „die Besserung des menschlichen Willens und Verstandes"[36].

Als Carl Philipp Emanuel Bach in Hamburg seine Tätigkeit aufnahm, bestand eine seiner ersten Aktivitäten darin, das nach Telemanns Tod zurückgegangene Konzertwesen der Stadt neu zu beleben. In ihrer Ausgabe vom 16. April 1768 kündigte die „Staats- und Gelehrte Zeitung des Hamburgischen unpartheyischen Correspondenten" für den 28. des Monats ein Konzert unter Bachs Leitung und Mitwirkung als Cembalist an.[37] Bereits wenige Tage später fand eine weitere Veranstaltung statt: „Es wird mit hoher Obrigkeitlicher Bewilligung den 5ten May der Kapellmeister und Musikdirector Bach sein zweytes und für diesmal sein letztes großes Concert zu mehrerer Bequemlichkeit des Publici in dem neu erbauten Concertsaale, auf dem Kamp, geben, wobey er sich abermals unter verschiedenen Abwechslungen von musikalischen Stücken auf dem Flügel wird hören lassen. Es wird bey dieser Gelegenheit das so beliebte Sing-Gedichte des berühmten Herrn Professor Ramlers, die Ino genannt,[38] aufgeführt werden.“[39]

Damit war der Auftakt für eine rege, sich über viele Jahre erstreckende Konzerttätigkeit Bachs gegeben. Die Konzerte fanden meistenteils montags in der Zeit von 17 bis 20 Uhr statt (eine nicht geringe Beanspruchung für Publikum und Musiker), wobei Bach die Räume des Drillhauses, den „Konzertsaal auf dem Kamp“ (Valentinskamp) und den Saal der Handelsakademie, einer höheren Bürgerschule, nutzte. Um sich finanziell abzusichern, ging Bach dazu über, Subskriptionskonzerte einzurichten. Für den Herbst und Winter 1768/69 waren zwanzig solcher Konzerte vorgesehen. Ob diese jedoch zustande gekommen sind, ist zweifelhaft.[40]

Was die Programmgestaltung anbelangte, wählte Bach mit großer Sorgfalt und sicherem Geschmack publikumswirksame, aber zugleich künstlerisch wertvolle Kompositionen aus. Der inhaltliche Akzent wurde dabei vorrangig auf die Erst- und Wiederaufführungen von Werken deutscher Komponisten gelegt.[41] Neben eigenen Kompositionen erklangen Oratorien,

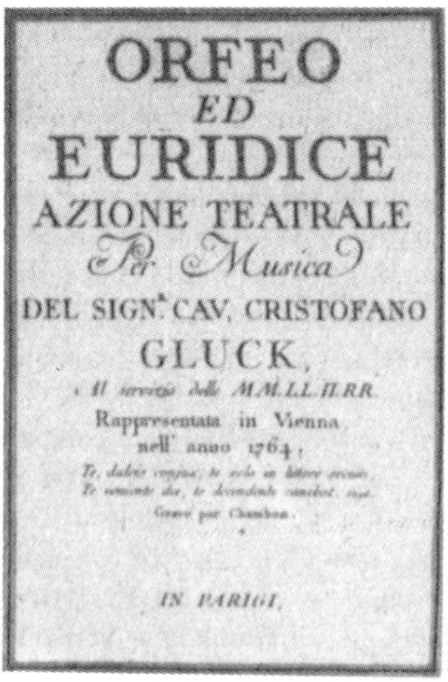
ORFEO
ED
EURIDICE
AZIONE TEATRALE
Per Musica
DEL SIGN.r CAV. CRISTOFANO
GLUCK,
Al servizio delle MM.LL.II.RR.
Rappresentata in Vienna
nell' anno 1764,
IN PARIGI,

Titelkupfer und -seite zu Ch. W. Glucks „Orfeo ed Euridice“, Wien 1764

Auszüge aus Opern, weltliche Kantaten, Sinfonien und Instrumentalkonzerte von Johann Sebastian Bach, Händel, Telemann, Graun, Hasse, Haydn. Sogar Kompositionen, die dem Musikideal Carl Philipp Emanuel Bachs in ihrer Aussage und Stilistik fernstanden, beispielsweise Glucks „Alceste" und „Orfeo ed Euridice", wurden in die Programme aufgenommen. Dank einem erhalten gebliebenen Brief von Matthias Claudius an Heinrich Wilhelm von Gerstenberg haben wir nähere Kenntnis von einigen aufgeführten Werken. Claudius nennt unter anderem Händels „Messias", Hasses „Romolo ed Ersilia", Jommellis Requiem, Salieris „Armidia" und Carl Philipp Emanuel Bachs „Die Israeliten in der Wüste".[42]

Die Konzertproben erfolgten unter weitaus günstigeren Bedingungen als dies im kirchlichen Bereich der Fall war. Bach stand ein größerer Orchester- und Solistenapparat mit einem beachtlichen Leistungsniveau zur Verfügung. Über eine Orchesterprobe berichtet der „Hamburgische unpartheyische Correspondent" vom 19. August 1776: „Vorgestern probirte Herr Kapellmeister Bach im Concert-Saal auf dem Kamp 4 neue von ihm verfertigte große Sinfonien.[43] Das Orchester war dabey so zahlreich, als es vielleicht lange nicht in Hamburg gewesen. Es bestand aus einigen 40 Personen von unsern Hamburgischen Tonkünstlern, und einigen wenigen Liebhabern, welche diese unvergleichlichen, und in ihrer Art einzigen Sinfonien, mit solcher Richtigkeit und Begeisterung ausführten, daß Herr Bach ihrer Geschicklichkeit öffentlich Gerechtigkeit widerfahren ließ, und die gegenwärtigen musikalischen Zuhörer ihr Vergnügen in den lebhaftesten Ausdrücken zu erkennen gaben."[44] Die musikalischen Darbietungen waren zumeist von guter Qualität[45] und fanden offensichtlich den Beifall des Hamburger Publikums, und noch viele Jahre später wurde rückblickend in Cramers „Magazin der Musik" vermerkt: „Die besten und frequentesten Concerte hatte ehemals der große Bach."[46]

In den nahezu anderthalb Jahrzehnten Bachscher Konzerttätigkeit gab es einige denkwürdige Aufführungen. Im Jahre 1772 hatte Michael Arne in Hamburg, und damit erstmals in Deutschland, den „Messias" dirigiert. Der Erfolg muß derartig überwältigend gewesen sein, daß Ende 1775 und im Frühjahr 1777 — diesmal unter Leitung Bachs — dieses Händelsche Oratorium abermals erklang. Schwärmerisch schrieb der Dichter Johann Heinrich Voß, der eine Aufführung besuchte, seiner Verlobten: „O, Händel, Händel! wer ist unter den Sängern der Erde, der gleich dir, kühnen Flugs, Zaubereien tönt.“[47] Diese Begeisterung für Händel, in gewisser Weise dem „Werther-Taumel“ ähnlich, war eine Folge

Johann Sebastian Bach, h-Moll-Messe, BWV 232 — Credo. Autograph

der Wiederentdeckung des Händelschen Œuvres in den siebziger Jahren. Reichardt widmete dem großen Komponisten in seinem „Musikalischen Kunstmagazin“ längere Passagen.[48] Schubart nannte Händel „eines der ausgebildetsten Genies, die jemahls gelebt haben“[49]. Sich auf praktische Art um die Händel-Renaissance bemüht zu haben, war auch ein Verdienst Carl Philipp Emanuel Bachs.

Ebenso spricht es für ein hohes künstlerisches Ethos Bachs, wenn er in seinen Konzerten Werke aufführte, zu denen das Publikum nur schwer Zugang fand. Ausschnitte aus des Vaters h-Moll-Messe aufzuführen, bedeutete in dieser Hinsicht schon ein Risiko. Daß diese überaus günstig aufgenommen wurden, spricht für die Hamburger Musikliebhaber und zeugt von der guten Qualität des Konzertes. So liest man im „Hamburgischen unpartheyischen Correspondenten“ vom 11. April 1786: „Man hatte ... Gelegenheit ... besonders das fünfstimmige Credo des unsterblichen Sebastian Bachs zu bewundern, welches eins der vortrefflichsten musikalischen Stücke ist, die je gehört worden, wobey aber die Singstimmen hinlänglich besetzt seyn müssen, wenn es seine ganze Wirkung thun soll. Unsere brave Sänger zeigten auch hier, vorzüglich bey dem Credo, im Treffen und dem Vortrage der schwersten Stellen ihre bekannte Geschicklichkeit.“[50]

Alles in allem waren die Konzerte Bachs ein Anziehungspunkt für die musikinteressierten Kreise Hamburgs, wohl auch deshalb, weil er das Publikum immer wieder durch sein Klavierspiel zu fesseln wußte. Freilich rekrutierten sich die Konzertbesucher aus den Reihen des wohlhabenden Bürgertums. Richard Petzoldt nimmt in seinem Aufsatz „Zur sozialen Lage des Musikers im 18. Jahrhundert“ einen interessanten Vergleich vor: „In G. Ph. Telemanns letztem Lebensabschnitt verdiente ein niederdeutscher Tagelöhner bei zwölfstündiger Arbeitszeit am Tage im Winter sechs, im Sommer acht Schillinge, ein Mäher deren 16. Für 16. Sch. konnte er allerdings 6 Pfund Schweinefleisch kaufen. (1 Mark = 16 Schillinge.) Der Eintritt in G. Ph. Telemanns Hamburger Konzerte kostete dagegen durchschnittlich 24 Schillinge, also drei Tagelöhne jenes Landarbeiters.“[51] In dieser Hinsicht hatte sich die Situation auch zur Zeit Carl Philipp Emanuel Bachs kaum wesentlich geändert. Der Preis für sein am 28. April 1768 veranstaltetes Konzert beispielsweise betrug zwei Mark.[52]

„Die Israeliten in der Wüste"

Bachs ausgedehnte Konzerttätigkeit verpflichtete ihn auch in zunehmendem Maße zur Komposition von Werken der großen musikalischen Gattungen: Sinfonien, Instrumentalkonzerten und Vokalwerken. Gleich zu Beginn seiner Hamburger Tätigkeit, in der zweiten Hälfte des Jahres 1768 und zu Beginn des Jahres 1769, entstand das Oratorium „Die Israeliten in der Wüste". Bachs ausdrücklicher Vermerk, daß dieses Werk „nicht just bey einer Art von Feyerlichkeit, sondern zu allen Zeiten, in und außer der Kirche" gespielt werden könne,[53] was dann in der Folgezeit auch mehrfach geschah, zeigt eine Tendenz an: die Verlagerung bisher hauptsächlich der Kirche vorbehaltener Musik in den Konzertsaal. Nicht nur, daß sich hier die äußeren Voraussetzungen — besseres Sänger- und Orchesterpersonal und Probebedingungen, Möglichkeit der Subskription und anderes mehr — für die Aufführung eines solchen technisch schwierigen Oratoriums als günstiger erwiesen; eine der primären zeitgemäßen musikalischen Organisationsformen war das öffentliche Konzert. Dieser Vorgang blieb nicht ohne Konsequenzen für die ästhetische und soziale Bestimmung der Gattung des Oratoriums sowie für die Stilistik des Werkes selbst. Das Phänomen der Öffentlichkeit, des „Populären"[54], stellte Bach vor neuartige künstlerische Probleme: Es schloß die Frage nach einem geeigneten Sujet ebenso ein wie die nach der Disposition des musikalischen Materials.
Nach Friedrich Blumes Feststellung ist in den „Israeliten" die oratorische Kontemplation ausgeschaltet und der Stoff eher als geistliches Drama in Händelscher Art behandelt.[55] Der sonst in der Diktion seiner Werke so unbändige, leidenschaftliche Komponist bevorzugt in diesem Oratorium empfindsame Töne, zweifellos darin der zeitgenössischen Forderung nach Rührung durch Musik folgend. Jedoch verzichtet Bach auch hier nicht, besonders in den Arien und Chören, auf Kontrastwirkungen und dramatische Akzente. Diese dienen aber nur einem Zweck: die rührenden Affekte und Situationen um so stärker hervorzuheben. Die „Israeliten" sind ein Werk des empfindsamen Stils. Schon Stoffwahl und Textbehandlung tragen diesem Musikideal Rechnung. An die Stelle des direkten Bibelzitats setzte der Hamburger Dichter Daniel Schiebeler, Verfasser weiterer Oratorien- und Liedtexte, poetische Re-

flexionen über Ausschnitte aus dem Alten Testament, deren Gegenstand der Zug der dürstenden und entmutigten Juden durch die Wüste ist. Erst als Moses den lebenspendenden Wasserquell weist, gewinnt das Volk seinen Glauben wieder und preist Gott.

Diese Handlung wird im zweiten Teil des Oratoriums durch die Einführung des Messias-Motivs erweitert, was angesichts der Beliebtheit des Händelschen Werkes in Hamburg verständlich ist, im vorliegenden Falle aber einen dramaturgischen Mißgriff bedeutet. Schiebeler entwirft eine Vielzahl poetischer Bilder und Stimmungen, die sich ganz für die Umsetzung in eine kantable, ausdrucksvolle musikalische Sprache eignen. So ist die langsame instrumentale Einleitung des Oratoriums nur aus dem Bild- und Sinngehalt des nachfolgenden Textes „Die Zunge klebt am dürren Gaum" verstehbar: stockender melodischer Fluß, gedämpfte Streicher- und Flötenklänge (Streicher con sordino), Adagio[56] und Molltonart. Dieser Anfang ist von einer geradezu suggestiven Kraft. In wenigen Takten gestaltet Bach ein spannungsgeladenes Crescendo, dessen fluktuierende Harmonik permanent neue Farbwerte durch Akkordumschichtungen und entfernte tonale Bezüge schafft und somit beim Hörer den Eindruck des Suchens, der Ziellosigkeit assoziiert:

Hier dokumentiert sich Tonmalerisch-Symbolisches ähnlich wie in Haydns „Schöpfung“. Auch in der Formung des Chorparts folgt Bach dem Wortausdruck. Gewiß, poetischer Eigenwert und Qualität der textlichen Vorlage sind nicht allzu hoch zu veranschlagen, aber in der vorliegenden Vertonung haben sie ihre Wirkung auf die Zeitgenossen nicht verfehlt. Bedeutungsschwere Worte wie „Gott“, „Klagen“ oder „Grab“ werden musikalisch herausgestellt:

Die einzelnen Chöre sind Spiegelbilder verschiedenster Stimmungen. Manches erinnert an den geifernden Ton der Hohepriester-Chöre aus den Passionen Johann Sebastian Bachs, anderes ist in klagendem Gestus komponiert oder von Klängen des Triumphes und der Freude geprägt. Aber in erster Linie strebt Bach einen empfindsam-lyrischen Charakter an. Wie im Magnificat sind die Chöre der „Israeliten“ bis auf wenige

Ausnahmen homophon angelegt. Der Orchestersatz ist nur wenig durchgebildet, er wird größtenteils mit dem Chor parallel geführt.
In der rezitativischen Behandlung des Textes zeigt Bach eine erstaunliche Sicherheit. Akzente, Zäsuren und Sinnabschlüsse werden genau beachtet. Einzelnen Seccorezitativen sind knappe Adagioabschnitte mit so charakteristischen Vortragsanweisungen wie „traurig" und „aufgebracht" eingefügt. An exponierter Stelle wählt Bach sogar Streicherbegleitung,[57] ein Gestaltungsmittel, wie wir es aus der ‚Matthäus-Passion' des Vaters kennen. Dort jedoch, wo sich der Text besonders bildhaft und ausdrucksstark gibt, verwendet der Hamburger Meister das recitativo accompagnato, dieses auch in der Kopplung mit Chor.[58] Die Neigung zu komplexhafter Formung, möglicherweise durch Hasses und Glucks Opern beeinflußt, läßt sich ebenfalls in den Arien nachweisen. Die Da-capo-Struktur wird dergestalt modifiziert, daß sie die Dynamik menschlichen Gefühls, wie sie in den agierenden Personen angelegt ist, wiederzugeben vermag. Zwei Eckteile umrahmen einen tempomäßig und tonartlich deutlich abgesetzten Mittelteil. Es kommt sogar vor, daß Bach innerhalb eines Duettes fünf in ihrem Tempo divergierende Abschnitte aneinanderreiht.[59]
Die wohl schönste Arie des Oratoriums ist die des Moses, „Gott, sieh dein Volk im Staube liegen".[60] In einer ruhig dahinfließenden Kantilene stimmen Solofagott und Sänger eine ausdrucksvolle Zwiesprache an. Nirgendwo finden sich Anzeichen virtuoser Veräußerlichung. Koloraturen bleiben völlig ausgespart. Alles Thematische in dieser Arie dient dem Ausdruck der Klage: die kunstvoll deklamierende Hauptstimme mit ihrem auffällig abwärts gerichteten Melodieverlauf und das immer wiederkehrende Vorhaltsmotiv — Bestandteil der älteren Figurenlehre — in den Streichern:

Das ist empfindsamer Stil par excellence, wie ihn Bach in manchen seiner langsamen Instrumentalsätze getroffen hat.
Die „Israeliten" nehmen in der Gattungsgeschichte des Oratoriums einen wichtigen Platz ein. Sie bildeten zusammen mit anderen Werken dieser Zeit „den Grundstock der nunmehr weniger ortsgebundenen konzertmäßigen Oratorienpflege"[61]. Das Interesse an diesem Bachschen Opus war damals

außerordentlich groß,[62] so daß sich der Komponist veranlaßt sah, es zu drucken. Ein Exemplar des 1775 veröffentlichten Erstdrucks befand sich im Besitz von Johanna Elisabeth von Winthem, der späteren Frau Klopstocks. Sie selbst war eine sehr gute Sängerin und hatte wohl einige Male die Sopranpartie der zweiten Israelitin übernommen, wovon einige handschriftliche Eintragungen Bachs in dem genannten Partiturerstdruck zeugen.[63]

Daß der Dichter des „Messias", seit 1770 in Hamburg ansässig und mit Bach eng befreundet, Komposition und Herausgabe der „Israeliten" mit angeregt und gefördert hatte, steht außer Zweifel.[64] Bach teilte den Musikliebhabern mit: „Die Israeliten in der Wüste, ein von mir in Musik gesetztes Oratorium ... bin ich Willens, meinen Freunden mit allen Stimmen in Partitur gedruckt zu liefern. Wegen der Unkosten wähle ich diesmal den sicheren Weg der Subscription. Sämtliche Herren Correspondenten bey des Herrn Klopstocks Deutscher Gelehrten-Republik, von denen ich mir dieselbe Gütigkeit aus Liebe zur Tonkunst erbitte und verspreche, werden von jetzt an, bis zum 10. Januar 1775, nach des Herrn Klopstocks Plan und Zureden (!), Subscription annehmen. Alles, was Herr Klopstock diesen Herren geleistet hat, erfülle ich auch, und hoffe dasselbe auch von ihnen. Für gutes Papier und einen sauberen deutlichen Druck werde ich aufs beste sorgen... Die Herren Correspondenten belieben zur bestimmten Zeit die Gelder gerade an mich zu schicken."[65]

Einen anderen, wesentlichen Impuls für die Beschäftigung mit der Gattung des Oratoriums erhielt Bach zweifelsohne durch die Werke Georg Friedrich Händels. Die Hinwendung zu einem alttestamentarischen Stoff, der Messias-Gedanke, die ergreifenden Chorwirkungen, die aufklärerisch-kosmopolitische Zielsetzung, derzufolge das Oratorium „ohne Anstoß von allen christlichen Religionsverwandten aufgeführt werden kann"[66] – das alles signalisiert die Nähe zur Händelschen Kunst.[67]

Was faszinierte damalige Hörer an der Musik beider Meister? Es ist derselbe Überschwang, mit dem Johann Friedrich Reichardt Händels „Judas Maccabäus" wie das Bachsche Oratorium rühmt, es sind dieselben Begriffe und Ausdruckswendungen, mit denen er die einzelnen Arien und Chöre beschreibt: „Ganz begeistert von Händelischen Harmonien ergreife ich die Feder ... (Meine) Freude fängt an, ans Schmerzhafte zu gränzen. Nie, nie habe ich das empfunden! Aber ich hörte auch noch nie die Zaubertöne jenes Herzensbezwingers; hörte es nie, wie seine gewaltigen Harmonien die Seelen der Zuhörer mit Furcht vor nahem Donner erfüllen; wie sie ihnen vor Schrecken die Gebeine zittern und das Blut erstarren machen; und wie wieder reine, himmlische Harmonien die Seelen beruhigen, und süsser lieblicher Gesang Ruhe und Wonne in die Herzen giesset, und die Augen mit Thränen der süssesten, edelsten Freude erfüllen. Ganz von diesem seligen Gefühle durchströmet, dringt nun das Klagegeschrey eines geängstigten Volkes desto tiefer in die Seele, erfüllet sie mit qualenvollen Schmerzen, und läßt ihr einen Stachel zurück, den auch hernach der jauchzende himmelhohe Triumphgesang des erlösten Volkes nicht ganz verdrängen kann. So bemächtigt sich dieser gewaltige Mann der Seelen seiner Zuhörer, und weiß sie mit jeder Empfindung zu erfüllen."[68]

Und über die „Israeliten" schreibt Reichardt, nachdem er diese im Hause Bachs — allerdings nur in einer Klavierfassung — kennengelernt hatte, folgendes: „Es ist dieses ein solches Meisterstück des Herrn Capellm. Bachs ...: denn es herrscht ein solcher fliessender, angenehmer und natürlicher Gesang darinnen, wie ihn Kayser und Graun nur jemals gehabt haben.

Ich erstaunte selbst darüber, wie sich dieser grosse Mann so sehr von seiner gewöhnlichen Höhe — die ihm so natürlich ist, wie dem Adler der Flug nahe bey der Sonne — hatte herablassen, und einen leichten uns armen Erdensöhnen so faßlichen Gesang singen können.

Und wie passend, wie ganz erschöpft jeder Ausdruck war, wie stark, wie gewaltig des Geschrey des verzweifelnden Volks, wie originell der Ausdruck seines Spottes und Hohnes gegen Gott und ihren Führer, wie majestätisch die Sprache Mosis gegen das Volk, und wie flehentlich, wie tief in den Staub gebeugt demüthig, sein Gebet zu Gott, wie hinreissend frölich die Freude des erretteten Volkes, wie lieblich und angenehm überhaupt die ganze letzte Scene gegen die ersteren grauenvollen erbärmlichen Scenen absticht, das kann ich Dir gar nicht ausdrücken, dazu giebt es gar keine andere Zeichen, als Bachs eigene Töne."[69]

In beiden Kompositionen sieht Reichardt ein gesteigertes Maß

an künstlerischer Subjektivität verwirklicht. In diesem Punkt vertritt er eine Position des Sturm und Drang, derzufolge Kunstwerke Produkte einer durch nichts eingeschränkten Schöpferkraft des Künstlers sind. Starke Empfindungen, echte Leidenschaften, die bis zur seelischen Erschütterung führen, ja „ans Schmerzhafte“ grenzen können, will Reichardt durch die Musik ausgedrückt wissen. In ihr entdeckt er die eigene Innerlichkeit. Das Musikerlebnis des Hörers Reichardt, und mit ihm das vieler anderer, wird ganz aus den menschliche Gefühle und Empfindungen freisetzenden Wirkungen dieser Musik gespeist.
Dem aufmerksamen Leser wird nicht entgangen sein, daß sich in Reichardts Urteil über das Bachsche Oratorium dennoch leise Töne der Distanziertheit mischen. Der Berliner Kapellmeister und Musikschriftsteller registriert einige Konzessionen an den Publikumsgeschmack. Zwar vermeidet Bach die oft rührselig sentimentalen Züge mancher Oratorien dieser Zeit,[70] bedient sich aber durchaus einer Schreibart, die, wie Rochlitz sagt, auch von anderen Komponisten „würdig und effektreich“ benutzt wurde.[71] Hier deutet sich das Phänomen des „Populären“ in der Musik an.

„*... so viel möglich sangbar zu spielen und dafür zu setzen*“

„C. Ph. Emanuel ... kam frühe genug in die große Welt, um noch zu rechter Zeit zu bemerken, wie man für ein ausgebreitetes Publikum componiren müsse. Er nähert sich“, fährt Forkel in seinem Buch „Ueber Johann Sebastian Bachs Leben, Kunst und Kunstwerke“ (1802) fort, „daher an Deutlichkeit und leichter Faßlichkeit seiner Melodien schon etwas dem Populären, bleibt aber noch vollkommen edel.“[72] Dieser Standpunkt Forkels könnte insofern mißverstanden werden, als er dem Hamburger Schaffen Bachs durchweg eine Tendenz zur Vereinfachung zuerkennt. Das entspricht keinesfalls den Tatsachen. In manchen Werken häufen sich geradezu formale Vertracktheiten und komplizierte Sinngehalte. Es lassen sich jedoch solche Erscheinungen — in Erweiterung der Forkelschen Formulierung — auf den gemeinsamen Nenner einer kunstvollen Popularität bringen.

Titelseite zum „Musikalischen Vielerley“, 1770

Damit ist ein wichtiges Element der Musikanschauung Bachs genannt. Der Hamburger Meister zeigte zeit seines Lebens eine gewisse Skepsis gegenüber theoretisch-ästhetischen Spekulationen. Es wäre verfehlt, würde man Bachs Gedanken zur Spezifik der Musik als Versuch einer systematischen Theorienbildung werten. Schon den „Versuch über die wahre Art das Clavier zu spielen“ wollte Bach in erster Linie als praktische Handwerkslehre verstanden wissen. Und es ist bezeichnend, daß er sich wenige Monate vor seinem Tode noch mit dem Projekt einer Kompositionslehre „nach jetziger Zeit“ beschäftigte.[73] Vieles, was Bach in den siebziger und achtziger Jahren zur Musikanschauung äußerte, ging nicht über Thesen der älteren Affektenlehre hinaus. Diese mußten erst ihre Unzulänglichkeit am eigenen Werk beweisen. Wenn Bach die „genauere Bestimmtheit der musikalischen Ausdrücke“ hervorhebt,[74] dann klingt ein Klassifizierungsprinzip an, wie es den Affektkatalogen zugrunde gelegt wurde. Andererseits schätzten Zeitgenossen an Bachs Fantasien gerade die Passagen, „denen keine genaubestimmbaren Empfindungen oder Ideen entsprechen“[75]. Hier ist eine Grenzsituation in der Entwicklung der Musikanschauung angezeigt. Der Musikauffassung des Berliner Kreises um Marpurg, Krause, Quantz folgen neue, oftmals im kompromißlosen Widerstreit der verschiedenen philosophischen Richtungen entstehende ästhetische Gedankengebäude (Herder, Kant, Wackenroder und andere).[76]

Daß Carl Philipp Emanuel Bach solche Tendenzen im einzelnen nicht mehr verfolgen und für die eigene Musikanschauung nutzbar machen konnte,[77] ist ihm nicht ernstlich anzulasten. Er war vorwiegend Praktiker: Und doch besitzen seine in Briefen, Rezensionen und in der Selbstbiographie verstreuten ästhetischen Überlegungen einen eindeutig progressiven Akzent: „Mein Hauptstudium ist besonders in den letzten Jahren dahin gerichtet gewesen, auf dem Clavier, ohngeachtet des Mangels an Aushaltung, so viel möglich sangbar zu spielen und dafür zu setzen. Es ist diese Sache nicht so gar leicht, wenn man das Ohr nicht zu leer lassen, und die edle Einfalt des Gesanges durch zu vieles Geräusch nicht verderben will.“[78]

Unmißverständlich ist die inhaltliche Parallelität der Formulierung „sangbar zu spielen und dafür zu setzen“ mit der vom „singend denkenden“ Komponisten, wie sie Bach Jahre zuvor im „Versuch“ geprägt hatte. Nach wie vor gilt die Forderung nach Rührung des Herzens, was ja nichts anderes bedeutet als die Zielsetzung, die Gefühle des Hörers zu bewegen. Indem Bach eine solche anthropozentrische Musikanschauung vertritt, erweist er sich als ein echter Vertreter der Aufklärung.

Die Konsequenzen für den stilistischen Bereich blieben nicht aus. Innerhalb des ersten Hamburger Schaffensjahrzehnts kommt es zu einigen Umgruppierungen hinsichtlich des Stellenwertes und der Bedeutung einzelner Werkbereiche. Bachs Funktion als städtischer Musikdirektor verpflichtete ihn vorrangig zur Komposition von Kirchenmusik in allen Gattungen. Im instrumentalen Bereich werden bisher häufig verwendete Formen zurückgedrängt, andere treten in den Vordergrund. Um ein Beispiel zu nennen: Aus der Berliner Zeit sind uns über hundert Klaviersonaten überliefert, in der Hansestadt komponierte Bach im Zeitraum von 1769 bis 1775 lediglich sieben Werke dieser Gattung. Selbst einige Sonaten der Sammlungen

„für Kenner und Liebhaber", die Bach seit 1779 veröffentlichte, stammten aus den fünfziger Jahren. Eine intensivere Beschäftigung mit den größeren Gattungen der Klaviermusik, Sonate, Fantasie und Rondo, erfolgte in der späteren Hamburger Zeit nach 1780. Im kammermusikalischen Bereich dominierten Soli, Märsche, Polonaisen; Kompositionen, die wohl am ehesten geeignet waren, das rasch anwachsende Kaufinteresse breiter Liebhaberkreise für leicht spielbare und rezipierbare Musik zufriedenzustellen. Diese Neigung zur Vereinfachung ist auch in manchen Titeln der damals herausgegebenen Werke angezeigt: 1770 veröffentlichte Bach die Sammlung „Musikalisches Vielerley", im selben Jahre die „Six Sonates pour le Clavecin à l'usage des Dames" und ein Jahr später die „Sechs leichten Flügel-Concerte mit Begleitung". Auch das Spektrum der Besetzungen erweiterte Bach um einige neue instrumentale Kombinationen, indem er neben dem traditionellen Instrumentarium auch Horn, Klarinette und Fagott mit solistischen Aufgaben bedachte.[79] Aus dem ersten Hamburger Dezennium sind weiter überliefert: sechs „Streichersinfonien" (1773), „C. P. E. Bachs Clavier-Sonaten mit einer Violine und einem Violoncello zur Begleitung" (1775),[80] vier „Orchester-Sinfonien mit zwölf obligaten Stimmen" (1776)[81] und verschiedene Sonaten aus den bereits erwähnten Sammlungen „für Kenner und Liebhaber".
So steht das kleine unkomplizierte Klavierstück neben der hochspezialisierten Sinfonie, der heitere Tanzsatz neben der anspruchsvollen Klaviersonate. Selbst das scheinbar unbedeutendste Werk trägt die originellen Züge der Bachschen Handschrift.
Wie sehr er das Experiment mit der kleinen Form pflegte, zeigen die 1770 gedruckten „Zwölf zwey- und dreystimmigen kleinen Stücke für die Flöte (oder Violin) und das Clavier". Im Taschenbuchformat, fürs Musizieren „auf der Reise, bei einem vorhabendem Besuche unserer Freunde, auch auf der Promenade" bestimmt,[82] erfüllten diese kompositorischen Miniaturen eine wichtige Funktion. Sie dienten Liebhabern als Spielmusik in des Wortes eigentlicher Bedeutung — eine Musik, die einfach und überschaubar ist, ohne anspruchslos zu sein, die sich das eine Mal gefällig, tänzerisch inspiriert — Tempo di Menuetto, Alla Polacca, Allegro scherzando —, das andere Mal empfindsam gibt. Jeweils zwei kleine Sätze, wovon

der erste zum Schluß noch einmal wiederholt wird, sind zu einem Komplex zusammengeschlossen. Innerhalb des Satzpaares hat Bach zugleich einen feinen klanglichen Kontrast herausgearbeitet. Für den Mittelteil ist bis auf eine Ausnahme „Cembalo tacet" vorgeschrieben.

Die beiden Andantesätze Nummer 11 und 12 bieten Musterbeispiele für Bachs phantasievollen Umgang mit der kleinen Form. Nirgends entsteht der Eindruck musikalischen Leerlaufs. Diese Musik bedarf nicht der pathetischen Gebärde und des virtuosen Überschwangs. Sie findet ihren adäquaten Ausdruck in einer zarten Klanglichkeit, verbleibt über weite Strecken ganz im Piano. Schön gelingt Bach in der Stimmführung der Ausgleich zwischen Bewegung und relativer Ruhe. Auch auf überraschende harmonische Formulierungen verzichtet er nicht: der verminderte Septimenakkord im Takt 3 des ersten Andantes belebt die sich notwendig im Tonika-Dominant-Bereich vollziehende tonale Entwicklung ungemein. Besonders feinfühlend hat der Komponist die Oberstimme des zweiten Andantes gezeichnet, eine Melodie, die in einem etwas träumerisch-verspielten Ausdruck anhebt, dann in einem knappen Anlauf anderthalb Oktaven durchmißt, sofort zurückfällt, abermals einem Gipfelton zustrebt und schließlich mit einer kadenzierenden Wendung den ersten Achttakter beendet:

Vorhalte und Vorschläge sind hier Mittel melodischer Verfeinerung, aber zugleich, ja in erster Linie, musikalischer Inhalt. Bach lobt die „Schönheit und das Schmeichelnde der Vorschläge"[83].

Wenn sich diese Musik in Gesten und Attitüden mitteilen

sollte, dann gewönne man den Eindruck eines ständigen anmutigen Komplimentierens. Ob solche Beziehungen ursprünglich tatsächlich einmal bestanden haben, scheint sekundär, wichtig ist vielmehr, daß diesem Andante Gefälligkeit und Lieblichkeit, Empfindsamkeit und hin und wieder ein kleiner Anflug von Schwärmerei eigen sind. Und indem sich Bach in diesem Instrumentalsatz, „was sowohl den Geschmack als die Leichtigkeit betrifft", ganz nach dem „Publico" richtet[84] und dabei dennoch originell bleibt, erfüllt er jene Forderung nach kunstvoller Popularität.

Das Rondo

Bei den Musiktheoretikern des norddeutschen Einflußbereiches war das Menuett — wie oben festgestellt — als Sinfoniesatz verpönt. Anfang der siebziger Jahre erwies sich nun auch das Rondo als ein ästhetisches Streitobjekt ersten Ranges. Wohl nicht zuletzt wegen seiner häufigen Verwendung bei süddeutschen Komponisten wurde es von einigen Theoretikern rigoros abgelehnt. Der mit Bach befreundete Göttinger Musikgelehrte Johann Nikolaus Forkel kritisierte, „wie wenig wahren innern Werth die meisten modischen Stücke dieser Gattung haben"[85]. Damit befand er sich jedoch keineswegs in Übereinstimmung mit den Musikinteressen vieler Musikliebhaber, die das Rondo durchaus bevorzugten. Und es wäre ebenso überheblich wie kurzsichtig gewesen, hätte sich Bach diesem Interesse verschlossen. Für ihn als Musiker konnte das Rondo nicht a priori gut oder schlecht sein. Wert und Unwert von Musik maß Bach generell an der Qualität des jeweiligen Kunstwerkes. Im Rondo Expressivität des musikalischen Ausdrucks anzustreben, es zum Experimentierfeld für verschiedenartige kompositorische Verfahrensweisen, insbesondere der Variationstechnik, zu machen, mit ihm den Hörer auf geistvolle Art zu unterhalten und zu rühren — darin sah Bach eine lohnende künstlerische Aufgabe. Er war in diesem Bereich sehr produktiv, und seine Rondos wurden auch später noch sehr geschätzt, wie aus einem Brief Bachs an einen Geschäftsfreund hervorgeht: „Die Liebhaberey zu den Rondos ist hier eben so gross, wie in London, und ich habe sie deswegen mit eingemischt, um meinen Verkauf zu befördern. Ich weiss aus der Erfahrung, dass sehr viele meine Sammlungen blos wegen der Rondos kaufen."[86]

Von Forkel stammt eine ausführliche Analyse des G-Dur-Rondos aus der ersten Sammlung von „C. P. E. Bachs Clavier-Sonaten mit einer Violine und einem Violoncello zur Begleitung". Forkel äußert sich zunächst prinzipiell über den Sinn seiner analytischen Untersuchungen. Er wolle „dem Liebhaber der Musik einige Winke ... geben, wie er sie" (die Sonaten — der Verf.) „genießen und vernünftig bewundern soll"[87]. Forkel hat eine Analysekonzeption entwickelt, die sowohl auf die Erörterung formal-technischer Gesichtspunkte abzielt als auch den „Character" und „innern Werth" eines musikalischen Kunstwerkes zu bestimmen sucht. Freilich sind Forkels Musikideal wie auch seine allgemeinen Kunstmaximen keineswegs vorurteilsfrei. Verständnislosigkeit gegenüber den Kompositionen der Klassiker Haydn, Mozart und Beethoven, sowie heftige Attacken gegen Gluck haben ihm mehrfach den Vorwurf des Konservativismus eingebracht.[88]

Forkel nennt das Rondo einen „Rundgesang ..., wo ein schöner, nachdrücklicher und bedeutender Gedanke von Zeit zu Zeit wiederhohlt, und mit andern daraus fließenden Nebengedanken untermischt und abgewechselt wird"[89]. Zur Beschaffenheit des Hauptthemas bemerkt er: „Jeder Satz in der Musik, so wie jeder Gedanke in der Poesie oder Redekunst, welcher theils mit besonderm Schimmer vorgetragen, oder öfters wiederholt werden soll, muß einen innern Werth haben, der ihn dieses besondern Schimmers, oder einer öftern Wiederholung würdig macht."[90]

Die ständige Bezugnahme auf Gesetzmäßigkeiten der Wortsprache erklärt sich daraus, daß Forkel selbst ein System der musikalischen Rhetorik geschaffen hatte, in dem er die verschiedenen Strukturelemente der Musik — Motiv, Thema, Zäsur und andere — aus vergleichbaren sprachlichen Analoga ableitete.[91]

Der „Hauptgedanke" dieses Bachschen Rondos sei „so schön, daß wir glauben, man könne sich desselben kaum satt hören. Er ist äußerst angenehm, simpel, deutlich und faßlich, ohne arm zu seyn, und bey jeder Wiederholung hört man ihn mit neuem Vergnügen."[92]

Bach hat hier tatsächlich ein thematisches Gebilde exponiert, das in sich denkbar vielfältige Möglichkeiten variativer Behandlung birgt, das zudem so beschaffen ist, „um auch dadurch der in allen Künsten nothwendigen Mannichfaltigkeit beförderlich zu seyn, und die Aufmerksamkeit der Zuhörer durch zu viele Einerleyheit nicht zu ermüden"[93].
Anhand einiger Notenbeispiele demonstriert Forkel unterschiedliche Formen Bachscher Verarbeitungstechnik. Besonders interessiert ihn der Modulationsplan der Komposition, da Bach den Hörer „mit dem ganzen harmonischen Labyrinthe bekannt" mache.[94]

In Takt 95 hat Bach Es-Dur erreicht und moduliert in wenigen Takten nach G-Dur zurück, ein Vorgang, den Forkel so kommentiert: Da die Modulation bis zu diesem Es-Dur „kühner und entfernter" war als in vorangegangenen Abschnitten, sei derzufolge „auch die Herauswickelung gewagter, aber doch immer so fein, daß man das Gefühl der Versetzung sehr allmählig verliert, und sanft zum Gefühl der Haupttonart mit fortgezogen wird"[95].
Forkels anerkennende Worte haben durchaus Berechtigung. Bach zeigt in der Veränderung des Hauptgedankens wie in der Gestaltung der Zwischenteile (Couplets) eine erstaunliche schöpferische Phantasie und Variabilität. Bereits bei der ersten Wiederkehr des Themas ist dieses um einen figurativen Zusatz erweitert, der als Kontrastelement in ständiger Veränderung begriffen ist und den Ausdruck des Rondos vielgestaltig nuanciert. Zentraltöne werden umspielt,

das Satzbild stellenweise bis zur Einstimmigkeit reduziert. Durch Versetzung des motivischen Materials in extreme Tonhöhenlagen gelingen Bach feine Klangwirkungen.
Forkels Analyse greift ein Problem auf, vor dem auch Bach stand: Wie muß eine Musik beschaffen sein, die gleicherweise das Interesse des Musikliebhabers findet wie dem Streben des Künstlers nach unverwechselbarer Individualität und Originalität im Kunstwerk gerecht wird? Bachs G-Dur-Rondo ist ein schönes Beispiel für „populäre“ Musik. Der „Hamburgische unpartheyische Correspondent“ vom 22. Februar 1777 nannte es ein Werk, das geradezu „ut luna inter stellas minores“ leuchte.[96] Für die ganze Sammlung hatte Bach durch Pränumeration dreihundertneunzig Abonnenten mit fünfhundertvierunddreißig Exemplaren gewonnen[97] — eine sehr hohe Verkaufsquote. Es war ihm also gelungen, Profilierung und ständige Differenzierung des Personalstils in Übereinstimmung zu bringen mit den ästhetischen Ansprüchen von größeren Dilettantenkreisen. Daß künstlerische Individualität jedoch einen noch weitaus höheren Grad erreichen kann als in dem analysierten Rondo, wo von vornherein die Anforderungen an die Spielbarkeit geringer sind und auch Anpassungstendenzen stärker in den Vordergrund treten, verdeutlicht ein anderer Werkbereich: die Sinfonik.

Die sechs „Streichersinfonien“

Zu den Subskribenten von „C. P. E. Bachs Clavier-Sonaten mit einer Violine und einem Violoncello zur Begleitung“ gehörte auch Baron Gottfried van Swieten. Seit 1770 Gesandter des österreichischen Kaiserhauses in Berlin, knüpfte er freundschaftliche Beziehungen zu Bach an. Swieten, selbst begeisterter Musikliebhaber, setzte sich maßgeblich für die Werke von Haydn und Mozart und deren Verbreitung ein. Für Bach war die Verbindung außerordentlich vorteilhaft. In Swieten hatte er einen begeisterten Fürsprecher seiner Kunst gefunden. Bekanntlich lernte Mozart in den musikalischen Soireen des Barons auch Kompositionen Carl Philipp Emanuel Bachs

Carl Philipp Emanuel Bach. Pastell von J. Ph. Bach

kennen[98] und beabsichtigte, „eine Collection von den Bachischen fugen. — so wohl sebastian als Emanuel und friedeman Bach" anzulegen.[99]
Swieten darf wohl als der wichtigste Vermittler Bachscher Musik in Österreich, insbesondere in Wien, angesehen werden.[100] Zu Beginn der siebziger Jahre trug Swieten dem Hamburger Bach an, Sinfonien zu schreiben, in welchen dieser sich — so der ausdrückliche Wunsch des Bestellers — „ganz gehen" lassen könne, „ohne auf die Schwierigkeiten Rücksicht zu nehmen, die daraus für die Ausübung nothwendig entstehen mussten"[101]. In den sechs Sinfonien für vierstimmiges Streichorchester und Basso continuo erreichte der Verdichtungsprozeß in der künstlerischen Entwicklung Bachs eine neue Stufe. Reichardt war fasziniert von ihrem „originellen, kühnen Gang der Ideen" und lobte die „grosse Mannigfaltigkeit und Neuheit in den Formen und Ausweichungen".[102] Und er vervollständigte seine Einschätzung: „Schwerlich ist je eine musikalische Composition von höherm, keckerm, humoristischerm Charakter einer genialen Seele entströmt."[103]
Ähnliche Attribute benutzte Reichardt zu Kennzeichnung Haydnscher Instrumentalkompositionen. Und in der Tat weist Haydns sinfonische Produktion der siebziger Jahre viel Übereinstimmendes mit den Bachschen „Streichersinfonien" auf. Hier wie dort wirkt eine gleichsam ungebändigte Komponistenpersönlichkeit, bestrebt, den leidenschaftlichen Empfindungen künstlerischen Ausdruck zu verleihen. Die immer wieder originell eingefügten Surprisen (surprises) erwecken förmlich den Eindruck sinfonischer Fantasien. Für Haydns Sinfonien dieser Zeit sind „rhythmische Kontrastierungen sowie die raffinierte Entwicklung rhythmischer Motive" typisch: „Wie stark hier ein individueller Kunstwille am Werke ist, macht sich auch in der Harmonik geltend, am auffallendsten vielleicht bei den weiten harmonischen Spannungen gewisser, sehr charakteristischer Perioden."[104] Das Bild des Stürmers und Drängers scheint so recht zutreffend.
Gleich der erste Satz von Bachs C-Dur-Sinfonie, Wq 182,3, läßt keine Zweifel offen, daß hier „neue" Töne angeschlagen werden: ein kraftvoll-impulsives Hauptthema, dessen geballte Energie durch die Unisonostimmführung noch potenziert wird, hebt an zu seinem voranstürmenden Lauf:

Gleich zweimal wird hier konventionelles, prädeterminiertes Hören ad absurdum geführt. Erstens: Es fällt die diskontinuierliche Anlage des Hauptthemas auf. Alles, was Symmetrie und Geradtaktigkeit des Periodenbaus assoziieren und damit wichtige Hörorientierungen schaffen könnte, hat Bach hier bewußt vermieden.[105] Das elftaktige (!) Hauptthema zerfällt in drei ungleich lange Teile: Themen„vordersatz“ (Takte 1—6), Verbindungsglied (Takt 7) und Themen„nachsatz“ (Takte 8—11). Zweitens: In Takt 6 stockt die Bewegung auf dem Ton as^1; nach einer Pause wird gleich noch einmal ein zweiter, mit einem Triller akzentuierter leiterfremder Ton, fis^1, diesmal unter Auskostung der vollen Zählzeit, angeschlossen. Der Tonikabereich ist damit bereits verlassen. Die neue Tonart G-Dur wird sogleich vom Komponisten, geübt in der Anlage „harmonischer Labyrinthe“, in andere übergeleitet. Innerhalb nur weniger Takte streift Bach sequenzierend folgende Tonarten: C — F — D — G — E — a. Nach dem ersten Fortspinnungsteil verliert das musikalische Geschehen völlig seinen energischen Impetus. Alles deutet darauf hin, daß Bach, des kraftvollen Tones überdrüssig, einen kantablen, im Piano vorgetragenen Seitengedanken ausbauen will. Doch abermals gefehlt! Bereits nach vier Takten G-Dur-Tonalität wird dieser unmittelbar im Forte gegenübergestellt: E-Dur:

Man muß sich die Wirkung einer solchen harmonischen wie ausdrucksmäßigen Kühnheit auf zeitgenössische Hörer vorstellen, denen die Musiktheorie noch in den siebziger Jahren die Einheit des Affektes als unumstößliche kompositorische Norm offerierte. Noch Lessing ist in dieser Auffassung befangen: „Eine Sinfonie, die in ihren verschiednen Sätzen verschiedne Leidenschaften ausdrückt, ist ein musikalisches Ungeheuer; in einer Sinfonie muß nur eine Leidenschaft herrschen, und jeder besondere Satz muß eben dieselbe Leidenschaft, bloß mit verschiednen Abänderungen, es sei nun nach den Graden ihrer Stärke und Lebhaftigkeit, oder nach den mancherlei Vermischungen mit andern verwandten Leidenschaften, ertönen lassen, und in uns zu erwecken suchen."[106] Selbstverständlich blieben solche Äußerungen nicht unwidersprochen. Gerstenberg bezieht sich zwar im folgenden auf eine Klavierfantasie Bachs,[107] was er jedoch sagt, trifft in seinem Kern auch auf die dritte „Streichersinfonie" zu: „Nebenher kann ich nicht umhin anzumerken, daß diese Bachische Phantasie Herrn Lessings Meynung im 27ten St. der Dramaturgie, als ob der Musikus in einem einzelnen Stück nicht aus einer Leidenschaft in die entgegengesetzte, nicht aus dem Ruhigen z. E. in das Stürmische, aus dem Zärtlichen in das Grausame übergehen könne, ziemlich deutlich widerlegt. Herr Lessing scheint an die Übergänge nicht gedacht zu haben, wovon wir in dieser Phantasie, und wie mich dünkt in vielen andern Sonaten von Bach, merkwürdige Exempel haben."[108]

Reichardt sieht sich angesichts der originellen Wendungen Bachscher Musik veranlaßt, seine zuweilen sehr konservativen Überlegungen zur Instrumentalmusik — er bezieht hier eine ähnliche Position wie Lessing — zumindest in einem Punkt zu relativieren: „Wir würden ... wahrlich gewinnen, wenn wir jedem unserer Instrumentalstücke nur Einen Charakter gäben, oder bey solchen die aus verschiednen Stücken bestehen sollen, die wahre Nüanzirung einer Leidenschaft, oder die nüanzirten Uebergänge von der einen zu der andern, suchten; wenn wir zugleich die armseligen Herz und Kopf einengenden Regeln von der nächsten Familienverwandschaft der Töne, von der Ausweichung aus Dur in Moll und umgekehrt in einem sogenannten rechtgearbeiteten Stücke abschüttelten und der Freude ihren freyen raschen hinreißenden Lauf, der Traurigkeit ihren engern bedächtigern ängstlichen Gang ließen."[109]

Solche Thesen, zumal aus dem Jahre 1784, vermögen ebensowenig die Spezifik der klassischen Musik Haydns und Mozarts zu treffen wie den Besonderheiten der Bachschen Tonsprache gerecht zu werden. Folglich präzisiert Reichardt seine Gedanken: „Nur Bach und Hayden bedürfen alles zu allem um ihre orginelle Laune darzustellen."[110]
Außerordentlich tief ist der langsame Satz der C-Dur-Sinfonie empfunden, der unmittelbar aus dem vorangehenden herauswächst. (Auch in den anderen „Streichersinfonien" sind einzelne Sätze attacca miteinander verbunden, ein Zeichen dafür, daß Bach eine zyklische Geschlossenheit anstrebt. Der Einzelsatz wird auf das sinfonische Ganze bezogen. Denn erst eine derart komplexere Ordnung löst das Problem der anzutreffenden Disproportionalität von Spannung und Entspannung. Mit anderen Worten: Ausdrucksintensive Sätze wie die beiden ersten der C-Dur-Sinfonie bedürfen — auch aus hörpsychologischen Erwägungen — des entspannenden Momentes im Schlußsatz.) Im Adagio stimmt Bach in beiden Violinen einen ergreifenden Gesang an:

Doch ist dies keine ungebrochene Kantabilität. Wuchtige dissonante Fortissimoschläge, gefolgt von fallenden Sekunden im Piano und Pianissimo hatten bereits den Satz eröffnet und unterbrechen noch dreimal den melodischen Fluß.[111] Gemessen an dem schweren Ausdruck der ersten beiden Sätze wiegt der letzte geradezu leicht. Mit seinen ständigen Sequenzierungen und dem Wechsel von Tutti- und Solopassagen erinnert er eher an einen Konzertsatz. Es findet sich hier vieles,

was so ganz in das Bild des humorvollen Bach paßt, sei es das unbekümmerte, einem Gassenhauer ähnliche Hauptthema

oder die kräftige Unisonopassage, die jeweils den Schlußpunkt unter die Exposition und Reprise setzt:

Wichtig ist der Hinweis Ernst Suchallas auf Ansätze „der klassischen Arbeitsweise“ im ersten Satz der B-Dur-Sinfonie, Wq 182,2. „Alle vier Stimmen sind motivisch gearbeitet. Drei aus dem Hauptthema abgeleitete Motive sind zum ersten Male gleichzeitig verarbeitet. Bratsche und Violoncello greifen den Baß des Kopfmotivs auf und verwerten ihn in traditioneller Art als Ostinato. Zwei neue Motive — ebenfalls aus dem Satzbeginn — werden von den beiden Violinstimmen übernommen. Beide Motive stehen sich in der Folge Frage—Antwort gegenüber und vertreten auf diese Weise die Thematik. Dieser Dualismus, der auf thematisch-motivischer Arbeit ... beruht, ist der Keim für die klassische Durchführung ...“[112]

Reichardt hatte, bezogen auf diese Sinfonien, gesagt: „Es wäre ein reeller Verlust für die Kunst, wenn diese Meisterarbeiten in einer Privatsammlung vergraben bleiben sollten. Ueberall fehlt es noch an einer vollständigen Sammlung der Werke dieses grossen Componisten und Humoristen, von dem selbst Haydn oft und willig gestand, das Meiste gewonnen und gelernt zu haben."[113]

Die Situation hinsichtlich der Verbreitung des Bachschen Werkes hat sich leider bis heute noch nicht so wesentlich geändert, daß Reichardts Aufforderung nicht auch dahingehend verstanden werden sollte, diese Sinfonien (und andere Kompositionen des Meisters) in unseren Konzertsälen aufzuführen, sie für die Schallplatte und den Rundfunk zu „entdecken". Bachs Sinfonien wollen mit wachen Sinnen gehört werden. Sie offenbaren dem Musikfreund eine phantasievolle Tonsprache, leidenschaftlich und sensibel in ihrer Diktion, sie warten mit immer neuen Überraschungen auf. Diese Werke sind in erster Linie Zeugnisse der reich entwickelten Individualität der Künstlerpersönlichkeit Bachs, die sich im Kunstwerk mitteilen will, die Konventionelles weitgehend meidet und dem „originellen, kühnen Gang der Ideen" freien Lauf läßt. Mit solchem Ausdruck eines uneingeschränkten Subjektivismus befindet sich Bach im ästhetischen Kontext zum Sturm und Drang. Es überrascht nicht, daß gerade die „Streichersinfonien" als Produkte genialischen Wirkens galten und Zeitgenossen ihren Autor für ein „Originalgenie" hielten.

Die Geniediskussion des Sturm und Drang hatte ihren Ausgang in England mit Edward Youngs „Conjectures on Original Composition“ (1759) genommen. Young war der Auffassung, daß alle Menschen die Fähigkeit besäßen, „original“ zu sein und ohne Rücksicht auf hemmende Regeln schöpferisch tätig werden könnten.[114] Solche Gedanken stießen in Deutschland bei den Vertretern des Sturm und Drang (Hamann,

Carl Philipp Emanuel Bach. Stich von H. Pfenniger

Herder, Goethe und andere) auf eine starke Resonanz. Die zahlreichen Dispute, Aufsätze, Theoreme über Wesen und Funktion des „Originalgenies", über originales Schaffen, Innerlichkeit, Subjektivität waren der ästhetisch spezifizierte Ausdruck der politischen und ideologischen Forderung des aufstrebenden Bürgertums nach allseitiger Freiheit des Individuums; mit anderen Worten, im Geniebegriff der siebziger Jahre manifestierte sich das Streben nach bürgerlicher Emanzipation. Doch angesichts der herrschenden gesellschaftlichen Situation erwiesen sich solche Forderungen als illusionär. An die Stelle spätfeudaler sozialer und ökonomischer Bedingungen traten in zunehmendem Maße kapitalistische und damit zugleich neue Abhängigkeitsverhältnisse, so daß sich insgesamt die Sturm-und-Drang-Bewegung als ein mißglückter Zusammenstoß von „prätendirter Freyheit unseres Wollens, mit dem nothwendigen Gang des Ganzen" erwies.[115]
Zur theoretischen Klärung des Begriffes „Originalgeist", der auch synonym für „Originalgenie" gebraucht wurde, hat Johann Georg Sulzer in seiner „Allgemeinen Theorie der schönen Künste" (1771—1774) Wesentliches beigetragen. Obwohl kein Verfechter der Ideen des Sturm und Drang[116] und von Goethe wegen der rationalistischen und normativen Züge seiner lexikalischen Schrift angegriffen,[117] beeinflußte Sulzer die Geniediskussion der siebziger Jahre nachhaltig. In Hinblick auf die Bestimmung der gesellschaftlichen Funktion des Originalgenies hob er hervor: „Die wichtigsten Originale sind ohne Zweifel die, deren Erfindungen nicht blos den Künstlern in einzelnen Theilen der Kunst vortheilhaft, sondern dem Geschmack eines ganzen Volkes eine neue und vortheilhafte Wendung geben; die neue Quellen eines sich über ein ganzes Volk verbreitenden Vergnügen eröffnen; die den allgemeinen Gemüthskräften einen neuen vortheilhaften Schwung geben."[118]
Mit der Geniediskussion rückten zugleich die Fragen nach den Besonderheiten des künstlerischen Schaffensprozesses und der sich in ihm vergegenständlichenden Individualität des Künstlers in den Vordergrund: „Original ist der, dessen Handlungen aus seinen eigenen Vorstellungen entstehen, und der in der Ausführung seinen eigenen Begriffen folget."[119] Entscheidend am Geniegedanken ist also das individuell Schöpferische, das Schaffen aus „eigenen Vorstellungen" heraus. Derartige

Postulate führten mit Notwendigkeit zu einer Präzisierung und Neubildung eben solcher Begriffe, die auf die Kennzeichnung des Individuellen und Originalen im Kunstwerk abzielten. In Sulzers „Theorie“ markieren die Begriffe „Originalgeist“ und „knechtische, ängstliche Nachahmer“[120] die Eckpunkte einer hierarchisch fixierten Wertskala. In diese Hierarchie werden auch die „zufälligen Originale“ eingeordnet.[121]

An solche ästhetischen Überlegungen knüpfte Reichardt an, indem er sie für die Musikanschauung modifizierte und auf die kompositorische Praxis bezog: „Jeder gute Componist sucht in dem Plane und in der Ausführung seiner Stücke Einheit zu beobachten; und jeder gute Componist hat eine gewisse Manier, an der man ihn in allen seinen Arbeiten erkennt. Diese Manier ist nun freylich bey einem mehr oder weniger original: Wir haben nur einen Bach,[122] dessen Manier ganz original, und ihm eigen ist.“[123] Das Originale des Bachschen Stils wird von zeitgenössischen Autoren in häufig übereinstimmender Weise charakterisiert. Nach Auffassung Reichardts erfordere „dessen Originalität der Gedanken auch oft nothwendig einen originalen, ungewöhnlichen oder schweren Ausdruck“[124]. Für Schubart ist Bachs Musik „reich an Erfindungen“ und „unerschöpflich in neuen Modulationen“.[125] Burney hebt vor allem die „kühnsten Züge, sowohl in der Melodie als in der Modulation“ hervor.[126] Diese Attribute bezeichnen eine Tonsprache, in der die einzelnen kompositorischen Parameter — Thematik, Melodik, Harmonik, Dynamik und andere — in sinnvoller und erfindungsreicher Weise zusammenwirken, so daß sich eine meisterhaft durchgebildete Satzfaktur ergibt. Plötzliches Umschlagen der Stimmung ist ebenso möglich wie fließender Übergang; kein Wunder, daß Bach der Vorwurf eines „eigensinnigen Geschmacks“ und der „Bizarrerie“ nicht erspart blieb.[127]

Sicher, Bach sparte nicht mit Konzessionen an den Publikumsgeschmack, aber sein Bestreben, selbst den einfachsten Stükken noch eigenwillige Züge aufzuprägen, führte dazu, daß das verbreitete Interesse an seiner Musik allmählich nachließ. Zwar war einzelnen Werken, etwa „C. P. E. Bachs Clavier-Sonaten mit einer Violine und einem Violoncello zur Begleitung“ und den Sammlungen „für Kenner und Liebhaber“ — diesen bezeichnenderweise mit abnehmender Subskribentenzahl —, ein beachtlicher Erfolg beschieden, doch die Verlagsanzeigen in den Musikzeitschriften sprachen mit fortschreitenden Jahrgängen eine andere Sprache. Cramer, dessen Wohlwollen gegenüber Bach außer Frage steht, nannte in seinem „Magazin der Musik" (1783—1786) neben den Großen — Gluck, Pergolesi, Carl Philipp Emanuel Bach, Haydn, vereinzelt schon Mozart[128] — vor allem ungezählte Kleinmeister: Namen wie Hüllmandel, Löhlein, Cambini, Vanhall, Schwanenberg, Pleyel füllten die Spalten dieser Zeitschrift. Eine neue Generation trat auf den Plan, neue Musikideale begannen sich durchzusetzen.

Wir haben zeitlich vorausgegriffen. Allerdings deutet sich das Problem der Entfremdung schon in den siebziger Jahren beispielsweise in den Worten Burneys an: „Man hat seine Stücke beschuldigt, daß sie lang, schwer, tiefsinnig und weit hergesucht wären."[129] In diesem Zusammenhang sei auch auf den fast kurios zu nennenden Aufsatz mit der Überschrift hingewiesen: „Wie verhalten sich die zwei großen Clavierspieler C. P. E. Bach und Alberti von Rom gegen einander?" (1780).[130] Sein Verfasser ist aller Wahrscheinlichkeit nach Georg Joseph Vogler, Komponist und Theoretiker, Begründer der Mannheimer „Kurpfälzischen Tonschule". Dieser spricht zunächst, ohne einen Namen zu nennen, von den „Verdienste(n) eines im alten Sisteme grau gewordenen würdigen Mannes"[131], und wir wissen, daß Bach gemeint ist. Sonst in seiner Kritik keineswegs zurückhaltend, im Falle Kirnberger regelrecht bissig[132] (Kirnberger zahlte übrigens mit gleicher Münze heim[133]), kleidet Vogler seine Tadel an Bachs Musik in eine fingierte Anfrage eines anonymen jungen Künstlers: „Meister, Ihr Geschmack ist unrichtig: Sie lieben Künsteleien, Sie wollen gelehrt sein, und vergessen das einfache; in allen ihren Werken raget die ängstliche Sucht hervor, etwas ganz eigenes, ganz neues, himmelweit von allem anderen verschiedenes zu sagen; Sie entfernen sich dadurch zu weit vom Planmäsigen ..."[134] Und um gleichsam diese Vorhaltungen zu untermauern, führt Vogler eine Komposition Bachs an: „Sie haben z. B. ein Stück aus dem weichen A gesezt, und statt dem Vortrage im ersten im Haupttone des ganzen Stücks erscheinen 4 Schläge im weichen A, 4 Schläge im weichen G. Welcher Anfang, welcher Vortrag eines Tonstücks!"[135] Doch noch steht die Antwort auf die eingangs formulierte Frage aus. Vogler äußert: „Bachen

ihm“ (Alberti — der Verf.) „an die Seite stellen — Nein, der ist zu groß. Die Spielart, der Vortrag dieses Mannes leidet keine Ausnahm. Doch wünschten wir, daß der große Mann im Saze, mehr das rührende, niedliche, einfache, weniger das künstliche (das zu seiner Entschuldigung der nordische etwas trockene Geschmack freilich noch fodert) eingemischet hätte. Unterm einfachen verstehen wir aber nicht nur simple Noten, sondern auch Tonfolge, planmäsige Abzielung aller Ausweichungen auf denselbigen Hauptton, der Tonseinheit untergeordnete Manigfaltigkeit u. d. gl.“[136]
Der Vorwurf, nicht mehr zeitgemäß zu komponieren und gegen den herrschenden Geschmack zu verstoßen, wiegt schwer. Was bleibt, ist die Aura des „Originalgenies“, die auch Vogler Bach nicht streitig machen kann. „Künsteleien“ und Entfernung vom „Planmäsigen“ bedeuten im Falle Carl Philipp Emanuel Bachs die unbehinderte Entfaltung einer Künstlerpersönlichkeit, die Gefallen an ungewöhnlichen kompositorischen Lösungen und am geistvollen Spiel der musikalischen Gedanken findet, die die Dimension des Humors ebenso ausschöpft wie die des Ernstes. Bach ist „durchdrungen von der Vorstellung der Freiheit künstlerischer Subjektivität, die sich im ‚freien‘ Stil, in der ‚freien‘ Phantasie am besten manifestieren könne“[137]. Hierin erweist er sich als typischer und zugleich einflußreicher Vertreter der Bewegung des Sturm und Drang auf musikalischem Gebiet.

Bachs Familie und Hamburger Freundeskreis

Nach der Übersiedlung aus Berlin hatte Bach mit seiner Frau und den Kindern zunächst eine Wohnung in der Böhmerstraße bezogen,[138] die er kurz darauf mit dem geräumigeren Manardischen Hause in der Neuesten Fuhlentwiete vertauschte.[139] Nach einem Besuch bei Bach schrieb Voß am 4. April 1774 an Miller: „Bach hat eine gesprächige Frau, eine zwar unschöne doch wohl conditionirte Tochter (sie ist nicht empfindsam, Cramer) einen Sohn, der ein Licentiat ist, guten Wein und gut Bier.“[140] Johanna Maria Bach hatte einen großen Haushalt zu versorgen, zumal die Kinder, mit Ausnahme des jüngsten Sohnes, in der elterlichen Wohnung lebten. Sie half ihrem Mann bei der Ordnung der umfangreichen Mu-

Johann Sebastian Bach d. J. Zeichnung von A. F. Oeser

sikaliensammlung. Auch die Tochter Anna Carolina Philippina ging dem Vater in geschäftlichen Dingen zur Hand. Über Fragen der Bachschen Rechnungsführung, der Einkünfte und dergleichen war sie recht genau informiert.[141]
Johann August Bach hatte an der Schaumburger Landesuniversität Rinteln Jura studiert und im Juni 1769 seinen Doktorgrad erworben. Nach Hamburg zurückgekehrt, praktizierte er dort als Advokat.
Johann Sebastian Bach der Jüngere erhielt seine ersten Unterweisungen in der Malerei bei Andreas Ludwig Krüger in Berlin. Seit 1770 war er Schüler von Adam Friedrich Oeser

Waldige Gebirgslandschaft mit See. Aquarell von J. S. Bach d. J.

in Leipzig, dem Direktor der dortigen Kunstakademie, dem Freund Winckelmanns und Zeichenlehrer Goethes. Dieser hielt den jungen Künstler für außerordentlich talentiert und förderte ihn nach Kräften. An den alljährlichen Dresdner Künstlerausstellungen beteiligte sich Johann Sebastian Bach

Mondscheinlandschaft mit Schloß. Aquarell von J. S. Bach d. J.

Szene aus Ch. F. Weißes komischer Oper „Die Jagd". Stich von Geyser nach J. S. Bach d. J.

Szene aus Ch. F. Weißes komischer Oper „Die verwandelten Weiber".
Stich von Geyser nach J. S. Bach d. J.

der Jüngere mit mehreren Exponaten. Daß sich Lessing uneigennützig für den jüngsten Sohn Carl Philipp Emanuel Bachs einsetzte, entnehmen wir einem Brief des Dichters an den Dresdner Bibliothekar Karl Wilhelm Daßdorf: „Beiliegenden Brief nach Rom, liebster Freund, haben Sie die Güte, dem Hn. Bach einzuhändigen, der auf dem Wege dahin ist und nächstens durch Dresden kommen wird. Er wünscht nichts eifriger, als einmal bei der Akademie zu Dresden einen Platz zu finden. Wie sehr er ihn schon itzt verdienet, brauch ich Ihnen nicht zu sagen. Aber es würde ganz gewiß seinen Eifer verdoppeln, wenn man ihm itzt schon im voraus einige Hoffnung dazu machen könnte, wozu Sie, wie er glaubt, vielleicht nicht wenig beizutragen imstande sein dürften. Wenn Sie es sind, weiß ich, werden Sie es gewiß tun und Sachsen einen Mann zu versichern suchen, der gewiß einen ebenso großen und originellen Maler verspricht, als seine Vorfahren Tonkünstler gewesen sind."[142]
Im Jahre 1776 unternahm der junge Künstler eine Studienreise nach Rom. Die weitere Entwicklung schien vielversprechend, doch Johann Sebastian erkrankte Anfang 1777 gefährlich. Er mußte sich kostspieligen Operationen unterziehen. Wie schwer diese Zeit auf der Bachschen Familie lastete, geht aus einigen Briefen hervor. Am 20. Juni 1777 teilte Carl Philipp Emanuel Bach Forkel mit: „Mein armer Sohn in Rom liegt seit 5 Monaten an einer höchst schmerzhaften Krankheit darnieder und ist noch nicht aus aller Gefahr. O Gott, was leidet mein Herz! Vor 3 Monaten habe ich ihm 50 Ducaten geschickt, und in 14 Tagen muss ich wieder 200 Rthlr. für Doctors und Wundärzte auszahlen. Ich kann nicht mehr schreiben, als zu bitten mit mir Mitleyden zu haben und mir womöglich beyzustehen."[143] Noch nicht dreißigjährig starb der begabte Sohn am 11. September 1778 in Rom.
Die Arbeiten von Johann Sebastian Bach dem Jüngeren, die klassizistischen, bisweilen schon romantischen Strömungen nahestehen, fanden bei den Zeitgenossen eine beachtliche Resonanz. Immer wieder faszinierten Bach Landschaften, mythologische Stoffe, Naturszenen mit antiken Tempeln und Ruinen, die Welt der Nymphen, Faune und Schäfer, und immer liegt über diesen Bildern bei aller Feinheit und Akkuratesse der Pinsel- und Federführung ein schwärmerischer, idyllischer Zug — in einem schönen Pendant zur musikalischen Empfindsamkeit.[144]

Die Bindungen Carl Philipp Emanuel Bachs zu seinen Brüdern — ausgenommen zu Johann Christoph Friedrich Bach, dem Bückeburger Bach — waren ziemlich locker. Wilhelm Friedemann Bach scheint er in der Hamburger Zeit gar nicht mehr gesehen zu haben, obwohl er ihn hin und wieder finanziell unterstützte;[145] und Johann Christian Bach, der in London wirkte, weilte zwar einige Male auf dem Kontinent, von Besuchen in Hamburg ist jedoch nichts bekannt. In ihrer Wesensart und ihren künstlerischen Absichten so verschieden, verfolgte jeder der Söhne Johann Sebastian Bachs seine eigenen Ziele, ohne daß der andere daran wesentlichen Anteil genommen hätte.
Seit 1750 wirkte Johann Christoph Friedrich Bach als „Cammer-Musikus" (seit 1759 als Konzertmeister) in der Kapelle des Grafen Wilhelm zu Schaumburg-Lippe in Bükkeburg, eine Stellung, die sehr wahrscheinlich durch Vermittlung des achtzehn Jahre älteren Bruders zustande gekommen war.[146] In den siebziger Jahren — es war die Zeit des fruchtbaren Zusammenwirkens des Bückeburger Komponisten mit Herder — verstärkten sich die Beziehungen zwischen beiden Brüdern. Begegnungen sind nicht ausgeschlossen, zumal Hamburg nur anderthalb Tagesreisen von der kleinen Residenzstadt im Hannoverschen entfernt lag und Bachs Sohn Johann August – wie oben erwähnt – juristische Collegia in dem nahe Bückeburg gelegenen Rinteln besuchte. Beide Komponisten unterstützten einander beim Vertrieb ihrer Werke.[147] Der Briefwechsel Johann Christoph Friedrich Bachs mit Gerstenberg, der musikästhetische Fragen berührte, läßt zudem auf dessen engere Kontakte zum norddeutschen Dichterkreis schließen.
Seine gesellschaftliche Stellung, die vielfältigen Verpflichtungen gegenüber Freunden, Bekannten und Geschäftspartnern bedingten, daß Bach, wie in Berlin, so auch in der Hansestadt in den verschiedensten bürgerlichen Kreisen verkehrte. Er hat wohl Hamburg nur selten verlassen, Konzertreisen scheint er überhaupt nicht mehr unternommen zu haben. Bach empfing häufig Gäste, die ihm einen Freundschaftsbesuch abstatteten oder die von seinem Ruf als „Originalgenie" angelockt wurden, Kontakte, die für ihn außerordentlich wichtig waren, wie er auch in seiner Selbstbiographie erwähnte.[148] Sie erweiterten sein Gesichtsfeld, vermittelten ihm mancherlei Impulse für das

Charles Burney. Stich von F. Bartolozzi, 1781

eigene Schaffen, dienten der Profilierung seiner Musikanschauung. Bei solchen Zusammenkünften kam auch die Geselligkeit nicht zu kurz. Der Dichter Voß weiß von einem gemeinsamen Ausflug „nach der Rabe, einem Lustort vor Hamburg" zu berichten, „wo wir Kaffee tranken und Kegel spielten. Bach erzählte vieles von Berlin und seinem Vater Sebastian."[149] Übereinstimmend wurde von den Besuchern die Gastfreundschaft Bachs gelobt.

Charles Burney hatte Hamburg wohl vor allem auch deshalb in seine Reiseroute durch ganz Mitteleuropa aufgenommen, um

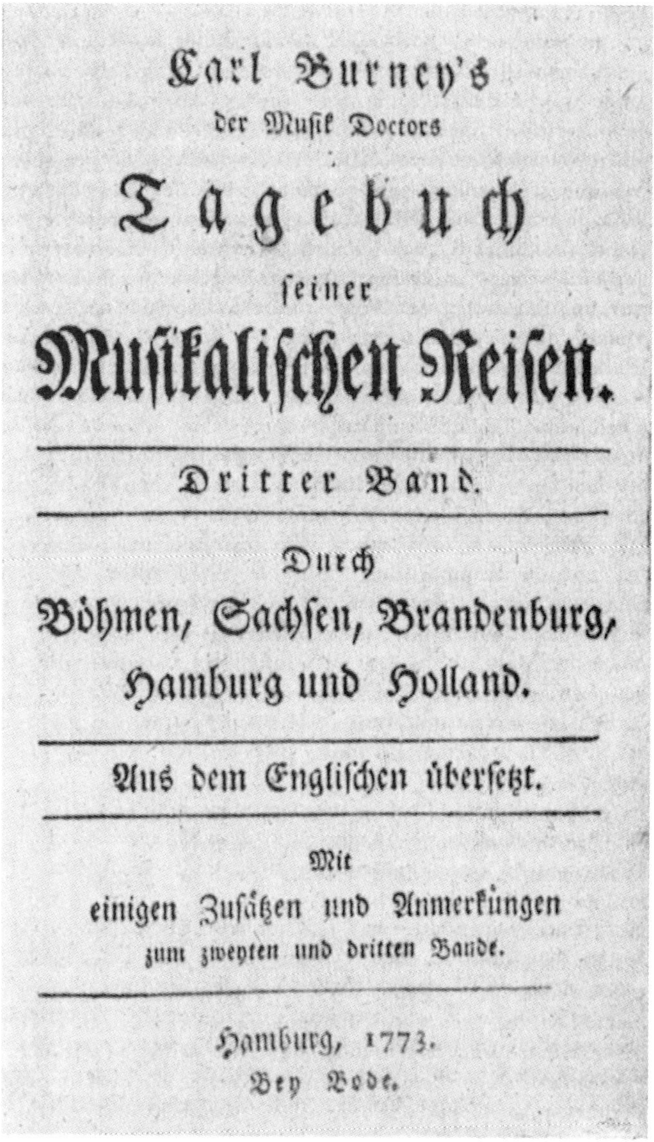

Carl Burney's
der Musik Doctors
Tagebuch
seiner
Musikalischen Reisen.

Dritter Band.

Durch
Böhmen, Sachsen, Brandenburg,
Hamburg und Holland.

Aus dem Englischen übersetzt.

Mit
einigen Zusätzen und Anmerkungen
zum zweyten und dritten Bande.

Hamburg, 1773.
Bey Bode.

Titelseite zu C. Burneys „Tagebuch einer musikalischen Reise“.
Erstdruck der deutschen Übersetzung, Hamburg 1773

Bach kennenzulernen.[150] Die Schilderung dieser Begegnung, die im Oktober 1772 erfolgte, gehört zu den anschaulichsten und lebendigsten Zeugnissen, die wir über Bachs Lebensweise, seine Improvisationskunst, das häusliche Milieu und anderes mehr besitzen: „Als ich nach seinem Hause kam, fand ich ihn mit drey oder vier vernünftigen und wohlerzogenen Personen, von seinen Freunden, ausser seiner Familie, die aus Madame Bach, seinem Sohn den Licentiaten, und seiner Tochter bestund. Der jüngste Sohn hält sich in Leipzig und Dresden auf, um die Mahlerey zu studiren. Den Augenblick, da ich ins Haus trat, führte er mich die Treppen hinauf in ein schönes grosses Musikzimmer, welches mit mehr als hundert und funfzig Bildnissen von grossen Tonkünstlern, theils gemahlt, theils in Kupfer gestochen, ausgeziert war. Ich fand darunter viele Engländer und unter andern auch ein Paar Originalgemälde in Oel von seinem Vater und Großvater. Nachdem ich solche besehen hatte, war Herr Bach zu verbindlich, sich an sein Lieblingsinstrument, ein Silbermannisches Clavier zu setzen, auf welchem er drey oder viere von seinen besten und schweresten Kompositions, mit der Delikatesse, mit der Precision und mit dem Feur spielte, wegen welcher er unter seinen Landsleuten mit Recht so berühmt ist ...
Nach der Mahlzeit, welche mit Geschmack bereitet, und mit heiterem Vergnügen verzehrt wurde, erhielt ichs von ihm, daß er sich abermals ans Clavier setzte; und er spielte, ohne daß er lange dazwischen aufhörte, fast bis um Eilf Uhr des Abends ...[151]
Er ist itzt neun und funfzig Jahr alt, ist eher kurz als lang von Wuchs, hat schwarze Haare und Augen, eine bräunliche Gesichtsfarbe, eine sehr beseelte Miene, und ist dabey munter und lebhaft von Gemüth ...
Herr Bach zeigte mir zwey geschriebene Bücher von seines Vaters Komposition, die er schon lange für seine Schüler gemacht hatte.[152] Jedes Buch enthielt vier und zwanzig Vorspiele und vier und zwanzig Fugen aus allen Tonarten, worunter einige fünfstimmig und sehr schwer waren. Er schenkte mir verschiedene von seinen eignen Sachen, und drey oder vier seltne alte Bücher und Abhandlungen über die Musik, aus seines Vaters Sammlung, und versprach mir dabey, in Zukunft mir allemahl mit mehrern an die Hand zu gehen, wenn ich ihm nur schreiben wollte, was ich nöthig hätte."[153]

Auch in der Folgezeit riß die Verbindung zwischen Burney und Bach nicht ab. Er subskribierte auf einige Werke des Meisters,[154] offensichtlich um weiteres Material für die groß angelegte Abhandlung „A General History of Music" zur Verfügung zu haben. Deren vierter Band, ein Jahr nach Bachs Tod erschienen, enthält eine ausführliche Charakteristik der musikgeschichtlichen Position des Komponisten.
Die von Burney erwähnte Porträtsammlung,[155] die den Blick auf ein weiteres Interessengebiet Bachs lenkt, beinhaltete Kupferstiche, Pastellbildnisse, Ölgemälde, Schattenrisse von annähernd vierhundert Persönlichkeiten — Musikern, Dichtern, Philosophen: Johann Ambrosius Bach, Johann Sebastian Bach und dessen Söhne, Gluck, die Brüder Graun, Händel, Hasse, Hiller, Haydn, Jommelli, Leopold Mozart, Neefe, Palestrina, Rameau, Schubart, Telemann; Gellert, Brockes, Gerstenberg, Klopstock, Lessing, Ramler; Leibniz, Luther, Rousseau und viele andere. Bachs Sammlertätigkeit zeugt von einer Belesenheit und Weltaufgeschlossenheit, die in dem Streben nach universaler Bildung ihre Motivation hat. Ohne diese Weitsicht — im Kleinen wie im Großen — hätte Bach kaum den Platz behaupten können, den er viele Jahre lang als einer der fortschrittlichsten deutschen Komponisten einnahm.
Denis Diderot war, aus Petersburg kommend, im März 1774 in Hamburg eingetroffen und hatte sich wohl sofort um Bachs Bekanntschaft bemüht, wie wir es einigen überlieferten Briefen entnehmen können.[156] In ihnen trägt der selbstbewußte Franzose sein Anliegen ohne jeden servilen Unterton vor:

Hamburg, 30. März 1774

Monsieur,
Ich bin Franzose. Ich heiße Diderot. Ich genieße in meinem Land einige Anerkennung als Schriftsteller. Ich bin der Autor einiger Theaterstücke, von denen der „Hausvater" Ihnen vielleicht nicht unbekannt ist.[157] Ich bin außerdem der Herausgeber der Enzyklopädie. Ich bin ein Verehrer Johann (Christian) Bachs, und seit langem hat meine Tochter, die Ihre Kompositionen spielt, mich gelehrt, Sie zu bewundern. Ich habe nur dieses einzige Kind. Sie ist eine gute Klavierspielerin und kennt die Harmonielehre so überaus gründlich, wie man sie im Allgemeinen nicht zu kennen pflegt, wenn man kein professioneller Musiker ist. Als Johann (Christian) Bach ihr ein

Denis Diderot. Stich von Alix, nach einem Gemälde von Vanloo

Klavier aus London schickte, sandte er gleichzeitig eine Sonate von eigener Komposition mit.

Ich komme gerade mit der Extrapost aus Petersburg, ohne jede andere Bekleidung als mit meinem Hausrock unter dem Pelzmantel; andernfalls hätte ich nicht verfehlt, einen so berühmten Mann wie Emanuel zu besuchen. Wenn dieser Emanuel Vater ist und wenn er weiß, was für ein Vergnügen es einem Vater bereitet, seinem Kind eine Freude machen zu können, wird er meine Bitte verstehen, die ich ihm hiermit antragen möchte: er möge mir einige Klaviersonaten schicken, die noch nicht veröffentlicht sind, so er die Manuskripte davon übrig hat. Er möge die Güte haben, dafür einen Preis festzusetzen, den ich demjenigen übergeben werde, der mir die Sonaten bringen wird. Der einzige Hinweis, den ich mir erlauben möchte, ist, daß mein Ruf größer ist als mein Vermögen, eine mißliche Konstellation, die ich mit dem größten Teil genialer Männer gemeinsam habe, ohne diesen Titel zu tragen. Ich bin etc. Diderot.[158]

Mehr als zwei Jahrzehnte zuvor hatte Diderot bereits Kenntnis von der Musik Carl Philipp Emanuel Bachs erhalten und „la force et la legèrte des tons de Bach"[159] gerühmt; die Tochter des französischen Philosophen spielte in ihrem Klavierunterricht, sicher auf Anraten des Vaters, seine Kompositionen. In Diderots politisch äußerst brisantem „Le Neveu de Rameau", einem Buch, das erst 1805 durch Goethe ins Deutsche übersetzt wurde, scheinen manche Gedankengänge — obwohl hier auf die Oper bezogen — im übertragenen Sinne auf die Bachsche Tonsprache anwendbar: „Die Leidenschaften müssen stark sein. Die Zärtlichkeit (bei Goethe: Empfindsamkeit) des Musikus muß extrem sein ... Wir brauchen Ausrufungen, Interjektionen, Suspensionen, Unterbrechungen, Bejahungen, Verneinungen, wir rufen, wir flehen, wir schreien, wir seufzen, wir weinen, wir lachen von Herzen."[160] Hier wird das formuliert, was auch annäherungsweise unter dem Begriff des „redenden Prinzips" bei Bach zu verstehen ist. Zoltai spricht davon, daß Diderot den „natürlichen, also aufrichtigen und vor nichts zurückschreckenden Ausdruck der menschlichen Natur, der menschlichen Innerlichkeit"[161], zu einer Hauptthese seiner Musikanschauung gemacht hat.
Eine umfangreiche Korrespondenz führte Bach mit auswärtigen Bekannten und Geschäftspartnern. Stabile Beziehungen bestanden bereits zu den Musikverlegern Winter in Berlin und zu Schwickert und Breitkopf in Leipzig. Sie wurden nunmehr durch Vermittlung des Barons van Swieten um den Wiener Verlag Artaria erweitert.[162]
Mit Ramler, dessen „Auferstehung und Himmelfahrt Jesu" Bach 1774 vertonte, stand er bis 1785 im Briefwechsel.[163] Die aus bäuerlich-plebejischen Schichten stammende und von Herder und Goethe als poetisches Naturtalent geschätzte Schriftstellerin Anna Luise Karsch (auch Karschin genannt)

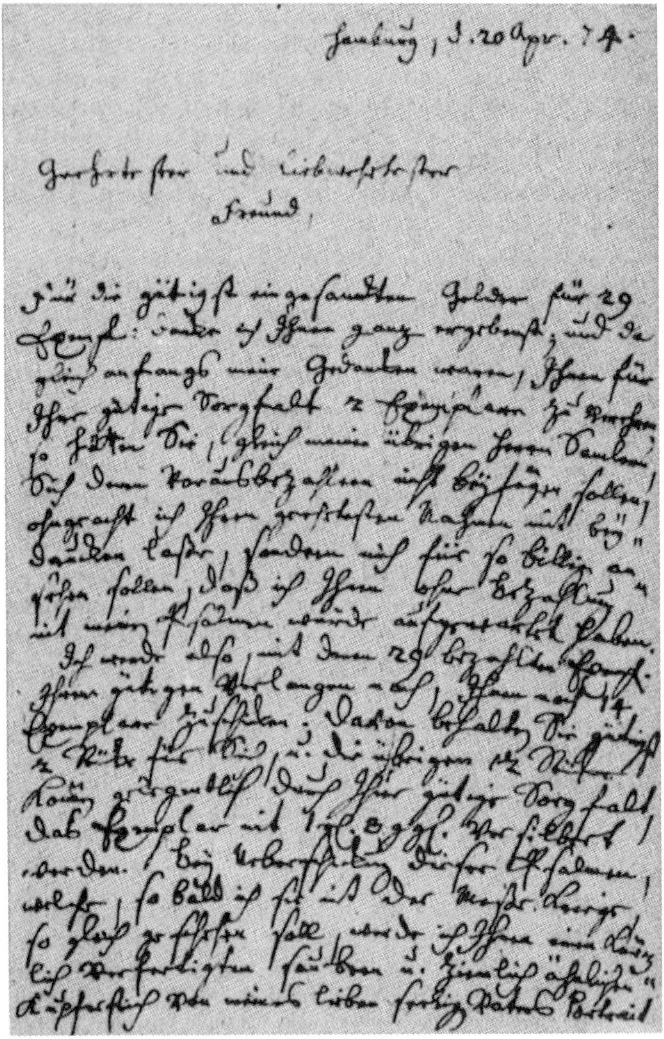

Brief Carl Philipp Emanuel Bachs vom 20. April 1774 an Johann Nikolaus Forkel

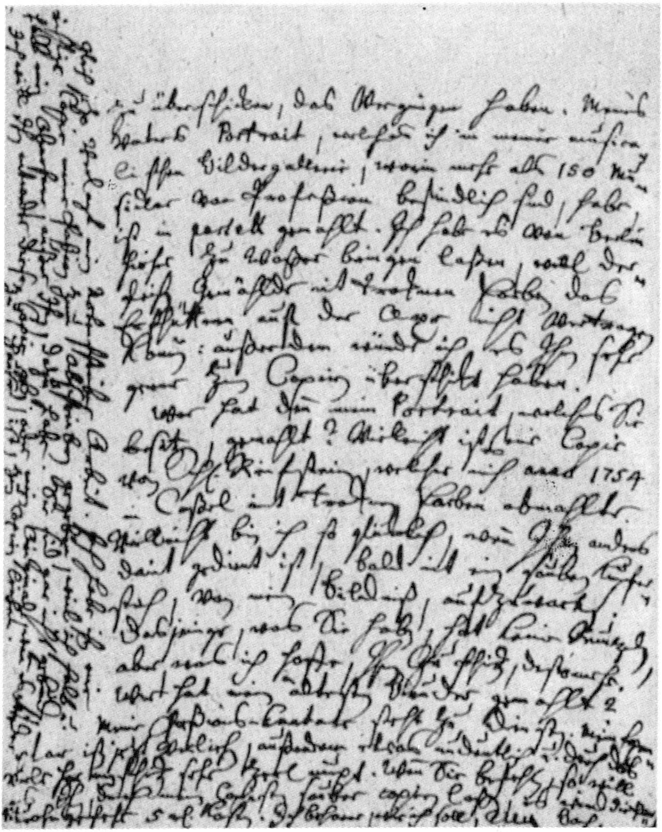

hatte Bachs Weggang nach Hamburg mit einem Abschiedsgedicht apostrophiert[164] und den Text für die Passionskantate (1770) geschaffen. Suchte Daniel Chodowiecki Bach in Hamburg auf? Am 22. September 1781 schrieb der weitbekannte Maler an Graff: „In 8 oder 10 Tagen denke ich an einen Ritt nach Hamburg zu thun, und unsern Meyer, Klopstock, Asmus und Bach zu besuchen."[165] Direkte oder indirekte Beziehungen bestanden nach wie vor zu Kirnberger, Marpurg, Agricola und Friedrich Wilhelm Riedt, auch zu Johann Abraham Peter Schulz. Kirnberger beispielsweise unterstützte Bach bei der Herausgabe weiterer Choräle seines Vaters.[166]

Zu den Musikern, die sich in der zweiten Hälfte des 18. Jahrhunderts für die Wiederbelebung der Musik Johann Sebastian Bachs einsetzten, gehörte vor allem Johann Nikolaus Forkel. Dieser ließ sich mehrfach aus Hamburg Musikalien des Thomaskantors schicken, um sie für seine Bach-Monographie zu verwerten. Auch stützte sich Forkel in seinem Urteil über Johann Sebastian Bach auf Aussagen von dessen zweitem Sohn. „Meines seeligen Vaters Lebenslauf im Mizler ist durch meine Hülfe der vollkommenste", schrieb Carl Philipp Emanuel Bach in einem Brief an Forkel. „Unter den darin angeführten geschriebenen Claviersachen sind ausgelaßen: 15 Zweystimmige Inventiones u. 15 dreystimmige Sinfonien; ingleichen 6 kurze Vorspiele. Bey des seeligen Kirchensachen kan angeführt werden, daß er devot u. dem Inhalte gemäß gearbeitet habe, ohne comische Verwerfung der Worte, ohne einzelne Worte auszudrücken, mit Hinterlaßung des Ausdruckes des ganzen Verstandes, wodurch oft lächerliche Gedancken zum Vorschein kommen, welche zuweilen verständig seyn wollende und unverständige zur Bewunderung hinreißen. Noch nie hat jemand so scharf u. doch dabey aufrichtig Orgelproben übernommen. Den ganzen Orgelbau verstand er im höchsten Grade ... Das erste, was er bey einer Orgelprobe that, war dieses: Er sagte zum Spaß, vor allen Dingen muß ich wißen, ob die Orgel eine gute Lunge hat, um dieses zu erforschen, zog er alles Klingende an, u. spielte so vollstimmig, als möglich. Hier wurden die Orgelbauer oft für Schrecken ganz blaß ... Vermöge seiner Größe in der Harmonie, hat er mehr als einmahl Trios accompagnirt, und, weil er aufgeräumt war, u. wuste, daß der Componist dieser Trios es nicht übel nehmen würde, aus dem Stegereif u. aus einer elend beziferten ihm vorgelegten Baßstimme ein vollkommenes Qvatuor daraus gemacht ..."[167] — Bei aller Vorliebe für die Musik Johann Sebastian Bachs unterließ es Forkel nicht, in zahlreichen Urteilen und Rezensionen die Kompositionen des Hamburger Meisters zu würdigen. Dieser wußte sich zu revanchieren. Der sonst mit musiktheoretischen Äußerungen wenig an die Öffentlichkeit tretende Meister ließ in die Spalten des „Hamburgischen unpartheyischen Correspondenten" im Jahre 1788 eine längere Besprechung von Forkels erstem Band der „Allgemeinen Geschichte der Musik" einrücken.[168]

Für einen Komponisten hegte Carl Philipp Emanuel Bach

besondere Sympathien: für Jiří Antonín Benda.[169] Beide hatten einige Jahre zusammen im Hoforchester Friedrichs II. gespielt. Bach hatte den Freund 1754 in Gotha besucht und dort zwei Konzerte gegeben. Seit 1778 war Benda als Kapellmeister an das Hamburger Theater am Gänsemarkt verpflichtet worden. — Gegenseitige stilistische Beeinflussungen sind evident. Die tschechische Musikwissenschaftlerin Zdeňka Pilková konstatiert zahlreiche verwandte Grundzüge: „die dramatische Bewegtheit der melodischen Linie, große Sprünge, unerwartete Pausen, die Veränderung der musikalischen Struktur und der Begleitung und so weiter im Verlaufe einiger Takte, plötzliche Veränderungen des Tempos."[170] Es ist auch denkbar, daß Bach durch Benda mit dem Theaterleben der Stadt näher in Berührung kam. Obwohl Lessings Versuch, in Hamburg eine Nationalbühne zu schaffen, im Jahre 1767 fehlgeschlagen war, gab es doch in der Folgezeit unter Konrad Ernst Ackermann und Friedrich Ludwig Schröder beachtenswerte Inszenierungen.[171] Erlebte Bach Lessings „Minna von Barnhelm", „Emilia Galotti", Shakespeares „Hamlet", „Macbeth", „Heinrich IV." oder Goethes „Clavigo" und „Götz von Berlichingen"? Besuchte er die Hamburger Erstaufführung von Mozarts „Entführung aus dem Serail" im Jahre 1787? — Wir wissen es nicht! Weitere Untersuchungen, auch durch die Benda-Forschung, könnten hier künftig möglicherweise genauere Anhaltspunkte liefern.
Gleichfalls in Dunkel hüllt sich die Frage, ob sich Bach und Carl Stamic persönlich kannten. Der Mannheimer Komponist, Dirigent und Violinist gab im Jahre 1785 in Hamburg mehrere Konzerte.[172] Wenn eine solche Begegnung zustande kam, ist allerdings kaum anzunehmen, daß sie für den einundsiebzigjährigen Meister noch von stilprägender Wirkung gewesen wäre.

Zu Bachs Hamburger Freundeskreis gehörte auch Johann Friedrich Reichardt. In dessen Autobiographie wird an die Zeit erinnert, die der gerade erst Zwanzigjährige in Hamburg verlebte: „So oft Reichardt sich nur aus dem büschischen Hause,[173] seinem täglichen Aufenthalte entfernen konnte, war er bey Bach, der sich auch gern mit ihm über Musik unterhielt, wiewol selten recht verständigte."[174] In vielen Schriften zollte er Bach große Bewunderung, mehr noch, dieser wurde für den am Beginn seiner Laufbahn als Kapellmeister und Komponist

Johann Friedrich Reichardt. Stich von B. H. Bendix, 1796

stehenden Reichardt zu einem künstlerischen Leitbild.[175] „Du weißt es, mein Bester", schrieb Reichardt 1776 seinem Freund Carl Gottlieb Bock, „wie lange schon und wie sehr ich es wünschte, wie ich für Begierde brannte, den grossen Bach ganz kennen zu lernen. Ich habe nun das Glück gehabt, und eile, Dir so viel davon mitzutheilen, als mir die Schwäche meiner

Feder vergönnet. Erwarte aber keine Ordnung in diesem Briefe, sondern lasse Dir vielmehr den überströmenden Fluß meines äusserst .erfüllten Herzens gefallen.
Herr Capellmeister Bach beehret mich mit der allerfreundschaftlichsten Aufnahme, und läßt es nicht dabey bewenden, daß er mir, so oft ich zu ihm komme, — wie oft dieses geschieht, kannst Du aus meiner bekannten Zudringlichkeit zu grossen Männern schliessen — mit unermüdeter Gefälligkeit alle Arten von Sachen seiner Arbeit und von verschiedenen Zeiten seines Alters selbst vorspielet — wodurch er mir denn auf die allerglücklichste Weise Gelegenheit giebt, ihn ganz zu studieren. —
Auch ausser dieser Glückseligkeit, die schon weit über mein Bitten und Begehren geht, hilft er mir hier meinen Aufenthalt so angenehm, als möglich, machen, und dieses durch die beste Aufnahme in seinem Hause, und durch die angenehmsten Spatzierwege nach den schönsten Gegenden dieser Stadt. [Ganz besonders schön und mannigfaltig sind die Gegenden um diese grosse Handelsstadt. Die Elbe und Alster, die Hagedorn mit so warmen Gefühle besungen ..., diese machen hier durch ihre weiten und segelreichen Fluthen, und durch die reizendesten Ufer die allerschönsten Aussichten. Eine grosse Schönheit der Alster ... ist diese, daß sie in der Stadt ein Baßin bildet, welches von beyden Seiten mit Alleen besetzt ist, die zu einem sehr angenehmen Spatzierwege dienen ...]
... So oft ich zu H. B. komme, spielt er mir drey, vier und auch mehr Sonaten ... vor. In jeder erkennt man seinen Geist — der größte Beweis, daß seine Originalität nicht Affectation ist — aber auch zugleich seine grosse Mannigfaltigkeit und seinen unerschöpflichen Reichthum. Jede Sonate hat etwas besonders, wodurch sie sich von allen andern deutlich unterscheidet. Ohnmöglich wäre es mir, zu sagen, ‚die beyden Sonaten gehören zusammen, das ist ein Paar', eben so wenig könnte ich sagen, daß eine die vortreflichste wäre; es müßte sich denn mein Stolz mit einmengen, den Herr Bach durch eine Clavier-Sonate, die ich von ihm in seiner Handschrift für mich allein erhielt, mehr geschmeichelt, mehr erhoben hat, als alle Geschenke der Grossen, und aller Sonnenschein des Glücks es zu thun vermag.
Es ist dieses wirklich eines der alleroriginellsten Stücke, die ich jemals gehört habe: und jeder, jeder, dem ich sie vorspiele,

Hamburg von der Außenalster. Stich von J. A. Darnstedt, nach F. Rosenberg

bricht, wie verabredet, in die Worte aus: So etwas hörte ich nie!

Doch, mein Bester, ich will Dich nicht gar zu begierig darnach machen: denn schicken kann ich sie Dir eben so wenig, als ich sie Dir jetzt vorspielen kann. Niemals wird die Sonate aus meinen Händen kommen, ich müßte denn meine Brieftasche verlieren, die ich aber jetzt, seitdem jene drinnen liegt, weit sorgfältiger hüte als sonst."[176]

Diese Zeilen lassen uns etwas von der reichen Gefühlswelt und Erlebnisfähigkeit der Generation der Stürmer und Dränger ahnen. Das ist ein ganz neuer „Ton", der sich auffällig von der meist nüchtern-rationalistischen Diktion früherer Briefe, Traktate und Abhandlungen unterscheidet. Im Urteil über Musik wie in der Musik selbst findet eine neu gesehene menschliche Innerlichkeit Ausdruck. Das persönliche, subjektive Erlebnis, das leidenschaftliche Ergriffensein stehen hier im Vordergrund. Die durch nichts eingeschränkte Individualität des Künstlers bedeutet alles. Im „Schreiben über die Berlinische Musik" (1775) heißt es: „Hätten Sie nur einmal gehört, wie Bach sein Clavier — ein Instrument, das von vielen, vielleicht mit einigem Rechte, lange schon für todt und unbeseelt gehalten wurde — wie er das beseelt, wie er den Ton jeder Empfindung, jeder Leidenschaft hinein legt, — mit einem großen Worte alles zu sagen — wie er seine ganze große Seele darinnen abbildet."[177] Reichardt war einer der entschiedensten Verfechter der Ideen des Sturm und Drang auf musikalischem Gebiet. In der Musik müssen vor allem starke Leidenschaften gestaltet werden: „Das heftige Feuer, so durch das Werk flammt", äußerte Reichardt nach dem Anhören einer Bachschen Komposition, „kann ich Ihnen gar nicht mit Worten beschreiben; Ich wurde zuweilen bis zur Wuth erhitzt; und der Ausdruck des Schmerzes und der Klage war eben so heftig und stark."[178] Hier erinnert nichts mehr an das tändelnde Bild des Schäfers anakreontischer Prägung.

Neuartig ist auch die Art und Weise, wie die musikalischen Inhalte von Reichardt verbalisiert werden. Der Terminus „Affekt" wird im ästhetischen Vokabular durch die Wortverbindung „Ausdruck der Empfindung" oder durch das im Sinne von gefühlshafter, empfindsamer Darstellung verwendete Wort „ausgedrückt" ersetzt. Was Reichardt als die eigentliche Bestimmung der Musik ansah, fand er im Schaffen Carl

Johann Georg Büsch.
Zeitgenössischer Stich

Philipp Emanuel Bachs verwirklicht. Selbst als in späteren Jahren andere Komponisten, insbesondere Gluck und Haydn, seine Aufmerksamkeit fesselten, beurteilte er Bachs Werk positiv, zuletzt in der Autobiographie aus dem Jahre 1814. Angezogen fühlte sich Bach durch die freundliche Atmosphäre und den freimütigen Gedankenaustausch im Hause des Mathematikers und Leiters der 1768 gegründeten Handelsakademie, Johann Georg Büsch. Reichardt teilt mit: „... und was Hamburg nur an schöner gebildeter Jugend und an Frauen und Männern von Geschmack und Gefühl hatte, versammelte sich in diesem edlen und frohen Cirkel ... Alle einigermassen bedeutende und gebildete Reisende besuchten das büschische Haus ..., aber nicht alle wurden in den engern Kreis gezogen, der sich zu frohem Abendgenuss von der grossen akademischen Tischgesellschaft nicht selten abzusondern pflegte."[179] Bach zählte dazu. Es liegt nahe, daß die Gespräche oft solche Fragen berührten, die der „Beförderung der Manufakturen, Künste

und nützlichen Gewerbe" dienten.[180] Aber auch das Musizieren wurde nicht vernachlässigt. Reichardt dirigierte hier zum erstenmal die „Streichersinfonien" Bachs.[181]
Zu Büschs Gästen gehörten auch Christoph Daniel Ebeling und Johann Joachim Christoph Bode, der eine Historiker und Lehrer am Hamburger akademischen Gymnasium, der andere Buchhändler und Verleger.[182] Beide begeisterten sich für Musik und waren enger mit Bach befreundet. Aus Ebelings Feder stammten einige Texte, die dieser vertonte.[183] Bode beteiligte sich als Cellist in einem Liebhaberorchester an den Aufführungen Bachscher Kompositionen.
Freundschaftliche Beziehungen verbanden Bach mit dem Arzt Johann Albert Heinrich Reimarus und dessen Familie. Hier traf der Komponist auch mit einigen Dichtern zusammen. Gotthold Ephraim Lessing hatte 1774 bis 1777 die „Analogie oder Schutzschrift für die vernünftigen Verehrer Gottes" von Hermann Samuel Reimarus auszugsweise und in bearbeiteter Form in den „Wolfenbütteler Beiträgen" veröffentlicht. Die in diesem anonym erscheinenden aufklärerischen Traktat ausgesprochenen Bedenken gegen eine orthodoxe Auslegung des Evangeliums sowie die Kritiken der christlichen Offenbarungsreligion riefen den Hamburger Hauptpastor Johann Melchior Goeze, übrigens einen der Vorgesetzten Bachs, auf den Plan. Lessing entgegnete scharfzüngig und souverän in seinem bekannten „Anti-Goeze" (1778). Der Aufenthalt Lessings in Hamburg währte nur drei Jahre, doch wird er in dieser Zeit — vom April 1767 bis April 1770 — und auch später noch Bach öfter begegnet sein.[184] Dem Dichter mag die ungezwungene, humorvolle Art des Komponisten gefallen haben, für dessen Witze er den Ausdruck „Nürnberger" prägte.[185] Auch in musikalischen Fragen stützte sich Lessing auf Äußerungen Bachs. In den „Kollektaneen" notierte er: „Bach klagt über den itzigen Verfall der Musik. Er schreibt ihn der komischen Musik zu und sagte mir, daß Galuppi selbst, der einer von den ersten komischen Kompositoren ist ... versichert habe, daß der Geschmack an der komischen Musik sogar die alte gute Musik aus den Kirchen in Italien verdränge ... Eine wesentliche Eigenschaft von der komischen Musik ist, daß sie fast nichts als Allegros hat und die Adagios gänzlich verbannet."[186] Interesse zeigte Lessing auch an der Aufführung von Vokalwerken: „Die Passion vom Metastasio, welche sich

anfängt dove son, dove corri, wird Bach diesen Winter aufführen lassen: nach der Komposition des Jomelli, welcher Kapellmeister in Stuttgart ist."[187] Die Progressivität des Bachschen Kompositionsstils blieb Lessing verschlossen, dessen Ansichten zur Musik kaum über Theorien der Frühaufklärung hinausgingen, in besonderem Maße waren sie aus Scheibes „Critischem Musikus" deduziert.[188]

Hingezogen fühlte sich Bach auch zu anderen Schriftstellern, und deren gab es in Hamburg und Umgebung viele. Zu seinen näheren Bekannten zählten neben Lessing auch Klopstock, Claudius, Gerstenberg sowie die Dichter des „Göttinger

Friedrich Gottlieb Klopstock. Stich von Juel

Hains": Voß, Hölty, Overbeck, Miller und die Brüder von Stolberg. Daß hier Generationsunterschiede zum Vorschein traten und damit zusammenhängend divergierende literarische Haltungen und Handschriften, störte Bach, den Ältesten in diesem Kreise, keineswegs.

Bereits an der Entstehung der „Israeliten in der Wüste" hatte Klopstock Anteil genommen[189] und sich für die Verbreitung dieser Komposition eingesetzt.[190] Bach vertonte einige Gedichte des Messias-Dichters, darunter das „Vaterlandslied" (1773) und „Lyda" (1774). Im Jahre 1783 schuf er die Kantate „Klopstocks Morgengesang am Schöpfungsfeste" (gedruckt 1784).

Häufiger jedoch als Lessing oder Klopstock sind unter den Textdichtern Bachs die Autoren des „Göttinger Hains" zu finden.[191] Offensichtlich entdeckte Bach in den Gedichten so etwas wie die poetische Seite seines eigenen Wesens. Er bevorzugte jene Texte mit ihrem beseelten und ausdrucksstarken Gehalt — Signum des Sturm-und-Drang-Geistes —, weil sie seinen musikalischen Intentionen in besonderer Weise entsprachen. Zahlreiche Briefe geben Auskunft über die schöpferische Zusammenarbeit. Kommt man auf fachliche Fragen zu sprechen, handelt es sich zum Beispiel um Probleme der kompositorischen Textbehandlung, des Strophenbaus, des musikalischen Ausdrucks. Voß berichtet Anfang April 1774 in einem Brief an Brückner: Bach will „gern einen musikalischen Dichter aus mir haben; einige Gedanken, die ich ihm über die gewöhnliche Einrichtung der Singpoesie sagte, gefielen ihm"[192]. In einem anderen Brief Voß' heißt es: „Wir sprachen vieles von der musikalischen Poesie, und er denkt sehr vernünftig darüber."[193]

Die Liedproduktion

Bachs Zusammenwirken mit den Dichtern trug reiche Früchte. Mit drei Sammlungen, „Herrn Doctor Cramers übersetzte Psalmen mit Melodien zum Singen bey dem Claviere" (1774) und „Herrn Christoph Christian Sturms ... Geistliche Gesänge" (1780 und 1781) beeindruckte Bach seine Zeitgenossen ähnlich wie Jahre zuvor mit seinen Gellert-Vertonungen.[194]

Johann Heinrich Voß. Stich von Gottschick

Innerhalb des großen Fundus weltlicher und geistlicher Oden und Lieder von Bach ist die Komposition „Lyda“ eine der schönsten. Sie wurde in einer Zeit geschaffen, in der sich empfindsame Vertonungen bei Bach in auffälliger Weise häuften. Damit kam er den damaligen Lesern der Musenalmanache und den Freunden des Liedes sehr entgegen. Johann Heinrich Voß, der mehrere solcher Almanache herausgab, glaubte sich jedenfalls der Wirkung dieses Liedes sicher zu

sein: „Zu Lyda habe ich nun zwey Kompositionen, die ich beyde drucken muß. Die von Reichardt ist auch schön, und ich würde ihn beleidigen, wenn ich sie wegließe. Aber die von Bach ist unvergleichlich, so tief gedacht, so rührend."[195]
Zusammen mit dem Lied „Die Schlummernde" („Eingewiegt in Nachtigallentönen") von Voß hatte Bach das Klopstocksche Gedicht für den Göttinger Musenalmanach des Jahres 1775 vertont. Ein Brief des Komponisten ist überliefert, worin dieser Voß eine Korrektur des Liedes vorschlägt: „Wenn es noch nicht zu spät ist, liebster Herr Voß, so belieben Sie folgendes in meiner Lyda zu ändern, nehmlich

statt

Das f. u. die Striche müßen weg. Der Ausdruck, *o Lyda,* ist beßer, wenn er sanfter ist."[196] Bach sucht hier also Deklamation und Bedeutung des Wortes in Übereinstimmung zu bringen mit dem musikalischen Ausdruck der ganzen Strophe. Was in der ursprünglichen Fassung und im ersten Moment künstlerischer Inspiration als passend erschien — ein fast heftig zu nennender Ausruf —, erwies sich in bezug auf die lyrische Grundstimmung des Liedes als verfehlt.
Mit derselben Genauigkeit, mit der er dieses Detail behandelt, formt Bach das gesamte Lied. Tonlage, Bewegung, Melodiegestalt, harmonische Mittel werden klug disponiert und bewirken unterschiedlichste Schattierungen des Ausdrucks. Bald gibt sich der Gestus klagend — in den üblichen Sekundvorhalten — und schwärmerisch, bald vehement, bald zärtlich. Wie in der großen Gattung der Sinfonie steht auch hier der

fließende Übergang des Affektes neben dem abrupten Stimmungswechsel. Überdies ist das Lied mit etlichen harmonischen Finessen und überraschenden Wendungen versehen. Man achte auf das jeglicher Homogenität der melodischen Fortschreitung zuwiderlaufende „f" in der Begleitung:

Ein Ausdrucksgegensatz auf so engem Raum wie der folgende stellt ebenfalls eine Eigentümlichkeit der Bachschen Tonsprache dar:

Innerhalb dieses einfachen Strophenliedes hat Bach alle Voraussetzungen geschaffen, der Flexibilität und dem steten Wandel menschlichen Gefühls musikalisch zu entsprechen. Es ist damit zugleich der Zeitpunkt erreicht, wo Bach den Schritt zum durchkomponierten Lied vollzieht.[197] Mit kantatenähnlichen Liedformen war er nicht sonderlich zufrieden, weil in ihnen „die Affecte nicht genug in einander zerfließen"[198]. Bach praktizierte also ein Vertonungsprinzip, das dem Wesen und Ideengehalt zeitgenössischer Lyrik durchaus adäquat war, zumindest noch in den siebziger Jahren.

Zu den Dichtern der jüngeren Generation, die Bachs Bekanntschaft suchten, zählte der seit 1765 in Kopenhagen ansässige Heinrich Wilhelm von Gerstenberg. Von ihm stammte der ungewöhnliche Versuch, der Bachschen c-Moll-Fantasie Texte zu unterlegen. „Ich nehme erstlich an", schrieb Gerstenberg am 5. Dezember 1767 an Nicolai, „daß die Musik ohne Worte nur allgemeine Ideen vorträgt, die aber durch hinzugefügte Worte ihre völlige Bestimmung erhalten; zweytens geht der Versuch nur bey solchen Instrumentsolos an, wo der Ausdruck sehr deutlich und sprechend ist. Nach diesen Grundsätzen habe ich unter einige Bachische Clavierstücke, die also gar nicht für die Singstimme gemacht waren, eine Art von Text gelegt, und Klopstock und Jedermann sagt mir, daß dies die ausdrucksvollsten Singsachen wären, die man hören könnte. Unter die Phantasie z. E. in der sechsten Sonate, die er zur Applikation seines Versuchs etc. componirt hat, lege ich Hamlets Monolog, wie er über Leben und Tod phantasirt, alles in kurzen Sätzen, das Largo ausgenommen, das eine Art von Mittelzustand seiner erschütterten Seele ausmacht."[199] Beide Künstler lernten einander persönlich wohl erstmals im Jahre 1777 kennen, als Gerstenberg in der Hamburger Katharinenkirche Werke des von ihm verehrten Meisters hörte.

Über Gerstenberg erschloß sich Bach der Kopenhagener Künstlerkreis. Mit dem Autor des „Critischen Musikus", Johann Adolph Scheibe, der Jahrzehnte zuvor die bekannte Kontroverse mit Johann Sebastian Bach ausgefochten hatte, stand er schon seit langem im Briefwechsel. Doch auch zu Johann Andreas Cramer und Matthias Claudius, die zeitweise in der dänischen Hauptstadt lebten, hatte er Verbindung. Niels Schiørring nahm bei Bach Unterricht und wurde 1775 Mitglied der königlichen Hofkapelle in Kopenhagen. Dort kam es häufiger zu Aufführungen Bachscher Werke. Die Passionskantate „Die letzten Leiden des Erlösers" habe „das Kopenhagener Publicum sehr gerührt", heißt es in einem Brief Gerstenbergs, und „das Zudrängen desselben bey der siebenmahligen Wiederholung (sei) immer stärker geworden".[200] Auch lieferte Bach einzelne Beiträge für die in Kopenhagen erscheinenden „Kirke-Melodierne til den 1778 udgange Psalmebog".[201]

Johann Heinrich Voß besuchte Bach mehrfach in Hamburg. Seiner Schilderung nach war dieser „ein kurzer dicker Mann, lebhaft, feurigen Auges, besonders gefällig im Umgang"[202]. Bach beteiligte sich — wie schon erwähnt — mit mehreren

Heinrich Wilhelm von Gerstenberg. Stich von Schreyer

Vertonungen an den damals sehr beliebten Göttinger, später Vossischen Musenalmanachen.

Auch Matthias Claudius hatte Zugang zum Bachschen Hause. Menschlich wärmere Kontakte zwischen beiden stellten sich jedoch nicht ein, was wohl auf die verschiedenen Charaktere zurückgeführt werden muß.[203] Nicht ein einziges Gedicht des Herausgebers des „Wandsbecker Boten" vertonte Bach, obwohl dieser des öfteren Werke des Hamburger Komponisten rezensierte. Von den Besuchen des Dichters existieren einige lesenswerte Aufzeichnungen, wie etwa der nachfolgende Dialog, niedergeschrieben in einem Brief Claudius' an Gerstenberg:

„Heute Dienstag Morgens ging ich nun in das Haus, darin er Sonntags ging, und traf ihn im negligé, darin er sprach, aber nicht spielte.

Bach: Verzeihen Sie, daß Sie mich so im negligé treffen.

Claudius: Man findet Virtuosen ordinoir darin.

Bach: Bei Leibe nicht, das sind nicht Virtuosen, das sind liederliche Leute.

Claudius: Ich komme aus Kopenhagen und habe einen Gruß für Sie von H. Past. Resewitz, wenn Sie sich seiner noch erinnern.

Matthias Claudius. Holzschnitt von E. Sachse

Bach: O ja — wie steht es um die Musik in Kopenhagen?

Claudius: Sehr mäßig, Schobert und Ihr Bruder" (Johann Christian Bach — der Verf.) „sind die Lieblingsautors, Sie gefallen nicht sonderlich.

Bach: Darin muß ich mich finden. Schobert ist hier auch bekannt, er ist ein Mann, der Kopfs hat, aber hinter seiner und meines Bruders itziger Komposition ist nichts.

Claudius: Sie fällt gleichwohl gut ins Ohr.

Bach: Sie fällt hinein und füllt es aus, läßt aber das Herz leer, das ist mein Urteil von der neuen Musik, die auch in Italien, wie mir Galuppi gesagt hat, Mode ist, sodaß man gar kein Adagio, lauter räuspernde Allegro, allenfalls ein Andantino zu hören kriegt. Der König von Preußen haßt diese Musik aufs äußerste, sonst findet sie fast allenthalben Beifall und ich habe mich in meinen Sonatinen nur ein wenig zu dem Geschmack herunter gelassen.

Claudius: Sie verhält sich vielleicht zur eigentlichen Musik, wie sich das Witzige zum Pathetischen.

Bach: Der Vergleich ist nicht übel. Die Musik hat höhere Absichten, sie soll nicht das Ohr füllen, sondern das Herz in Bewegung setzen.

(Hier sah ich ihm steif ins Gesicht.)

Claudius: Sie haben einige Piecen gesetzt, darin (Charaktere) ausgedrückt sind. Haben Sie die Arbeit nicht fortgesetzt?

Bach: Nein, die Stücke habe ich gelegentlich gemacht und vergessen.

Claudius: Es ist doch gleichwohl ein neuer Weg.

Bach: Aber nur ein kleiner, man kanns näher haben, wenn man Worte dazu nimmt.“[204]

So groß die Begeisterung der jungen Dichtergeneration zunächst für Bach war, seit den achtziger Jahren ließ sie spürbar nach. Selbst Voß, der ihm bislang die größte Anhänglichkeit bewahrt und die meisten Liedtexte geliefert hatte, sah sich nach einem anderen Komponisten um. Er fand ihn in Johann Abraham Peter Schulz, der, selbst Bach hohe Wertschätzung zollend,[205] in seinen Liedern ein neues Musikideal vertrat und eine Vertonung anstrebte, „deren Fortschreitung sich nie über den Gang des Textes erhebt, noch unter ihm sinkt, die wie ein Kleid dem Körper, sich der Declamation und dem Metro der Worte anschmiegt“[206]. Die volkstümliche Lieddichtung, die in starkem Maße mit den Bemühungen Herders und Reichardts verknüpft war, begann sich durchzusetzen. Der neue „Volkston“ wurde aus einer anderen Quelle gespeist: dem Volkslied. Bach hat diese Entwicklung nicht mehr mitvollzogen.

Die Sammlungen „für Kenner und Liebhaber“

Zwischen 1779 und 1787 veröffentlichte Carl Philipp Emanuel Bach einen großangelegten Zyklus von Klavierwerken: „Sechs Clavier-Sonaten für Kenner und Liebhaber“ (1779), „Clavier-

CLAVIER-SONATEN

UND

FREYE FANTASIEN

NEBST

EINIGEN RONDOS FÜRS FORTEPIANO

FÜR

KENNER UND LIEBHABER,

COMPONIRT

VON

CARL PHILIPP EMANUEL BACH.

VIERTE SAMMLUNG.

LEIPZIG,

IM VERLAGE DES AUTORS

1783.

Titelseite der vierten Sammlung von Sonaten, Rondos und Fantasien „für Kenner und Liebhaber", Wq 58

Sonaten nebst einigen Rondos fürs Fortepiano, für Kenner und Liebhaber", 2. und 3. Sammlung (1780 und 1781), „Clavier-Sonaten und freye Fantasien, nebst einigen Rondos fürs Fortepiano für Kenner und Liebhaber", 4., 5. und 6. Sammlung (1783, 1785 und 1787). Überblickt man die siebenunddreißig Sonaten, Fantasien und Rondos dieser Sammlungen, so bietet sich dem Betrachter eine unübersehbare Fülle von formalen Lösungen und musikalischer Ausdruckskunst. Die primär auf Expressivität der Aussage gerichtete Art Bachschen Komponierens läßt ihn von vornherein „gegen die klassizistische Stilisierungstendenz, gegen alle einschränkende Typenbildung" eingenommen sein.[207] Da gibt es Sonaten unterschiedlichster Dimension und Architektur. Manche von ihnen sind zur Zwei-, ja Einsätzigkeit zusammengeschmolzen. Zwar überwiegen metrisch freie Fantasien in dieser Sammlung, es finden sich aber auch solche mit einem streng taktgebundenen Verlauf. Der technische Schwierigkeitsgrad einiger Rondos rückt diese in die Nähe der Fantasien und stellt ihre spielerische Bewältigung durch den Musikliebhaber in Frage.

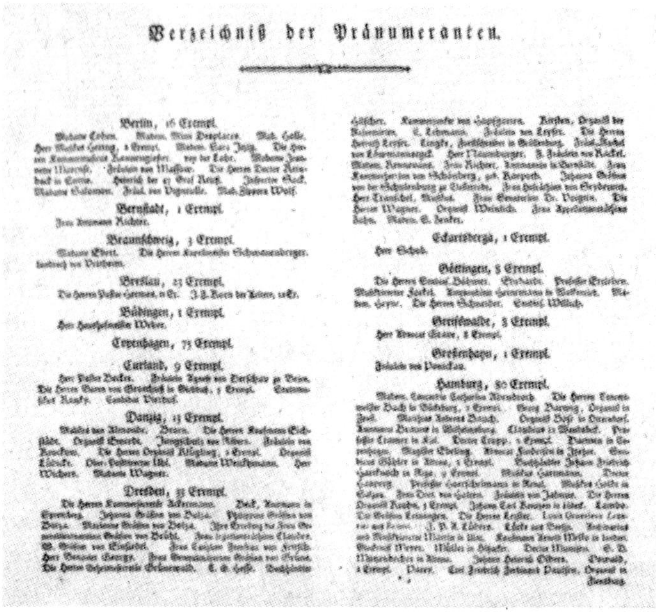
Verzeichniß der Pränumeranten.

Berlin, 16 Exempl.

Bernstadt, 1 Exempl.

Braunschweig, 3 Exempl.

Breslau, 23 Exempl.

Büdingen, 1 Exempl.

Copenhagen, 75 Exempl.

Curland, 9 Exempl.

Danzig, 13 Exempl.

Dresden, 33 Exempl.

Eckartsberga, 1 Exempl.

Göttingen, 8 Exempl.

Greifswalde, 3 Exempl.

Greifenhagen, 1 Exempl.

Hamburg, 80 Exempl.

Pränumerantenverzeichnis der vierten Sammlung von Sonaten, Rondos und Fantasien „für Kenner und Liebhaber", Wq 58

Die kompositorischen Mittel erscheinen verfeinert und in mancher Hinsicht, was beispielsweise die Erzielung von differenzierten Klangwirkungen betrifft, geradezu neuartig. Hier präsentiert sich ein moderner Klavierstil mit fein durchgearbeitetem Satzgewebe. Sequenzierungen und musikalische Tautologien sind auf ein Minimum reduziert.
Bachs „Phantasie lebt und webt so sehr im spezifischen Klavierklang, daß ebendieser Klang alles an sich reißt und erschöpft, was nach der Idee des Komponisten in Tönen zu sagen ist"[208]. Aussage und Ausdruck sprechen die Sprache des reifen Künstlers. Ernst wechselt mit heiterem Ton. Humor verbindet sich mit ironischem Zungenschlag. Leidenschaftlichkeit wird bis zur Ekstase gesteigert und fällt in besänftigendes, verinnerlichtes Deklamieren zurück. Vielen Sätzen ist das Signum einer Werkindividualität aufgeprägt.
Verglichen mit den anderen Fantasien scheint die in C-Dur aus der sechsten Sammlung in ihrer formalen Anlage konventio-

nell. Die Taktstrichsetzung ist konsequent beibehalten. Der Binnenverlauf untergliedert sich in deutlich voneinander abgesetzte, aber dennoch miteinander verwobene Teilabschnitte: Presto di molto — Andante — Presto di molto — Larghetto sostenuto — Presto di molto. Bach verzichtet auf so typische Elemente der Fantasie wie rauschende Arpeggien und ausgedehntes Laufwerk. Man mag an eine frühe Komposition denken. Doch trügt das Bild. Hier handelt es sich um ein typisches Spätwerk, meisterhaft in seiner Kompositionstechnik, tiefgründig in seinem Gehalt. Diese Fantasie birgt Ausdrucksgegensätze in sich, wie man sie sich bei Bach stärker nicht vorstellen kann. Das Wort vom „ernsten Humoristen“[209], wie es Reichardt gegenüber Bach gebraucht hat, trifft Wesen und Charakter der Fantasie.

Das Hauptthema ist so recht geeignet, die Dimension des musikalischen Spaßes in ihren mannigfachen Spielarten auszukosten:

In allen drei Prestoteilen dominiert es, knüpft es einen Einfall an den anderen. Im einleitenden ersten Abschnitt, einer Quasi-Exposition, ist dieser Spaß noch gezügelt. Das Hauptthema unternimmt mehrfach den Versuch, eine Entwicklung anzukurbeln, bricht aber über kurz oder lang ab, bleibt gleichsam „in der Luft hängen“. An einer solchen Stelle beträgt der Abstand zwischen dem tiefsten und höchsten Ton fünf Oktaven, was dem Tonumfang des damaligen Hammerklaviers entspricht:

Humorvoll wie der ganze bisherige Verlauf endet auch dieses erste Presto: Polternd, gleichsam sich selbst bekräftigend, setzt das Anfangsmotiv einen energischen Schlußpunkt. Doch liegt in dieser Wendung zugleich etwas Treibendes, denn ihre harmonische Funktion steht eindeutig in dominantischer Beziehung zum neuen Abschnitt. Die dazwischenliegende Pause, wie so oft bei Bach originelles Kunstmittel, bedeutet Trennung und Überleitung zugleich, mehr noch, sie erhöht die Erwartungshaltung in Hinblick auf Kommendes. Das Umschlagen in eine andere, entgegengesetzte Stimmung ist derartig gravierend, daß man sich fragen muß, ob Bach hier nicht psychologische Bedingungen des musikalischen Hörens außer acht gelassen hat. Wie kann man auf so engem Raum den gerade humorvoll gestimmten Hörer mit dem Ausdruck der Klage konfrontieren? Die Ursachen sind in der künstlerischen wie psychischen Wesensart Bachs zu suchen. Auch in Reichardts Formulierung vom „ernsten Humoristen" deutet sich diese Eigentümlichkeit an. Genaugenommen wird hier ein Element Bachscher Improvisationskunst sichtbar: Der Komponist läßt sich von seinen augenblicklichen Stimmungen leiten, lebt im ständigen Spannungsfeld von vehementem, leidenschaftlichen Ausdruck und Verinnerlichung.

Das Andante mit seiner „clavichordhaften Gesanglichkeit"[210] ist ohne die Vorstellung vom „singend denkenden" Komponisten nicht verständlich. Nägeli spricht treffend von „feingezogenen, schöngeschlängelten … Lineamente(n) einer ausdrucksvollen Physiognomie, deren Züge sich augenblicklich ändern …"[211]

Der weit abgesteckte Modulationsplan führt von Es-Dur bis E-Dur. Abermals wechselt der Ausdruck. Das Anfangsmotiv eröffnet mit einigen übermütigen Eskapaden den zweiten Prestoteil und überläßt schließlich dem vollständigen Hauptthema den Platz. Dieses erprobt seine Gestalt in den verschiedensten Tonarten und -lagen. Ausgelassenem, burschikosem Spiel folgt ein weiteres Mal ernste Empfindung, ein fast beethovensches Larghetto sostenuto:[212]

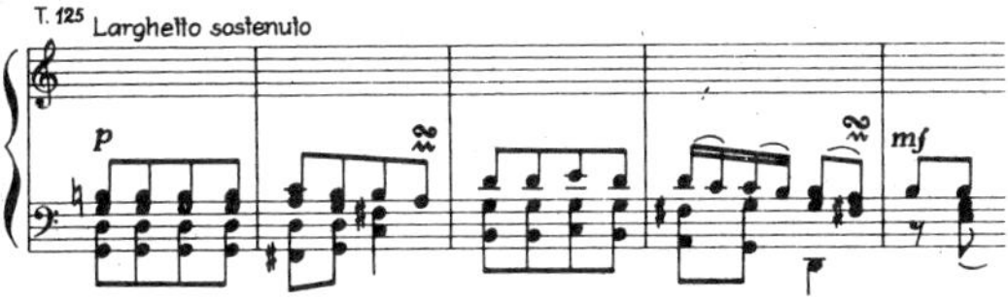

Was Bach im Verlauf dieses Abschnitts an klanglichen Wirkungen erzielt, kann sich durchaus mit Klavierwerken Haydns und Beethovens messen. Beginnend in der tiefen Klangregion, schreitet er über die mittlere zur hohen fort und nuanciert dabei ständig den Ausdruck. Der akkordische Satz, im Gestus dem Andante ähnlich, strahlt Ruhe aus, bleibt von jenen fahrigen Zügen des Hauptthemas unberührt. In der Fachliteratur hat dieses Larghetto sostenuto verschiedene Deutungen erfahren: Heinrich Jalowetz hebt das auf Beethoven übergegangene Bauprinzip der „Variation mittels durchgehender Änderung der Harmonie unter Beibehaltung der Oberstimme" hervor und sieht hierin eine neue Variationsform.[213] Auf den Liedcharakter des Themas selbst weist Gudrun Busch hin. Für sie ist es „fast eine Vorahnung Schuberts"[214].
Bald verläßt Bach die gefestigten Bahnen der G-Dur-Tonalität und strebt entfernteren Tonarten zu. Verminderte Akkorde häufen sich, Tonrepetitionen verleihen dem Abschnitt Eindringlichkeit. Die Schlußtakte werden durch einen in Arpeggien aufgelösten aufsteigenden und in einer Fermate

begrenzten verminderten Septimenakkord ausgefüllt. Wie soll es weitergehen? Die Antwort gibt das Prestothema, das sofort Oberhand gewinnt. Ohne Umschweife erfolgt die Rückführung nach C-Dur. Die eigentliche Reprise beginnt. Auch hier versiegt der Bachsche Humor nicht. Die Finalwirkung wird durch harmoniefremde Töne und trugschlußähnliche Wendungen hinausgezögert, so durch das prononcierte „f" im Takt 188

oder das a-Moll in Takt 211:

Bachs im Titel der sechs Sammlungen angedeutete Absicht, mit seinen Sonaten, Fantasien und Rondos gleicherweise den „Kenner" und „Liebhaber" zu erreichen, kam sicher einer geschickten verlegerischen Manipulation gleich, nämlich nicht durch Einschränkungen des Adressatenkreises von vornherein den Verkauf der Werke zu beeinträchtigen. Daß mit dem Begriffspaar „Kenner" und „Liebhaber" ein hinsichtlich seiner Rezeptionsbedürfnisse und Hörerwartungen sehr heterogenes Publikum näher klassifiziert wurde, wußte Bach selbstverständlich, und er hatte diesem Umstand als Komponist Rechnung zu tragen. — Anknüpfend an die Begriffe „connoisseur" und „amateur" der französischen Kunsttheorie (Crousaz 1715, Dubos 1719) wurden mit ihrer deutschen Entsprechung „Kenner" und „Liebhaber" seit der Mitte des 18. Jahrhunderts im musikästhetischen Schrifttum einerseits ein gebildet-rationaler und zum anderen ein ungebildet-

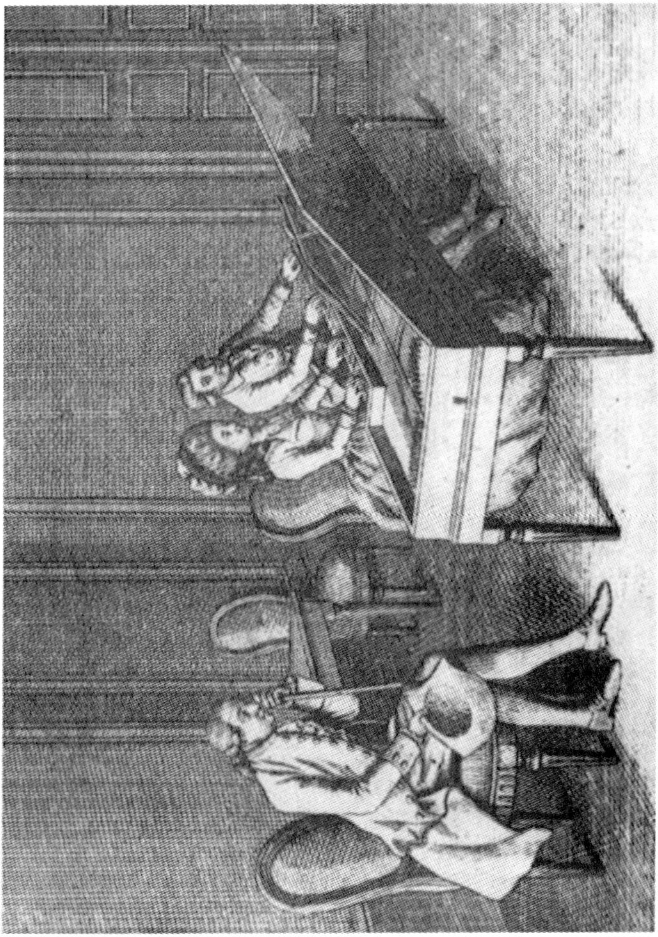

Vierhändiges Klavierspiel. Titelkupfer von J. A. Rosmaesler zu F. Seydelmanns „Sechs Sonaten für zwo Personen auf einem Clavier", 1781

emotionaler Hörtypus bezeichnet.[215] In beiden Kategorien artikulieren sich unterschiedliche Ansprüche des Rezipienten an Musik: „Schätzt der Kenner am musikalischen Werk kompositorische Qualitäten, die mit Ausarbeitung und Gelehrsamkeit (Quantz), Kunst, Erfindung und Gründlichkeit

(Hiller) sowie Ordnung, Plan und Zusammenhang (Forkel) umschrieben und unter dem Generalbegriff der intellektuellen Schönheit zusammengefaßt werden ..., so bevorzugt der Liebhaber, der nach Forkel (Theorie der Musik, Göttingen 1777, 33) ‚die blosse Melodie zum Ausdruck aller möglichen Empfindungen und Regungen (des) Herzens‘ für ausreichend hält, Kompositionen, die mit dem wirkungsästhetisch orientierten Begriffsfeld ‚angenehm, begreiflich, brillant, gefällig, munter‘ charakterisiert werden."[216] Dabei wird letztere Form musikalischer Rezeption keineswegs als minderwertig angesehen. Christian Gottfried Krause beispielsweise erhebt die Liebhaber über die Kenner zu Kunstrichtern, weil diese durchaus einen guten Geschmack haben können, „aber weder von den Regeln der Harmonie viel wissen, noch sonst durch Vorurtheile eingenommen sind"[217].

Der Erfolg der Bachschen Sammlungen war zunächst außerordentlich groß. Der Komponist hatte eine breit angelegte Werbekampagne entfacht.[218] Einflußreiche Zeitungen und Zeitschriften wie der „Hamburgische unpartheyische Correspondent", Reichardts „Musikalisches Kunstmagazin", Cramers „Magazin der Musik" und verschiedene Almanache widmeten dem Unternehmen in ausnehmend wohlwollenden Tönen längere Passagen. Reichardt fand die f-Moll-Sonate aus der dritten Sammlung unübertroffen: „Mir ists noch immer, als sey sie selbst Bachs vortreflichste Sonate: redender, singender, durch jede Anwendung des Genies und der Kunst hinreißender kann ich mir nichts denken."[219] Das „Magazin der Musik" (1786) kündete das Erscheinen der fünften Sammlung mit folgenden Worten an: „Das musikalische Genie unsers vortreflichen Bachs scheint in der That unerschöpflich zu seyn. Man mag seine Sonaten, Rondo's oder Fantasien, so wie er sie nach und nach herausgegeben, ansehen, und unter sich vergleichen, wie man will, man wird immer finden, daß jedes Stück gleichsam von ganz neuer Erfindung sey, und seine eigene Originalität habe, obgleich in allen der Bachsche Geist unverkennbar ist, so daß man diesen Componisten im eigentlichen Verstande den unvergleichlichen nennen kann."[220] Für die erste Sammlung gewann Bach fünfhundertneunzehn Pränumeranten mit etwa sechshundert Exemplaren.[221]

Trotz dieses günstigen Starts ließ das Interesse bald nach. Mit zweihundertachtundachtzig pränumerierten Exemplaren erreichte die sechste Sammlung den niedrigsten Stand. Dabei sparte Bach auch hier nicht mit „Zucker“ fürs Publikum,[222] indem er in die Sammlungen Rondos einfügte.[223] Der Rezensent im „Magazin der Musik“, Carl Friedrich Cramer, zeigte sich verstimmt: Bach habe sich „zu der Gattung der jezt so beliebten, und bis zum Ekel in allen Claviercompositionen vorkommenden Gattung des Rondo herabgelassen“[224]. Doch wenn Cramer damit einen Qualitätsverlust meint, irrt er. Die meisten Rondos, namentlich das in a-Moll aus der zweiten und das in Es-Dur aus der sechsten Sammlung, zählen zu den originellsten Klavierwerken Bachs. Bitter druckt eine längere Passage aus dem a-Moll-Rondo wegen der darin enthaltenen gewagten Modulationen ab:

Modemusik trivialer Art ist dies gewiß nicht. Grund genug für viele Käufer, nicht ein weiteres Mal auf diese Sammlungen zu abonnieren. Es fehlte auch nicht der bekannte Vorwurf der „Bizarrerie“. Hatte Bach, als er sich entschied, in die vierte und die weiteren Sammlungen Fantasien aufzunehmen, wieder und in erster Linie den „Kenner“ im Auge? Im Jahre 1775 hatte er das Komponieren von Fantasien als wenig einträglich bezeichnet: „Man will jetzt von mir 6 oder 7 Fantasien haben, wie das achtzehnte Probestück aus dem c-moll ist; ich läugne nicht, dass ich in diesem Fache gern etwas thun möchte, vielleicht wäre ich auch nicht ganz und gar ungeschickt dazu, überdem habe ich einen Haufen Collectanea dazu, welche, wenn ich Zeit hätte, sie in Ordnung zu bringen und sie allenfalls zu vermehren, besonders was den Gebrauch aller dreyer Generum betrifft, zu der Abhandlung von der freyen Fantasie

meines zweyten Versuchs gehören: allein, wie viele sind deren, die dergleichen lieben, verstehen und gut spielen?"[225]
Es leuchtet ein, daß Bach auf eine so spezifische und für sein Schaffen so wichtige musikalische Gattung wie die Fantasie in diesem Meisterwerk nicht verzichten wollte. Den „Kennern" kam er damit in jedem Falle entgegen. Burney bestellte größere Posten, Dušek in Prag gleichfalls. Baron van Swieten bezog von jeder Sammlung zwölf Exemplare, Artaria fast ebensoviele.[226] Letzteres festzustellen ist besonders deshalb wichtig, weil über beide Pränumeranten die Wiener Klassiker möglicherweise mit Bachs Sammlungen bekannt wurden. Haydn bat jedenfalls in einem Brief vom 16. Februar 1788 an Artaria um die Übersendung „der letzten 2 Werke für das Clavier von C. P. Emanuel Bach"[227] und meinte damit offensichtlich die fünfte und sechste Sammlung „für Kenner und Liebhaber". War auch Neefe im Besitz solcher Kompositionen, die er auszugsweise hätte im Unterricht des jungen Beethoven verwenden können?[228] Entdecken konnte man in diesen Stücken sehr vieles, in erster Linie aber eine Tonsprache, die „durch ihre Verfeinerung und Durchsichtigkeit" besticht, die „abgeklärt ist, ohne daß dabei die ursprüngliche Temperamentenhaftigkeit verlorengegangen wäre".[229]

Meister der Improvisation

Bachs Neigung, in Fantasien und Rondos das „hurtig Ueberraschende von einem Affeckte zum andern" auszudrükken,[230] äußert sich auch in einem anderen Bereich seines künstlerischen Wirkens: der Improvisation. „Wer dem Herrn Capellmeister auf dem Fortepiano fantasiren gehört hat", lesen wir im vierten Jahrgang des „Magazins der Musik" (1786), „und nur etwas Kenner ist, wird gerne gestehen, daß man sich kaum etwas Vollkommeners in dieser Art denken könne. Die größten Virtuosen, welche hier in Hamburg gewesen, und neben ihm standen, wenn er grade in seiner Laune war, und ihnen so vorfantasirte, erstaunten über die Einfälle, Uebergänge, kühne, nie gehörte und doch satzrichtige Ausweichungen, mit einem Worte, über die großen Reichthümer und Schätze der Harmonie, die ihnen Bach darlegte, und davon ihnen selbst viele noch unbekannt gewesen, rieben sich die

Der Maler A. Stöttrup zeichnet im Jahre 1784 C. Ph. E. Bach, Pastor Sturm und sich selbst

Stirne und bedauerten — — daß sie nicht auch solche Kenntnisse besäßen."[231]

Bach hatte einige gute Instrumente. Im Nachlaßverzeichnis werden zwei Clavichorde genannt, das eine von Christian Ernst Friederici, das andere von Heinrich Wilhelm Jungcurth, einem Hamburger Instrumentenbauer. 1781 hatte Bach ein Clavichord, das vermutlich aus der Werkstatt Gottfried Silbermanns stammte, offensichtlich schweren Herzens dem kurländischen Baron Dietrich Ewald von Grotthuß verkauft, denn das aus diesem Anlaß geschriebene Rondo „Abschied von mei-

nem Silbermannischen Claviere“ gibt sich recht wehmutsvoll.[232]
In Bachs Besitz befanden sich weiter „ein fünf Octäviger Flügel von Nußbaum Holz, schön und stark von Ton“ und „ein Fortepiano oder Clavecin Roial vom alten Friederici, von Eichenholz und schönem Ton“.[233] Folgende Passage in einem Brief an Forkel vom 10. November 1773 verdeutlicht, wie sehr Bach auch mit der Konstruktion des jeweiligen Instrumentes vertraut war: „Die Fridericischen Clavicorde haben bey mir einen grösseren Vorzug vor den Fritzischen und Hassischen wegen des Tractaments und wegen des Basses ohne Octave, welche ich nicht leiden kann.“[234]

Obwohl die Hammerklaviere in den siebziger Jahren bereits gut durchgearbeitet waren und allmählich zum führenden Tasteninstrument avancierten, bevorzugte Bach auch in seiner späteren Hamburger Zeit sowohl zur Komposition wie zum Improvisieren das Clavichord. Daß der Bachsche Vortrag gerade auf diesem Instrument erstaunliche Wirkungen hervorbrachte, ist durch zahlreiche zeitgenössische Schilderungen belegt. In der großen Linie wie im unscheinbaren Detail herrscht bei genauester Artikulation und feinsten dynamischen Abstufungen ausdrucksvolles Spiel. Burney berichtet: „Wenn er in langsamen und pathetischen Sätzen eine lange Note auszudrücken hat, weiß er mit grosser Kunst einen beweglichen Ton des Schmerzens und der Klagen aus seinem Instrumente zu ziehen, der nur auf dem Clavichord, und vielleicht nur allein ihm, möglich ist hervorzubringen.“[235]

Ähnliche Beobachtungen teilt Reichardt mit: „H(err) B(ach) spielt Dir nicht nur ein recht langsames, sangbares Adagio mit dem allerrührendesten Ausdrucke, zur Beschämung vieler Instrumentalisten, die auf ihrem Instrumente mit weit weniger Mühe der Singstimme nahe kommen könnten; er hält Dir auch in diesem langsamen Satze eine sechsachtellange Note mit allen verschiedenen Graden der Stärke und Schwäche aus, und das sowohl im Baß als Discant.

Dieses ist aber auch wohl nur allein auf seinem sehr schönen Silbermannischen Claviere möglich, für welches er sich auch besonders einige Sonaten geschrieben, in welchen das lange Aushalten eines Tones nur vorkömmt.

Eben so ist es mit der ausserordentlichen Stärke beschaffen, die H. B. zuweilen einer Stelle giebt: es ist das höchste fortissime: ein anderes Clavier würde in Stücken darüber gehen; und eben so mit dem allerfeinsten pianissime, welches ein anderes Clavier gar nicht anspricht."[236]

Eine solche Art, Klavierwerke zu interpretieren, setzte die Zeitgenossen in Erstaunen, um wie vieles mehr mußte sie die Bachsche Improvisationskunst, die manche Komposition an Ursprünglichkeit des Ausdrucks übertraf, begeistern. Vor allem deswegen wurde Bachs Haus zum Anziehungspunkt für zahlreiche Besucher, so auch für Burney und Reichardt. Während des Spiels „gerieth er", so berichtete Burney, „dergestalt in Feuer und wahre Begeistrung, daß er nicht nur spielte, sondern die Miene eines ausser sich Entzückten bekam. Seine Augen stunden unbeweglich, seine Unterlippe senkte sich nieder und seine Seele schien sich um ihren Gefährten nicht weiter zu bekümmern, als nur so weit er ihr zur Befriedigung ihrer Leidenschaft behülflich war. Er sagte hernach, wenn er auf diese Weise öfter in Arbeit gesetzt würde, so würde er wieder jung werden."[237]

Und man ziehe vergleichsweise die Äußerungen Reichardts hinzu: „Ich habe Dir noch nichts von den vortreflichen Phantasien dieses Meisters gesagt. Seine ganze Seele ist dabey in Arbeit, welches die völlige Ruhe, und fast sollte man sagen, Leblosigkeit seines Körpers sattsam anzeiget. Denn die Stellung und Geberde, die er annimmt, indem er anfängt, behält er bey stundenlangen Phantasien unbeweglich bey. Hier zeigt er erst recht deutlich die grosse Kenntniß der Harmonie, und den unermeßlichen Reichthum an seltnen und ungewöhnlichen Wendungen, die ihn zum größten Originalgenie bestimmen."[238]

Was nun die psychische Disposition des Improvisierenden anbelangt, so charakterisieren Reichardt und Burney übereinstimmend Bach als einen sich ganz in die Musik versenkenden Spieler, der, gleichsam in einem trancehaften Zustand entrückt (Burney: „die Miene eines ausser sich Entzückten"), einen beseelten, mitunter Stunden dauernden Vortrag anstimmt. Auch in dieser Praxis ist das Geniebild präsent. Hier konnte sich die Individualität des Komponisten vergegenständlichen. Hier war das Spiel der Leidenschaften durch nichts eingeschränkt. Hier gab es keine technischen und gattungsspezifischen Grenzen, auf die Bach des Liebhabers wegen hätte Rücksicht nehmen müssen. Und hier konnte der Interpret alle Register klavieristischer Kunstfertigkeit ziehen:

Skalen, Arpeggien, Akkordreihungen, Verzierungen, rhythmisch-melodische Finessen und anderes mehr bewirken eine farbenreiche musikalische Szenerie.

Vorteile, die sich aus der rationalen Durchorganisation sowie planvollen Ausgestaltung des kompositorischen Details und der Architektur eines Werkes ergeben, werden durch Unmittelbarkeit des Ausdrucks und größere Freiheit des musikalischen Denkens in der Improvisation wettgemacht. Insbesondere seine harmonische Sprache, die kühnen Akkordkonstellationen, modulatorischen Verkettungen und Lösungen, galt als unerreichbar. Trotz überschwenglicher Phantasie waren seine Improvisationen nie verworren, wie es auch durch die eingangs mitgeteilte Aussage Cramers bestätigt wird. Zwar fiel der Zwang in Regeln zu denken zumindest in Hinblick auf eine „durchgehende Ungebundenheit der Gestaltung“ weg,[239] nicht aber das Befolgen einer generellen musikalischen Logik. So hat Bach mehr als einmal ausgesprochen, daß für jegliche Art von Fantasien die genaue Kenntnis der Harmoniefunktionen wie auch der unterschiedlichen Vortragsprobleme unabdingbar sei.[240]

Bachs Improvisationskunst wurde als wegweisend empfunden. Fortgeschrittenste Musikanschauung konnte sich an einer solchen Praxis artikulieren. Die Affektenlehre und die durch sie postulierte These vom herrschenden Hauptaffekt zeigten sich angesichts des hier erreichten Grades der Dynamisierung und Auffächerung des Ausdrucks als unzulänglich. Neue Gedanken spricht Cramer aus. Obwohl sich diese auf die zwei Fantasien der vierten Sammlung „für Kenner und Liebhaber“ beziehen, erklären sie doch ansatzweise die Spezifik der Improvisation: „Wer also nur nicht mit Rousseau ausschließend das Wesen und die ganze Kraft der Music in Nachahmung und Leidenschaft sezt, wer nicht gegen die Instrumentalmusic insbesondre, so bald sie nicht mahlt, gefühllos ist, und auch solchen Folgen von Tönen, denen keine genaubestimmbaren Empfindungen oder Ideen entsprechen, und die auch sogar bisweilen für das Ohr keinen entschiedenen Reiz haben, demohngeachtet aus andern Gründen Werth zugestehen kann, dem wird eine solche Sammlung von momentaneen Einfällen, Gedanken, Capriccio's, kurz solche freye Ausbrüche der musicalischen Dichterwut ... sicher die unterhaltendste Geistesbeschäftigung verleihen, und das um so viel mehr, je mehr er mit den geheimern Regeln der Kunst vertraut geworden, und je tiefer er in das Heiligthum derselben gedrungen ist. Denn für den Denker eröfnen sich hier bey jedem Schritte die mannigfaltigsten Aussichten. Das Neue so vieler oft ganz heterogenen, aber doch immer mit harmonischer Richtigkeit und Kunst zusammengewebter Gedanken, ihr Unerwartetes, und weil gar kein Thema angenommen wird, das das Gedächtniß des Hörers auf Zukünftiges vorbereitet, immerdar Ueberraschendes; die Kühnheit der Modulationen, der Abschweifungen und Wiedereinlenkung, die Unerschöpflichkeit an Gängen und Wendungen, die Mannigfaltigkeit der einzelnen Figuren, aus denen das Ganze zusammengesezt ist, und denn das Brilliante im Spiele der Hand, das auch für den Unerfahrensten wenigstens das Vergnügen des Anstaunens überwundner Schwierigkeiten mit sich führt: alles dieß sind große und wichtige Seiten, von dem man solche Werke der Kunst, solche Studia ansehen, und in Rücksicht auf welche ein Mann wie Bach, auf diese auch nur von wenigen genossene, und von wenigen genießbare Werke einen nicht geringen Theil seines Ruhms gründen kann."[241]

Zwar kündet sich hier bereits die Irrationalität frühromantischer Musikanschauungen an, wie sie sich anderthalb Jahrzehnte später in Wackenroders „Herzensergießungen eines kunstliebenden Klosterbruders" (1797) niederschlägt im ganzen wird aber eine solche Auffassung dem Spezifischen instrumentaler Musik und damit auch der Improvisation in sehr viel stärkerem Maße gerecht als die ältere Affektentheorie. Hinzu kommt, daß in Bachs Improvisationen selbst so etwas wie ein romantisches Idiom gelegen haben muß. Der Wechsel von unterschiedlichsten Stimmungsbildern, oftmals auf engstem Raum, und damit verbunden das Fehlen einer ausgewogenen formalen Disposition und straffen architektonischen Gliederung weisen jedenfalls in die Richtung späterer Charakterstücke und mehrteiliger rhapsodischer Genres.

Die vier „Orchester-Sinfonien mit zwölf obligaten Stimmen"

Die Entstehung eines zweiten Komplexes sinfonischer Werke fällt in die Hamburger Schaffenszeit. „Ich habe vorm Jahre 4 große Orchester Sinfonien von 12 obligaten Stimmen ge-

macht", schreibt Bach am 30. November 1778 an seinen Leipziger Verleger Breitkopf: „Es ist das größte in der Art, was ich gemacht habe. Weiter etwas davon zu sagen, leidet meine Bescheidenheit nicht."[242] Bach sieht folgende Besetzung vor: zwei Hörner, zwei Flöten, zwei Oboen, Fagott, Violinen I und II, Bratschen, Violoncello, Kontrabaß und Cembalo.
Diese Werke, neben der e-Moll-Sinfonie (1755) die einzigen Sinfonien, die zu Lebzeiten des Komponisten in Stimmen gedruckt wurden, sind im Charakter den sechs „Streichersinfonien" vergleichbar: unbändig in der Tonsprache, von einer sinfonischen Verve, die kaum ein Ausruhen kennt und permanent mit „Betrügereyen" und anderen Überraschungseffekten aufwartet. Das alles weist in die Nähe zur Ausdruckssphäre des Sturm und Drang. Durch die Erweiterung des Orchesterapparates um „obligate" Instrumente — an einer Hamburger Aufführung der Sinfonien im August 1776 waren vierzig Musiker beteiligt[243] — kommt es auch zu einigen wesentlichen technischen Neuerungen.[244] Die Behandlung der Bläser beschränkt sich nicht mehr wie in den Berliner Werken nur auf Klangverstärkung, sie wird weiter differenziert. Vor allem die Flöten nähern sich den Streichern an melodischer Eigenständigkeit. Originelle Stimmenkombinationen und klangliche Kontraste bestimmen das Bild. In den Takten 60 bis 65 des ersten Satzes der Es-Dur-Sinfonie, Wq 183,2, überrascht zum Beispiel eine schöne, linear geführte Passage von Flöte, Oboe, Fagott und Violoncello:

Jedoch auch Züge der Concerto-grosso-Technik sind bisweilen noch anzutreffen. In den Einleitungssatz der ersten Sinfonie, Wq 183,1, werden Concertinoteile eingefügt; zwei Oboen und das Fagott stimmen ein Trio an. Selbst in der Baßfortschreitung erinnert manches an die frühere Konzertpraxis. Solche Reminiszenzen paaren sich mit vielen neuartigen technischen Details und Mitteln.
Tonartenkontraste und damit verbunden Ausdrucksgegensätze, wie sie in der ersten Sinfonie herrschen, sind selbst bei Bach selten anzutreffen. Der Typus des Individualthemas erfährt weitere Ausprägungen. Man gewinnt bisweilen den Eindruck, als ob sich Bach für jedes Hauptthema (selbstverständlich mit dem Blick auf das sinfonische Ganze) eine besondere kompositorische Aufgabe gestellt habe. Wie soll das Hauptthema der D-Dur-Sinfonie anders verstanden werden denn als Experiment rhythmisch-metrischer Beschleunigung und Verdichtung:

Doch damit noch nicht genug: Dieses Thema wird auf zwei verschiedenen Akkorden — h-Moll und G-Dur — weitergeführt, dabei bis zum Fortissimo gesteigert, um augenblicklich darauf, wie so oft bei Bach, ins Piano zurückzufallen. In den zum Teil sehr verkürzten Mittelsätzen kann sich empfindsamer Ausdruck entfalten. Die Finalsätze der ersten und vierten Sinfonie gemahnen mit ihrer freundlich-unbeschwerten Stimmung an manchen heiteren Kehraus klassischer Sinfonien, wie das folgende Notenbeispiel aus Wq 183,4 zeigen mag:

„Bilden die vier Orchester-Sinfonien in der individuellen Entwicklung Philipp Emanuel Bachs als Sinfoniekomponist den Höhepunkt und Abschluß, so wird der heutige Hörer sie weit eher als Zeugnisse eines Anfangs, des Werdens einer neuen musikalischen Sprache empfinden, als auf dem Wege zur Sinfonie der Klassik. Wir begegnen Klängen, Ausdrucks- und Gestaltungsmitteln, die der neuen Zeit gehören, wir spüren aber auch die Fäden, die die Werke mit dem Stil der Vergangenheit verbinden.“[245]

Letzte Lebensjahre und Werke

So standen auch die letzten Lebensjahre Bachs im Zeichen intensiver kompositorischer Arbeit und häufigen Improvisierens auf dem Clavichord. Andere künstlerische Tätigkeiten hatte er entweder gänzlich aufgegeben oder aber doch in starkem Maße eingeschränkt. Im Jahrgang 1784 des „Magazins der Musik“ findet sich der Hinweis, daß Bach von der Veranstaltung und Leitung eigener Konzerte seit längerem zurückgetreten sei.[246]

Dies ist insofern aufschlußreich, als es sowohl Bachs Position im Hamburger Musikleben der achtziger Jahre wie auch die allgemeine Situation beleuchtet. Der Typus des Virtuosenkonzertes mit stärkerer Einbeziehung italienischer, süddeutscher und österreichischer Komponisten setzte sich auch im Norden durch. Aktualität der Programme, genaue Durchorganisation der Konzertpraxis, von der behördlichen Genehmigung über die Pressearbeit bis hin zum Aufbau eines Abonnentenkreises und so weiter — dies alles hätte Bach auf die Dauer nicht bewältigen können; dazu bedurfte es eines professionellen Konzertunternehmens. Ein solches lag in Hamburg in den Händen Johann Christoph Westphals, der einer der größten musikalischen Niederlassungen Deutschlands vorstand. Westphal erhielt, wie es in einer Mitteilung des „Hamburgischen unpartheyischen Correspondenten“ aus dem Jahre 1782 heißt, „die neuesten Werke fast aller Europäischen Länder aus erster Hand und war im Stande, durch seine Correspondenz nach Italien, Frankreich, England, Holland, Dänemark, Schweden und Rußland die interessantesten musikalischen Nachrichten und Neuigkeiten früher als jemand

Carl Philipp Emanuel Bach. Stich von A. Stöttrup

anders mitzutheilen“[247]. Noch in den siebziger Jahren war Bachs Musik häufiger zusammen mit Kompositionen von Homilius, den Brüdern Benda, Händel, Telemann und Haydn in den Westphalschen Konzerten zu hören.[248] Bald jedoch traten an ihre Stelle neue Namen, Haydn, Pavel und Antonín Vranický, Mozart, Righini, Hoffmeister, Türk, Pleyel und andere.[249] In diesem Umkreis konnten sich Bachs Werke nicht mehr durchsetzen.

Hinzu kommt noch, daß selbst für eine so große Stadt wie Hamburg zeitweise mehrere Konzertreihen offenbar nicht rentabel waren. Das breite Publikum schien mehr Gefallen an

Oster-Musik, Wq 243. Autograph

den verschiedenen Amüsements als an seriösen Konzerten zu finden. Im „Magazin der Musik“ wird berichtet, „daß im Sommer alles was beau monde heißt, auf den Gärten lebt, im Winter aber der Clubs, Assemblées, Lotteries, Piqueniques, Bälle und Schmausereyen so viele und festgesezte sind, daß ein Concert nur mit unsäglicher Mühe einige freye Stunden ausfindig macht, wo es sich einschleichen kann. Am Sonntage dürfen keine seyn; das ist wider die Orthodoxie. Drey, vier Tage sind Posttage, wo kein Kaufmann, Commis oder Handlungsbedienter jemals Zeit hat an Concerte zu denken. Die übrigen Tage sind Comödien; also bleibt nur der Sonnabendabend, wo alles sich von großen Schmausen, Spielverlusten und Geschäften erholt, und zu neuen vorbereitet.“[250]

Den Dienst in den Kirchen führte Bach in gewohnter Weise fort. Nach wie vor übernahm er, damit einer damals üblichen Praxis folgend, in die eigenen Passionen, Festkantaten, Sonntagskantaten und Gelegenheitskantaten Teile aus Kompositionen von Telemann und seinem Vater. Aus des Vaters ‚Matthäus-Passion‘ verwendete er neben einigen Chören beispielsweise die Choräle „Was mein Gott will“, „Wer hat dich so geschlagen“ und „O Haupt voll Blut und Wunden“.[251] In jeder der einundzwanzig uns bekannten Passionen des Hamburger Meisters finden sich solche Entlehnungen aus fremden Werken. Nicht sehr viel anders sieht es in den übrigen Gattungen der Kirchenmusik aus. Zwei Kantaten aus den Jahren 1778 und 1786 beginnen mit dem Eingangschor „Jauchzet, frohlocket“ des Weihnachtsoratoriums von Johann Sebastian Bach. Das, was Carl Philipp Emanuel Bach selbst für solche Anlässe schrieb, hält dem Vergleich mit seiner Klavier-, Kammer- und sinfonischen Musik nicht stand. Heinrich Miesner weist in seinen Analysen nach, daß Bach Opernlyrik italienischer Provenienz in die Kirche verpflanzt habe.[252]

Mit solchem Stückwerk und stilistischem Eklektizismus, zumeist aus der Eile geboren, konnte Bach auch die Behörde auf die Dauer nicht zufriedenstellen. Unmittelbar nach seinem Tode wurde eine Kommission beauftragt, den Zustand der Kirchenmusik zu untersuchen mit dem Ziel, diese entscheidend zu reformieren. Aus Gründen der Pietät und des großen Ansehens, das Bach genossen hatte, betonen die Gutachter zwar, nichts „zur Unehre“ des Meisters zu sagen, doch kommen sie nicht umhin, zahlreiche Mängel zu konstatieren.

Passionsmusik nach dem Evangelisten Matthäus, Wq 235. Autograph

Für diese ist jedoch Bach kaum verantwortlich zu machen: „Wie konnte es bey der übergroßen Menge der Musiken anders seyn, als daß manche alte Composition genutzt, und mit derselben auch ein alter und oft unerbaulicher Musiktext ausgegeben wurde."[253] Andererseits läßt es sich nicht leugnen, daß Bach kein Mann der Kirche war und wenig Interesse zeigte, einschneidende Veränderungen in diesem Bereich vorzunehmen.

Die ehemals außerordentlich große schöpferische Produktivität wurde in den achtziger Jahren durch zunehmendes Alter zwar eingeschränkt, nicht jedoch die Qualität der Werke. In ihnen ist der individuelle Spätstil ausgeprägt.

Neben den Sonaten, Rondos und Fantasien der Sammlungen „für Kenner und Liebhaber", die Bach bis 1787, also ein Jahr vor seinem Tode, schuf, sind es im Instrumentalbereich vor allem die „Clavier-Fantasie", Wq 67, mit der bekenntnishaften Satzüberschrift „C. P. E. Bachs Empfindungen" (1787), die drei „Quartette fürs Clavier, Flöte, Bratsche und Baß" (1788) und das „Concerto doppio" für Cembalo, Fortepiano und Orchester (1788), in denen sich persönlichster Ausdruck findet.

Das Doppelkonzert mit der ungewöhnlichen Tonartenfolge Es — C — Es ist durch die humorvolle Laune Bachs inspiriert. Frappant, wie sich beide Instrumente hier einen handfesten Wettstreit liefern. Jacobi behauptet in seiner Analyse sogar, Bach stelle in dieser Komposition gewissermaßen die Emanzipation des Hammerklaviers auf musikalische Weise dar.[254] Wie dem auch sei, Bach hat die Entwicklung des Hammerklaviers zum führenden Tasteninstrument gesehen und diesen Schritt selbst partiell mitvollzogen.[255]

Im vokalen Sektor folgen auf die „Israeliten in der Wüste" und die Passionskantate das Oratorium „Auferstehung und Himmelfahrt Jesu" (1777/78, gedruckt 1787) nach einem Text von Karl Wilhelm Ramler, das doppelchörige „Heilig" (1776, gedruckt 1779) und „Klopstocks Morgengesang am Schöpfungsfeste" (gedruckt 1784). In Bachs letzten Lebensjahren trat das Vokalschaffen allerdings deutlich zurück. Das „Heilig" wurde später von Zelter bearbeitet und gehörte wohl auch einige Jahre zum Repertoire der Berliner Singakademie.[256] Bach hatte diese Komposition sehr hoch geschätzt: „Hier habe ich den meisten und kühnsten Fleiß bewiesen zu einer guten

Ausnahme. Dieses Heilig ist ein Versuch, durch ganz natürliche Fortschreitungen mir weit stärkere Aufmerksamkeit und Empfindung zu erregen, als man mit aller ängstlicher Chromatik nicht im Stande ist zu thun. Es soll mein Schwanenlied von dieser Art seyn, und dazu dienen, daß man meiner nach meinem Tod nicht zu bald vergeßen möge."[257] — Alle genannten Kompositionen sind ein Beweis dafür, wie Bach bis zuletzt an der Verfeinerung und Verdichtung seines Stils gearbeitet hat.

Weiterhin verfolgte der Hamburger Musikdirektor aufmerksam den Druck und die Verbreitung seiner Werke, war er bestrebt, neue absatzfördernde Verbindungen zu knüpfen, wobei er durchaus seinen Vorteil zu vertreten wußte. In die achtziger Jahre fiel die Bekanntschaft mit dem Schweriner Organisten Johann Jakob Heinrich Westphal, der zahlreiche Abschriften und Drucke, wohl auch einige Autographe Bachscher Werke gesammelt hatte.[258] Aus einem der Briefe an Westphal geht hervor, daß Bachs Musik vor Fälschungen nicht sicher war. Offensichtlich ermunterte seine Berühmtheit manchen unbedeutenden Komponisten zu Plagiaten: „Ew. Hochedelgeb. danke ich für die gütigst eingesandten 20 Mrk. Lübisch ergebenst und übersende hierbey die 5 verlangten Sammlungen im Violin-Zeichen. Was die geschriebnen Sachen betrifft, bedaure ich Ihre grosse Kosten. Ich glaube gewiss, dass ausser den fehlerhaften und schlechten Abschriften, es Ihnen auch so gegangen ist, wie vielen andern; nehmlich man hat Ihnen viele Sachen verkauft unter meinem Nahmen, die nicht von mir sind. Ich wünschte wohl, die Themata einmahl zu sehen."[259]

Am 1. Januar 1782 starb Johann Christian Bach in London. Das Verhältnis Carl Philipp Emanuel Bachs zu seinem jüngsten Bruder war zeitweise etwas gespannt gewesen. Als Matthias Claudius während eines früheren Gesprächs — wir wiesen bereits in einem anderen Zusammenhang darauf hin — erwähnt, daß sich Johann Christian Bachs Kompositionen zusammen mit Werken von Schobert in Kopenhagen großer Beliebtheit erfreuten, entgegnete Carl Philipp Emanuel ziemlich ungehalten: „Schobert ist hier auch bekannt, er ist ein Mann, der Kopfs hat, aber hinter seiner und meines Bruder itziger Komposition ist nichts."[260] Johann Christian Bach — ein Künstler, der in Italien und England glänzende Erfolge ge-

Johann Christian Bach. Gemälde von T. Gainsborough

feiert und ein Fiasko nach dem anderen erlebt hatte, der ein großzügiges Leben, gefördert vom englischen Königshaus (er war Musiklehrer der Königin), führte, der viele mitteleuropäische Länder besuchte und der hochverschuldet starb und vom Londoner Publikum schnell vergessen wurde. Was für unterschiedliche künstlerische Physiognomien verkörpern beide Musiker! Fremd sind dem Jüngeren jene durchgeistigt-rationale Komponente, jene grüblerischen Züge und „Bizarrerien" der Musik Carl Philipp Emanuel Bachs. Er ist ein Melodiker par excellence, wie es sehr treffend in Leopold Mozarts Urteil

zum Ausdruck kommt: „... das Kleine ist Groß, wenn es natürlich — flüssend und leicht geschrieben und gründlich gesetzt ist. Es so zu machen ist schwerer als alle die den meisten unverständliche Künstliche Harmonische progressionen, und schwer auszuführende Melodyen. hat sich (Johann Christian) Bach dadurch heruntergesetzt? — — keines wegs! Der gute Saz und die Ordnung, il filo — dieses unterscheidet den Meister vom Stümper auch in Kleinigkeiten."[261]
Johann Christian Bachs Kantabilität profilierte sich in dem jahrelangen Umgang mit der neapolitanischen Oper, in der Arbeit mit den Sängern an verschiedenen Opernbühnen. Melodien wie die folgende

begeisterten den jungen Mozart: „ich habe auch zu einer übung, die aria, non sò d'onde viene etc: die so schön vom Bach componirt ist, gemacht, aus der ursach, weil ich die vom Bach so gut kenne, weil sie mir so gefällt, und immer in ohren ist; denn ich hab versuchen wollen, ob ich nicht ungeacht diesen allen im stande bin, eine Aria zu machen, die derselben vom Bach gar nicht gleicht?"[262] Überhaupt war die stilistische Einwirkung des Schaffens von Johann Christian Bach auf den Wiener Klassiker nachhaltig, ungleich größer als die durch den Hamburger Bach.
Das Komponieren ging dem begabten Musiker außerordentlich schnell von der Hand und ließ ihn in vielen Gattungen produktiv werden. Johann Christian Bach schuf brillante Klavierkonzerte (seit 1768 ausschließlich für Hammerklavier), fein durchgebildete Kammermusik, Sinfonien, in denen das „singende Allegro" und die Kontrastthematik der Mannheimer zur Anwendung kommen, insgesamt eine gefällige, durchaus passionierte und beseelte Musik. Ihre Verbreitung zu Lebzeiten des Komponisten stieß kaum auf lokale Restriktionen. Sie begeisterte Musikfreunde in Italien (Burney: „Ich habe durch ganz Italien gefunden, daß Giardini's Solos nebst des Londner Bachs und Abels Symphonien in großem Ansehn stehen"[263]), Österreich, Deutschland, Skandinavien, Frankreich, England und den Niederlanden.

Carl Philipp Emanuel Bach hat seine Meinung über die Musik des Bruders, soviel wir wissen, auch später nicht revidiert. In der umfangreichen Musikaliensammlung des Hamburger Meisters war Johann Christian Bach recht spärlich vertreten, mit einem Klavierkonzert, einer Sinfonie, einer Ouvertüre und einem „Paket mit Compositionen, in Berlin verfertiget, ehe der Verfasser nach Italien gieng, bestehend in 5 Clavier-Concerten, 1 Violoncell-Concert, 2 Trii und 3 Arien"[264].
Im Jahre 1784 hatte Bach einen Ehrenhandel auszufechten. Die englische Schrift „The European Magazine" veröffentlichte in diesem Jahre einen Artikel, in dem ihm in gehässiger Weise unterstellt wurde, er habe an Haydnschen Kompositionen fehlende Kunstfertigkeit und Flüchtigkeit bemängelt.[265] Haydn habe daraufhin — so behauptet der anonyme Verfasser des Aufsatzes — in einigen Sonaten, besonders im Mittelsatz der E-Dur-Sonate (1773), Hoboken XVI/22, dessen Stil, die „grillenhafte Manier, tolle(n) Sprünge, närrische(n) Modulationen und sehr oftmals kindische(n) Wendungen, verbunden mit der Affectation einer tiefen Wissenschaft"[266], kopiert. Dieser Bericht kann unter die musikjournalistischen Kuriositäten eingeordnet werden. Allerdings sah sich Bach zu einer öffentlichen Erklärung veranlaßt: „Meine Denkungsart und Geschäfte haben mir nie erlaubt, wider jemanden zu schreiben: um so viel mehr erstaune ich über eine kürzlich in England in The European Magazine eingerückte Stelle, worin ich auf eine lügenhafte, grobe und schmähende Art beschuldigt werde, wider den braven Herrn Haydn geschrieben zu haben. Nach meinen Nachrichten von Wien, und selbst von Personen aus der Esterhazischen Kapelle, welche zu mir gekommen sind, muss ich glauben, dass dieser würdige Mann, dessen Arbeiten mir noch immer sehr viel Vergnügen machen, eben so gewiss mein Freund sei, wie ich der seinige. Nach meinem Grundsatze hat jeder Meister seinen wahren bestimmten Werth. Lob und Tadel können hierin nichts ändern. Blos das Werk lobt und tadelt am besten den Meister, und ich lasse daher jederman in seinem Werth."[267] Wir haben diesen Standpunkt zu akzeptieren.
Weitaus wichtiger ist der Umstand, daß beide Künstler sehr viel voneinander lernten. Daß Bach beispielsweise Haydnsche Quartette gekannt hat, gilt angesichts stilistischer Parallelen als erwiesen, zumal bis 1788 mehr als die Hälfte dieser Werke

in Drucken vorlagen und ihm somit zugänglich waren. Außerdem wurden in Hamburg häufig Werke Haydns aufgeführt,[268] am 1. März 1783 die sogenannten „Russischen Quartette" (1781). „Diese Werke werden gepriesen", heißt es in einer Rezension im „Magazin der Musik", „und könnens auch nicht genug, in Absicht der alleroriginellsten Laune, und des lebhaftesten angenehmsten Witzes, der darinnen herrscht. Ich weis, daß Bach in Hamburg ... über diese Werke von Haydn, besonders da Schick und Triklir sie so vortreflich vortrugen, seine äußerste Zufriedenheit bezeugt hat."[269]
Wohl am deutlichsten finden die künstlerischen Querverbindungen im Schaffen beider Meister ihren Niederschlag in Bachs drei „Quartetten fürs Clavier, Flöte, Bratsche und Baß", Wq 93 bis 95. In satztechnischer Hinsicht zeigen sie — nach Ernst Fritz Schmid — „das Bild des vollkommenen Durchbruchs zum Wiener klassischen Stil"[270]. Alle vier Instrumente wirken im Sinne melodischer Gleichgestelltheit und Individualität an der Belebung des kompositorischen Organismus mit. Der Klaviersatz erreicht partiell eine Vollstimmigkeit, wie sie bei Bach bisher nur selten ausgebildet war. Selbst der Bratsche, in früheren konzertanten Werken lediglich in die Rolle einer harmoniefüllenden Stimme gedrängt, sind solistische Aufgaben zugewiesen. Alles an diesem Spiel ist außerordentlich erfindungsreich. Da weben Klavier und Flöte/Bratsche gemeinsam an einer melodischen Passage, so daß man — hier ein Beispiel aus dem Mittelsatz des D-Dur-Quartetts — bereits von einem Prinzip der durchbrochenen Arbeit sprechen kann:

Im Andantino des a-Moll-Quartetts gelingt Bach durch die individuelle Behandlung der einzelnen Instrumente ein kunstvolles Satzgewebe:

Auffällig ist auch, daß Bach völlig auf den Generalbaß verzichtet. Alle diese Faktoren korrespondieren zweifelsfrei mit Techniken, wie sie Haydn in seinen Streichquartetten entwickelt hat.
Aber noch in einer anderen Beziehung sind die Quartette wichtig: in der ansatzweisen Ausprägung eines romantischen Idioms. Die Klangwirkungen, die im Mittelsatz von Wq 95 durch perlende Lauffiguren im Klavier hervorgebracht werden und die durch wechselnde harmonische Konstellationen ständig in einem neuen Licht erscheinen, der bisweilen schwärmerisch-elegische Ton antizipieren Ausdruck und Kolorit späterer lyrischer Charakterstücke. So hat Bach seine Musik bis weit an die Schwelle neuer Musikpraktiken geführt.
Aus dem Jahre 1788 datieren zwei interessante Schriftstücke Bachs. Mit einer wohlwollenden Rezension bedachte der Komponist im „Hamburger unpartheyischen Correspondenten" den ersten Band von Forkels „Allgemeiner Geschichte der Musik". Noch aufschlußreicher scheint allerdings der „Vergleich zwischen Händel und Bach", der im einundachtzigsten Band der „Allgemeinen deutschen Bibliothek" anonym erschienen war[271] und als dessen Verfasser der amerikanische Musikforscher Dragan Plamenac mittels einer fast kriminalistisch zu nennenden Beweisführung anhand von Textgegenüberstellungen Carl Philipp Emanuel Bach ermittelt hat.[272] Dieser wollte die Behauptung Burneys, Händel habe Johann Sebastian Bach in der Komposition von Orgelfugen übertroffen,[273] nicht unwidersprochen lassen. Gerade in diesem Bereich sei die Superiorität seines Vaters unzweifelhaft: „Wenn von harmonischer Kunst die Rede ist, von dem Genie des Meisters, das viele Theile eines großen Werkes erfand, vollkommen ausarbeitete, und zu einem großen schönen Ganzen bildete, und in einander paßte, das Mannichfaltigkeit und simple Größe vereinigte, und zwar so, daß selbst der Liebhaber, der nur einigermaassen die Sprache der Fuge verstand, (andere haben über Fugen kein Urtheil) dadurch entzückt wurde: so zweifele ich, ob je Händels Fugen mit den Bachischen die Vergleichungen aushalten."[274] Carl Philipp Emanuel Bachs hier bezogener Standpunkt ist als ein schönes Zeugnis seines Bemühens zu werten, die Größe und Lebensfähigkeit der väterlichen Musik zu verteidigen.

Tod und Nachruf

In einem Brief vom 2. November 1788 teilte Bach Westphal mit: „Seit den 18. Sept. bin ich am Podagra und andern Zufällen sehr krank gewesen. Nun fängt sichs an zu bessern.“[275] Diese Phase der Genesung war jedoch nur von kurzer Dauer. Knapp anderthalb Monate später, am 14. Dezember, starb Bach im Alter von vierundsiebzig Jahren. In verschiedenen Nachrufen wurden Persönlichkeit und Werk des Komponisten gewürdigt. „Gestern hat unser Publikum einen sehr merkwürdigen und berühmten Mann verloren. Es starb Abends 10 Uhr, Herr Carl Philipp Emanuel Bach, Kapellmeister und seit dem 3. November 1767 hiesiger Musik-Director ... Er war einer der grössten theoretischen und practischen Tonkünstler, der Schöpfer der wahren Art das Clavier zu spielen, der einsichtsvollste Kenner der Regeln der Harmonie oder des reinen Satzes; der genaueste Beobachter derselben, und ein Clavierspieler, der seines Gleichen in seiner Art wohl nie gehabt hat. Seine Compositionen sind Meisterstücke und werden vortrefflich bleiben, wenn der Wust von modernem Klingklang längst vergessen sein wird. Die Ton-

Vignette zum Klavierauszug der Passionskantate, Wq 233. Stich von A. Stöttrup, 1789

kunst verliert an ihm eine ihrer grössten Zierden, und der Name eines Carl Philipp Emanuel wird ihr auf immer heilig sein. Im Umgange war er ein aufgeweckter munterer Mann voll Witz und Laune, heiter und fröhlich in der Gesellschaft seiner Freunde, in deren Klagen über seinen Verlust sich auch die Thränen des Verfassers dieses Aufsatzes mischen, der das Glück hatte, mit der zärtlichsten Freundschaft des Wohlseligen beehrt zu werden."[276]

Klopstock entwarf die Inschriften für zwei Denkmäler, die Bach in Weimar und in Hamburg gesetzt werden sollten.[277] Zur Ausführung kam es bis heute nicht. Hier beginnt die Geschichte der Bach-Rezeption, die bereits zu Lebzeiten des Komponisten in ihren extremen Positionen — grenzenlose Anerkennung und völlige Ignorierung — vorgeprägt war.

IV. Carl Philipp Emanuel Bach — Aspekte der Aneignung

„... von Emanuel Bachs Klavierwerken habe ich nur einige Sachen, und doch müßen einige jedem wahren Künstler gewiß nicht allein zum hohen Genuß sondern auch zum Studium dienen." (Ludwig van Beethoven an Breitkopf und Härtel, 26. Juli 1809.)[1]

„Bin jetzt bei der Bearbeitung von Ph. Em. Bach's Claviersonaten. Das dörrt aus und frißt den Humor weg." (Hans von Bülow an Felix Draeseke, 16. Oktober 1860.)[2]

Ein halbes Jahrhundert trennen diese beiden Aussagen. Da ist auf der einen Seite Beethovens Wertschätzung der Musik Carl Philipp Emanuel Bachs, die wohl historische Distanz erkennen läßt, den Traditionsbezug jedoch keineswegs negiert, also ein Verhältnis zum Ausdruck bringt, in dem vor allem der schöpferisch-produktive Aspekt in der Beziehung des Wiener Klassikers zu Bach hervortritt. — Bülow, dem Parteigänger Richard Wagners, bleiben die subtile Faktur und Klanglichkeit der Klavierwerke Bachs fremd. Seine fehlerhafte, zuweilen bis zur Unkenntlichkeit vom Urtext abweichende praktische Ausgabe Bachscher Klaviersonaten scheint angesichts des vertretenen Standpunktes nur als dessen Konsequenz.[3]

Carl Philipp Emanuel Bach und die Wiener Klassiker

Carl Philipp Emanuel Bach gehörte zu den Musikern, die im weitesten Sinne schule- und stilbildend wirkten. Seit seiner Berliner Zeit hatte er als Klavierlehrer Generationen von Schülern herangezogen, die sich seine pianistischen und — sofern sie diesbezügliche Ambitionen hegten — kompositorischen Bestrebungen zunutze machten. Noch sehr viel größer ist die Zahl derer, die indirekt von ihm lernten, indem sie die damals weitverbreiteten Bachschen Werke, vorab den „Versuch über die wahre Art das Clavier zu spielen", gründlich studierten. Bachs kompositorisches Œuvre lag bereits zu Lebzeiten in großen Teilen gedruckt vor. Allein im Bereich der

Klaviermusik gab es achtzehn Sammlungen, einige von ihnen erschienen gleichzeitig in mehreren Verlagen,[4] nicht gerechnet die vielen in zeitgenössischen Sammelwerken verstreuten Einzelstücke.

Hinsichtlich der lokalen Verbreitung Bachscher Musik sind recht genaue Rückschlüsse möglich. Wie weitreichend ihre Wirkung in Norddeutschland war, wurde im vorangehenden Kapitel ausführlicher dargestellt. Einen bestimmenden Einfluß auf das Musikleben in Mannheim und Wien, um zwei Zentren des Südens zu nennen, haben Bachs Kompositionen nicht ausgeübt. Sie wurden weder in den Konzertprogrammen heimisch,[5] im Gegensatz zu den Kompositionen seines Bruders Johann Christian, noch interessierten sich — von Ausnahmen abgesehen — Musikverlage sonderlich für sie.[6] Aufschlußreich sind die folgenden Beobachtungen, die Friedrich Nicolai im Jahre 1781 in Wien machte: „Zu den größten Kennern der Musik unter den Liebhabern gehört der Herr Reichshofrath von Braun. Er schätzt besonders die Kompositionen des großen Philipp Emanuel Bach. Er hat freylich darinn den zahlreichsten Theil des Publikums zu Wien wider sich. Ich selbst habe manche sonst eifrige und geschickte Liebhaber der Musik in Wien von Bach nicht allein mit Gleichgültigkeit, sondern auch mit innerm Widerwillen sprechen hören. Koželuh und Steffan waren ihnen für das Klavier alles."[7] Zu stark wirkte hier und im süddeutschen Raum die bodenständige Tradition von Jan Václav Antonín Stamic, Christian Cannabich, Carlo Giuseppe Toeschi, von Georg Christoph Wagenseil, Matthias Georg Monn, Joseph Anton Steffan. Sie bedingte nicht nur eine gänzlich andere, vom Suiten- und Divertimentogeist erfüllte Musizierhaltung, sondern sie unterschied sich auch in stilistischer Hinsicht wesentlich von den Bachschen Kompositionen.[8] Allzuoft reduzierten sich musikalische Verarbeitung und Fortspinnung — etwa bei Steffan — auf thematisch indeterminierte Dreiklangsbrechungen, Umspielungen melodischer Gerüsttöne, Läufe, einfachste Harmoniefolgen.[9]

Dies schließt jedoch nicht aus, daß Komponisten des süddeutschen und Wiener Einflußbereiches nicht verschiedentlich auf Stilmittel Bachs zurückgegriffen hätten.[10] Insbesondere die drei Wiener Klassiker haben mehrfach zum Ausdruck gebracht, wie anregend dessen Werk für sie gewesen sei. Freilich sollten solche Beziehungen nicht überbewertet werden.

Haydns, Mozarts und Beethovens Musik wurde aus so vielen Quellen gespeist, daß Bachs Rolle in Hinblick auf die Ausbildung ihres klassischen Stils eher als die eines Inspirators, eines sehr bedeutenden allerdings, zu sehen ist.

Haydns Verhältnis zu Carl Philipp Emanuel Bach[11] wurde bereits von den ersten Biographen des Wiener Meisters, Griesinger und Dies, näher beschrieben: „Um diese Zeit" (November 1749 — der Verf.) „fielen Haydn die sechs Sonaten von Emanuel Bach in die Hände; ‚da kam ich nicht mehr von meinem Klavier hinweg, bis sie durchgespielt waren, und wer mich gründlich kennt, der muß finden, daß ich dem Emanuel Bach sehr vieles verdanke, daß ich ihn verstanden und fleißig studirt habe; Emanuel Bach ließ mir auch selbst einmal ein Kompliment darüber machen'."[12] Soweit die Ausführungen Griesingers, und bei Dies heißt es: „Haydn wagte, in einem Buchladen einzutreten, und ein gutes theoretisches Lehrbuch zu fordern. Der Buchhändler nannte Carl Phil. Emanuel Bach's Schriften, als die neuesten, und besten. Haydn wollte sehen, sich überzeugen; fing an zu lesen, begriff, fand, was er suchte, bezahlte das Buch, und trug es ganz zufrieden fort.
Daß Haydn die Grundsätze Bach's sich eigen zu machen suchte, daß er dieselben unermüdet studierte, ist schon an seinen Jugendarbeiten aus jener Zeit zu bemerken. Er schrieb im neunzehnten Jahre seines Alters, Quartetten, die ihn als ein gründliches Genie, bey den Liebhabern der Tonkunst, bekannt machten. So schnell hatte Haydn begriffen. In der Folge der Zeit schaffte er sich die spätern Bach'schen Schriften an. Nach seinem Urtheile sind Bach's Schriften das beste, gründlichste und nützlichste Werk, welches als Lehrbuch je erschien.
Sobald Haydn's musikalische Produkte durch den Stich bekannt wurden, bemerkte Bach mit Vergnügen, daß er Haydn unter seine Schüler zu zählen habe; nacher machte er diesem selbst das schmeichelhafte Compliment: ‚er sey der einzige, der seine Schriften ganz verstanden habe, und Gebrauch davon zu machen wisse'."[13]
Diese Aussagen lassen keine Zweifel daran, in welch umfassendem Sinne Bach auf den achtzehn Jahre Jüngeren gewirkt hat.[14] Und das gilt erwiesenermaßen für die Klaviermusik, insbesondere für die in der zweiten Hälfte der sechziger Jahre entstandenen Sonaten, aber auch, obwohl hier eingehendere

Joseph Haydn. Stich von S. Facius, 1791, nach einem Gemälde von J. Hoppner

Untersuchungen noch ausstehen, für die Streichquartette, Sinfonien und andere Werkbereiche.[15] Persönlich sind beide Meister einander nie begegnet. Als Haydn 1795 auf seiner Rückreise von London nach Wien durch Hamburg kam, in der Absicht, Bach einen Besuch abzustatten, traf er nur noch dessen Tochter an.

Bachs Schaffen bot für einen angehenden Komponisten zunächst einmal das, was man ein vielgestaltiges stilistisches Reservoire nennen könnte. Hinzu kommt, daß sich beide Musiker in ihrer künstlerischen Mentalität ähnelten. Die ihren Werken eigene leidenschaftliche Empfindsamkeit, die Suche nach ungewöhnlichen Lösungen sind als Symptome des Sturm und Drang zu werten.[16] Auffallend ist bei Haydn das Streben nach thematischer Einheit auf der Grundlage einer sehr differenzierten motivischen Verarbeitungstechnik. Hier ist insbesondere der Einfluß Bachs geltend zu machen, zumal sich für die Komponisten der Wiener und süddeutschen Vorklassik das Problem der thematischen Arbeit keineswegs in jener Stringenz darstellt, wie es bei dem Hamburger Meister der Fall war. In Monns Sonaten dominieren häufig Spielfiguren und Skalen, was einem Streben nach thematischer Vereinheitlichung zuwiderläuft.

Anders Haydn: Motiv und Thema erscheinen gegenüber dem Satzbeginn in erweiterter und gesteigerter Form, als Resultat einer außerordentlich reichen melodischen Entfaltungskunst.[17] Welch geistvolle Gestaltmetamorphose ein solches Haydnsches Thema erfahren kann, mag das folgende aus dem ersten Satz der e-Moll-Sonate (vor 1766), Hoboken XVI/47, verdeutlichen:

(Dabei sind hier nur die thematischen Hauptbildungen genannt, nicht die zahlreichen motivischen Varianten und Figuren.) Selbst Bettina Wackernagel, die in ihrer Studie „Joseph Haydns frühe Klaviersonaten. Ihre Beziehungen zur Klaviermusik um die Mitte des 18. Jahrhunderts" die Einwirkung Carl Philipp Emanuel Bachs auf Haydn zurückhaltend beurteilt, sagt über dieses Vereinheitlichungsstreben: „Bei keinem anderen Komponisten, dessen Werke Haydn angeregt haben könnten, ist das Verfahren, ‚thematische Einheit' zu bilden, Haydns eigenem Vorgehen in seinen Auswirkungen auf den melodischen Zusammenhang des Satzes so ähnlich wie bei Bach."[18]

Und auch in einigen langsamen Sätzen zeigen sich Analogien zur Bachschen Tonsprache. Hermann Abert weist am Beispiel des Largos der Sonate B-Dur, Hoboken XVI/2, auf solche vergleichbaren stilistischen Merkmale hin, „den affektvollen Gesang des Hauptthemas mit seinen schweren Vorhalten, die Brechung der weitgeschwungenen melodischen Linie in Synkopen, dann die vielgestaltige Rhythmik im Nachsatz mit der Zerpflückung der Melodie durch die Pausen auf dem schweren Takteil, die mit Chromatik durchsetzte Figuration ..."[19].

„Doch der Weg, den Haydn zum Schaffen C. Philipp Emanuel Bachs zurücklegt, ist gleichzeitig — wie Abert bemerkt — ein Weg, der den Meister zu sich selbst führt."[20] Es ist der Weg, fügen wir hinzu, zu dessen klassischen Sinfonien und Streichquartetten, zu den Oratorien „Die Schöpfung" und „Die Jahreszeiten". Hier wurden Werkindividualitäten ausgebildet, Techniken meisterhaft gehandhabt, klassische Idealvorstellungen und humanistische Botschaften in kompositorisch singulärer Weise formuliert.

Sehr viel versteckter und diffiziler stellen sich uns die Zusammenhänge zwischen dem Werk Carl Philipp Emanuel Bachs und Wolfgang Amadeus Mozarts dar. Auf den ersten Blick will es scheinen, daß der in seinem künstlerischen Wesen eher zur Exaltiertheit, zur ungezügelten Leidenschaftlichkeit des Ausdrucks neigende norddeutsche Komponist nichts gemein hat mit der genial vermittelten Fülle Mozartscher Kunst, ihrer tiefsinnigen Heiterkeit und spielerischen Eleganz, ihrer stillen Sensibilität, dramatischen Kraft und ergreifenden Tragik,

ihrer schier unerschöpflichen melodischen Erfindungsgabe. Und in der Tat stand Mozart die durch das Italien-Erlebnis gespeiste schwärmerische Kantabilität der Kompositionen Johann Christian Bachs sehr viel näher.
Dennoch gibt es Verbindungen auch zu Carl Philipp Emanuel Bach. Dies zu beweisen, bedarf es nicht der durch Rochlitz überlieferten Aussage: „Als Mozart wenige Jahre vor seinem Tode in Leipzig war, hatte er kurz vorher Hamburg und daselbst Bach'n, der damals schon in hohen Jahren stand, fleißig besucht, auch diesen auf seinem Silbermannischen Instrumente einigemal phantasiren gehört. Mozart wurde an einem musikalischen Abende bei Doles von diesem um sein Urtheil über Bachs Spiel — denn nur vom Spiel war eben die Rede — gefragt. Der Meister, nach seiner wienerisch-unumwundenen, treuherzigen Weise, antwortete: Er ist der Vater; wir sind die Bub'n. Wer von uns 'was Rechts kann, hat von ihm gelernt; und wer das nicht eingesteht, der ist ein ... (Er schien Letztes mit Beziehung zu sagen, die ich aber nicht verstand.) Mit dem, was er macht — fuhr Mozart fort — kämen wir jetzt nicht mehr aus: aber wie er's macht — da steht ihm Keiner gleich. Mich hat er darum auch am liebsten auf der Orgel gehört, obgleich ich schon langeher wenig Uebung darauf habe. Das war ihm recht; und da hat er mich einmal über's andere an sich gedrückt, daß ich hätte schreien mögen."[21] Wenn es auch keinen Nachweis gibt, daß sich Mozart je in Hamburg aufgehalten hätte, so spricht doch aus dieser Mitteilung dessen Wertschätzung für Carl Philipp Emanuel Bach.
In den ersten Schaffensjahren gestaltete sich die Beschäftigung Mozarts mit Bachs Musik sehr sporadisch zugunsten anderer kompositorischer Leitbilder wie Schobert, Eckard, Abel und Johann Christian Bach, nach der Begegnung mit dem Baron van Swieten, also etwa seit 1782, erreichte sie eine neue Qualität. Insbesondere Bachs Klaviermusik studierte Mozart aufmerksam. Hermann Abert benennt in seiner Monographie des Wiener Klassikers Stilkomponenten, die auf die Fantasien KV 394, 397 und 475 eingewirkt haben: „das stark subjektive Wesen, der konzertmäßige, in schweifenden Passagen und Akkordbrechungen schwelgende Charakter, die rezitativischen Züge und die harmonischen Kühnheiten"[22]. Ebenso müssen bislang in der Forschungsliteratur noch nicht analysierte Ein-

Wolfgang Amadeus Mozart. Stich von J. G. Mansfeld, nach L. Posch

flüsse Bachs auf die Entwicklung des Mozartschen Klavierkonzertes angenommen werden. Es existiert ein frühes Konzert in D-Dur, KV 40, das orchestrale Fassungen verschiedener Klaviersätze von Honauer, Eckard und Carl Philipp Emanuel Bach enthält.[23]
Gelegentlich hat Mozart auch Bachsche Werke aufgeführt, Kammermusik erklang vor allem in den sonntäglichen Konzerten des Barons Gottfried van Swieten. Von einem großen Konzertunternehmen berichtete Forkels „Musikalischer Almanach für Deutschland auf das Jahr 1789“: „Wien, am 26sten Febr. 1788. An diesem Tage und am 4ten März wurde Ramlers Cantate, die Auferstehung und Himmelfahrt Christi nach der vortreflichen Composition des unvergleichlichen Hamburger Bachs, bey dem Grafen Johann Esterhazy, von einem Orchester von 86 Personen in Gegenwart und unter Leitung des großen Kenners der Tonkunst, des Freyherrn von Swieten, mit dem allgemeinsten Beyfall aller vornehmen Anwesenden aufgeführt. Der Kaiserl. Königl. Capellmeister, Hr. Mozart taktirte, und hatte die Partitur, und der Kaiserl. Königl. Capellmeister, Hr. Umlauff spielte den Flügel. Die Ausführung war desto vortreflicher, da zwey Hauptproben vorher gegangen waren. In der Aufführung am 4ten März ließ der Hr. Graf das in Kupfer gestochene Bildniß des Hrn. Capellmeist. Bach im Saale herumgehen. Die anwesenden Fürstinnen und Gräfinnen und der ganze glänzende Adel bewunderten den großen Componisten, und es erfolgte ein hohes Vivat, und eine dreyfache, laute Beyfallsbezeigung.“[24]

Im Beethoven-Nachlaß befand sich eine Abschrift von „Klopstocks Morgengesang am Schöpfungsfeste“ mit dem handschriftlichen Vermerk des Meisters „Von meinem theuren Vater geschrieben“[25]. Beethoven wird dieses Werk noch in seinen Bonner Jahren kennengelernt haben. Zu diesem Zeitpunkt war er bereits Schüler Christian Gottlob Neefes, der ihm eine gründliche Ausbildung am Klavier und an der Orgel, im Generalbaß und in der Komposition vermittelte, ihn aber auch literarisch und philosophisch zu interessieren wußte. — Neefe, dieser im Umgang sehr anregende Mensch, der Verehrer Gellerts und Klopstocks, hatte unter der Obhut des Leipziger Thomaskantors Johann Adam Hiller seinen musikalischen Entwicklungsweg genommen und schon zu Beginn der sieb-

Ludwig van Beethoven. Stich nach dem Gemälde von F. Waldmüller, 1823

ziger Jahre in Carl Philipp Emanuel Bach ein maßgebliches Vorbild gefunden.[26] Es überrascht deshalb nicht, daß Beethoven im Unterricht bei Neefe besonders mit den Werken von zwei Komponisten in Berührung kam: von Johann Sebastian und Carl Philipp Emanuel Bach. So hatte sich der angehende Komponist mit einer stilistischen Weite auseinanderzusetzen, die von der hohen Schule der „gearbeiteten" polyphonen Musik, wie sie das „Wohltemperierte Klavier" beinhaltete, bis zu den formal aufgelockerten, oft ans Fantasiehafte grenzenden Klavierwerken Carl Philipp Emanuel Bachs reichte. Jedoch liefe es auf einen Irrtum hinaus, anzunehmen, daß dem damals gerade zwölfjährigen Beethoven die Feinheiten, aber auch die kompositorischen Konsequenzen etwa der in den Sammlungen „für Kenner und Liebhaber" praktizierten motivischen Verarbeitungskunst in vollem Maße bewußt geworden wären.

Die drei „Kurfürsten-Sonaten", WoO 47, reflektieren eine unterschiedliche Beeinflussung durch Bach: Die melodische Erfindung in der Es-Dur-Sonate ist bei strenger Periodizität und denkbar einfacher Diktion in die rechte Hand gelegt, begleitet von Trommel- und Albertibässen. Stilistisch gesehen hat dies zwar mit dem weitaus differenzierteren Satzbau der Klaviermusik des späten Bach nichts gemein; was aber möglicherweise auf diesen zurückgeht, ist folgendes: In der genannten Sonate handhabt der junge Beethoven eine für sein Alter erstaunlich entwickelte, auf das Herstellen der thematischen Einheit innerhalb des Satzes gerichtete melodische Ausspinnungstechnik. Sogar der Nebensatz erweist sich als eine Variante des Hauptthemas.

Sich auf die Larghetto-Einleitung der f-Moll-Sonate — unser folgendes Beispiel — und den Beginn der D-Dur-Sonate beziehend, stellt Ludwig Schiedermair fest: „In solchen wühlenden, sich aufbäumenden und dahinstürzenden Stellen, den gewaltsamen Betonungen und Unterbrechungen lebte etwas vom revolutionären, dämonischen Geiste Philipp Emanuel Bachs."[27]

Es könnte der Einwand erhoben werden, ob nicht das Vorbild Haydn stärker auf den jungen Beethoven gewirkt habe. Fest steht, daß Neefe, der — wie schon erwähnt — in der musikalischen Tradition des norddeutschen Einflußbereichs aufwuchs, darauf bedacht war, seinen Zögling mit Bachschen Sonaten vertraut zu machen. Welchen Stellenwert Haydns Kompositionen damals im Ausbildungsprozeß besaßen, läßt

sich hier nicht sagen. Vielleicht hat Beethoven schon zu Beginn der achtziger Jahre, ganz bestimmt jedoch später, als er bereits in Wien war und vorübergehend Unterricht bei Haydn nahm, dessen inzwischen um die Erfahrungen der sogenannten „Tost-Quartette" und Londoner Sinfonien bereichertes Prinzip der thematischen Arbeit für das eigene Schaffen nutzbar gemacht. Wir müssen Carl Philipp Emanuel Bach zumindest als eines der kompositorischen Leitbilder heranziehen, wenn es um die Frage der Quellen für den frühen Beethovenschen Stil geht. Wie sollte denn der Ausspruch des Wiener Meisters aus dem Jahre 1809, Bachs Klavierwerke müßten einem jeden Künstler „auch zum Studium dienen"[28], anders verstanden werden, als daß Beethoven in seiner künstlerischen Entwicklung bestimmte von Carl Philipp Emanuel Bach herleitbare Grundmuster kompositorischen Denkens aufgriff, sie aber dergestalt weiterführte, daß das einstige Vorbild in den äußerst individualisierten Werkgestalten nicht mehr erkennbar ist.
Einige vergleichende analytische Anmerkungen zu Beethovens Klaviersonate f-Moll op. 2 und Bachs Sonate gleicher Tonart aus der dritten Sammlung „für Kenner und Liebhaber" mögen das Gesagte verdeutlichen.
Bereits die wenigen Takte des Anfangs zeigen das Gemeinsame und zugleich Trennende beider Kompositionen. Das Hauptthema aus op. 2

scheint auf den ersten Blick wie eine Übernahme der Bachschen thematischen Formulierung:

In ihrem spannungsgeladenen, energischen Impetus (bei Beethoven zu Beginn sehr viel gebändigter und dynamischer als bei Bach), vor allem aber in der ständigen Präsenz des Hauptthemas stellen sich Bezüge zwischen beiden Werken her. Nun ist ein solcher Vergleich insofern fragwürdig, als dabei indirekt von verwandten Intentionen der Komponisten ausgegangen wird. Auch durch den Hinweis auf ähnliche melodische Passagen und harmonische Verbindungen lassen sich vorhandene parallele Wesenszüge kaum hinreichend erklären.[29] Beethoven verfolgt in dieser Sonate ein völlig anderes Ziel als Bach. Hier waltet eine Entwicklungsdramaturgie, die nicht den geringsten Leerlauf zuläßt. Was wir hören, stellt eine ungemeine Verknappung und Konzentration der thematischen Substanz dar. Deren „Durchführung" und weitere Verdichtung in den ersten acht Takten sind bei immer schnellerem Wechsel der harmonischen Funktionen und Steigerung der Lautstärke zum Fortissimo und einer raschen Rückführung ins Piano, um den zweiten Anlauf zu ermöglichen, von einer Konsequenz, wie sie Bach nie erreicht, aber auch nicht angestrebt hat. Es bleibt jedoch die Tatsache, daß Beethoven in seiner „aus kleinstem Keim sich entwickelnden Satztechnik"[30] das Vorbild Bach gründlich studiert hat.
Und weiter stimmen beide Komponisten überein: im Mut zum Unkonventionellen, zu eigenwilligen kompositorischen Lösungen. Wenn ein Rezensent in der „Allgemeinen Musikalischen Zeitung" (1799/1800) Beethovens Sonaten für Klavier und Violine op. 12 mit den Worten „bizarrer, mühseliger Gang" und „Suchen nach seltener Modulation" tadelt,[31] so sind dies fast die gleichen Vorwürfe, die Jahre zuvor gegenüber Bach erhoben worden waren.
Auf die „redende" Thematik Bachscher Musik ist im Zusam-

menhang mit dem Nachweis einer stilistischen Einwirkung auf Beethovensche Kompositionen aufmerksam gemacht worden.[32] Nun kommt dem „Prinzip der gebundenen Rede“[33] und anderen Formen instrumentaler Deklamatorik tatsächlich eine bestimmende Rolle in der Musik Beethovens zu.[34] Betrachten wir zunächst ein Werk Bachs, in dem sich das Dialogprinzip sehr nachdrücklich zeigt: das Klavierkonzert c-Moll, Wq 31 (1753). Im Tutti des Adagios entfaltet sich vorhaltsreiche, dynamisch fein abgestufte Kantabilität, ein schönes Beispiel empfindsamen und verinnerlichten Ausdrucks:

In Gestalt eines Instrumentalrezitativs „antwortet“ das Solo:

Im anschließenden Dialog beider Gruppierungen geschieht das, was auch in manchen Bachschen Fantasien beobachtbar ist. Das „redende“ Solo entfernt sich gleichsam improvisierend immer weiter von der Ausgangstonart Es-Dur, erreicht mittels mediantischer und enharmonischer Fortschreitungen sogar E-Dur. Die Folge ist, daß das Ripieno in diese neuen tonalen Konstellationen „hineingezogen“ wird und dabei notwendigerweise auch seinen Ausdruck verändert. Das Rezitativ hat also, bedingt durch seine bedeutungsstiftende Funktion und harmonische Beweglichkeit, dafür zu sorgen, daß sich der Affekt in einem stets neuen Licht zeigt.
Ein Dialogisieren zwischen prosodisch-deklamatorischen Passagen im Tutti

und dem sehr innigen Gesang des Soloinstruments

prägt auch den langsamen Satz des Beethovenschen G-Dur-Klavierkonzerts. Aber hier waltet ein dualistisches Prinzip, das beide Elemente auf die Ebene klassischer Idealität hebt: „Die Klage über den Verlust des Glücks",[35] aus der sich notwendig die Forderung nach Wiederherstellung individueller und gesellschaftlicher Glückseligkeit ableitet. Im Finale findet dann Beethoven diesen freudvollen, „elysischen" Ton.[36]

Solche Themen gibt es bei Bach nicht. Um ihnen jene musikalische Eindringlichkeit und Genialität zu verleihen, mußte Beethoven jedoch auch die Errungenschaften der Tonsprache Carl Philipp Emanuel Bachs kennenlernen. Beethoven hat diese — zumindest was den Klavierbereich anbelangt — auch weitervermittelt. Als Carl Czerny sein Schüler werden möchte, läßt er den Vater wissen: „Ihr Sohn hat Talent; ich will ihn selbst unterrichten, schicken Sie ihn wöchentlich zweimal zu mir. Verschaffen Sie ihm sogleich Philipp Emanuel Bachs Lehrbuch über die wahre Art das Klavier zu spielen, das soll er mitbringen."[37]

Unter dem Gesichtspunkt der fortschreitenden musikgeschichtlichen Entwicklung betrachtet, hat Carl Philipp Emanuel Bach in vielem Neues und Grundlegendes geschaffen, ohne es auf eine klassische Höhe führen zu können. Was er initiierte, vollendeten Haydn, Mozart und Beethoven.

Ein vergessenes kompositorisches Werk

Als der Verlag Breitkopf und Härtel auf Beethovens im Juli 1809 geäußerten Wunsch, man möge ihm neben Partituren von Haydn, Mozart und Johann Sebastian Bach Musikalien von Carl Philipp Emanuel Bach übersenden,[38] nicht reagierte, wiederholte der Komponist am 15. Oktober 1810 seine Bitte.[39] Als auch hierauf keine Antwort erfolgte, wandte sich Beethoven ein drittes Mal in einem Brief vom 28. Januar 1812 an die Leipziger Verleger: „— die C. p. Emanuel Bachssachen könnten sie mir wol einmal schenken", und um gleichsam zu unterstreichen, daß er nichts Unbilliges fordere, fügte Beethoven hinzu: „sie vermodern ihnen doch."[40] Dieser Zusatz signalisiert die Situation hinsichtlich der Pflege und Verbreitung der Musik Carl Philipp Emanuel Bachs in der ersten Hälfte des 19. Jahrhunderts. Das Interesse an seinen Kompositionen hatte merklich nachgelassen. Breitkopf und Härtel, einst ein wichtiger Geschäftspartner Bachs,[41] gab zwischen 1799 und 1850 kein Werk des Meisters neu heraus.[42] Auch für Musikzeitschriften wie die „Cäcilia", „Iris im Gebiete der Tonkunst" oder die „Neue Zeitschrift für Musik", die periodisch über Konzertaufführungen und Neuerscheinungen auf dem Musikmarkt informierten und die eine Vielzahl von Rezensionen enthielten, hatte der Name Bachs kein Gewicht mehr. Wenn wir der Berichterstattung in der „Iris" glauben dürfen, dann erklangen in den Jahren 1830 bis 1838 in Berliner Konzerten weder eine Sinfonie noch ein Oratorium des Hamburger Meisters. Selbst in der historisch aufgeschlosseneren „Allgemeinen Musikalischen Zeitung", die noch 1799 seine Werke als „Muster und Proben von Ausdruck hoher Empfindungen" bezeichnete,[43] findet Bach mit fortschreitenden Jahrgängen immer weniger Erwähnung. Kurz, in der musikalischen Öffentlichkeit begann das Werk Carl Philipp Emanuel Bachs in Vergessenheit zu geraten; verlorengegangen war auch „die wahre Art", seine Musik zu spielen — und zu hören, weil ihr einstiger kommunikativer Sinn nicht mehr verstanden wurde.

Unter den Verfechtern einer romantischen Musikanschauung — Tieck, Wackenroder, E. T. A. Hoffmann — fand Bach, eine Komponistenpersönlichkeit der Aufklärung, keine Fürsprecher. Das mag insofern verwundern, als uns in seiner künst-

lerischen Physiognomie Wesenszüge begegnen, die sich gleichsam als präromantisch bezeichnen lassen: das fantasiehafte Denken, das die Vorgaben des zeitgenössischen Regelkanons sprengte und Ausdruck eines gesteigerten Subjektivismus war, die Auffassung von Musik als Spiegelbild des eigenen Innenlebens, schließlich manche Romantismen seiner musikalischen Sprache selbst, etwa das ausschweifende, feste harmonische Bahnen meidende Passagenwerk einiger Fantasien.[44]
Für E. T. A. Hoffmann beispielsweise verkörperten Bachs Kompositionen bereits ein zurückliegendes und — gemessen an den kompositorischen Leistungen seiner Gegenwart — überwundenes Stadium der Musikgeschichte; Kompositionen, die wohl mehr oder weniger historisches Interesse beanspruchen konnten.[45] Aber es lief nicht nur auf eine Ablehnung aus ästhetischen Gründen hinaus oder auf die Kritik stilistischer und kompositionstechnischer Unzulänglichkeiten der Bachschen Musik, ein Angriffspunkt der Wortführer einer romantischen Musikanschauung war der „aufklärerische Gegenwartsoptimismus"[46]. Von seiner Warte aus hatte Carl Philipp Emanuel Bach Musik geschaffen, die sich mit dem Anspruch auf Allgemeinverständlichkeit an den breiten Kreis der „Kenner und Liebhaber" wandte. Eine solche Position war in der nachrevolutionären Gesellschaft von vielen Künstlern bereits preisgegeben worden, und schwerlich hätte sich beispielsweise Wackenroders Motiv der Weltflucht an der Musikanschauung Carl Philipp Emanuel Bachs explizieren lassen. — Im folgenden — freilich sehr fragmentarischen — Exkurs soll einigen unterschiedlichen Bewertungen nachgegangen werden, die Bachs Musik im ästhetischen Schrifttum des frühen 19. Jahrhunderts erfahren hat.
Johann Karl Friedrich Triest konstruierte in seinen „Bemerkungen über die Ausbildung der Tonkunst in Deutschland im achtzehnten Jahrhundert"[47] die Geschichte der Instrumentalmusik „als dialektische Entwicklung, in der sich die ‚reine Tonkunst' vom ‚Rhetorischen' zum ‚Poetischen' erhob, und zwar im Durchgang durch eine Entfremdung von sich selbst"[48]. Die Werke Johann Sebastian Bachs — Ausdruck der ersten Entwicklungsstufe — seien ihrem Wesen nach „nur rhetorisch, nicht poetisch"[49]. In bewußter Abkehr von ihnen hätten die Komponisten der „galanten Schreibart" die Musik zugleich bereichert und verarmt, bereichert, indem sie „die

kantable Melodik der ‚angewandten Tonkunst', deren Ästhetik Kant mit den Begriffen ‚Reiz und Rührung' umschrieb, instrumental" nachahmten[50] und somit die Musik über ihre Bestimmung des „Rhetorischen" als nur „prunkende(r) Virtuosität des Figurenwesens ohne genügenden Sach- und Wahrheitsgehalt" hinauszuführen suchten,[51] verarmt durch eine allzu starke Simplifizierung der kompositorischen Sprache: „Mit diesem Uebergange der reinen Musik aus der harmonischen Künstlichkeit in die blos melodische Leerheit hätte man also in der That mehr verlohren als gewonnen, weil die Veränderung durch eine unpassende Anwendung und Nachahmung des Theaterstyls und nicht durch innere allmählige Ausbildung geschah, wäre nicht glücklicherweise ein Mann in Deutschland aufgestanden, der die Zügel der matt werdenden Tonkunst faßte, der mit tiefem Studium Originalität verband und für die reine Musik eine Bahn eröffnete, die man sonst kaum geahndet hatte."[52] Dieser Mann, ein „Klopstock, der Töne statt Worte gebrauchte"[53], war Carl Philipp Emanuel Bach.

Der „Gedankenreichthum" seiner Sonaten und Fantasien würde „die meisten Musikliebhaber eher schrecken als einladen. Doch dies wiegt sein hohes Verdienst nicht auf; es erhöht es vielmehr, nähmlich, daß er zeigte: die reine Musik sey nicht bloße Hülle für die angewandte, oder von dieser abstrahirt, sondern könne für sich allein große Zwecke erreichen. Sie habe nicht nöthig, sich als bloßes Sinnen- oder Verstandesspiel prosaisch oder höchstens rhetorisch herumzudrehen, sondern vermöchte sich zur Poesie zu erheben, die um desto reiner sey, je weniger sie durch Worte, (die immer Nebenbegriffe enthalten) in die Region des gemeinen Sinnes hinabgezogen würde."[54] Im Schaffen Carl Philipp Emanuel Bachs fände also die Instrumentalmusik des 18. Jahrhunderts einen ersten Gipfelpunkt.

So stimmig das Triestsche Gedankengebäude in sich zu sein scheint, so tendenziös beurteilte sein Urheber, in ebendiesen Kategorien befangen, die reich entfaltete Musikpraxis der zurückliegenden Dezennien. In Haydns „Schöpfung" habe sich „die große Kraft dieses Mannes zum Nachtheil der Kunst an einen (schlechten) Text verschwendet"[55]. Mozarts Instrumentalmusik kranke an „Ueberladungen im Akkompagnement"[56]. „... so möchte sich hieraus wohl folgender Schluß ergeben: für die reine Musik war Mozart groß, sehr groß, doch nicht unübertrefflich."[57] Bei aller Wertschätzung für die anderen Schaffensbereiche Haydns und Mozarts blieb Carl Philipp Emanuel Bach sein erklärter Favorit. Überhaupt war Triest in besonderem Maße der Musikkultur der Aufklärung verpflichtet.[58]

Triest empfand noch nicht die überschwengliche Begeisterung für die Musik Johann Sebastian Bachs (sein System hätte es ihm auch verwehrt) — erst Felix Mendelssohn Bartholdy und Robert Schumann brachten sie auf. Weitgehend unbeeindruckt blieb Triest von den Kompositionen des jungen Beethoven, obwohl dieser nach seiner Auffassung ein großer Künstler zu werden verspreche, vorausgesetzt, daß sich „das wild Schwärmende" in seiner Musik lege[59] — über E. T. A. Hoffmann jedoch brach das Beethoven-Erlebnis mit geradezu elementarer Gewalt herein.

Die positive Würdigung, die die Bachsche Klaviermusik in dem Aufsatz von Triest fand, schlug in nur kurzer Zeit in ihr völliges Gegenteil um: Carl Philipp Emanuel Bachs Kompositionen wurden von einigen Autoren bis zur Bedeutungslosigkeit herabgewürdigt. Der Vortrag Bachscher Klavierwerke erregte E. T. A. Hoffmanns Mißfallen: „Wie lächerlich und hohl diese Conzerte oft waren, habe ich erst später eingesehen. Gewöhnlich spielte mein Lehrer zwey Flügel-Conzerte von Wolf oder Emanuel Bach."[60] — Aversion gegen eine Musik, die die der Väter geworden war?[61] Eine tiefere Ursache lag in der Neubewertung des Musikgeschichtsprozesses des 18. Jahrhunderts durch die romantische Ästhetik. – Die Triestsche Idee einer „reinen poetischen Musik" erfuhr durch E. T. A. Hoffmann, der sich Anschauungen Wackenroders und Tiecks zu eigen machte, eine folgenreiche Modifikation: „Die Musik schließt dem Menschen ein unbekanntes Reich auf, eine Welt, die nichts gemein hat mit der äußeren Sinnenwelt, die ihn umgibt, und in der er alle bestimmten Gefühle zurückläßt, um sich einer unaussprechlichen Sehnsucht hinzugeben."[62] — Hier ist der Bruch zur Gedankenwelt der Aufklärung endgültig vollzogen. Die Flucht ins Reich der Kunst bedeutete eine Flucht aus der gesellschaftlichen Realität. Die Idealvorstellungen der Aufklärer und damit auch ihr Perspektivbewußtsein erwiesen sich angesichts der Entwicklung in der nachrevolutionären Gesellschaft als illusionär.

In der Musik — so E. T. A. Hoffmann — manifestiere sich das Übersinnliche, das Transzendente. Was noch Triest als Mangel Johann Sebastian Bachscher Musik empfand, nämlich ihre „rhetorische" Bestimmung, wurde bei Hoffmann als Daseinsform ebendieses Transzendenten gewertet: „Es gibt Augenblicke — vorzüglich wenn ich viel in des großen Sebastian Bachs Werken gelesen —, in denen mir die musikalischen Zahlenverhältnisse, ja die mystischen Regeln des Kontrapunkts ein inneres Grauen erwecken. — Musik! — mit geheimnisvollem Schauer, ja mit Grausen nenne ich dich! — Dich! in Tönen ausgesprochene Sanskrita der Natur."[63]
Trotz metaphysischer Verbrämung wird in dieser Bewertung Johann Sebastian Bachs durch E. T. A. Hoffmann ein richtiger Ansatz historischen Denkens erkennbar. Die Bachsche Kontrapunktik, die in einer anderen Tradition steht als die Musik Carl Philipp Emanuel Bachs, stellt nicht nur eine unübertroffene singuläre musikgeschichtliche Leistung, sondern auch eine unausgeschöpfte musikalische Überlieferung dar, an der sich später die schöpferische Phantasie Mendelssohns und Schumanns ebenso entzünden konnte, wie sie für den Verfasser der „Lebensansichten des Kater Murr" einen Höhepunkt „absoluter" Musik bedeutete.
Sicher hatte im Falle Triests das Erlebnis der Musik Carl Philipp Emanuel Bachs das Urteil über diesen Komponisten geprägt.[64] E. T. A. Hoffmann kam, gleichsam aus größerer historischer Distanz, die ihn die musikgeschichtliche Entwicklung bis zum späten Beethoven hin überblicken läßt, zu einer gänzlich anderen Bewertung der Komponistenpersönlichkeit Carl Philipp Emanuel Bachs. Dessen Schaffen markierte für ihn — obwohl nicht direkt benannt — den Beginn eines Prozesses, der in den Werken Mozarts und Beethovens kulminierte.[65] Immerhin ist hier der Gedanke einer übergreifenden geschichtlichen Kontinuität angedeutet. Noch offenkundiger sprach dies Schumann aus: „Als Klavierkomponist bezeichnet er" (C. Ph. E. Bach — der Verf.) „eine Epoche, da seine Werke wegen ihres freiern phantastischen Schwunges, dem freilich die Höhe des väterlichen fehlt, als erste in dieser Schreibart der Haydn-Mozartschen Periode verwandte anzusehen sind."[66]
Richtig sah Schumann auch die fortschrittlichen Züge in der Musik des zweiten Bach-Sohnes: „Er feilte, verfeinerte, legte dem vorherrschenden Harmonie- und Figurenwesen, Melodie,

Gesang unter", aber, fährt der Komponist der „Davidsbündlertänze" relativierend fort, er „erreichte ... seinen Vater als schaffender Musiker bei weitem nicht, wie Mendelssohn einstmals sagte: ‚es wäre, als wenn ein Zwerg unter die Riesen käme'."[67] Es nimmt deshalb nicht wunder, wenn Schumann die Kompositionen Carl Philipp Emanuel Bachs nicht sonderlich schätzte, sagte er doch auch von Haydn: „... tieferes Interesse aber hat er für die Jetztzeit nicht mehr."[68]

Gemessen am kompositorischen Entwicklungsstand ihrer Zeit mußten Schumann und E. T. A. Hoffmann zwangsläufig zu solchen verkennenden Urteilen kommen. In der Melodiebildung waren die Komponisten längst andere Wege gegangen, die harmonischen Funktionen hatten sich um ein vielfaches erweitert, ebenso die Möglichkeiten klanglicher Gestaltung. Zu maßgeblichen technischen Neuerungen war es im Klavierbau gekommen. Seit 1821 begann sich die von Sebastian Erard entwickelte Repetitionsmechanik durchzusetzen. Bachs „Versuch über die wahre Art das Clavier zu spielen" waren Lehrbücher von Clementi, Cramer, Czerny, Hummel, Kalkbrenner, Moscheles und anderen gefolgt. Das Publikum erkor sich neue Lieblinge: Mozart, Weber, Spontini und Rossini für die Oper, Hummel, Moscheles, Mendelssohn für den Bereich der Klaviermusik.

In einem solchen Umfeld mußten Werke Carl Philipp Emanuel Bachs als überlebt anmuten. Unter welchen Vorzeichen Musik von Bachs Zeitgenossen rezipiert wurde, mag die Rezension einer Passionskantate von Carl Heinrich Graun zeigen, mitgeteilt im sechsten Jahrgang der „Iris im Gebiete der Tonkunst" (1835): „Diese hatte allerdings ein historisches Interesse ... Man findet ganz die weiche Melodik, und das Bestreben selbst im strengen Satz angenehm zu sein ... Die Vorliebe für die Arien fehlt auch nicht, aber gerade diese mag dem Werke geschadet haben, denn es entsteht dadurch eine Monotonie und ein Mangel an Interesse, was auf die Länge sehr nachtheilig ... wirkt. Uebrigens glauben wir, man thäte besser statt veralteter Sachen der Verstorbenen, gute Sachen der Neuern aufzuführen. Denn auch die Gegenwart hat ihre Rechte."[69]

Es bedurfte eines neuartigen geschichtlichen Bewußtseins mit all seinen Konsequenzen für die Musikpraxis, um den „stile antico" Johann Sebastian Bachs für die Gegenwart des

19. Jahrhunderts lebendig zu machen. Noch Zelter meldete Bedenken an, daß sich die ‚Matthäus-Passion‘ in der Öffentlichkeit durchsetzen würde. Als Felix Mendelssohn Bartholdy am 11. März 1829 dieses Werk nach hundertjähriger Vergessenheit durch die Berliner Singakademie aufführen ließ, war der Beifall des Publikums überwältigend. Die Bach-Renaissance begann, nachdem ihr die romantische Musikanschauung den Boden bereitet hatte. — Der Musik Carl Philipp Emanuel Bachs blieb eine breitere Resonanz versagt.
Gänzlich abgerissen waren jedoch die Fäden auch im 19. Jahr-

Titelseite zu den von Johannes Brahms herausgegebenen Bachschen Violinsonaten, Wq 76 und 78

hundert nicht. Ein kleiner Kreis von Musikhistorikern beschäftigte sich mit dem Werk Bachs.[70] Komponisten entdeckten in seinem Schaffen manche originellen Züge. Bekannt ist Johannes Brahms' waches Interesse an der Musik der Vergangenheit. Werkausgaben, zu großen Teilen in eigenhändigen Abschriften, von Palestrina, Schütz, J. S. Bach, Händel, Gluck, Mozart und Beethoven zählten zu seinem Notenbestand und waren ihm unentbehrliches Arbeitsmittel und Quelle schöpferischer Inspiration. Auch Kompositionen Carl Philipp Emanuel Bachs fehlten nicht.[71] Brahms wurde die Aufgabe übertragen, im Rahmen der „Denkmäler Deutscher Tonkunst" einige von dessen Sonaten herauszugeben. Die Auswahl — die Sonaten in h-Moll, Wq 76, und in c-Moll, Wq 78 — hatte er selbst vorgenommen und die Edition mit der ihm eigenen philologischen Akribie und einer profunden Kenntnis der Bachschen Stilistik besorgt. In der Öffentlichkeit setzte sich Brahms nachdrücklich für diese Kompositionen ein.[72]

Einzelzüge Bachscher Klaviermusik haben auch auf die Ausbildung des „sprechenden und singenden Expressivo" in Carl Maria von Webers Sonaten gewirkt.[73] Heinrich Schenker deutet — freilich sehr vorsichtig — eine Traditionslinie in der Geschichte der Klaviermusik an, die von Bach bis Chopin reiche.[74] Sicher, in ihrem künstlerischen Wesen, in ihrer kompositorischen Handschrift trennten beide Meister Welten, und doch gibt es analoge Merkmale. Wenn Georgii das Auffallende der späten Bachschen Fantasien „in der romantischen Zerklüftung der Form und in dem subjektiven, phantastischen Ausdruck" sieht,[75] dann sind hiermit solche Merkmale bereits genannt. — Künftiger Forschung wird es angelegen sein müssen, das gesamte Schaffen Carl Philipp Emanuel Bachs, insbesondere das Spätwerk, einer komplexen stilvergleichenden Analyse zu unterziehen, um solche übergreifenden Bezugspunkte besser herauszuarbeiten.

Marginalien zur Geschichte der C.-Ph.-E.-Bach-Forschung I — Anfänge und erste Ergebnisse

Die wissenschaftliche Erschließung des Bachschen Schaffens setzt genaugenommen schon zu Lebzeiten des Komponisten ein. Als schöpferische Produkte eines „Originalgenies" zogen seine Werke das Interesse der zeitgenössischen Musikkritik und -theorie auf sich. In vielen Musikzeitschriften des 18. Jahrhunderts fanden sich ausführliche Rezensionen Bachscher Kompositionen, Informationen über Aufführungen, Verlagsvorhaben, Hinweise zur Biographie. Es gab bereits Ansätze, etwa bei Forkel, Reichardt und Schubart, die künstlerische Individualität Bachs, Wesen und Leistung seines kompositorischen Schaffens genauer zu bestimmen und in den Musikgeschichtsprozeß einzuordnen.

Im Zuge beginnender Heroenmusikgeschichtsschreibung des 19. Jahrhunderts wurde Carl Philipp Emanuel Bach entweder völlig ignoriert oder in die Rolle eines „Vorläufers" gedrängt. Die Bedeutung seines Werkes maß man daran, inwieweit es zur Ausbildung der „goldenen Aera"[76] Haydns und Mozarts beigetragen hatte. Der Eigenwert Bachscher Musik, aber auch ihr historisches Umfeld wurden bei einer solchen Betrachtungsweise nicht erfaßt. Mangelnde Fakten- und Werkkenntnis kompensierten die Autoren durch anekdotische Einflechtungen. Eklatante Fehldeutungen blieben folglich nicht aus.

Eine solche findet sich beispielsweise in der „Allgemeinen Musikalischen Zeitung" (1799/1800), die infolge ihres generalisierenden Zuschnitts Legendenbildungen begünstigt und nicht zuletzt eine richtige Sicht der Persönlichkeit Wilhelm Friedemann Bachs, um ein folgenschweres Beispiel zu nennen, für lange Zeit verhindert hat.[77] „Irgend ein witziger Kopf charakterisiert die drey Brüder Bach, als Künstler sehr treffend also: Als Künstler: Friedemann Bach, (der hallische) ist Meister im Hell-Dunkel, Emanuel (der hamburgische) im Grau in Grau, Christian (der Londoner) in vielfarbigen Blumenstücken nach der Natur. Vielleicht könnte man sie auch so als Künstler und einigermaßen auch als Menschen — was sich ja ohnehin nur in der Idee trennen läßt — von einander unterscheiden: Friedemann wollte im Arbeiten nur sich Genüge leisten, Emanuel mehr Kennern und Liebhabern, Christian mehr Liebhabern und Virtuosen. Friedem. stieß daher von sich, Eman. interessierte, Christ. wurde beliebt. Friedem. blieb roh, Eman. kultiviert, Christ. polirt. Friedem. darbte deshalb. Eman. hatte genug, Christ. bekam zum Verschwenden. Friedem. lebte unstät, Eman. in Hamburg, Christ. in

Friedrich Rochlitz. Lithographie von C. Lange

London. Friedem. fand fast nur Feinde, Eman. viel Freunde, Christ. noch mehr Gesellen. Friedem. achtete den mittlern Bruder mäßig, verachtete den jüngern; Eman. achtete den ältern hoch, den jüngern mäßig; Christ. lachte beyde aus. Friedem. trank und schrieb dann nicht; Eman. trank nicht und schrieb; Christ. trank und schrieb dann."[78] Diese Charakteristik stammt vermutlich von Friedrich Rochlitz. Doch setzte sich Rochlitz mit wahrem Feuereifer für die Wiederentdeckung vergessener Komponisten ein,[79] ohne daß seine Bemühungen um die Popularisierung Carl Philipp Emanuel Bachs auch weitreichende praktische Folgen gehabt hätten. Dessen Werke wurden nach wie vor nur selten aufgeführt. Immerhin gab es einige Musikhistoriker — neben Rochlitz auch Nägeli, Kiesewetter und Schilling[80] —, die um eine angemessene Beurteilung dieser Komponistenpersönlichkeit bemüht waren.

Rochlitz' mehrfach aufgelegte Aufsatzsammlung „Für Freunde der Tonkunst" (1824) enthält eine schöne Abhandlung über Carl Philipp Emanuel Bach. Der Autor gibt zahlreiche detaillierte Hinweise zur Biographie und versucht eine knappe Charakteristik einzelner Werkgruppen, wobei seine Bemerkungen zum Individuellen Bachscher Instrumentalmusik in vielem zutreffen.[81] Eine weitere Einzelstudie verdient Beachtung. Der Schweizer Musiktheoretiker Hans Georg Nägeli setzt sich in seinen „Vorlesungen über die Musik" (1826) mit der Physiognomie des Bachschen Schaffens auseinander. Er schätzt Bachs „Kunst, im Großen und Feinen zu variiren", „Ueberlegenheit ... in seiner Rhythmik", „Mannigfaltigkeit und Idealität der Construction" und „ästhetisches Zartgefühl".[82]

In den fünfziger und sechziger Jahren des 19. Jahrhunderts nahm die musikwissenschaftliche Forschung einen großen Aufschwung. Quellen wurden umfassend gesichtet und mittels differenzierter philologischer Methoden untersucht. Erste Gesamtausgaben, Werkverzeichnisse und Monographien entstanden, bemerkenswerte Leistungen, die noch heute den Anspruch als Standardwerke erheben können. Friedrich Chrysander veröffentlichte seit 1858 seine grundlegende Monographie über Händel, 1866 erschien die mehrbändige Beethoven-Darstellung von Alexander Wheelock Thayer. Philipp Spitta sammelte Materialien für seine Arbeit über Johann Sebastian Bach. Ein Thematisches Verzeichnis der Werke Glucks erarbeitete Aloys Fuchs (1851), das der Werke Mozarts Ludwig Alois Friedrich von Köchel (1862).

Alle diese Aktivitäten kamen der C.-Ph.-E.-Bach-Forschung zugute, deren eigentlicher Beginn 1868, dem Erscheinungsjahr von Carl Heinrich Bitters Buch „Carl Philipp Emanuel und Wilhelm Friedemann Bach und deren Brüder", anzusetzen ist. Diese erste große Monographie über Leben und Werk des

THEMATISCHES VERZEICHNIS

DER WERKE VON

CARL PHILIPP EMANUEL BACH

HERAUSGEGEBEN

VON

ALFRED WOTQUENNE

EIGENTUM DER VERLEGER

BREITKOPF & HÄRTEL

LEIPZIG · BRÜSSEL · LONDON · NEW YORK

Titelseite zu Alfred Wotquennes „Thematischem Verzeichnis", 1905

Meisters enthält zahlreiches, auf Westphal zurückgehendes Dokumentationsmaterial sowie eine Werkübersicht, zeichnet aber ein einseitiges Bach-Bild bar jeder sozialhistorischen Determinierung, das Bild eines gleichsam voraussetzungslos schaffenden Künstlers. Neue Impulse kamen von einem Musikwissenschaftler, der eigenartigerweise für Carl Philipp Emanuel Bachs Musik wenig übrig hatte: 1897 veröffentlichte Hugo Riemann einen Aufsatz über die Söhne des Thomaskantors.[83] Er schickte jedoch seinen Überlegungen die einschränkende Bemerkung voraus, nichts Endgültiges über ihren Anteil an der Herausbildung des klassischen Stils sagen zu können, da hierzu jahrelange Spezialstudien erforderlich seien. Riemann sah allerdings die Umbruchsituation in der Musik des 18. Jahrhunderts in erster Linie unter den Vorzeichen einer „Mannheimer Stilreform"[84]. Den Mannheimer Komponisten widmete er dann auch ausführliche Passagen im „Handbuch der Musikgeschichte" und seine verdienstvollen Editionen von

Mannheimer Sinfonik und Kammermusik im Rahmen der „Denkmäler Deutscher Tonkunst“. Immerhin war damit der Blick auf eine bislang in der Musikgeschichtsschreibung vernachlässigte Periode gelenkt, und es sollte nur noch wenig Zeit vergehen, bis weitere Arbeiten über Carl Philipp Emanuel Bach erschienen, eine Entwicklung, die in der Folgezeit nicht mehr abriß und bereits 1905 ein wichtiges Ergebnis zeitigte. In diesem Jahre legte der belgische Musikforscher und Bibliothekar Alfred Wotquenne[85] das noch heute für den Wissenschaftler und Praktiker unentbehrliche, wenn auch in seiner Systematik anfechtbare „Thematische Verzeichnis der Werke von Carl Philipp Emanuel Bach“ vor.[86]

Das Schicksal der Bach-Handschriften

Als Wotquenne an seinem Verzeichnis arbeitete, war eine größere Anzahl Bachscher Autographe, Abschriften und Erstdrucke bereits in zwei Bibliotheken konzentriert, der Königlichen Bibliothek in Berlin (heute: Deutsche Staatsbibliothek Berlin) und der Bibliothek des Conservatoire Royal de Musique in Brüssel. Die Bestände beider Bibliotheken bilden heute den Grundstock der verfügbaren Musikalien des Komponisten. Hinzu kommen die in der ganzen Welt verstreuten Quellen, die sich in Privatbesitz befinden oder als Inventar von Bibliotheken, Konservatorien, Konzertvereinigungen, kirchlichen Einrichtungen und so weiter registriert sind. Dennoch, die Hauptmasse der zu Lebzeiten Bachs vorhandenen Druck- beziehungsweise Handschriftenexemplare zahlreicher Werke ist verlorengegangen beziehungsweise verschollen. Unauffindbar sind die Partiturautographe der „Israeliten in der Wüste“ und von „Klopstocks Morgengesang am Schöpfungsfeste“. Von einhunderteinunddreißig uns bekannten Orchesterwerken Bachs sind — nach Angabe von Ernst Suchalla — nur fünfzig als Autographe erhalten.[87] Der Erstdruck der Liedsammlung „Herrn Doctor Cramers übersetzte Psalmen mit Melodien zum Singen bey dem Claviere“ — damals in einer Gesamtauflage von tausendfünfzig Exemplaren erschienen — ist gegenwärtig nur in achtunddreißig in- und ausländischen Bibliotheken vorhanden.[88] Von den „Preußischen Sonaten“ sind lediglich achtzehn Exemplare und von den gedruckten Stimmen der e-Moll-Sinfonie, Wq 177, sogar nur ein Exemplar nachgewiesen, dieses in der Bibliothek der Harvard-Universität in Cambridge (Mass./USA).[89]

Es läßt sich nicht annähernd rekonstruieren, welchen Weg die Handschriften Carl Philipp Emanuel Bachs im einzelnen genommen haben. Nach Bachs Tod bot seine Frau den Nachlaß öffentlich zum Verkauf an. In dem 1790 gedruckten „Verzeichniß des musikalischen Nachlasses des verstorbenen Capellmeisters Carl Philipp Emanuel Bach" heißt es: „Liebhaber, welche von diesem Nachlasse etwas zu kaufen wünschen, können sich an die verwittwete Frau Capellmeisterin Bach in Hamburg wenden."[90] Der Nachlaß bestand „1) Aus Instrumental-Compositionen, 2) Aus Singcompositionen, 3) Aus vermischten Stücken, 4) Aus Compositionen von Johann Sebastian Bach, W. F. Bach, J. C. F. Bach, J. C. Bach (dem Londner), J. Bernhard Bach, 5) Aus dem Altbachischen Archive, 6) Aus Musikalien von verschiedenen Meistern, 7) Aus Instrumenten, 8) Aus einer Sammlung Bildnisse von berühmten Tonkünstlern, und 9) Aus einer Sammlung dergleichen Silhouetten, Nebst angehängtem Verzeichnisse verschiedener vorhandenen Zeichnungen des Ao. 1778 in Rom verstorbenen Joh. Sebast. Bach, und einiger andern."[91]

Dank günstiger Umstände und der Sammlerleidenschaft von Musikliebhabern ist dieser Nachlaß zu großen Teilen auf uns gekommen, so auch Hauptwerke Johann Sebastian Bachs, wie die ‚Johannes-Passion', die ‚Matthäus-Passion', die ‚h-Moll-Messe' und die ‚Kunst der Fuge'. Daß dennoch vieles verlorenging — manches wurde auch vom Komponisten veräußert —, zeigt, daß sich die Erben der großen Bedeutung der von ihnen verwahrten Musikalien kaum bewußt waren: „... der Wert war an die praktische Verwertbarkeit geknüpft und nicht an die ideelle Bedeutung einer Originalhandschrift nach unserer Anschauung. Besonders deutlich läßt sich das aus dem Katalog der Nachlaßversteigerung Anna Carolina Bachs, der Tochter Philipp Emanuels, vom Jahre 1805 ablesen, wo die Werke Bachs gar nicht mehr einzeln angeboten werden, sondern in ganzen Stößen ... ‚Ein starker Stoß mit Passionsmusiken, Dramen, Cantaten etc.' (Nr. 128) heißt es dort, und es wird auch nicht zwischen Eigenschriften und Abschriften unterschieden."[92]

Den weitaus größten Teil dieses Nachlasses erwarb der Privatgelehrte Georg Poelchau.[93] Dieser hatte sich einige Jahre in Hamburg aufgehalten und war 1813 nach Berlin übersiedelt, wo er als Sänger und Bibliothekar an der dortigen Singakademie wirkte. Seine umfangreiche Musikalien- und Buchsammlung — neben den Bachiana auch Originalhandschriften von Haydn, Mozart und Beethoven, ferner kostbare musiktheoretische Drucke des 16. und 17. Jahrhunderts, auch Teile der einstigen Hamburger Opernbibliothek, unter anderem mit Partituren von Opern Keisers, sowie seit 1824 der Schwencke-Nachlaß – bot Poelchau der Königlichen Bibliothek Berlin an. Der Ankauf für sechstausend Taler kam jedoch erst fünf Jahre nach seinem Tode, 1841, zustande.

Sara Levy, geborene Itzig, hatte schon wenige Monate nach Bachs Tod dessen Witwe um eine genaue Aufstellung der hinterlassenen Musikalien gebeten, diese von Johanna Maria Bach in einem Brief vom 5. September 1789 auch erhalten[94] und daraufhin wohl das eine oder andere gekauft. Ihren schon früher angelegten Notenbestand übernahm vermutlich Carl Friedrich Zelter, der viel Kammermusik, vereinzelt auch größere Vokalwerke Carl Philipp Emanuel Bachs aufführte.[95] Überhaupt hatte Zelter als Leiter der Singakademie einen stattlichen Fundus an Noten und Theoretica zusammengetragen, wobei er allerdings nicht immer exakt zwischen Privatbesitz und Eigentum der Singakademie trennte. Nach seinem Tod im Jahre 1833 gab es deswegen Streit, der durch eine Entschädigungssumme an dessen Erben geschlichtet wurde.[96] Den Zelterschen Nachlaß erhielt die Singakademie. (Ein anderer Teil von Bachiana dieser Chorvereinigung geht wohl auf Babette Itzig, die Schwester von Sara Levy, und wie diese eine leidenschaftliche Verehrerin der Musik Carl Philipp Emanuel Bachs, zurück. Babette Itzig hat möglicherweise ihrem Enkel Felix Mendelssohn Bartholdy das Bachsche Notenmaterial überlassen, das dieser dann — wie Suchalla vermutet — an seinen Lehrer Zelter weitergab.[97]) In finanzielle Nöte geraten, verkaufte die Singakademie 1854 eigene Bestände für vierzehnhundert Taler an die Königliche Bibliothek.

Durch Schenkungen und Ankäufe — unter anderem der Nachlässe des Volksliedforschers Ludwig Christian Erks, Joseph Fischhofs, Klavierlehrer am Konservatorium der Gesellschaft der Musikfreunde in Wien, des Greifswalder Advokaten Johann Heinrich Grave, des Grafen von Voss-Buch — wurde die Bach-Sammlung der Königlichen Bibliothek erneut vergrößert.

Ein weiterer Fundus von Musikalien kam 1914 in die Verwaltung dieses Hauses: die Amalien-Bibliothek, die ihre eigene Geschichte hat. Anna Amalia war — wie oben gesagt — eine eifrige Sammlerin Bachscher Werke, gleicherweise von Vater und Sohn. Besonders schätzte sie die großen Vokalkompositionen Carl Philipp Emanuel Bachs. Von der Passionskantate, Wq 233, dem Magnificat, Wq 215, den „Israeliten in der Wüste", Wq 238, und dem „Heilig", Wq 217, besaß sie Abschriften.[98] Ihre Bibliothek fiel durch testamentarische Verfügung 1787 dem Joachimsthalschen Gymnasium zu und wurde später noch durch die Nachlässe von Schaffrath und Kirnberger erweitert, die wiederum zahlreiche Kopien von Kammermusik und Konzerten Carl Philipp Emanuel Bachs enthielten. Dies läßt auf eine rege Aufführung Bachscher Werke zu Lebzeiten der Prinzessin und ihres Musikerkreises, zu dem Kirnberger und Schaffrath gehörten, schließen. (Im Gegensatz hierzu fanden sich in der Musikaliensammlung der Königlichen Hausbibliothek ganze drei Titel von Carl Philipp Emanuel Bach neben nahezu tausend Kompositionen von Johann Joachim Quantz, ein weiterer Beweis dafür, daß Friedrich II. die Musik seines Kammercembalisten nicht sonderlich schätzte.[99]) Als die Verlegung des Joachimsthalschen Gymnasiums nach Templin erfolgte, entschieden die preußischen Behörden, daß die Musica practica der Königlichen Bibliothek übergeben und dort ausgewiesen als Bestände der ehemaligen Amalien-Bibliothek gesondert aufgestellt werden. Während des zweiten Weltkrieges fanden auch die Bach-Handschriften und Erstdrucke der Preußischen Staatsbibliothek (Bezeichnung der Königlichen Bibliothek seit 1918) in verschiedenen Auslagerungsorten provisorische Unterkunft. Einige Werke gelten seitdem als verschollen. — In der Handschrift Carl Philipp Emanuel Bachs liegen gegenwärtig in der Deutschen Staatsbibliothek Berlin (= dsb) und in der Staatsbibliothek Preußischer Kulturbesitz Berlin (West) (= spk) vor: Klaviermusik: aus Wq 62, 65 (dsb), Wq 67, aus Wq 65, 112, 116–118 (spk), Kammermusik: Wq 75–78, 80, 84, 88–91, 143, 145–149, 151, 155, 157, 163 (spk), Konzerte und Sonatinen: Wq 2, 11, 20, 23, 25, 27, 30, 33, 34, 44, 45, 96, 170 (spk), Wq 3, 7–9, 12, 15, 17–19, 31, 32, 36–38,

46, 164, 165 (dsb), Sinfonien: Wq 174, 183 (spk), Lieder: aus Wq 194, 196, 198–200, 202 (spk), „Zwey Litaneyen“: Wq 204 (spk), Magnificat: Wq 215 (spk), Chöre: Wq 218, 222, 224, 226, 228 (spk), Passionsmusiken: Wq 234, 235 (dsb), „Selma“: Wq 236 (spk), Oratorium „Auferstehung und Himmelfahrt Jesu“: Wq 240 (spk), Ostermusiken: Wq 243 (dsb), 244 (spk), Michaelismusiken: Wq 247, 248 (spk), Einführungs-Kantaten: Wq 250, 252 (spk), und weitere bei Wotquenne nicht genannte Kompositionen.[100]

Ein anderer Zweig der Handschriftenüberlieferung geht nicht auf den Bachschen Nachlaß, sondern auf die Sammlertätigkeit Johann Jakob Heinrich Westphals, Organist an der Schweriner Schloßkirche, zurück. Dieser stand — wie wir wissen — in brieflichem Kontakt mit Carl Philipp Emanuel Bach und erwarb noch zu dessen Lebzeiten zahlreiche Abschriften, Erstdrucke und wohl auch Autographe.[101] Überdies fertigte Westphal ein wertvolles Thematisches Verzeichnis Bachscher Werke an, das Wotquenne als Vorlage für seinen Katalog benutzte, und ein ebenso wichtiges Manuskript mit dem Titel „Gesammelte Nachrichten von dem Leben und den Werken des Herrn Carl Philipp Emanuel Bach Kapellmeister in Hamburg nebst einer Sammlung verschiedener Recensionen und Beurtheilungen seiner herausgegebenen Werke“. Nach Westphals Tod im Jahre 1825 versuchten die Erben vergeblich, „diese Sammlung geeigneten Händen zu überlassen. Vorschläge, sie dem Preußischen, dem Österreichischen Staat, der Stadt Hamburg, dem Großherzog von Mecklenburg, dem König von Sachsen, dem Prinzen Oskar von Schweden anzubieten, resp. zu verkaufen, kamen entweder nicht zur Ausführung oder wurden ablehnend beantwortet.“[102] Zwischen 1835 und 1840 erwarb François-Joseph Fétis, seit 1833 Direktor des Brüsseler Konservatoriums, diese Bestände, die 1840 schließlich in die Bibliothek dieses Instituts gelangten.[103] Vom Konservatorium wurde im 19. Jahrhundert auch der Nachlaß des Marburger Mediziners Professor Richard Wagener angekauft, so daß heute die Brüsseler Bibliothek nach der Deutschen Staatsbibliothek die größte Anzahl von Werken Carl Philipp Emanuel Bachs besitzt, unter anderem die Autographe von einigen Solosonaten (Wq 123—131) und von vier der sechs „Streichersinfonien“ (Wq 182,2—5).

Mit der bibliographischen Aufbereitung der Bach-Bestände und ihrer wissenschaftlichen Nutzung steht die Frage der

Carl Philipp Emanuel Bachs Handschrift in unterschiedlichen Schaffensperioden
a) Leipziger Zeit: Marsch D-Dur, BWV Anh. 122

b) Berliner Zeit: Altarie „Quia respexit" aus dem Magnificat, Wq 215, 1749

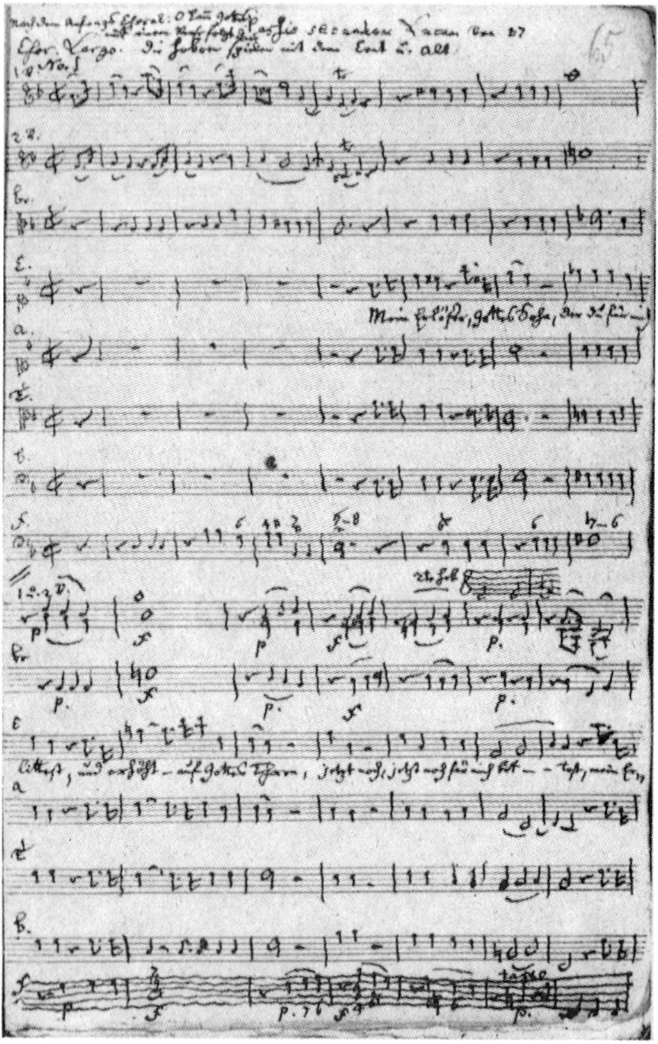

c) Hamburger Zeit: Eingangschor der Passionsmusik nach dem Evangelisten Lukas, Wq 234, 1787

Identifizierung der Handschrift Carl Philipp Emanuel Bachs in enger Beziehung. Hierzu wurden von der Bach-Forschung, insbesondere in den Kritischen Berichten zu den Editionen der Neuen Bach-Ausgabe und in den Tübinger Bach-Studien, wichtige Ergebnisse vorgelegt. Detaillierte Angaben beziehen sich auf die Schriftformen Carl Philipp Emanuel Bachs in den unterschiedlichen Schaffensstadien, auf seine Kopisten, auf Papierformate und Paginierungen und so weiter.

Georg von Dadelsen beschreibt die Schriftzüge so: „Als hervortretendes Merkmal werden im allgemeinen ihre kleinen, leicht zittrigen Formen angegeben. Gewiß hat das Gichtleiden, das Philipp Emanuel von seinem dreißigsten Lebensjahr an plagte, auch in der Handschrift seine Spuren hinterlassen."[104] Für den jugendlichen Bach ist eine „außerordentlich schwungvolle und großräumige Handschrift" symptomatisch.[105] „Bei allem Wandel bleiben doch einige Merkmale vom frühesten Zeugnis an bis ins hohe Alter hinein unverändert. In erster Linie sind das: die Form der Akkoladenklammer und die auffällige Betonung der Unterbögen. Diese tritt in der Verdickung der unteren Hälfte hohler Notenköpfe deutlich hervor und zeigt sich besonders in der gewöhnlich mit starkem Federdruck betonten Verlängerung der Buchstaben und Zeichen in rechts-horizontaler Richtung: Baßschlüssel, C-Schlüssel, Viertelpause. Die auffällige Verdickung einiger Achtel-Fahnen ist auch später keine Seltenheit."[106] Ergänzend sei noch vermerkt, daß Bach Staccato durch Keile, Bebung und Portatospiel durch Punkte kennzeichnete.

Marginalien zur Geschichte der C.-Ph.-E.-Bach-Forschung II — Fortführung, Tendenzen und Ausblick

Jahrzehntelang hatte das Verlagswesen von der Musik Carl Philipp Emanuel Bachs kaum Notiz genommen. Als erster in der zweiten Hälfte des 19. Jahrhunderts erkannte der Franzose Aristide Farrenc ihren Wert und veröffentlichte eine größere Auswahl von Sonaten, Rondos u. a. in der zwanzigbändigen Sammlung „Le trésor des pianistes" (Paris 1861–1872). Als weitere wichtige Edition folgte die Krebssche Urtextausgabe der „Sechs Sammlungen von Sonaten, Fantasien und Rondos für Kenner und Liebhaber" (Leipzig 1895). In der Reihe

„Denkmäler Deutscher Tonkunst" gab Arnold Schering das Klavierkonzert d-Moll, Wq 23, mit einem ausführlichen Kommentar und kritischen Bericht versehen, heraus. Seitdem sind zahlreiche Einzelausgaben Bachscher Werke erschienen, ohne daß freilich ihre Verläßlichkeit hinsichtlich einer authentischen Textwiedergabe durchweg gewährleistet wäre.[107]
Diese Neudrucke kamen nicht nur der Musikpraxis, sondern auch der Forschung zugute. Auf sie konnte Rudolf Steglich seine gedankenreichen Analysen in seinem Aufsatz „Karl Philipp Emanuel Bach und der Dresdner Kreuzkantor Gottfried August Homilius im Musikleben ihrer Zeit" (1915) stützen. Als zentrales kompositorisches Gestaltungsprinzip Bachs benannte Steglich die „thematische Verarbeitung wandlungsfähiger Motive"[108]. Auf ein anderes entscheidendes Merkmal der Bachschen Tonsprache wies Arnold Schering hin: Gemäß dem Grundsatz in der Musikanschauung des 18. Jahrhunderts, wonach die Musik „sprechen" müsse, sei für Bachs kompositorisches Denken ein „redendes Prinzip" geradezu signifikant.[109] Wichtig ist auch der konzeptionelle Ansatz Scherings, Bach „in das widerspruchsvolle Kunstgetriebe seines Zeitalters hineinzustellen und sein Schaffen aus allgemeinen, nicht der Musik allein geltenden künstlerischen Grundsätzen dieses Zeitalters zu begreifen"[110]. Und im Hinblick auf künftige Aufgaben formulierte er: „Die Philipp Emanuel Bach-Forschung steht, vom Biographischen abgesehen, noch in den Anfängen. Sie wird künftig weit ausgreifen und dabei die Musikanschauung des ganzen Jahrhunderts einer neuen kritischen Prüfung unterwerfen müssen."[111]
Diese Aufforderung wurde in der Folgezeit von verschiedenen Wissenschaftlern beherzigt.[112] Aus der inzwischen beträchtlich angewachsenen Bach-Literatur sind insbesondere die Arbeiten von Miesner, Schmid, Plamenac, Beurmann, Haag, Jurisch, Busch, Müller, Randebrock, Wyler, Jacobs, Barford, Brewer, Helm, Suchalla und Wade zu nennen.[113] Zu den meisten Werkbereichen des Bachschen Schaffens – Klaviersonate, Klavierfantasie, Klavierkonzert, Kammermusik, Sinfonik, Lied, Oratorium – liegen Studien, Analysen und größere Abhandlungen vor.[114] E. H. Meyer hat in seinen musikwissenschaftlichen Arbeiten mehrfach die Schlüsselstellung C. Ph. E. Bachs im Musikgeschichtsprozeß des 18. Jahrhunderts unterstrichen: „Mir

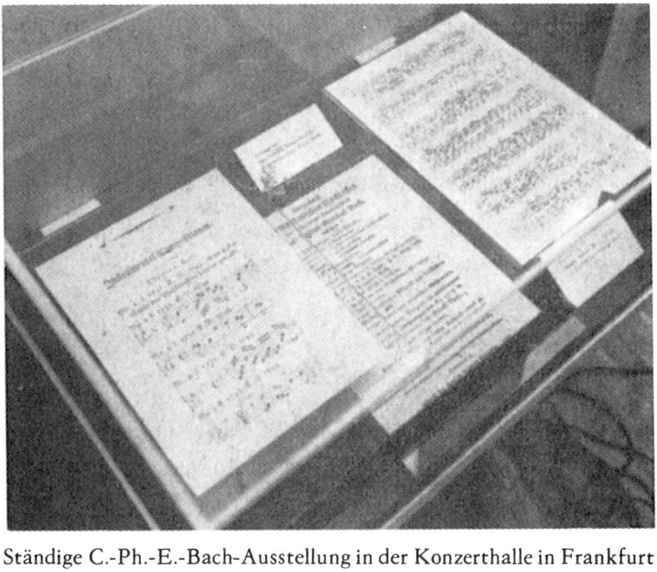

Ständige C.-Ph.-E.-Bach-Ausstellung in der Konzerthalle in Frankfurt (Oder)

scheint es notwendig, auf die Kontinuität der entscheidenden schöpferischen klassischen Perioden J. S. Bach — Händel, Carl Philipp Emanuel Bach — Gluck, Haydn — Mozart — Beethoven hinzuweisen."[115] Am Werk C. Ph. E. Bachs exemplifiziert Hanns Eisler den Fortschrittsgedanken in der Musik. In dessen Kompositionen sieht er „eine neue Expressivität, ein neues emotionelles Musizieren (verwirklicht), und zwar — technisch gesagt — ein Musizieren mit Gegensätzen"[116].
Seit 1975 werden an der Konzerthalle in Frankfurt (Oder), die den verpflichtenden Namen des Komponisten trägt, langfristige Aufgaben auf dem Gebiet der C.-Ph.-E.-Bach-Forschung realisiert. Neben der Sammlung und Archivierung von Quellenmaterialien, neueren Werkausgaben, einschlägiger Forschungsliteratur, werden in den nächsten Jahren wissenschaftliche Publikationen erarbeitet werden.
Neueren Datums sind eine von Paavo Soinne vorgenommene Übertragung des ersten Teils des „Versuchs über die wahre Art das Clavier zu spielen" (1753) ins Finnische sowie eine von Ernst Suchalla betreute und kommentierte Ausgabe von mehr als zweihundert Briefen Carl Philipp Emanuel Bachs an Johann Gottlob Immanuel Breitkopf und Johann Nikolaus Forkel. Der von E. Eugene Helm erarbeitete „The New Catalog of the Works of Carl Philipp Emanuel Bach" wird das in seiner Systematik anfechtbare Wotquenne-Verzeichnis ablösen und diesem gegenüber ungleich mehr Bachsche Kompositionen nachweisen.
So mannigfaltig die wissenschaftlichen Leistungen auch sein mögen, die Forderung Scherings[117] ist noch nicht eingelöst. Eine umfassende Carl-Philipp-Emanuel-Bach-Monographie steht noch aus. Vieles gilt es für die in- und ausländischen Schallplattenfirmen zu entdecken. Neue, der Praxis dienliche Editionen werden gebraucht. Zwar sind die Hauptwerke des Bachschen Klavierschaffens und des kammermusikalischen Bereichs — wenn auch größtenteils in älteren Drucken — erschlossen, doch gibt es in anderen Werkgruppen noch zahlreiche „weiße Flecken". Freilich ist auch auf diesem Sektor die Forschung in Bewegung geraten. Die University of Maryland, USA, realisiert in den nächsten Jahren eine Gesamtausgabe der Werke Carl Philipp Emanuel Bachs (Coordinating Editor: E. Eugene Helm; General Editor: Rachel W. Wade).
Komponisten unseres Landes haben sich wiederholt mit dem Schaffen Carl Philipp Emanuel Bachs auseinandergesetzt.[118]

Ihr produktiv-schöpferisches Verhalten zielt darauf ab, die musikalischen Leistungen dieses bedeutenden Sohnes von Johann Sebastian Bach im Sinne des Aufbereitens eines wichtigen Traditionsfonds für heutiges Komponieren nutzbar zu machen. Eine solche Absicht ist in Paul Dessaus „Bach-Variationen für großes Orchester“ (1963) verwirklicht.[119]
Kompositionen von Carl Philipp Emanuel Bach im Konzertsaal? Nicht häufig erklingen sie, öfter die Klavier- und Kammermusik, seltener die Lieder, Oratorien und Sinfonien. Gewiß, es gibt einige Musikfeste und Konzertreihen, etwa die jährlich stattfindenden Bach-Feste oder die „Stunde der Musik“, in denen seit langem Kompositionen des Meisters zur Aufführung gelangen. Neue Aktivitäten werden sichtbar: Namhafte Interpreten und Musikwissenschaftler, wie Gustav Leonhardt, Rudolf Serkin, Karl Geiringer, und viele Freunde der Musik des zweiten Bachsohnes vereint die 1985 in Hamburg, BRD, gegründete Hamburger Bach-Gesellschaft e. V., der ein Carl-Philipp-Emanuel-Bach-Archiv angeschlossen ist. In Potsdam und Berlin bemühen sich Freundeskreise des Kulturbundes der DDR um eine kontinuierliche Pflege Bachscher Musik. Die Singakademie in Frankfurt (Oder) wird bis 1988, dem Jahr der 200. Wiederkehr des Todestages von Carl Philipp Emanuel Bach, drei Hauptwerke seines Vokalschaffens einstudieren, die „Israeliten in der Wüste“, „Carl Wilhelm Rammlers Auferstehung und Himmelfahrt Jesu“ und das Magnificat.
Mit der Bildung des Kammerorchesters „Carl Philipp Emanuel Bach“ der Staatsoper Berlin (Leitung Hartmut Haenchen) steht ein ausgezeichnetes Ensemble für die stilgerechte Wiedergabe Bachscher Kompositionen zur Verfügung.
Allzuoft begegnet uns jedoch noch eine Reserviertheit gegenüber dieser Musik. In den Konzertprogrammen vieler Interpreten und Orchester spiegelt sich nach wie vor Klassikzentrizität wider. Dabei sollte doch der Umstand, daß die Erarbeitung beispielsweise der Bachschen Sonaten „für Kenner und Liebhaber“ umfängliche Einsichten in das Verzierungswesen des 18. Jahrhunderts verlangt oder daß die Interpretation der am klangzarten Clavichord entstandenen Kompositionen auf dem modernen Konzertflügel Probleme mit sich bringt, eher herausfordernd wirken als entmutigen. Hier setzt die Verantwortung auch der Musikschulen und -hochschulen ein, nicht nur, indem sie den Studierenden Wissen

um die aufführungspraktischen Normen und Besonderheiten der Musik jener Zeit vermitteln und es in Spielfertigkeiten umsetzen, sondern auch, indem sie Aufgeschlossenheit für dieses bislang noch wenig erschlossene Erbe wecken. Um richtig verstanden zu werden: Es soll hier keinem banalen Historismus das Wort geredet werden, der alles und jedes für bewahrenswert hält. Auch das Berufen auf Lob und Anerkennung, die der Komponist bei Zeitgenossen fand, reicht als Argument nicht aus. In der Qualität der Musik Carl Philipp Emanuel Bachs liegt die Hoffnung auf ihre zukünftige umfassende Pflege begründet.

ANHANG

ANMERKUNGEN

Der Verfasser möchte an dieser Stelle den vielen Fachkollegen, die die Entstehung der Biographie durch Anregungen, Richtigstellungen und helfende Kritik unterstützt haben, herzlich Dank sagen: Professor Dr. Rudolf Eller, Rostock; Professor Wilhelm Gonnermann, Kleinmachnow; Dr. Peter Gülke, Dresden/Weimar; Dr. Karl Heller, Rostock; Dietmar Holey, Dresden; Dr. Hans-Joachim Schulze, Leipzig; Herbert Schumacher, Frankfurt (Oder); den Mitarbeitern der Musikabteilungen der Deutschen Staatsbibliothek Berlin und der Sächsischen Landesbibliothek Dresden, und — last not least — der Verlagslektorin Frau Barbara Fleischhauer.

Plädoyer für ein „Originalgenie“

1 Bis hier wurde die Beschreibung von einem — wie Lavater mitteilt — „Musiker und Physiognom“ vorgenommen, möglicherweise von Ph. Ch. Kayser oder Ch. F. D. Schubart. Vgl. G. Busch, C. Ph. E. Bach und seine Lieder, Regensburg 1957, S. 129 (Kölner Beiträge zur Musikforschung; 12). Der nachfolgende Text stammt aus Lavaters Feder.

2 J. C. Lavater, Physiognomische Fragmente zur Beförderung der Menschenkenntniß und Menschenliebe, Bd. 3, Leipzig/Winterthur 1777, S. 200 f. Lavater hatte sich brieflich am 13. Mai 1775 an Bach gewandt und ein Bild für die „Physiognomischen Fragmente“ erbeten. Bach antwortete positiv im August des Jahres. Vgl. Busch, a. a. O., S. 129.

3 Vgl. J. W. v. Goethe, Aus meinem Leben. Dichtung und Wahrheit, Berliner Ausgabe, Bd. 13, Berlin 1967, S. 651 ff., 805 ff.

4 Ch. F. D. Schubart, Ideen zu einer Ästhetik der Tonkunst, entstanden um 1784/85, hrsg. von L. Schubart, Wien 1806, S. 178. (Neudrucke: Hildesheim 1969; Leipzig 1977, RUB 673.)

5 J. F. Reichardt, Schreiben über die Berlinische Musik, Hamburg 1775, S. 8. (Neudruck in: J. F. Reichardt, Briefe, die Musik betreffend, Leipzig 1976, RUB 620.)

6 C. Burney, Tagebuch einer musikalischen Reise, 3 Bände, aus dem Englischen übersetzt von J. J. Ch. Bode und Ch. D. Ebeling, Hamburg 1772/73, Bd. 3, S. 194 f. (Neudrucke: Kassel/Basel usw. 1967, Documenta musicologica, Reihe 1: Druckschriften-Faksimiles; 19; Leipzig ^{2}1975, RUB 382.)

7 Das sind zentrale Formulierungen, wie sie von der zeitgenössischen Musikanschauung geprägt und auch häufig von Bach gebraucht wurden.

8 L. v. Beethoven, Brief vom 26. Juli 1809 an Breitkopf und Härtel, in: Beethovens Sämtliche Briefe, hrsg. von A. Ch. Kalischer, Bd. 1, Berlin/Leipzig 1906, S. 284.

9 Vgl. Allgemeine Musikalische Zeitung X (1807/08), Sp. Vf. (Neudruck: Amsterdam/Hilversum 1964.)

10 Vgl. die Ausführungen im abschließenden Kapitel dieses Buches.

11 R. Schumann, Gesammelte Schriften über Musik und Musiker, 2 Bände, Leipzig 1914, Bd. 1, S. 11. (Neudruck: Leipzig 19[3]74, RUB 226.)

I. Weimar — Köthen — Leipzig — Frankfurt (Oder) (1714—1738)

1 Stadtkirchneramt Weimar, Taufbuch 1713—1723, fol. 32 r.; zit. nach Bach-Dokumente, Bd. 2: Fremdschriftliche und gedruckte Dokumente zur Lebensgeschichte Johann Sebastian Bachs 1685 bis 1750, Leipzig/Kassel usw. 1969, S. 54.

2 Bereits am 5. August 1717 unterzeichnete Johann Sebastian Bach den Anstellungsrevers.

3 Staatsarchiv Weimar, fol. 78 v.; zit. nach Bach-Dokumente, a. a. O., S. 65.

4 H. Besseler, Bach als Wegbereiter, in: Archiv für Musikwissenschaft XII (1955), S. 2. (Vgl. auch: H. Besseler, Aufsätze zur Musikästhetik und Musikgeschichte, Leipzig 1978, RUB 740, S. 368.)

5 F. Blume, Art. „Johann Sebastian Bach", in: Die Musik in Geschichte und Gegenwart (= MGG), Kassel/Basel usw. 1949ff., Bd. 1, Sp. 979.

6 Der Wettstreit auf der Orgel wurde bekanntlich nicht ausgetragen, weil Marchand dem überlegenen Bach kurzerhand das Feld räumte. Schon bald nach Bachs Tod wurde diese Begebenheit in den verschiedensten Versionen geschildert. Vgl. Bach-Dokumente, Bd. 3: Dokumente zum Nachwirken Johann Sebastian Bachs 1750 bis 1800, Leipzig/Kassel usw., S. 107f., 121f., 124f., 296ff., 423ff.

7 Vgl. Bach-Dokumente, a. a. O., Bd. 2, S. 65.

8 F. Rochlitz, Für Freunde der Tonkunst, Bd. 4, Leipzig 1832, S. 277f.

9 C. Ph. E. Bach, Selbstbiographie, in: Burney, a. a. O., Bd. 3, S. 199.

10 Vgl. W. Plath, Kritischer Bericht zur Neuen Bach-Ausgabe, Serie V, Bd. 5 (Klavierbüchlein für Wilhelm Friedemann Bach).

11 J. S. Bach, Brief vom 28. Oktober 1730 an G. Erdmann; zit. nach Bach-Dokumente, Bd. 1: Schriftstücke von der Hand Johann Sebastian Bachs, Leipzig/Kassel usw. 1963, S. 67.
12 Vgl. Bach-Dokumente, a. a. O., Bd. 2, S. 88.
13 Stats- u. Gelehrte Zeitung Des Hollsteinischen unpartheyischen Correspondenten, Nr. 89, 4. Juni 1723; zit. nach Bach-Dokumente, a. a. O., Bd. 2, S. 104.
14 J. S. Bach, Brief an G. Erdmann, a. a. O., S. 67.
15 Zit. nach Erläuterungen zur deutschen Literatur: Aufklärung, Berlin 1971, S. 45.
16 R. Eller, Abschnitt „Vom Westfälischen Frieden bis zum Ausgang des 18. Jahrhunderts", in: Art. „Leipzig", in: MGG, Bd. 8, Sp. 545f.
17 Zit. nach Bach-Dokumente, a. a. O., Bd. 1, S. 19.
18 Vgl. Bach-Dokumente, a. a. O., Bd. 2, S. 60ff.
19 Hervorgegangen aus dem 1702 von G. Ph. Telemann gegründeten Collegium musicum.
20 Vgl. Bach-Dokumente, a. a. O., Bd. 2, S. 112.
21 „Externus" bedeutet, daß C. Ph. E. Bach außerhalb des Alumnats wohnte.
22 Vgl. H. Miesner, Philipp Emanuel Bach in Hamburg, Leipzig 1929, S. 115. (Neudruck: Wiesbaden 1969.)
23 E. E. Hochw. Raths der Stadt Leipzig Ordnung Der Schule zu S. Thomae; zit. nach B. Knick, St. Thomas zu Leipzig, Wiesbaden 1963, S. 141.
24 Jakob Thomasius, Vater des Aufklärers und Staats- und Rechtswissenschaftlers Christian Thomasius, war von 1675 bis 1684 Rektor.
25 Vgl. C. C. Carus, Die Universität Leipzig, Leipzig 1830.
26 Vgl. die Aussagen in Bach-Dokumente, a. a. O., Bd. 2, S. 185ff., 197, 279 usw.
27 Bach, Selbstbiographie, a. a. O., S. 201.
28 C. Ph. E. Bach, Versuch über die wahre Art das Clavier zu spielen, 2 Teile, Berlin 1753 und 1762, Teil 1, S. 14. (Neudruck: Leipzig 1957.)
29 Plath, a. a. O., S. 71.
30 Ebenda.
31 Es handelt sich um zwei Märsche in D-Dur und G-Dur, BWV Anh. 122 und 124, zwei Polonaisen in g-Moll, BWV Anh. 123 und 125, sowie das „Solo per il Cembalo" Es-Dur, BWV Anh. 129.
32 Titelseite des „Wohltemperierten Klaviers" (1722); zit. nach Bach-Dokumente, a. a. O., Bd. 1, S. 219.
33 Aus einem Brief Jacob von Stählins an seinen Sohn Peter; zit. nach Bach-Dokumente, a. a. O., Bd. 3, S. 408.

34 Vgl. U. Siegele, Kompositionsweise und Bearbeitungstechnik in der Instrumentalmusik Johann Sebastian Bachs, Neuhaus/Stuttgart 1975, S. 101ff.

35 J. S. Bach, Brief an G. Erdmann, a. a. O., S. 68.

36 In C. Ph. E. Bachs Leipziger Zeit war der Vater nachweislich dreimal in Dresden: am 19. und 20. September 1725, wo er Konzerte auf der Silbermann-Orgel der Dresdner Sophienkirche gab, im September 1731 und schließlich im Juli 1733.

37 Vgl. Bach-Dokumente, a. a. O., Bd. 3, S. 289.

38 Vgl. zu diesem Problemkomplex G. v. Dadelsen, Bemerkungen zur Handschrift Johann Sebastian Bachs, seiner Familie und seines Kreises, Trossingen 1957, S. 39f. (Tübinger Bach-Studien; 1.)

39 Dies geht aus einigen erhaltenen Rechnungen hervor. Vgl. Bach-Dokumente, a. a. O., Bd. 2, S. 122.

40 Ebenda, Bd. 1, S. 271.

41 C. Ph. E. Bach, Brief vom 13. Januar 1775 an J. N. Forkel; zit. nach Bach-Dokumente, a. a. O., Bd. 3, S. 289.

42 In vielen Fällen sind Autographe, Aufführungsmaterial u. a. verlorengegangen, so daß die Zahl der in Leipzig entstandenen Werke als weitaus höher angenommen werden muß.

43 Wq = Wotquenne-Werkverzeichnis. Dieses in der Bach-Forschung übliche Sigel steht für das 1905 in Leipzig erschienene „Thematische Verzeichnis der Werke von Carl Philipp Emanuel Bach“ von Alfred Wotquenne.

44 Vgl. die Arbeiten von P. Barford, E. Beurmann, W. Müller, E. Randebrock, R. Wyler (genaue bibliographische Angaben im Literaturverzeichnis).

45 Vgl. E. Beurmann, Die Klaviersonaten Carl Philipp Emanuel Bachs, Diss., Göttingen 1953, S. 36ff.

46 Ebenda, S. 41.

47 Vgl. Bach, Versuch, a. a. O., Teil 1, S. 122.

48 Vgl. K. Geiringer, Johann Sebastian Bach, München 1971, S. 303ff., und Siegele, a. a. O., S. 23ff.

49 Siegele, a. a. O., S. 68.

50 J. N. Forkel, Ueber Johann Sebastian Bachs Leben, Kunst und Kunstwerke, Leipzig 1802, S. 44. (Neudruck: Kassel/Basel 1950.)

51 Im „Verzeichniß des musikalischen Nachlasses des verstorbenen Capellmeisters Carl Philipp Emanuel Bach“ (Neudruck im Bach-Jahrbuch 1938, S. 103ff.; 1939, S. 81 ff.; 1940/48, S. 161 ff.) findet sich der Hinweis, daß dieses Trio von Bach 1747 in Berlin überarbeitet wurde. Näheres darüber ist nicht bekannt. Einschneidende Veränderungen der kompositorischen Gestalt dürfte es kaum gegeben haben. Bach wird wohl lediglich die Me-

lodiestimmen gegenüber der Erstfassung etwas flüssiger gestaltet haben.

52 Dieses Trio unterzog Bach ebenfalls im Jahre 1747 einer Überarbeitung. Unsere analytischen Anmerkungen finden sich in dem Abschnitt, der Bachs Frankfurter Kompositionen behandelt.

53 Diese Annahme spricht A. Dürr aus im Vorwort zur praktischen Neuausgabe des d-Moll-Trios (Edition Moeck Nr. 1074, Celle 1963).

54 Der Tonumfang reicht in der Violine von a bis d^3, in der Flöte von d^1 bis f^3.

55 Dürr, a. a. O.

56 J. A. Scheibe, Critischer Musikus, Leipzig 1745, S. 62. (Neudruck: Hildesheim 1966.)

57 Moser schreibt im Zusammenhang mit den um die Jahrhundertmitte einsetzenden neuen kompositorischen Praktiken in der musikalischen Entwicklung von „einem bedenklichen Zusammenbruch der Technik“, in: H. J. Moser, Geschichte der deutschen Musik, Bd. 2, Stuttgart/Berlin 1930, S. 307. Ihrem Wesen nach sei die Aufklärung — so Moser unzulässig verallgemeinernd — „antibarock“. Ebenda, S. 310.

58 Vielfache aufklärerische Wesenszüge in der Musik Johann Sebastian Bachs konnten auf der wissenschaftlichen Konferenz, die im Rahmen des III. Internationalen Bachfestes der DDR 1975 in Leipzig stattfand, nachgewiesen werden. Ein interdisziplinäres Kolloquium beschäftigte sich mit der Fragestellung „Johann Sebastian Bach und das Zeitalter der Aufklärung“. Vgl. den Bericht über die Wissenschaftliche Konferenz zum III. Internationalen Bach-Fest der DDR, Leipzig 1977.

59 Vgl. Carus, a. a. O., S. 127.

60 Vgl. C. H. Bitter, Carl Philipp Emanuel und Wilhelm Friedemann Bach und deren Brüder, 2 Bände, Berlin 1868, Bd. 1, S. 9. Die im Anhang von Bitters Darstellung enthaltenen Dokumente — Briefe, Kantatentexte u. a. — sind sehr fehlerhaft ediert. Auch im Text zitiert Bitter ungenau.

61 Diese Begegnung schildert Johann Jakob Moser. Vgl. J. J. Moser, Lebensgeschichte ... von ihm selbst beschrieben, Frankfurt (Oder)/Leipzig 1777, S. 169ff. Vgl. auch G. Köster, Frankfurt an der Oder. Natur und Geschichte, Frankfurt (Oder) 1928, S. 88f.

62 Hier eine ausführlichere Passage: „Die Universität ist ohnehin sehr abgelegen, und, außer dem Jubiläo, niemalen starck besuchet worden: Nachdeme Halle gestifftet und empor gekommen, ja gar das Chur-Märckische große Stipendium von Franckfurt dahin verlegt worden ist ..., gehen oder müßen auch die meiste Landeskinder dahin: Und besonders ware zu der Zeit, als ich dahin kame, nicht möglich, daß dise Universität hätte floriren können:

Dann 1. Schlesien ware noch in Oesterreichischen Händen, da kein Schlesier es wagen durffte, allda zu studiren; 2. waren allerley sonderbare Dinge paßiert, davon sich Respects halber nichts schreiben läßet" (Moser meint u. a. die schlechten Qualitäten des Lehrpersonals — der Verf.) „... 4. Absonderlich sahe es in der juridischen Facultät, auf welche dort alles ankommt, betrübt aus ... Es ware also, als ich ankame, kein einziges Collegium in Jure zu hören ..." Moser, a. a. O., S. 157ff.

63 Rochlitz, a. a. O., S. 282.

64 Zur Musikgeschichte Frankfurts liegen u. a. folgende Untersuchungen vor: C. Sachs, Musik und Oper am kurbrandenburgischen Hofe, Berlin 1910; ders., Abriß einer brandenburgischen Musikgeschichte, in: Landeskunde der Provinz Brandenburg, hrsg. von E. Friedel und R. Mielke, IV.: Die Kultur, Berlin 1916; E. Kirsch, Zur Musikpflege an der Universität Frankfurt a. O. (16. bis 18. Jahrhundert), in: Volk und Heimat, Breslau 1924; H. Grimm, Meister der Renaissancemusik an der Viadrina, Frankfurt (Oder)/Berlin 1942; A. Adrio, Art. „Frankfurt an der Oder", in: MGG, Bd. 4, Sp. 722ff.

65 Vgl. Kirsch, a. a. O.

66 Ebenda.

67 Vgl. den Art. „Johann Gottlieb Janitsch", in: MGG, Bd. 6, Sp. 1704ff.

68 J. A. Hiller (Hrsg.), Wöchentliche Nachrichten und Anmerkungen die Musik betreffend, Bd. 1, Leipzig 1766/67, S. 84. (Neudruck: Hildesheim 1970.)

69 Staatsarchiv Potsdam, Pr. Br. Rep. 86 Universität Frankfurt/Oder, Nr. 59, Bl. 238 R. (Auch abgedruckt in: Ältere Universitäts Matrikeln, I.: Universität Frankfurt a. O., hrsg. von E. Friedlaender, Bd. 2 [1649—1811], Leipzig 1888, S. 339.)

70 Zit. nach Bach-Urkunden. Ursprung der musikalisch-Bachischen Familie, hrsg. von M. Schneider, Leipzig 1917.

71 Bach, Selbstbiographie, a. a. O., S. 199.

72 Es handelt sich um folgende Kompositionen: Oratorium, Welches am Sontage des ersten Advents 1736. Bey der Solennen Einweyhung Der Frankfurthischen Unter-Kirche, Abgesungen wurde. Frankfurth an der Oder, Gedruckt bey Sigismund Gabriel Alexen (Nachweis bei Bitter, a. a. O., Bd. 1, S. 325ff.). — Da Ihro Königl. Hoheit der Durchlauchtigste Fürst und Herr Friedrich Wilhelm, Prinz in Preussen und Markgraf in Brandenburg und Dero Gemahlin ... Die Stadt Frankfurt mit Dero hohen Gegenwart beehrten legten in nachstehender Cantate ihre unterthänigste Freude an den Tag Die auf der dasigen Universität studirende. Den 18. Marty 1737. Gedruckt bey Philipp Schwarzen, Königl. Preuss. Univ. Buchdr. (Nachweis bei Bitter, a. a. O.,

S. 328ff.). — Als Der Allerdurchlauchtigste und Grossmächtigste Fürst und Herr Friedrich Wilhelm König in Preussen, Markgraf zu Brandenburg ... Die Stadt Frankfurt an der Oder in der Martins Messe 1737 Mit Dero allerhöchster Gegenwart beehrten wollten ihre allerunterthänigste Ehrfurcht und Freude bezeugen Die auf der dasigen Universität Studirende. Frankfurt an der Oder, gedruckt bey Sigismund Gabriel Alexen (Nachweis bei Bitter, a. a. O., S. 331ff.).

73 Cantate, welche bey dem Ungnad-Thielischen Hochzeits-Fest ... aufgeführet wurde von C. Ph. E. Bach (Hochzeitskantate vom 18. Januar 1736). — Cantata, welche bey dem hohen Geburths-Feste ... des Cron-Printzens von Preussen ... aufgeführet worden von C. Ph. E. Bach, 24. Januar 1737. — Diese Titel sind im Alphabetischen Katalog des Stadtarchivs Frankfurt (Oder) nachgewiesen. Das handschriftliche Material zählt zu den Kriegsverlusten.

74 Im einzelnen sind es die Klaviersonaten e-Moll, Wq 65,5, 1735; G-Dur, Wq 65,6, 1736; Es-Dur, Wq 65,7, 1736; C-Dur, Wq 65,8, 1737; B-Dur, Wq 65,9, 1737; A-Dur, Wq 65,10, 1738.

75 Bach komponierte in Frankfurt (Oder) ein Trio a-Moll für Flöte, Violine und Basso continuo, Wq 148, 1735, sowie zwei Soli für Flöte, beide in G-Dur, Wq 123, 124, 1735 und 1737.

76 Es handelt sich um das Concerto per il Cembalo concertato, accompagnato da due Violini, Violetta e Basso, G-Dur, Wq 3, 1737.

77 Dieser Terminus wurde von Heinrich Besseler geprägt. Vgl. Besseler, a. a. O. In sehr viel stärkerem Maße sind Individualthemen in den Berliner und Hamburger Kompositionen Carl Philipp Emanuel Bachs ausgebildet.

78 Beginnend in den Bratschen setzt sich die Skalenbewegung über die zweiten zu den ersten Violinen fort.

II. Berlin (1738—1768)

1 Bach, Selbstbiographie, a. a. O., S. 199f.

2 Vgl. H. Miesner, Graf von Keyserlingk und Minister von Happe, zwei Gönner der Familie Bach, in: Bach-Jahrbuch XXXI (1934), S. 109.

3 Ebenda, S. 114f.

4 Zit. nach C. Mennicke, Hasse und die Brüder Graun als Symphoniker, Leipzig 1906, S. 468f.

5 Zit. nach T. Fontane, Wanderungen durch die Mark Brandenburg, Bd. 1: Die Grafschaft Ruppin, München 1977, S. 79.

6 Zit. nach F. W. Marpurg, Historisch-Kritische Beyträge zur

Aufnahme der Musik, 5 Bände, Berlin 1754—1778, Bd. 1, S. 249. (Neudruck: Hildesheim 1970.)

7 Vgl. Mennicke, a. a. O., S. 456.

8 Zit. nach E. F. Schmid, Art. „Carl Philipp Emanuel Bach", in: MGG, Bd. 1, Sp. 924.

9 Marpurg, a. a. O., S. 75f.

10 Bach, Versuch, a. a. O., Teil 2, S. 5.

11 J. K. F. Triest, Bemerkungen über die Ausbildung der Tonkunst in Deutschland im achtzehnten Jahrhundert, in: Allgemeine Musikalische Zeitung III (1800/01), Sp. 279.

12 Zit. nach G. Vogler/K. Vetter, Preußen. Von den Anfängen bis zur Reichsgründung, Berlin 1970, S. 120.

13 I. Mittenzwei, Friedrich II. von Preußen. Eine Biographie, Berlin 1979, S. 206. Zum Problemkomplex „Preußische Geschichte im 18. Jahrhundert" vgl. diese Darstellung sowie G. Schilfert, Deutschland von 1648 bis 1789, Berlin 1962, und Vogler/Vetter, a. a. O.

14 F. Nicolai, Beschreibung der Königlichen Residenzstädte Berlin und Potsdam und aller daselbst befindlicher Merkwürdigkeiten, Berlin 1769, S. 235.

15 Vgl. D. Sasse, Art. „Berlin", in: MGG, Bd. 1, Sp. 1712f.

16 Vgl. die Ausführungen weiter unten.

17 Vgl. L. Hoffmann-Erbrecht, Johann Sebastian und Carl Philipp Emanuel Bachs Nürnberger Verleger, in: Die Nürnberger Musikverleger und die Familie Bach, Materialien zu einer Ausstellung des 48. Bach-Fests der Neuen Bach-Gesellschaft, Nürnberg 1973, S. 5ff.

18 Art. „Carl Philipp Emanuel Bach", in: Riemann-Musiklexikon, hrsg. von W. Gurlitt, Personenteil, Bd. 1, Mainz 1961, S. 71.

19 Beispiele dieser Art finden sich in den langsamen Sätzen der Sonaten Wq 48,3; 49,4 und 49,5. Vgl. E. Randebrock, Studien zur Klaviersonate Carl Philipp Emanuel Bachs, Diss., Münster 1953, S. 35ff.

20 Vgl. den Schlußsatz der Sonate Wq 48,4.

21 Vgl. den Schlußsatz der Sonate Wq 49,6.

22 Hiller ist der Auffassung, Menuette würden den Sinfonien „ein Stutzerhaftes Aussehen" geben. Vgl. Hiller, a. a. O., S. 243.

23 Vgl. Besseler, a. a. O., S. 1ff.

24 Bach, Versuch, a. a. O., Teil 1, S. 115.

25 Gemeint ist die Sonate h-Moll, Wq 49,6.

26 F. W. Marpurg, Des critischen Musicus an der Spree erster Band, Berlin 1750, S. 217. (Neudruck: Hildesheim 1970.)

27 R. Steglich, Karl Philipp Emanuel Bach und der Dresdner Kreuzkantor Gottfried August Homilius im Musikleben ihrer Zeit; in: Bach-Jahrbuch XII (1915), S. 112.

28 Quantz spricht vom herrschenden Affekt als Träger des Ausdrucks eines musikalischen Satzes. Vgl. J. J. Quantz, Versuch einer Anweisung die Flöte traversiere zu spielen, Berlin 1752 (in der vorliegenden Arbeit wird die 2. Auflage, Breslau 1780, benutzt, S. 107).

29 Bach, Versuch, a. a. O., Teil 1, S. 119.

30 H. Abert, Wolfgang Amadeus Mozart, Bd. 1, Leipzig 1973, S. 65f.

31 Vgl. A. Schering, Carl Philipp Emanuel Bach und das „redende Prinzip" in der Musik, in: Jahrbuch Peters XLV (1938), S. 15.

32 Durch Abruptio wird ein unerwartetes Abbrechen oder Zerreißen des musikalischen Kontextes bezeichnet. — In der Erklärung dieses und der folgenden Begriffe bezieht sich der Verf. auf die entsprechenden Artikel im Riemann-Musiklexikon, hrsg. von W. Gurlitt, Sachteil, Mainz 1967.

33 Die Ellipsis wird nach J. A. Scheibe und J. N. Forkel als überraschendes Einsetzen eines neuen musikalischen Gedankens definiert.

34 Unter Multiplicatio versteht man die Aufteilung einer Note in mehrere kleinere Notenwerte.

35 Extensio bezeichnet die Verlängerung einer Dissonanz über ihre reguläre Dauer hinaus.

36 Wortprägung durch Schering. Vgl. Schering, a. a. O.

37 Vgl. Bach, Versuch, a. a. O., Teil 1, S. 123.

38 K. Geiringer, Die Musikerfamilie Bach, München 1958, S. 388.

39 Musikalischer Almanach, hrsg. von J. F. Reichardt, Berlin 1796, Abschnitt „C. Ph. E. Bach".

40 Die genaueren Angaben über Entstehungszeit, Besetzung u. a. finden sich bei Wotquenne, a. a. O.

41 Vgl. H. Miesner, Porträts aus dem Kreise Philipp Emanuel und Wilhelm Friedemann Bachs, in: Musik und Bild, Festschrift Max Seiffert, Kassel 1938, S. 102.

42 Bach, Selbstbiographie, a. a. O., S. 209.

43 R. Eller, Art. „Antonio Lucio Vivaldi", in: MGG, Bd. 13, Sp. 1861.

44 Freundlicher Hinweis von Herrn Dr. K. Heller, Rostock.

45 Diese Terminologie wird benutzt bei L. Hoffmann-Erbrecht, Die Bedeutung der Konzertform Bachs für die Geschichte des Solokonzerts; in: Bericht über die Wissenschaftliche Konferenz zum III. Internationalen Bach-Fest der DDR 1975, Leipzig 1977, S. 281ff.

46 Scheibe, a. a. O., S. 633.

47 Bach, Selbstbiographie, a. a. O., S. 202f.

48 Rochlitz, a. a. O., S. 290f.

49 Zit. nach Geiringer, Musikerfamilie, a. a. O., S. 206.

50 Die Vermutung Arnold Schönbergs, Carl Philipp Emanuel Bach habe dieses Thema entworfen, stellt eine von vielen Hypothesen dar. Vgl. A. Schönberg, Bach (10. März 1950; erste Fassung 1932), Original englisch, in: H. H. Stuckenschmidt, Schönberg, Zürich 1974, S. 508ff.

51 C. Ph. E. Bach/J. F. Agricola, Nekrolog auf Johann Sebastian Bach, in: L. Mizler, Musikalische Bibliothek, Bd. 4, Leipzig 1754, S. 166f. (Neudruck: Hilversum 1966.)

52 C. F. Cramer, Neseggab oder Geschichte meiner Reisen nach den caraibischen Inseln, Altona/Leipzig 1792; zit. nach Bach-Dokumente, a. a. O., Bd. 3, S. 519.

53 Vgl. Bach, Versuch, a. a. O., Teil 1, S. 14, 17; Teil 2, S. 12, 322.

54 Burney, a. a. O., Bd. 3, S. 173.

55 Zit. nach Bach-Dokumente, a. a. O., Bd. 3, S. 613.

56 Zum kompositorischen Schaffen W. F. Bachs vgl. M. Falck, Wilhelm Friedemann Bach, Leipzig 1913; F. Blume, Art. „Wilhelm Friedemann Bach", in: MGG, Bd. 1, Sp. 1047ff.

57 Vgl. E. R. Blechschmidt, Die Amalien-Bibliothek. Musikbibliothek der Prinzessin Anna Amalia von Preußen (1723—1787). Historische Einordnung und Katalog mit Hinweisen auf die Schreiber der Handschriften, Diss., Berlin 1963, S. 21ff.

58 „Herrn Sonnenkalbs Fortsetzung der unpartheyischen Gedanken über den Tractat des Herrn Daube selbst", in: F. W. Marpurg, Historisch-Kritische Beyträge, a. a. O., Bd. 4, S. 236f.

59 Vgl. Bach-Dokumente, a. a. O., Bd. 3, S. 148.

60 C. v. Winterfeld, Der evangelische Kirchengesang und sein Verhältnis zur Kunst des Tonsatzes, Bd. 3, Leipzig 1847, S. 431.

61 Schubart, a. a. O., S. 379.

62 J. Mattheson, Der Vollkommene Capellmeister, Hamburg 1739, S. 441. (Neudruck: Kassel/Basel usw. 1968, Documenta musicologica, Reihe 1: Druckschriften-Faksimiles; 5.)

63 C. Bellermann, Programma in quo parnassus musarum ..., München 1743, Original lateinisch; zit. nach Bach-Dokumente, a. a. O., Bd. 2, S. 410.

64 Bach/Agricola, Nekrolog, a. a. O., S. 170f.

65 Ebenda, S. 171.

66 Ebenda.

67 Bach-Urkunden, a. a. O. Veit Bach (gest. vor 1577?), der Urahn der Musikerfamilie Bach, war infolge der Gegenreformation aus Ungarn nach Deutschland geflohen.

68 Die „Kunst der Fuge" erschien 1752 in zweiter, mit einer ausführlichen Vorrede von F. W. Marpurg versehenen Auflage.

69 Zit. nach Marpurg, Historisch-Kritische Beyträge, a. a. O., Bd. 2, S. 576.

70 Zit. nach H. Miesner, Aus der Umwelt Philipp Emanuel Bachs, in: Bach-Jahrbuch XXXIV (1937), S. 139.
71 Ebenda.
72 Stadtarchiv Leipzig, Tit. VIII 66, fol. 98 r; zit. nach H.-J. Schulze, „.. da man nun die besten nicht bekommen könne...“, in: Bericht über die Wissenschaftliche Konferenz zum III. Internationalen Bach-Fest der DDR 1975, Leipzig 1977, S. 76.
73 Vgl. Miesner, Umwelt Bachs, a. a. O., S. 139.
74 Dieses Trio entstand bereits im Jahre 1746.
75 Zit. nach H. Mersmann, Ein Programmtrio Karl Philipp Emanuel Bachs, in: Bach-Jahrbuch XIV (1917), S. 139.
76 Ch. G. Krause, Von der musikalischen Poesie, Berlin 1753, S. 41.
77 Zit. nach A. Schering, Die Musikästhetik der deutschen Aufklärung, in: Zeitschrift der Internationalen Musikgesellschaft VIII (1907), S. 266.
78 Dieser Terminus wird u. a. verwendet bei D. Zoltai, Ethos und Affekt. Geschichte der philosophischen Musikästhetik von den Anfängen bis zu Hegel, Berlin/Budapest 1970, S. 181.
79 Quantz, a. a. O., S. 294.
80 Bach, Versuch, a. a. O., Teil 1, S. 54.
81 Vgl. Bach, Versuch, a. a. O., Teil 1, S. 121f.
82 H. W. v. Gerstenberg, Brief vom Sommer 1773 an C. Ph. E. Bach (lediglich im Entwurf erhalten); zit. nach E. F. Schmid, Carl Philipp Emanuel Bach und seine Kammermusik, Kassel 1931, S. 56.
83 C. Ph. E. Bach, Brief vom 21. Oktober 1773 an H. W. v. Gerstenberg; vgl. H. Miesner, Ungedruckte Briefe von Philipp Emanuel Bach, in: Zeitschrift für Musikwissenschaft XIV (1931/32), S. 224.
84 Geiringer, Musikerfamilie, a. a. O., S. 398.
85 J. Haydn, Brief vom 3. Dezember 1781 an J. C. Lavater, in: Joseph Haydn, Gesammelte Briefe und Aufzeichnungen, hrsg. von D. Bartha, Kassel/Basel usw. 1965, S. 106.
86 Vgl. insbesondere den letzten Satz aus dem D-Dur-Quartett, Wq 94.
87 Vgl. C. Burney, A General History of Music, Bd. 4, London 1789, S. 664.
88 Zit. nach Geiringer, Musikerfamilie, a. a. O., S. 373.
89 Ebenda, S. 375.
90 Vgl. Miesner, Bach in Hamburg, a. a. O., S. 69.
91 Nicolai, a. a. O., S. 404.
92 Bach, Selbstbiographie, a. a. O., S. 201.
93 Schubart spricht in seinen „Ideen zu einer Ästhetik der Tonkunst“ von der „pedantischen Steifheit“ in der Musik der Berliner Schule; vgl. Schubart, a. a. O., S. 83. In Burneys „Tagebuch“

finden wir folgende Bemerkung: „Und Grauns Kompositionen waren vor dreißig Jahren elegant und simpel, denn er war einer der ersten unter den Deutschen, welche die Fugen und andre dergleichen schwerfällige Arbeiten beiseite setzten und zugaben, daß wirklich ein Ding vorhanden sei, das Melodie hieße, welches die Harmonie unterstützen und nicht unterdrücken sollte; allein, obgleich die Welt immer in ihren Kreisen fortgeht, so haben sich doch schon seit langer Zeit verschiedne Berliner Musiker bemüht, solche in ihrem Laufe zu hemmen und zum Stillstehen zu bringen." Burney, Tagebuch, a. a. O., Bd. 3, S. 173.

94 F. W. Marpurg, Kritische Briefe über die Tonkunst, mit kleinen Stücken und Singoden, Bd. 1, Berlin 1760, S. 169.

95 J. W. L. Gleim, Brief vom 16. August 1758 an J. P. Uz; zit. nach Busch, a. a. O., S. 56.

96 Die Autorschaft Krauses ist nicht verbürgt. Vgl. M. Friedlaender, Das deutsche Lied im 18. Jahrhundert, Bd. 1, Stuttgart/Berlin 1902, S. 115.

97 Schubart, a. a. O., S. 295.

98 Vgl. Steglich, a. a. O., S. 41f.

99 Vgl. Lessings Werke, hrsg. von J. Petersen und W. v. Olshausen, Teil 9: Zeitungsartikel und Rezensionen, Berlin (o. J.), S. 40ff.

100 Dieses dreibändige Werk schrieb G. F. Meier nach Diktaten von Baumgarten.

101 Zit. nach G. F. Meier, Auszug aus den Anfangsgründen aller schönen Künste und Wissenschaften, Halle 1758, § 4.

102 Ebenda, § 6.

103 Vgl. Marpurg, Historisch-Kritische Beyträge, a. a. O., Bd. 1, S. 1ff.

104 Ebenda, S. 57ff.

105 Bach, Versuch, a. a. O., Teil 1, S. 115.

106 Ch. Nichelmann, Die Melodie nach ihrem Wesen sowohl, als nach ihren Eigenschaften, Danzig 1755, S. 11.

107 Mattheson, Capellmeister, a. a. O.; zit. nach Schering, Musikästhetik, a. a. O., S. 271.

108 Krause, a. a. O., S. 95.

109 Bach, Versuch, a. a. O., Teil 1, S. 122.

110 Vgl. W. J. Mitchell, C. P. E. Bach's Essay. An Introduction, in: The Musical Quarterly XXXIII (1947), S. 461f.

111 Ebenda, S. 471.

112 Bach, Versuch, a. a. O., Teil 1, S. 3.

113 Ebenda, S. 14.

114 Weitere Auflagen des Bachschen „Versuchs" im 18. Jahrhundert: Teil 1 — 1780, 1787; Teil 2 — 1780, 1797.

115 Bach, Versuch, a. a. O., Teil 2, Vorrede.

116 Ebenda, Teil 1, S. 1ff.

117 Ebenda, Vorrede.
118 Ebenda, S. 11.
119 Ebenda, S. 8.
120 Ebenda, S. 8f.
121 „Unsere Vorfahren, welche sich überhaupt mehr mit der Harmonie als Melodie abgaben, spielten folglich auch meistentheils vollstimmig." Ebenda, S. 16.
122 Ebenda.
123 Vgl. Bach/Agricola, Nekrolog, a. a. O., S. 172.
124 H. Hering, Art. „Klavierspiel", in: MGG, Bd. 7, Sp. 1177.
125 Bach, Versuch, a. a. O., Teil 1, S. 121.
126 A. E. Cherbuliez, Carl Philipp Emanuel Bach. 1714—1788, Zürich/Leipzig 1940, S. 41.
127 Vgl. H. Riemann, Die Söhne Bachs, in: Präludien und Studien, Bd. 3, Leipzig 1897, S. 173ff.
128 Vgl. E. F. Baumgart, Ueber harmonische Ausfüllung älterer Claviermusik, hauptsächlich bei Ph. Em. Bach, in: Allgemeine musikalische Zeitung V (1870), S. 185ff.
129 Vgl. Mennicke, a. a. O., S. 86f.
130 Vgl. die diesbezügliche Kritik Schenkers; in: H. Schenker, Ein Beitrag zur Ornamentik. Als Einführung zu Ph. Em. Bach's Klavierwerken, Wien/Leipzig 1908, S. 4f. Ausgesprochene Verfälschungen des Bachschen Urtextes stellen die 1862 von H. v. Bülow bei Peters in Leipzig herausgegebenen sechs Klaviersonaten dar.
131 Bach, Versuch, a. a. O., Teil 1, S. 51.
132 Ebenda, S. 53.
133 Ebenda, S. 52.
134 Ebenda, S. 62.
135 Ebenda, S. 71.
136 Ebenda, S. 85.
137 Ebenda, S. 115.
138 „Wir haben im § 8, als ein Mittel, den guten Vortrag zu erlernen, die Besuchung guter Musicken vorgeschlagen. Wir fügen allhier noch hinzu, daß man keine Gelegenheit verabsäumen müsse, geschickte Sänger besonders zu hören; Man lernet dadurch *singend dencken*" (Hervorhebung durch den Verf.), „und wird man wohl thun, daß man sich hernach selbst einen Gedancken vorsinget, um den rechten Vortrag desselben zu treffen." Ebenda, S. 121f.
139 J. H. v. d. Meer, Die klangfarbliche Identität der Klavierwerke Carl Philipp Emanuel Bachs, Amsterdam 1978, S. 12.
140 Bach, Versuch, a. a. O., Teil 1, S. 119.
141 Ebenda, S. 117.
142 Ebenda.
143 Diese sind 1957 als Neudruck beim VEB Breitkopf & Härtel

in Leipzig erschienen. Die im Text abgedruckte c-Moll-Fantasie folgt dieser Ausgabe.

144 Bach, Versuch, a. a. O., Teil 1, S. 120.

145 Schubart, a. a. O., S. 295.

146 Bach, Versuch, a. a. O., Teil 2, S. 336.

147 In der taktfreien Aufzeichnung geht Bach möglicherweise auf die Tradition der französischen Clavecinisten zurück, etwa auf die Klavier-Préludes von Louis Couperin und Jean Henri d'Anglebert. Vgl. P. Schleuning, Die Freie Fantasie, Diss., Freiburg, Göppingen 1973, S. 64f., 154.

148 Bach, Versuch, a. a. O., Teil 1, S. 123f.

149 Ebenda, S. 118.

150 Brief zit. bei Bitter, a. a. O., Bd. 1, S. 340ff.

151 Schleuning, a. a. O., S. 221.

152 Zit. nach Schleuning, a. a. O., S. 219.

153 Textabdruck bei F. Chrysander, Eine Klavier-Phantasie von Karl Philipp Emanuel Bach mit nachträglich von Gerstenberg eingefügten Gesangsmelodien zu zwei verschiedenen Texten, in: Vierteljahrsschrift für Musikwissenschaft VII (1891), S. 1ff.

154 Schubart, a. a. O., S. 179.

155 Vgl. Mennicke, a. a. O., S. 489, und E. Helm, Music at the court of Frederick the Great, Norman (Oklahoma) 1960, S. 28ff., 81ff.

156 Burney, Tagebuch, a. a. O., Bd. 3, S. 173.

157 Bach, Selbstbiographie, a. a. O., S. 202.

158 J. Mattheson, Grundlage einer Ehren-Pforte, hrsg. von M. Schneider, Kassel/Basel usw. 1969, Anhang, S. 28.

159 J. F. Agricola zitiert in seinem „Schreiben an Herrn ..." (1749) ausführlich Matthesons Abhandlung „Das neu-eröffnete Orchestre" (1713). Rezensionen von Werken des Hamburger Aufklärers finden sich bei Marpurg, Historisch-Kritische Beyträge, a. a. O., Bd. 1, S. 142ff., 477ff. Vgl. auch entsprechende Bemerkungen bei Quantz, a. a. O., S. 330f.

160 Mattheson, Capellmeister, a. a. O., S. 146.

161 Vgl. F. Lorenz, Die Musikerfamilie Benda, Georg Anton Benda, Berlin/New York 1971, S. 38.

162 Vgl. P. M. Young, Die Bachs. 1500—1850, Leipzig 1978, S. 190.

163 Vgl. Miesner, Bachs Umwelt, a. a. O., S. 141.

164 Vgl. Busch, a. a. O., S. 57.

165 Bach, Selbstbiographie, a. a. O., S. 201.

166 Vgl. Mennicke, a. a. O., S. 392.

167 Vgl. L. Hoffmann-Erbrecht, Art. „Johann Gottfried Müthel", in: MGG, Bd. 9, Sp. 914.

168 Bach, Selbstbiographie, a. a. O., S. 200.

169 Burney, Tagebuch, a. a. O., Bd. 3, S. 173.

170 Bach/Agricola, Nekrolog, a. a. O., S. 172.

171 Beispielsweise ist die Fuge Wq 119,4 in F. W. Marpurgs „Raccolta delle piu nuove Composizioni di Cembalo di differenti Maestri ed Autori per l'anno 1757", Leipzig 1757, S. 42ff., aufgenommen. Sie ist auch mit Bemerkungen von Marpurg in dessen „Clavierstücken mit einem practischen Unterricht für Anfänger und Geübtere", 1. Sammlung, Berlin 1762, S. IIff., abgedruckt.

172 Vgl. C. Sachs, Musikgeschichte der Stadt Berlin bis zum Jahre 1800, Berlin 1908, S. 164, 181.

173 Hiller, a. a. O., S. 243.

174 In Mannheim, dem „Geburtsort des Crescendo und Diminuendo", habe man festgestellt, „daß das Piano, (welches vorher hauptsächlich als ein Echo gebraucht wurde, und gemeiniglich gleich bedeutend genommen wurde,) sowohl als das Forte musikalische Farben sind, die so gut ihre Schattirungen haben, als Roth oder Blau in der Mahlerey". Burney, Tagebuch, a. a. O., Bd. 2, S. 74.

175 Zur Verbreitung der Bachschen Sinfonien wie zu ihrer Stilistik vgl. die fundierte Darstellung von E. Suchalla, Die Orchestersinfonien Carl Philipp Emanuel Bachs nebst einem thematischen Verzeichnis seiner Orchesterwerke, Diss., Augsburg 1968, der der Verf. zahlreiche Anregungen zu verdanken hat.

176 Dieselbe Sinfonie ist, um Holzbläser erweitert, als Wq 178 überliefert.

177 Burney, Tagebuch, a. a. O., Bd. 2, S. 257.

178 Schmid, C. Ph. E. Bach, a. a. O., Sp. 935.

179 G. E. Lessing, Brief vom 25. August 1769 an F. Nicolai, in: Gesammelte Werke in zehn Bänden, hrsg. von P. Rilla, Bd. 9, Berlin 1957, S. 327.

180 J. W. L. Gleim, Brief vom 28. August 1759 an C. W. Ramler; zit. nach Busch, a. a. O., S. 54.

181 Christian Friedrich Carl Fasch, Sohn des Zerbster Hofkapellmeisters Johann Friedrich Fasch, kam 1756 als zweiter Cembalist nach Berlin, wurde in der Bachschen Wohnung aufgenommen und in der Familie verpflegt.

182 Zit. nach C. F. Zelter, Christian Friedrich Carl Fasch, Berlin 1801, S. 19.

183 C. W. Ramler / Ch. G. Krause, Oden mit Melodien, Teil 1, Berlin 1753, Vorbericht.

184 Vgl. Geschichte der deutschen Literatur, Bd. 6: Vom Ausgang des 17. Jahrhunderts bis 1789, Berlin 1979, S. 214ff.

185 Ebenda, S. 221.

186 Marpurg, Kritische Briefe, a. a. O., Bd. 2, S. 63.

187 Ebenda, Bd. 1, S. 169.

188 Allgemeine deutsche Bibliothek, hrsg. von F. Nicolai, Bd. 1, Berlin/Stettin 1766, S. 302.

189 C. Ph. E. Bach, Herrn Professor Gellerts geistliche Oden und Lieder mit Melodien, Berlin 1758, Vorrede.
190 Busch, a. a. O., S. 356.
191 Gemeint sind Beethovens Gellert-Lieder op. 48 aus dem Jahre 1803.
192 Gedichte von Gellert wurden u. a. vertont von Johann Friedrich Doles und Friedrich Wilhelm Marpurg. Vgl. Busch, a. a. O., S. 64.
193 Ch. F. Gellert, Brief vom 25. März 1758 an seine Schwester, in: Sämmtliche Schriften, hrsg. von J. L. Klee, Leipzig 1839, Teil 8—10: Briefe, Nr. 142, S. 246.
194 C. Ph. E. Bach, Sechs Sonaten fürs Clavier mit veränderten Reprisen, Berlin 1760, Vorrede.
195 Schubart, a. a. O., S. 295.
196 Vgl. H. v. Hase, Carl Philipp Emanuel Bach und Joh. Gottl. Im. Breitkopf, in: Bach-Jahrbuch VIII (1911), S. 86ff.
197 Die Entstehungszeit dieser Sonaten reicht teilweise bis 1750 zurück.
198 Musikalisches Allerley, Berlin 1760, Vorrede.
199 Ephemeriden der Menschheit, o. J.; zit. nach Bitter, a. a. O., Bd. 1, S. 86.
200 C. Ph. E. Bach (Hrsg.), Johann Sebastian Bachs vierstimmige Choralgesänge, Berlin/Leipzig 1765, Vorrede; zit. nach Bach-Dokumente, a. a. O., Bd. 3, S. 180.
201 Vgl. F. Smend, Zu den ältesten Sammlungen der vierstimmigen Choräle J. S. Bachs, in: Bach-Jahrbuch LII (1966), S. 5ff.
202 So war Bach bereits mit dem Hamburger Stadtbeamten Jacob Schuback bekannt. Vgl. Bachs Brief vom 29. Dezember 1756 an G. Ph. Telemann; zit. bei Geiringer, Musikerfamilie, a. a. O., S. 378.
203 Zit. nach Schmid, C. Ph. E. Bach, a. a. O., Sp. 927f.
204 Diese Problematik wird ausführlich bei Schleuning, a. a. O., S. 146ff. behandelt.
205 Bach, Selbstbiographie, a. a. O., S. 209.
206 Art. „Carl Philipp Emanuel Bach“, in: Riemann-Musiklexikon, a. a. O., S. 71.
207 Burney, Tagebuch, a. a. O., Bd. 3, S. 173.

III. Hamburg (1768—1788)

1 Burney, Tagebuch, a. a. O., Bd. 3, S. 176.
2 Ebenda, S. 56.
3 Ebenda, S. 213.
4 „Was man an seinen Stücken tadelt“, schreibt Schubart in seinen

„Ideen zu einer Ästhetik der Tonkunst", und gibt damit eine weitverbreitete Meinung wieder, „ist eigensinniger Geschmack, oft Bizarrerie, gesuchte Schwierigkeit, eigensinniger Notensatz ... und Unbeugsamkeit gegen den Modegeschmack." Schubart, a. a. O., S. 179.

5 C. Ph. E. Bach, Brief vom 31. August 1784 an J. Ch. Kühnau; zit. nach Schmid, Kammermusik, a. a. O., S. 81.

6 Schleuning, a. a. O., S. 236.

7 Berufungsschreiben des Hamburger Senats; zit. nach Miesner, Bach in Hamburg, a. a. O., S. 8.

8 Vgl. ebenda, S. 7.

9 Vgl. den Briefwechsel C. Ph. E. Bachs mit G. M. Telemann; hrsg. von F. Chrysander, in: Allgemeine musikalische Zeitung IV (1869), S. 177ff.

10 Bach, Selbstbiographie, a. a. O., S. 200.

11 Vgl. Miesner, Bach in Hamburg, a. a. O., S. 10.

12 Zit. nach Bitter, a. a. O., Bd. 1, S. 186.

13 In Wirklichkeit dürfte die Zahl der geschaffenen Gelegenheitswerke ungleich höher liegen. Die Verluste an Aufführungsmaterial sind sehr groß. Vgl. Miesners Hinweise zur Quellenlage; Miesner, Bach in Hamburg, a. a. O., S. 51ff.

14 Zit. nach Miesner, Bach in Hamburg, a. a. O., S. 22.

15 Bach, Selbstbiographie, a. a. O., S. 207.

16 Rezensionen und Kritiken sind u. a. enthalten in verschiedenen Jahrgängen der „Staats- und Gelehrten Zeitung des Hamburgischen unpartheyischen Correspondenten" (im folgenden HUC abgekürzt), in den beiden Teilen von Reichardts „Briefen eines aufmerksamen Reisenden die Musik betreffend" und in dem von Cramer herausgegebenen „Magazin der Musik". Vgl. auch Miesner, Bach in Hamburg, a. a. O., S. 68ff., und Bitter, a. a. O., Bd. 2, S. 1ff. — Von zwei der genannten Vokalwerke hat Editio Musica Budapest Neudrucke (Klavierauszug und Partitur) hergestellt und somit wesentliche Voraussetzungen für heutige Aufführungen dieser Kompositionen geschaffen. Vgl. das Editionsverzeichnis.

17 Vgl. Miesner, Bach in Hamburg, a. a. O., S. 15ff.

18 Zit. nach Miesner, Bach in Hamburg, a. a. O., S. 19.

19 Vgl. J. A. Hiller, Von der Kirchenmusik, in: Wöchentliche Nachrichten, a. a. O., Bd. 1, S. 395ff.

20 J. F. Reichardt, Musikalisches Kunstmagazin, 2 Bände, Berlin 1782 und 1791, Bd. 1, S. 179.

21 Bach schrieb in seiner Selbstbiographie: „Ich glaube mit vielen einsichtsvollen Männern, daß das itzt so beliebte Komische, hieran" (an Verfallserscheinungen in der zeitgenössischen Musik — der Verf.) „den größten Antheil habe. Ohne Männer anzuführen,

welchen man vielleicht vorwerfen könnte, daß sie entweder gar nichts, oder nur wenig Komisches gemacht haben, will ich einen der itztlebenden größten Meister im Komischen, Signor Galuppi, nennen, welcher mir in meinem Hause zu Berlin vollkommen beypflichtete und einiger sehr lächerlichen Vorfälle, welche er sogar in einigen Kirchen Italiens erlebt hatte, bey dieser Gelegenheit erwähnte." Bach, Selbstbiographie, a. a. O., S. 201f.

22 Zit. nach Miesner, Bach in Hamburg, a. a. O., S. 25.

23 Ebenda.

24 Burney, Tagebuch, a. a. O., Bd. 3, S. 191.

25 Ebenda.

26 C. Ph. E. Bach, Brief vom 10. April 1780 an den Verleger Schwickert in Leipzig; zit. nach L. Nohl, Musiker-Briefe, Leipzig 1867, S. 68.

27 Zu Bachs Hamburger Schülern zählten u. a. Jan Ladislav Dusík, Nicolas Joseph Hüllmandel, Dietrich Ewald von Grotthuß, Christian Friedrich Gottlieb Schwencke, Niels Schiørring, Carl August Friedrich Westenholz, Zierlein.

28 Vgl. Miesner, Bach in Hamburg, a. a. O., S. 21.

29 Zit. nach K. Hortschansky, Der Musiker und Musikalienhändler in der zweiten Hälfte des 18. Jahrhunderts, in: Der Sozialstatus des Berufsmusikers vom 17. bis 19. Jahrhundert, hrsg. von W. Salmen, Kassel/Basel usw. 1971, S. 88.

30 Ebenda.

31 Geiringer, Musikerfamilie, a. a. O., S. 394.

32 Vgl. Heimatchronik der Freien und Hansestadt Hamburg, hrsg. von E. v. Lehe u. a., Köln 1960, S. 116.

33 K. Stephenson, Art. „Hamburg", in: MGG, Bd. 5, Sp. 1393.

34 Vgl. H. Ch. Wolff, Die Barockoper in Hamburg (1678—1738), Wolfenbüttel 1957, Bd. 1, S. 342.

35 Ebenda, S. 341f.

36 J. Mattheson, Der Musicalische Patriot, Hamburg 1728, S. 6.

37 HUC, Nr. 62, 16. April 1768; auch zit. bei J. Sittard, Geschichte des Musik- und Concertwesens in Hamburg, Altona/Leipzig 1890, S. 102.

38 Es handelt sich um G. Ph. Telemanns Kantate „Ino".

39 HUC, Nr. 70, 30. April 1768; auch auszugsweise zit. bei Sittard, a. a. O., S. 102.

40 Vgl. Sittard, a. a. O., S. 105. Sittard meldet diese Zweifel an, da in den damaligen Hamburger Tageszeitungen keine Hinweise auf stattgefundene Konzerte enthalten sind. Nun muß man allerdings berücksichtigen, daß es zu Lebzeiten Bachs noch keine regelmäßige Konzertkritik gab.

41 Vgl. Sittard, a. a. O., S. 102ff., und Miesner, Bach in Hamburg, a. a. O., S. 19ff.

42 Die entsprechende Briefpassage ist bei Sittard, a. a. O., S. 108, abgedruckt.
43 Es handelt sich um die vier „Orchester-Sinfonien mit zwölf obligaten Stimmen", Wq 183.
44 HUC, Nr. 133, 19. August 1776; zit. nach Sittard, a. a. O., S. 107.
45 Vgl. Sittard, a. a. O., S. 102ff.
46 Magazin der Musik, hrsg. von C. F. Cramer, 4 Bände, Hamburg 1784—1789, Bd. 3, S. 3. (Neudruck: Hildesheim 1970.)
47 Zit. nach Sittard, a. a. O., S. 110.
48 Vgl. Reichardt, Kunstmagazin, a. a. O., Bd. 1, S. 42ff., 92ff., 191ff., 202.
49 Schubart, a. a. O., S. 104.
50 HUC, Nr. 57, 11. April 1786; zit. nach Bach-Dokumente, a. a. O., Bd. 3, S. 421.
51 R. Petzoldt, Zur sozialen Lage des Musikers im 18. Jahrhundert, in: Sozialstatus, hrsg. von W. Salmen, a. a. O., S. 82.
52 Vgl. HUC, Nr. 70, 30. April 1768; vgl. auch Sittard, a. a. O., S. 105.
53 Bachs Ankündigung des Druckes der Partitur im HUC, 14. September 1774; zit. nach Miesner, Bach in Hamburg, a. a. O., S. 74.
54 Diesen Begriff benutzte u. a. Forkel. Vgl. Forkel, Johann Sebastian Bach, a. a. O., S. 44.
55 Vgl. F. Blume, Geschichte der evangelischen Kirchenmusik, Kassel/Basel usw. 1965, S. 202.
56 In dieser Komposition überwiegen die langsamen Tempi, was auch dem empfindsamen Grundcharakter des Oratoriums entspricht. — Der Verf. folgt in der Numerierung der einzelnen Arien, Chöre usw. sowie in der Wiedergabe des Notentextes dem von Editio Musica Budapest besorgten Neudruck des Oratoriums „Die Israeliten in der Wüste".
57 Vgl. die Nummern 4 und 14.
58 Vgl. die Nummer 14.
59 Vgl. die Nummer 13: Largo — Vivace — Poco adagio — Vivace — Largo.
60 Vgl. die Nummer 15.
61 G. Feder, Abschnitt „Das Oratorium in Deutschland bis J. Haydn", in Art. „Oratorium", in: MGG, Bd. 10, Sp. 148.
62 Über verschiedene Aufführungen in Hamburg vgl. Sittard, a. a. O., S. 108, 114, 125. Eine Rellstabsche Aufführung in Berlin erwähnt Miesner, Bach in Hamburg, a. a. O., S. 73. In Gewandhauskonzerten der Jahre 1784 und 1798 erklangen ebenfalls die „Israeliten". Vgl. A. Dörffel, Festschrift zur hundertjährigen Jubelfeier der Einweihung des Concertsaales im Gewandhause zu Leipzig, Bd. 1, Leipzig 1881, S. 2.

63 Bitter teilt mit, daß Bach auf den Seiten 21 und 94 dieser Partitur Ergänzungen in der Singstimme vorgenommen hat, „welche auf einen nicht geringen Grad von Coloraturfertigkeit schließen lassen". Bitter, a. a. O., Bd. 2, S. 5.

64 Vgl. Bachs Brief vom 15. September 1774 an Forkel: „... jetzt bin ich ganz Oratorium ... Hr. Klopstock und einige andere Freunde sind Ursache, dass ich schon wieder aufs Theater trete." Zit. nach Bitter, a. a. O., Bd. 1, S. 339.

65 HUC, Nr. 174, 14. September 1774; zit. nach Miesner, Bach in Hamburg, a. a. O., S. 36.

66 Ebenda, S. 74.

67 Sittard weist für den 23. Februar 1777 eine Aufführung des „Messias" unter Bachs Leitung in einer Hamburger Freimaurerloge nach: „Am vergangenen Sonntag ward das Konzert, welches die hiesigen vier vereinigten Logen der Freymäurer zum Besten der Armen gegeben, geendigt. Auch nicht Freymäurer hatten zu diesem Concert Zutritt gehabt, in welchem unter der Direction des Herrn Kapellmeister Bach einige vortreffliche Singstücke aufgeführt wurden, unter welchen sich die Israeliten in der Wüste von Bach, St. Elena von Hasse, die Erscheinung von Klopstock nach Gluck's, Pergolesi's und Zoppi's Komposition und der Messias von Händel vorzüglich ausnahmen. Die Versammlung war allemal zahlreich und glänzend und verschiedene Personen der sich hier aufhaltenden Noblesse von dem Rathe und der Geistlichkeit beehrten selbige mit ihrer Gegenwart. Das letzte Konzert ward mit Händel's Messias beschlossen ..." HUC, 26. Februar 1777; zit. nach Sittard, a. a. O., S. 112.

68 J. F. Reichardt, Briefe eines aufmerksamen Reisenden die Musik betreffend, 2 Teile, Frankfurt (Main)/Leipzig 1774 und Frankfurt (Main)/Breslau 1776, Teil 1, S. 82f.

69 Ebenda, Teil 2, S. 14f.

70 Vgl. A. Schering, Geschichte des Oratoriums, Leipzig 1911, S. 343ff., 360ff.

71 Rochlitz, a. a. O., S. 313f.

72 Forkel, Johann Sebastian Bach, a. a. O., S. 44.

73 C. Ph. E. Bach, Brief vom 8. März 1788 an einen Verleger (Sammlung Schloß Marimont in Belgien); zit. nach Schmid, Kammermusik, a. a. O., S. 72.

74 Vgl. Bachs Rezension des ersten Bandes der „Allgemeinen Geschichte der Musik" von J. N. Forkel im HUC vom 9. Januar 1788; zit. nach Bitter, a. a. O., Bd. 2, S. 110.

75 Magazin der Musik, a. a. O., Bd. 2, S. 1250.

76 Der theoretisch-ästhetische Aspekt kann in diesem Zusammenhang nicht näher untersucht werden. Vgl. hierzu die Arbeiten von Zoltai, a. a. O., und die Dissertation des Verf., Die Entwicklung

des theoretisch-ästhetischen Denkens innerhalb der Berliner Musikkultur von den Anfängen der Aufklärung bis Reichardt, Leipzig 1978 (Beiträge zur musikwissenschaftlichen Forschung in der DDR; 10).

77 Folgende Bemerkung in Reichardts Autobiographie ist sehr aufschlußreich: „Damals kam unserm jungen Künstler zuerst der Gedanke, dass die eigentliche Kunst der Musik wol in dem Bewusstwerden des innern, geheimen Calcüls der Seele bestehe, der ununterbrochen in ihr, dem übrigen unbewusst, fortgeht. Bach wollte in diese Idee gar nicht eingehn; er schien sie eigentlich nicht zu fassen, so ein trefflicher Kopf er auch war." J. F. Reichardt, Autobiographie (Teil 2), in: Allgemeine Musikalische Zeitung XVI (1814), Sp. 32.

78 Bach, Selbstbiographie, a. a. O., S. 209.

79 Aus Bachs Hamburger Zeit stammen u. a. die „VI Piccole Sonate a due Corni, due Flauti, due Clarinetti e Fagotto" (1775), Wq 184, und die „6 Kleinen Stücke oder Märsche für 2 Hörner, 2 Oboen, 2 Klarinetten und Fagott", Wq 185.

80 Die erste Sammlung dieser Sonaten wurde 1776, die zweite 1777 gedruckt.

81 Die „Orchester-Sinfonien" erschienen 1780 bei Schwickert, Leipzig.

82 Zit. nach dem Vorwort der Herausgeber (Neudruck: Kassel/Basel, Bärenreiter-Ausgabe 735).

83 Bach, Versuch, a. a. O., Teil 2, S. 210.

84 Vgl. Anm. 82 dieses Kapitels.

85 J. N. Forkel, Musikalisch-kritische Bibliothek, Bd. 2, Gotha 1778, S. 281. (Neudruck: Hildesheim 1964.)

86 Zit. nach O. G. Sonneck, Zwei Briefe C. Ph. Em. Bachs an Alexander Reinagle, in: Sammelbände der Internationalen Musikgesellschaft VII (1906/07), S. 114.

87 Forkel, Bibliothek, a. a. O., S. 277.

88 Vgl. F. Peters-Marquardt / A. Dürr, Art. „Johann Nikolaus Forkel", in: MGG, Bd. 4, Sp. 518f., sowie verschiedene Aufsätze über Gluck im ersten Band von Forkels „Musikalisch-kritischer Bibliothek", Gotha 1778, S. 53ff.

89 Forkel, Bibliothek, a. a. O., Bd. 2, S. 281f.

90 Ebenda, S. 282f.

91 Vgl. das Einleitungskapitel zu J. N. Forkel, Allgemeine Geschichte der Musik, Bd. 1, Leipzig 1788, S. 1ff.

92 Forkel, Bibliothek, a. a. O., Bd. 2, S. 283f.

93 Ebenda, S. 284.

94 Ebenda, S. 289.

95 Ebenda, S. 291.

96 HUC, Nr. 31, 22. Februar 1777; auch zit. bei Bitter, a. a. O., Bd. 1, S. 210.

97 Diese Angaben finden sich bei Bitter, a. a. O., Bd. 1, S. 212ff. Vgl. auch die den Erstdrucken dieser Sammlungen beigegebenen Pränumerantenverzeichnisse.

98 Vgl. W. A. Mozart, Brief vom 10. April 1782 an den Vater, in: W. A. Mozart, Briefe und Aufzeichnungen, Gesamtausgabe, hrsg. von der Internat. Stiftung Mozarteum Salzburg, 7 Bände, Kassel/Basel usw. 1962—1975, Bd. 3, S. 201.

99 Ebenda.

100 Vgl. R. Bernhardt, Aus der Umwelt der Wiener Klassiker, Freiherr Gottfried van Swieten, in: Der Bär, Jahrbuch von Breitkopf & Härtel 1929/30, S. 74ff.

101 Reichardt, Autobiographie, a. a. O., Sp. 29.

102 Ebenda.

103 Ebenda.

104 J. P. Larsen / H. C. Robbins Landon, Art. „Joseph Haydn", in: MGG, Bd. 5, Sp. 1902.

105 Die Regelmäßigkeit wird dadurch aufgebrochen, daß Bach bei der Wiederholung des Themenkopfs diesen sofort um einen Takt erweitert (Takt 5).

106 G. E. Lessing, Hamburgische Dramaturgie, in: Gesammelte Werke in zehn Bänden, hrsg. von P. Rilla, Bd. 6, Berlin 1954, S. 142.

107 Gemeint ist die c-Moll-Fantasie aus den „18 Probestücken in 6 Sonaten", Wq 63.

108 H. W. v. Gerstenberg, Brief vom 27. April 1768 an F. Nicolai; zit. nach Schmid, Kammermusik, a. a. O., S. 53.

109 Reichardt, Kunstmagazin, a. a. O., Bd. 1, S. 25.

110 Ebenda.

111 Bach hat in der Baßstimme zu Beginn dieses Satzes die Initialen B — A — C — H — E verarbeitet, eine kleine Verbeugung vor seinem Auftraggeber, dem Baron van Swieten.

112 Suchalla, a. a. O., S. 52f.

113 Reichardt, Autobiographie, a. a. O., Sp. 29. Die Bachschen „Streichersinfonien" waren einige Jahrzehnte verschollen, bis Hugo Riemann Abschriften davon in der Bibliothek der Thomasschule in Leipzig entdeckte, diese aber irrtümlicherweise für Streichquartette hielt und als solche herausgab. Erst als Ernst Fritz Schmid die Autographe von vier Sinfonien in der Bibliothek des Conservatoire Royal in Brüssel fand, konnte das Riemannsche Mißverständnis geklärt und eine kritische Neuausgabe dieser Sinfonien besorgt werden.

114 Vgl. Geschichte der deutschen Literatur, a. a. O., Bd. 6, S. 490.

115 J. W. v. Goethe, Zum Schäkespears Tag, in: Jugendwerke, Bd. 3: Prosaschriften 1757—1775, Berlin 1956, S. 78.

116 Vgl. P. Schnaus, Art. „Johann Georg Sulzer“, in: MGG, Bd. 12, Sp. 1733ff., und Ottenberg, a. a. O., S. 64ff.
117 Vgl. Geschichte der deutschen Literatur, a. a. O., Bd. 6, S. 510, 870.
118 J. G. Sulzer, Allgemeine Theorie der schönen Künste, Teil 1 und 2, Leipzig 1771—1774 (in der vorliegenden Arbeit wird die 4. Auflage, 4 Bände, Leipzig 1792—1794, benutzt, Bd. 3, S. 627).
119 Ebenda, S. 486.
120 Ebenda.
121 Ebenda, S. 625.
122 Hier ist Carl Philipp Emanuel, nicht Johann Sebastian Bach gemeint.
123 J. F. Reichardt, Über die Deutsche comische Oper, Hamburg 1774, S. 15. (Neudruck: Giebing 1970.)
124 Ebenda, S. 19.
125 Schubart, a. a. O., S. 178.
126 Burney, Tagebuch, a. a. O., Bd. 3, S. 211.
127 Vgl. Anm. 4 dieses Kapitels.
128 Übrigens enthält der erste Band des „Magazins der Musik“ die Mitteilung, daß dem jungen Beethoven eine vielversprechende künstlerische Laufbahn bevorstände. Magazin der Musik, a. a. O., Bd. 1, S. 394f.
129 Burney, Tagebuch, a. a. O., Bd. 3, S. 210.
130 G. J. Vogler, Betrachtungen der Mannheimer Tonschule, 3 Bände, Mannheim 1778—1781, Bd. 3, S. 151ff. (Neudruck: Hildesheim 1974.)
131 Ebenda, S. 152.
132 Vgl. Voglers Rezension von Kirnbergers „Kunst des reinen Satzes“, ebenda, Bd. 3, S. 258ff.
133 Boshaft schreibt Kirnberger an Forkel: „Von Mannheim habe ich von Jemand ein Schreiben erhalten, dass Vogler daselbst eben so wenig als aller Orten gilt. So geht es den Windbeuteln.“ Zit. nach Bitter, a. a. O., Bd. 2, S. 323.
134 Vogler, a. a. O., Bd. 3, S. 153.
135 Ebenda, S. 154.
136 Ebenda, S. 159f.
137 J. Mainka, Vorwort zu Ch. F. D. Schubarts „Ideen zu einer Ästhetik der Tonkunst“, Leipzig 1977, S. 20.
138 Vgl. Miesner, Bach in Hamburg, a. a. O., S. 32.
139 Ebenda.
140 Zit. nach Busch, a. a. O., S. 123.
141 So gibt Anna Karoline Philippine Bach nach dem Tode ihres Vaters auf eine Anfrage der Behörde hin detailliert Auskunft über Bachs Bezüge. Vgl. Miesner, Bach in Hamburg, a. a. O., S. 14ff.

142 G. E. Lessing, Brief vom 26. September 1776 an K. W. Daßdorf, in: Lessings Briefe in einem Band, Berlin/Weimar 1967, S. 372f.

143 Zit. nach Bitter, a. a. O., Bd. 2, S. 113.

144 Über die kunstgeschichtliche Bedeutung des Malers vgl. W. Stechow, Johann Sebastian Bach the Younger, in: De Artibus Opuscula XL, Essays in Honor of Erwin Panofsky, ed. by M. Meiss, New York 1961, S. 427ff.

145 Kirnberger schreibt an Forkel: „... und sein Bruder in Hamburg will auch von ihm" (W. F. Bach — der Verf.) „nichts wissen, weil nichts bey ihm angewendet ist, wenn er ihm auch noch so viel schicken wollte, welches er schon öfters gethan hat." Zit. nach Bitter, a. a. O., Bd. 2, S. 323.

146 Graf Wilhelm weilte vor der Berufung J. Ch. F. Bachs am Potsdamer Hof, wo er mit ziemlicher Sicherheit C. Ph. E. Bach kennenlernte. Dieser widmete dem Grafen die zwei Triosonaten, Wq 161. Im fürstlichen Hausarchiv in Bückeburg gab es übrigens eine Akte „Bach, Königl. Preuß Musiker zu Berlin betr.". Vgl. H. Wohlfarth, Johann Christoph Friedrich Bach. Ein Komponist im Vorfeld der Klassik, Bern/München 1971, S. 59 (Neue Heidelberger Studien zur Musikwissenschaft; 4).

147 Vgl. Hortschansky, a. a. O., S. 89, sowie Inserate im HUC. So wird beispielsweise in der Ausgabe vom 26. Juli 1768 eine Subskriptionsanzeige für Werke des Bückeburger Bachs veröffentlicht.

148 Bach, Selbstbiographie, a. a. O., S. 202.

149 J. H. Voß, Brief vom 2. und 3. April 1774 an E. T. J. Brückner; zit. nach Busch, a. a. O., S. 122.

150 Burney schreibt: „Hamburg besitzt gegenwärtig ausser dem Herrn Kapellmeister, Carl Philip Emanuel Bach, keinen hervorragenden Tonkünstler, dagegen aber gilt dieser auch für eine Legion! Ich hatte schon längst seine eleganten und original Kompositionen mit dem höchsten Grade von Vergnügen betrachtet; und sie hatten ein so heftiges Verlangen in mir erzeugt, ihn zu sehen und zu hören, daß es keiner andern musikalischen Versuchung brauchte, mich nach dieser Stadt zu locken." Burney, Tagebuch, a. a. O., Bd. 3, S. 187.

151 Es folgt die Schilderung des Bachschen Clavichordspiels, die weiter unten zitiert wird.

152 Es handelt sich um die zwei Teile von J. S. Bachs „Wohltemperiertem Klavier".

153 Burney, Tagebuch, a. a. O., Bd. 3, S. 211ff.

154 Hierzu zählen „C. P. E. Bachs Clavier-Sonaten mit einer Violine und einem Violoncello zur Begleitung" sowie einzelne Sammlungen „für Kenner und Liebhaber".

155 Eine Übersicht über die im Besitz Bachs befindlichen Bildnisse gibt dessen Nachlaßverzeichnis, a. a. O., 1940—1948, S. 161ff.

156 Zwei Briefe Diderots an C. Ph. E. Bach wurden zu Lebzeiten des Komponisten im HUC, Nr. 57, 1774, und im „Neuen gelehrten Mercur", Altona 1774, Bd. 2, 14. Stück, veröffentlicht. Vgl. Schmid, Kammermusik, a. a. O., S. 45f. Wenige Jahre später übertrug J. Ch. v. Zabuesnig beide Schriftstücke, die nicht im Autograph erhalten sind, ins Deutsche, vgl. J. Ch. v. Zabuesnig, Historische und kritische Nachrichten von dem Leben und den Schriften des Herrn von Voltaire und anderer Neuphilosophen unserer Zeiten, (o. O.) 1777. Im Rahmen der neuen französischen Gesamtausgabe der Briefe Diderots (1963—1970) wurde von beiden Briefen eine Rückübersetzung ins Französische vorgenommen, vgl. D. Diderot, Correspondance, hrsg. von G. Roth und J. Varloot, Bd. 16, Paris 1970, S. 49f., 51.

157 Der „Hausvater" wurde 1768 in Hamburg gespielt. Lessing rezensierte dieses Werk im 84. Stück seiner „Hamburgischen Dramaturgie".

158 D. Diderot, Brief vom 30. März 1774 an C. Ph. E. Bach, in: Correspondance, a. a. O., Bd. 16, S. 49f. — Die Übersetzung dieses Briefes wie auch der nachfolgenden Schriftstücke Diderots, die auf C. Ph. E. Bach Bezug nehmen, besorgte freundlicherweise Frau Dorothea Gülke, Dresden.

An C. Ph. E. Bach Hamburg, 31.(?) März 1774

Monsieur,

Ich habe nicht gewagt, mir einer so zuvorkommenden Erwiderung, wie es die Ihre war, zu schmeicheln. Da ich nicht die Ehre habe, von Ihnen gekannt zu werden, bin ich gezwungen gewesen, von mir vielleicht etwas weniger bescheiden zu sprechen, als es sich gehört. Ich mußte mich Ihnen empfehlen. Mein Name ist durchaus nicht unbekannt: immerhin ist es möglich, nicht ganz so berühmt zu sein wie Sie. Ich nehme Ihren Vorschlag an. Setzen Sie einen Kopisten, wenn nötig zwei, an die Arbeit. Ich werde gern alle Kosten tragen, und wenn, wonach ich bereits fragte, Sie ein Honorar für Ihre Arbeit wünschen, Monsieur, wird ein hiesiger Kaufmann es für mich bezahlen. Sie können die Stücke, die Sie mir in Aussicht stellen, seiner Exzellenz dem Prinzen Galitzin, dem Gesandten der Kaiserin von Rußland in Haag, schicken, der mein Freund ist und bei dem ich mindestens zwei oder drei Monate verbringen werde. Monsieur Emanuel, ich rechne mit Ihrem Versprechen. Es reicht nicht aus, ein Genie zu sein, man muß sein Wort auch pünktlich einhalten.

Ich bin etc.
Diderot

(Correspondance, a. a. O., Bd. 16, S. 51)

An F. M. Grimm 2. November 1769

... Meine Tochter hat die Musik verschlungen, die Sie ihr gebracht haben. Ich danke Ihnen dafür, in der Erwartung, daß sie es noch selbst tun möge nach ihrer Rückkehr vom Lande. Dieser Müller, dieser Emanuel (Bach), dieser Müthel haben eine ganz eigene Kraft, die mir durchaus nicht mißfällt. Im übrigen, da ihre Kompositionen kompliziert sind, können Sie sich vorstellen, was sie hinsichtlich der Fingersätze und der Fertigkeit beim Lesen mein Kind kosten, ganz abgesehen davon, daß man bei diesen Musikern sowieso nicht ungeschickt sein darf; man hat durchaus Beschäftigung für beide Hände und noch mehr. Es wäre eine große Genugtuung für sie, wenn Sie sie einige Stücke spielen hörten und besonders, wenn Sie ihr Unterricht im Begleiten geben würden. Wenn Sie Naigeon hierüber um Neuigkeiten befragen wollen, wird er sie Ihnen mitteilen. Ich glaube, daß sie gut spielen wird, doch worin ich nahezu sicher bin, ist, daß sie eine Musikerin werden wird, daß sie die Theorie dieser Kunst gut erlernen wird, es sei denn, ein Schwiegersohn wirft alles über den Haufen, verdirbt der kleinen Person die Figur und nimmt ihr den Geschmack am Studium ...

(Correspondance, a. a. O., Bd. 9, S. 189 f.)

An F. M. Grimm 28. Juni 1770

... Vergessen Sie nicht, was Sie an Eckard schreiben sollten, um von ihm einen Band mit Sonaten in außergewöhnlichen Tonarten von Emanuel Bach zu erhalten. Er muß Ihnen den Band schicken, wenn er ihm gehört. Er muß ihn für Sie besorgen, wenn er jemand anderem gehört. Man wird die Titelseite kopieren und ihn umgehend zurücksenden ...

(Correspondance, a. a. O., Bd. 10, S. 78 f.)

159 Deutsch: „die Stärke und Leichtigkeit der Bachschen Musik"; zit. nach Schmid, Kammermusik, a. a. O., S. 45.

160 D. Diderot, Ästhetische Schriften, 2 Bände, hrsg. von F. Bassenge und T. Lücke, Berlin/Weimar 1967, Bd. 2, S. 464.

161 Zoltai, a. a. O., S. 165.

162 Vgl. Hase, a. a. O., weitere Briefe an die Verleger Artaria und Schwickert bei Nohl, a. a. O., S. 65 ff.

163 Vgl. Busch, a. a. O., S. 86.

164 Das Gedicht ist abgedruckt bei Bitter, a. a. O., Bd. 1, S. 183 ff.

165 Zit. nach Miesner, Porträts, a. a. O., S. 108.

166 Vgl. Smend, a. a. O., S. 5 ff.

167 C. Ph. E. Bach, Brief (vermutlich zweite Dezemberhälfte 1774) an J. N. Forkel; zit. nach Bach-Dokumente, a. a. O., Bd. 3, S. 284 f.

168 Zit. bei Bitter, a. a. O., Bd. 2, S. 109 ff.

169 Das Nachlaßverzeichnis nennt 10 Werke dieses Komponisten. Vgl. Nachlaßverzeichnis, a. a. O., 1939, S. 95ff.

170 Z. Pilková, Die Familien Bach und Benda, in: Bericht über die Wissenschaftliche Konferenz zum III. Internationalen Bach-Fest der DDR 1975, Leipzig 1977, S. 218.

171 Über Hamburger Theateraufführungen vgl. J. F. Schütze, Hamburgische Theater-Geschichte, Hamburg 1794; R. Schlösser, Vom Hamburger Nationaltheater zur Gothaer Hofbühne 1767—1769, Hamburg/Leipzig 1895; Geschichte der deutschen Literatur, a. a. O., Bd. 6, S. 467ff.

172 Vgl. F. Kaiser, Art. „Carl Stamitz“, in: MGG, Bd. 12, Sp. 1158.

173 Reichardt lebte vorübergehend im Hause Johann Georg Büschs.

174 Reichardt, Autobiographie, a. a. O., Sp. 30.

175 Daß sich das Verhältnis zwischen beiden trübte, gründete sich in erster Linie auf persönliche Unstimmigkeiten. Vgl. Miesner, Bach in Hamburg, a. a. O., S. 26.

176 Reichardt, Briefe, a. a. O., Teil 2, S. 7ff.

177 Reichardt, Berlinische Musik, a. a. O., S. 8.

178 Reichardt, Briefe, a. a. O., Teil 1, S. 124. Eine fundierte Darstellung von Reichardts Musikanschauung erfolgt bei G. Hartung, Johann Friedrich Reichardt (1752—1814) als Schriftsteller und Publizist, Diss., Halle 1964.

179 Reichardt, Autobiographie, a. a. O., Sp. 23ff.

180 Diese Ziele stellte sich die 1765 gegründete „Patriotische Gesellschaft“, der außer Kaufleuten und Ratsmitgliedern auch Gelehrte, Künstler (möglicherweise auch Bach) und Handwerker angehörten. Vgl. Heimatchronik, a. a. O., S. 164.

181 Vgl. Reichardt, Autobiographie, a. a. O., Sp. 29.

182 Beide hatten auch Burneys Reisetagebücher übersetzt und in Hamburg herausgegeben.

183 Nachgewiesen ist seine Mitarbeit an der Passionskantate (1770), Wq 233. Ferner schrieb er das von Bach vertonte und in den „Neuen Lieder-Melodien“ (1789) veröffentlichte Gedicht „Auf den Geburtstag eines Freundes“.

184 Lessing wohnte vom April 1767 bis April 1770 in Hamburg, besuchte aber auch in der Folgezeit die Hansestadt mehrfach.

185 Mitgeteilt von Reichardt in dessen Autobiographie, a. a. O., Sp. 29.

186 G. E. Lessing, Kollektaneen, in: Lessings Werke, hrsg. von J. Petersen und W. v. Olshausen, a. a. O., Teil 19, S. 213f.

187 Ebenda, S. 215.

188 Lessing zitiert in seiner „Hamburgischen Dramaturgie“ ausführlich J. A. Scheibes „Critischen Musikus“; vgl. Gesammelte Werke, hrsg. von P. Rilla, a. a. O., Bd. 6, S. 135ff.

189 Vgl. Bitter, a. a. O., Bd. 1, S. 339.
190 Vgl. Miesner, Bach in Hamburg, a. a. O., S. 36.
191 Bach hat nachweislich sechs Gedichte von Voß, drei von Miller, zwei von Hölty und je eines von Overbeck, L. v. Stolberg sowie C. F. Cramer vertont.
192 Zit. nach Busch, a. a. O., S. 122.
193 J. H. Voß, Brief vom 4. April 1774 an J. M. Miller; zit. nach Busch, a. a. O., S. 123.
194 Auszüge aus den zahlreichen Rezensionen von Claudius, Schubart u. a. sind bei Busch, a. a. O., S. 111ff., 143ff., wiedergegeben.
195 J. H. Voß, Brief vom 14. August 1774 an E. Boie; zit. nach Busch, a. a. O., S. 125.
196 C. Ph. E. Bach, Brief vom 9. September 1774 an J. H. Voß; ebenda, S. 126.
197 Nach Gudrun Busch hat Bach 1775 mit „Selma" zum ersten Male ein durchkomponiertes Lied geschaffen. Vgl. Busch, a. a. O., S. 362.
198 Brief Voß' an Brückner, vgl. Anm. 192 dieses Kapitels; zit. nach Busch, a. a. O., S. 123.
199 Zit. nach Schmid, Kammermusik, a. a. O., S. 52.
200 Ebenda, S. 53.
201 Vgl. Busch, a. a. O., S. 154ff.
202 Zit. nach Miesner, Bach in Hamburg, a. a. O., S. 41.
203 Vgl. Busch, a. a. O., S. 96.
204 M. Claudius, Brief vom Juli 1768 an H. W. v. Gerstenberg; zit. nach Busch, a. a. O., S. 93f.
205 Schulz hatte ursprünglich beabsichtigt, im Jahre 1764 Unterricht bei Bach zu nehmen. Dieser vermittelte ihn jedoch an Kirnberger. Schulz nannte Bach in einem Brief vom 23. August 1780 an Voß das „Non plus ultra in der Musik". Vgl. O. Rieß, Johann Abraham Peter Schulz' Leben, in: Sammelbände der Internationalen Musikgesellschaft XV (1913/14), S. 182.
206 Zit. nach J. Mainka, J. A. P. Schulz und die musikalische Entwicklung im Zeitalter von „Sturm und Drang", Habil.-Schrift, Berlin 1970, S. 36.
207 R. Wyler, Form- und Stiluntersuchungen zum ersten Satz der Klaviersonaten Carl Philipp Emanuel Bachs, Biel 1960, S. 150.
208 W. Georgii, Klaviermusik, Zürich/Freiburg (Breisgau) 1950, S. 168.
209 Reichardt, Autobiographie (Teil 1) in: Allgemeine Musikalische Zeitung XV (1813), Sp. 673.
210 Beurmann, a. a. O., S. 81.
211 H. G. Nägeli, Vorlesungen über Musik, Stuttgart/Tübingen 1826, S. 141.
212 Auf diese Beziehung weist auch Jalowetz hin. Vgl. H. Jalowetz,

Beethovens Jugendwerke in ihren melodischen Beziehungen zu Mozart, Haydn und Ph. E. Bach, in: Sammelbände der Internationalen Musikgesellschaft XII (1910/11), S. 469.

213 Ebenda.

214 Busch, a. a. O., S. 392.

215 Vgl. E. Reimer, Abschnitt „Kenner — Liebhaber — Dilettant", in: Handwörterbuch der musikalischen Terminologie, hrsg. von H. H. Eggebrecht, Wiesbaden 1979ff.

216 Ebenda, S. 6.

217 Krause, Poesie, a. a. O., S. 31.

218 Aus dem Pränumerantenverzeichnis zur ersten Sammlung geht hervor, daß sich Abnehmer aus folgenden Städten bzw. Ländern und Provinzen für diese Klavierwerke interessierten: Berlin, Braunschweig, Kopenhagen, Curland, Danzig, Dresden, Göttingen, Gotha, Hamburg, Hannover, Holstein, Leipzig, London, Ludwigslust, Nyburg, Petersburg, Prag, Reval, Riga, Schlesien, Stettin, Uckermark, Ulm, Ungarn, Warschau, Wien. Vgl. auch Hase, a. a. O., S. 96f.

219 Reichardt, Kunstmagazin, a. a. O., Bd. 1, S. 87.

220 Magazin der Musik, a. a. O., Bd. 4, S. 869f.

221 Vgl. Bitter, a. a. O., Bd. 1, S. 212. In Wirklichkeit dürfte die Verkaufsziffer noch weitaus höher gelegen haben, da die Exemplare nach Ablauf der Subskriptionszeit in den freien Verkauf übergingen. Auch sind in den Pränumerantenlisten nur die gemeldeten Käufer erfaßt.

222 C. Ph. E. Bach, Brief vom 31. August 1784 an J. Ch. Kühnau; vgl. Anm. 5 dieses Kapitels.

223 Vgl. Sonneck, a. a. O., S. 112ff.

224 Magazin der Musik, a. a. O., Bd. 2, S. 1241.

225 C. Ph. E. Bach, Brief vom 10. Februar 1775 an J. N. Forkel; zit. nach Bitter, a. a. O., Bd. 1, S. 341.

226 Vgl. die den Erstdrucken der Sammlungen „für Kenner und Liebhaber" beigegebenen Pränumerantenverzeichnisse.

227 Zit. nach Schleuning, a. a. O., S. 252.

228 Über das Verhältnis Bachs zu Neefe vgl. Schmid, Kammermusik, a. a. O., S. 62ff.

229 Wyler, a. a. O., S. 146.

230 Bach, Versuch, a. a. O., Teil 1, S. 123f.

231 Magazin der Musik, a. a. O., Bd. 4, S. 871.

232 Bach will mit dieser Komposition offensichtlich den Beweis liefern, „daß man auch klagende Rondos machen könne". Zit. nach Georgii, a. a. O., S. 167.

233 Vgl. das Nachlaßverzeichnis, a. a. O., 1939, S. 98.

234 Zit. nach Bitter, a. a. O., Bd. 1, S. 336.

235 Burney, Tagebuch, a. a. O., Bd. 3, S. 212.

236 Reichardt, Briefe, a. a. O., Teil 2, S. 16f.
237 Burney, Tagebuch, a. a. O., Bd. 3, S. 213.
238 Reichardt, Briefe, a. a. O., Teil 2, S. 15.
239 Schleuning, a. a. O., S. 165.
240 Entsprechende Passagen finden sich im Bachschen „Versuch über die wahre Art das Clavier zu spielen". Bach schreibt: „Ohngeacht in ... Fantasien keine Tacteintheilung Statt findet, so verlanget dennoch das Ohr ... ein gewisses Verhältniß in der Abwechselung und Dauer der Harmonien unter sich, und das Auge ein Verhältniß in der Geltung der Noten, damit man seine Gedanken aufschreiben könne." Bach, Versuch, a. a. O., Teil 2, S. 326. „§. 1. Eine Fantasie nennet man frey, wenn sie keine abgemessene Tacteintheilung enthält, und in mehrere Tonarten ausweichet, als bey andern Stücken zu geschehen pfleget, welche nach einer Tacteintheilung gesetzet sind, oder aus dem Stegreif erfunden werden. §. 2. Zu diesen letztern Stücken wird eine Wissenschaft des ganzen Umfanges der Composition erfordert: bey jener hingegen sind blos gründliche Einsichten in die Harmonie, und einige Regeln über die Einrichtung derselben hinlänglich. Beyde verlangen natürliche Fähigkeiten, besonders die Fantasien überhaupt. Es kann einer die Composition mit gutem Erfolge gelernet haben, und gute Proben mit der Feder ablegen, und dem ohngeacht schlecht fantasiren. Hingegen glaube ich, daß man einem im fantasiren glücklichen Kopfe allezeit mit Gewißheit einen guten Fortgang in der Composition prophezeyen kann, wenn er nicht zu spät anfänget, und wenn er viel schreibet." Ebenda, S. 325f.
241 Magazin der Musik, a. a. O., Bd. 2, S. 1250ff.
242 Zit. nach Suchalla, a. a. O., S. 264.
243 Brief Klopstocks an Schönborn vom 17. August 1776: „Wie oft wünschen wir Sie bey uns, lieber Schönborn. Z. E. gestern, da wir vier neue Simphonien von Bachen mit 40 Instrumenten aufführen hörten." Zit. nach Miesner, Bach in Hamburg, a. a. O., S. 36.
244 Vgl. Suchalla, a. a. O., S. 37ff., 59f., 104.
245 K. Heller, Einführungstext zur Schallplatteneinspielung von C. Ph. E. Bachs vier „Orchester-Sinfonien" bei Eterna, Nr. 825923 Et.
246 Vgl. Magazin der Musik, a. a. O., Bd. 3, S. 3.
247 HUC, Nr. 170, 1782; zit. nach Sittard, a. a. O., S. 113.
248 Vgl. Sittard, a. a. O., S. 114.
249 Ebenda, S. 115ff.
250 Magazin der Musik, a. a. O., Bd. 3, S. 3f.
251 Vgl. Miesner, Bach in Hamburg, a. a. O., S. 63.
252 Ebenda, S. 76.
253 Zit. nach Sittard, a. a. O., S. 47f.
254 E. R. Jacobi, Vorwort zum Neudruck von C. Ph. E. Bachs

Doppelkonzert in Es-Dur, Wq 47, Bärenreiter-Ausgabe 2043, Kassel/Basel usw. 1958.

255 Van der Meer macht in seiner Studie glaubhaft, daß die Sonaten, Rondos und Fantasien der zweiten bis sechsten Sammlung „für Kenner und Liebhaber" für das Hammerklavier geschrieben sind. Vgl. v. d. Meer, a. a. O., S. 35ff.

256 Vgl. G. Schünemann, Die Singakademie zu Berlin. 1791—1941, Regensburg 1941, S. 45; Miesner, Bach in Hamburg, a. a. O., S. 95ff.

257 Zit. nach Hase, a. a. O., S. 95.

258 Westphals Sammlung gelangte später in den Besitz des Conservatoire Royale des Musique de Bruxelles. Vgl. hierzu die Ausführungen im folgenden Kapitel.

259 C. Ph. E. Bach, Brief vom 9. Januar 1787 an J. J. H. Westphal; zit. nach Bitter, a. a. O., Bd. 2, S. 305.

260 Zit. nach Busch, a. a. O., S. 93. — Über Schoberts musikgeschichtliche Bedeutung vgl. Georgii, a. a. O., S. 172f.

261 L. Mozart, Brief vom 13. August 1778 an W. A. Mozart, in: Mozart, Gesamtausgabe, a. a. O., Bd. 2, S. 444.

262 W. A. Mozart, Brief vom 28. Februar 1778 an L. Mozart; ebenda, S. 304.

263 Burney, Tagebuch, a. a. O., Bd. 1, S. 261f.

264 Bach, Nachlaßverzeichnis, a. a. O., 1939, S. 94.

265 Der Titel in Originalsprache: „An account of Jos. Haydn a celebrated composer of music." Die deutsche Übersetzung erschien mit einem Kommentar von C. F. Cramer versehen im Magazin der Musik, a. a. O., Bd. 3, S. 585ff.

266 Zit. nach Magazin der Musik, a. a. O., Bd. 3, S. 589.

267 HUC, Nr. 150, 1785; zit. nach Bitter, a. a. O., Bd. 2, S. 107.

268 Vgl. E. F. Schmid, Joseph Haydn und Carl Philipp Emanuel Bach, in: Zeitschrift für Musikwissenschaft XIV (1931/32), S. 307f.

269 Magazin der Musik, a. a. O., Bd. 1, S. 259f.

270 E. F. Schmid, Vorwort zum Neudruck von C. Ph. E. Bachs drei Klavierquartetten, Wq 93—95, Bärenreiter-Ausgabe 2674, Kassel/Basel 1952.

271 Allgemeine deutsche Bibliothek, a. a. O.; zit. nach Bach-Dokumente, a. a. O., Bd. 3, S. 437ff.

272 D. Plamenac, New Light on the last Years of Carl Philipp Emanuel Bach, in: The Musical Quarterly XXXV (1949), S. 565ff.

273 Bach hatte diese Äußerung in der deutschen Übersetzung von C. Burneys „Nachricht von Georg Friedrich Händels Lebensumständen" (1785) gelesen.

274 Allgemeine deutsche Bibliothek, a. a. O.; zit. nach Bach-Dokumente, a. a. O., Bd. 3, S. 439.

275 Zit. nach Bitter, a. a. O., Bd. 2, S. 307.

276 HUC, Nr. 201, 16. Dezember 1788, vermutlich von C. F. Cramer; zit. nach Bitter, a. a. O., Bd. 2, S. 123. Weitere Nachrufe wurden von Reichardt, Gleim und Klopstock verfaßt. Vgl. Bitter, a. a. O., Bd. 2, S. 124f.

277 Vgl. Bitter, a. a. O., Bd. 2, S. 124ff.

IV. Carl Philipp Emanuel Bach — Aspekte der Aneignung

1 Beethovens Sämtliche Briefe, a. a. O., Bd. 1, S. 284.

2 H. v. Bülow, Briefe und Schriften, Bd. 4, Leipzig 1898, S. 344.

3 Was sich keineswegs rechtfertigen läßt, ist Bülows Versuch einer „Übersetzung aus der Klaviersprache des 18. Jahrhunderts in die des 19. Jahrhunderts". Vgl. H. v. Bülow, Vorwort zur Ausgabe der „Sechs Klavier-Sonaten" bei Peters, Edition Peters 276. Diese Bearbeitungsweise hatte dann zur Folge entstellende Eingriffe in die Bachschen Modulationspläne, z. B. Takt 24 in der Durchführung des ersten Satzes der f-Moll-Sonate, Wq 57,6, Hinzufügungen von Mittelstimmen, zahlreichen Vortragsbezeichnungen usw.

4 Es sind die Sammlungen Wq 48 bis 59; 61; 63,1—6; 63,7—12; 112 bis 114. Die Sammlungen Wq 48 bis 51, 54, 63, 113 und 114 wurden zu Lebzeiten des Komponisten zwei bzw. mehrere Male gedruckt. Vgl. Schmid, C. Ph. E. Bach, a. a. O., Werkverzeichnis, sowie die Angaben im Répertoire international des sources musicales (= RISM), Internationales Quellenlexikon der Musik, Einzeldrucke vor 1800, Bd. 1, Kassel/Basel usw. 1971, darin den Abschnitt „C. Ph. E. Bach", S. 161ff.

5 In den lokalen Musikgeschichtsdarstellungen Mannheims und Wiens finden sich keine Hinweise, daß Bachsche Werke öfter in Konzerten erklungen wären, von vereinzelten Aufführungen, etwa denen bei Baron van Swieten, abgesehen.

6 Vgl. W. Matthäus, Johann André Musikverlag zu Offenbach am Main, Tutzing 1973. Kompositionen C. Ph. E. Bachs wurden im Zeitraum von 1772 bis 1800 nicht ins Verlagsprogramm aufgenommen. — A. Weimann, Vollständiges Verlagsverzeichnis Artaria & Comp., Wien 1952. In der langen Verlagsliste fand lediglich ein Werk Bachs — lt. Ankündigung „6 Sonate, Cembalo Solo 1785" — Berücksichtigung. — H. Rheinfurth, Der Musikverlag Lotter in Augsburg (ca. 1719—1845), Tutzing 1977. Erwähnt werden neun Lieder Bachs in einem Sammelband (u. a. Rheineck, Hiller, Rolle). — Etwas anders sieht das Bild im Bereich des Musikalienhandels aus. Nach H. Gericke, Der Wiener Musikalienhandel von 1700 bis 1778, Graz/Köln 1960, hatten die

Wiener Buch- und Musikalienhändler P. C. Monath, J. P. Krauß, G. Bauer, J. T. Edler v. Trattner u. a. Werke von C. Ph. E. Bach, z. T. in größerer Auswahl, angeboten.

7 F. Nicolai, Beschreibung einer Reise durch Deutschland und die Schweiz im Jahre 1781, Bd. 4, Berlin/Stettin 1784, S. 556.

8 Vgl. die Arbeiten von E. Bücken, Musik des Rokoko und der Klassik, Potsdam 1927 (Handbuch der Musikwissenschaft; 4); W. Fischer, Zur Entwicklungsgeschichte des Wiener klassischen Stils, in: Studien zur Musikwissenschaft III (1915), S. 24ff.; W. S. Newman, The Sonata in the Classic Era, University of North Carolina, 1963; ders., Art. „Sonate", in: MGG, Bd. 12, Sp. 868ff. — Wenngleich im 18. Jahrhundert zahlreiche, lokal relativ abgegrenzte Musiziersphären, sogenannte „Schulen", bestanden haben, so gab es dennoch in einer Zeit universaler Kommunikation auch auf musikalischem Sektor (Zeitschriftenwesen, Konzertreisen, Musikaustausch u. a.) vielgestaltige Wechselbeziehungen, ein kompliziertes Geflecht, das von der Forschung noch längst nicht aufgehellt wurde.

9 Vgl. B. Wackernagel, Joseph Haydns frühe Klaviersonaten. Ihre Beziehungen zur Klaviermusik um die Mitte des 18. Jahrhunderts, Tutzing 1975, S. 21ff.

10 Vgl. G. Hauswald, Der Divertimento-Begriff bei Georg Christoph Wagenseil, in: Archiv für Musikwissenschaft IX (1952), S. 45ff. Noch nicht untersucht wurde, inwieweit Wagenseil bei seiner Kunstreise 1756 nach Berlin dort herrschende Stilmittel und Kompositionstechniken — insbesondere das Problem der Sonatenform — kennengelernt und in seinen Kompositionen verarbeitet hat. — W. Fischer erwähnt im Zusammenhang mit einer Monnschen D-Dur-Sinfonie „die Familienähnlichkeit mit zahlreichen anderen ‚Gesangsthemen' von Monn selbst, ferner von Gluck, C. Ph. Em. Bach etc.". W. Fischer, Einleitung zu Denkmäler der Tonkunst in Österreich, XIX, Teil 2, Bd. 39, Wien 1912, S. XVII.

11 Zusammenfassend äußert sich dazu Wackernagel, a. a. O., S. 7ff. Nach C. H. Bitter, H. Kretzschmar, H. Jalowetz, R. Steglich und E. Bücken, die den Einfluß der Klaviersonaten Bachs auf die Werke Haydns mehr oder weniger als erwiesen vorausgesetzt haben, ist es H. Abert gelungen, „die heute fast allgemein angenommene enge Beziehung zwischen beiden Komponisten überzeugender zu begründen". Wackernagel, a. a. O., S. 8. Als neuere Forschungsarbeiten, die dieser Frage nachgehen, nennt Wakkernagel die von C. Landon, G. Feder, J. P. Larsen und K. Geiringer.

12 G. A. Griesinger, Biographische Notizen über Joseph Haydn, Leipzig 1810, S. 13. (Neudruck: Wien 1954.)

13 A. Ch. Dies, Biographische Nachrichten von Joseph Haydn, Wien 1810, S. 37. (Neudruck: Berlin 1959.)

14 Daß andererseits Joseph Haydns Schaffen dem Bachschen Impulse vermittelte, wurde im vorangegangenen Hamburg-Kapitel angedeutet. Auch hier bedarf es weiterführender Forschungen.

15 Vgl. die Literaturhinweise in Anm. 10 dieses Kapitels. Geiringer entdeckt in dem f-Moll-Adagio des frühen Streichquartetts Nr. 10 „die norddeutsche Gefühlstiefe und Strenge Ph. Em. Bachs". K. Geiringer, Joseph Haydn. Der schöpferische Werdegang eines Meisters der Klassik, Mainz 1959, S. 175. Von dem „immer wiederkehrenden Erlebnis der Musik C. Ph. E. Bachs" spricht L. Somfai, Joseph Haydn. Sein Leben in zeitgenössischen Bildern, Kassel/Basel usw. 1966, S. XVI. Eine Einwirkung Bachs auf Haydnsche Quartette stellt auch Rosen fest. Vgl. C. Rosen, The classical style, New York 1972, S. 114.

16 Reichardt weist auf die Wesensverwandtschaft zwischen Bach und Haydn hin. Vgl. Reichardt, Kunstmagazin, a. a. O., Bd. 1, S. 25. Sowohl in der neueren C.-Ph.-E.-Bach- wie auch in der Haydn-Literatur wird von der Sturm-und-Drang-Phase im Schaffen beider Komponisten gesprochen. Vgl. J. P. Larsen / H. C. Robbins Landon, Art. „Haydn", in: MGG, Bd. 5, Sp. 1857ff.; Geiringer, Haydn, a. a. O., S. 406; Bücken, Rokoko, a. a. O., S. 164.

17 Vgl. Wackernagel, a. a. O., S. 173.

18 Ebenda, S. 83.

19 H. Abert, Joseph Haydns Klavierwerke, in: Zeitschrift für Musikwissenschaft II (1919/20), S. 569f.

20 Zit. nach Geiringer, Haydn, a. a. O., S. 180.

21 Rochlitz, a. a. O., S. 308f.

22 Abert, Mozart, a. a. O., Bd. 2, S. 125.

23 Es handelt sich um ein Charakterstück aus Bachs „Musikalischem Mancherley": „La Boehmer", Wq 117,26.

24 J. N. Forkel, Musikalischer Almanach für Deutschland auf das Jahr 1789, Leipzig 1789, S. 121.

25 Zit. nach Bitter, a. a. O., Bd. 2, S. 89.

26 C. Ph. E. Bach sind die „Zwölf Klavier-Sonaten", Leipzig 1773, von Neefe gewidmet. In der Widmungsrede heißt es: „Seit der Zeit, da Sie, theuerster Herr Kapellmeister, dem Publikum Ihre meisterhaften und mit wahrem Geschmacke gearbeiteten Klaviersonaten geschenket haben, ist fast nichts Eigenthümliches für dieses Instrument wieder zum Vorschein gekommen. Die meisten Komponisten haben sich bisher mit Sinfonien, Trii, Quartetten u.s.w. beschäfftiget. Und ist ja dann und wann an das Klavier gedacht worden: so sind die Stücke meistentheils mit der, obschon öfters sehr willkührlichen Begleitung einer Violine versehen, und

auf vielen andern Instrumenten eben so praktikabel gewesen, als auf dem Klaviere. Gleichwohl machen die Liebhaber des Klavichords, welche zu ihrem eigenen Vergnügen nichts mehr, als ein Solo interessiren kann, den größten Theil aus. Diesen zu Gefallen habe ich bey leeren Stunden gegenwärtige Sonaten aufgeschrieben. Und wenn ich Ihnen dieselben zueigne, so geschicht es, um Sie von meiner Dankbarkeit öffentlich zu überzeugen, deren ich mich, wegen der Belehrung und des Vergnügens, welches Beydes ich aus Ihren theoretischen und praktischen Werken geschöpfet, schuldig erachte. Sollte mir dieser Versuch nicht ganz mislungen seyn, so haben Sie unstreitig den größten Antheil daran."

27 L. Schiedermair, Der junge Beethoven, Bonn 1951, S. 203.

28 Nachweis der Briefstelle in Anm. 1 dieses Kapitels.

29 Bedenken dieser Art treffen sowohl Jalowetz, a. a. O., als auch R. Oppel. So konstatiert letzterer völlig unzureichend, daß für eine „Verwandschaft von Stücken ... der Verlauf der großen melodischen Linien entscheidend" sei. Vgl. R. Oppel, Über Beziehungen Beethovens zu Mozart und Ph. E. Bach, in: Zeitschrift für Musikwissenschaft V (1922/23), S. 34.

30 J. Schmidt-Görg, Art. „Ludwig van Beethoven", in: MGG, Bd. 1, Sp. 1537.

31 Allgemeine Musikalische Zeitung I (1798/99), Sp. 571.

32 Vgl. Schering, C. Ph. E. Bach, a. a. O., insbesondere S. 19, 29.

33 H. Goldschmidt, Die Erscheinung Beethoven, Leipzig 1974, S. 40.

34 Vgl. H. Goldschmidt, Vers und Strophe in Beethovens Instrumentalmusik, ebenda, S. 25ff., sowie ders., Die Einheit der vokalen und instrumentalen Sphäre in der klassischen Musik, in: Deutsches Jahrbuch für Musikwissenschaft XII (1967), S. 35ff.

35 H. Goldschmidt, Beethoven. Werkeinführungen, Leipzig 1975, S. 93.

36 Ebenda.

37 Zit. nach T. Frimmel, Beethoven-Handbuch, Bd. 1, Leipzig 1926, S. 102.

38 Vgl. Beethovens Sämtliche Briefe, a. a. O., Bd. 1, S. 284.

39 Ebenda, S. 338.

40 Ebenda, Bd. 2, S. 56.

41 Über die Geschäftsbeziehungen Bachs zum Leipziger Musikverlag vgl. Hase, a. a. O.

42 Vgl. das Verzeichnis des Musikalienverlages von Breitkopf & Härtel in Leipzig, Leipzig 1903, das einen vollständigen Überblick über die bis Ende 1902 erschienenen Musikalien gibt.

43 E. L. Gerber, Etwas über den sogenannten musikalischen Styl, in: Allgemeine Musikalische Zeitung I (1798/99), Sp. 305.

44 Interessant ist, daß in der gegenwärtigen Romantikdiskussion der Literaturwissenschaft vergleichbare Fragen nach den Zusammenhängen und Beziehungen zwischen der Romantik und den empfindsam-sentimentalischen Strömungen der Aufklärung und des Sturm und Drang gestellt werden. Vgl. H.-D. Dahnke, Zur Stellung und Leistung der deutschen romantischen Literatur, in: Weimarer Beiträge XXIV (1978), Heft 4, S. 5ff.
45 Vgl. die Ausführungen weiter unten.
46 Begriff von W. Kahl, Musik als Erbe. Von der Aufklärung zur Romantik, in: Musikerkenntnis und Musikerziehung, Festschrift für H. Mersmann, Kassel/Basel 1957, S. 64.
47 J. K. F. Triest, Bemerkungen über die Ausbildung der Tonkunst in Deutschland im achtzehnten Jahrhundert, in: Allgemeine Musikalische Zeitung III (1800/01), Sp. 225ff.
48 C. Dahlhaus, Zur Entstehung der romantischen Bach-Deutung, in: Bach-Jahrbuch LXIV (1978), S. 207. Dieser Aufsatz erwies sich für die Behandlung der vorliegenden Problematik als außerordentlich anregend.
49 Triest, a. a. O., Sp. 297.
50 Dahlhaus, a. a. O., S. 207.
51 Ebenda.
52 Triest, a. a. O., Sp. 299.
53 Ebenda, Sp. 300f.
54 Ebenda, Sp. 301.
55 Ebenda, Sp. 409.
56 Ebenda, Sp. 393.
57 Ebenda.
58 Das äußert sich auch in Triests Wertschätzung der Berliner Musiktheoretiker Kirnberger und Marpurg, deren Schriften „noch bis jetzt (zum Beweise ihrer Vortrefflichkeit) gesetzliches Ansehen“ besitzen. Ebenda, Sp. 304.
59 Ebenda, Sp. 408.
60 E. T. A. Hoffmann, Schriften zur Musik. Nachlese, München 1963, S. 467.
61 Ein Passus in Hoffmanns „Musikfeind“ lautet: „Wenn solch ein langes Stück endlich heraus war, dann schrieen Alle sehr und riefen ‚Bravo, Bravo! welch ein schönes Concert! wie fertig, wie rund gespielt!‘ und nannten mit Ehrfurcht den Namen Emanuel Bach! — Der Vater hatte aber so viel hinter einander gehämmert und gebrauset, daß es mir immer vorkam, als sey das wohl kaum Musik.“ Hoffmann, Schriften zur Musik, a. a. O., S. 467.
62 E. T. A. Hoffmann, Musikalische Schriften, hrsg. von E. Istel, Stuttgart (o. J.), S. 86.
63 Ebenda, S. 96.
64 Auch in der folgenden Äußerung Triests wird die Hinwendung zur

musikalischen Welt der Aufklärung augenscheinlich: „Welcher Freund der Tonkunst nennt nicht mit Dankbarkeit die Namen Graun, Hasse, C. Ph. E. Bach u. a., auch wenn er sich jetzt wenig oder gar nicht mehr mit ihren Werken beschäftigt? — Wer gesteht nicht zu, daß sie es waren, welche die keimende Frucht in schöne Blüthen verwandelten und den letzten Frühling herbeyzauberten, der sich so freundlich über Deutschlands Tonkunst verbreitete, wodurch die bis dahin fast nur mechanische Musik auf schöne Kunst Anspruch machen konnte?" Triest, a. a. O., Sp. 264.

65 „Haydn, Mozart, Beethoven entfalteten eine neue Kunst, deren erster Keim sich wohl eben erst in der Mitte des 18. Jahrhunderts zeigte." Hoffmann, Musikalische Schriften, a. a. O., S. 247.

66 Schumann, a. a. O., Bd. 2, S. 201.

67 Ebenda, Bd. 1, S. 11.

68 Ebenda, Bd. 2, S. 54.

69 Iris im Gebiete der Tonkunst VI (1835), S. 72.

70 Vgl. die Ausführungen im nächsten Abschnitt.

71 Vgl. M. Kahlbeck, Johannes Brahms, 4 Bände, Wien/Leipzig/Berlin 1904—1914, Bd. 1, S. 269; F. Grasberger, Johannes Brahms, Wien 1952, S. 124ff.

72 Die c-Moll-Sonate, Wq 78, wurde beispielsweise Ende 1863 und Anfang 1864 in Konzerten in Wien gespielt. Vgl. Kahlbeck, a. a. O., Bd. 2, S. 105. In einem Brief schreibt Brahms, wenn er noch mehr Sonaten von ähnlicher Schönheit fände, ließe er sie einem Verleger zukommen. Mitgeteilt bei Kahlbeck, a. a. O., Bd. 2, S. 108.

73 E. Bücken, Die Musik des 19. Jahrhunderts, Potsdam 1932, S. 64 (Handbuch der Musikwissenschaft; 3).

74 „In der That ist Bach just wegen seiner originellen Ornamente und Passagen als der echteste Clavierpoet aufzufassen. Ich persönlich wage sogar soweit zu gehen, ihn als specifischen Clavier-Componisten höher zu stellen, als selbst einen Haydn oder Mozart, denen vielfach orchestral-symphonische Gesichtspunkte das Rein-Claviermässige offenbar bereits zu unterbinden beginnen, und in eine Reihe fast mit Schumann und Chopin." Schenker, a. a. O., S. 8.

75 Georgii, a. a. O., S. 199.

76 Diese Formulierung findet sich bei W. Ch. Müller, Aesthetisch-historische Einleitungen in die Wissenschaft der Tonkunst, Leipzig 1830, darin der Abschnitt „Neunter Zeitraum, von 1775 bis 1800".

77 Die in der „Neuen Zeitschrift für Musik" (1836) abgedruckte Erzählung „Sebastian Bach und seine Söhne" von J. P. Burmeister-Lyser zeichnet ein ebenso irreführendes Bach-Bild wie

Jahrzehnte später Brachvogels Friedemann-Bach-Roman. Lebensumstände und Charaktereigenschaften werden fingiert und auf das Klischee eines vorgeprägten Künstlertyps zugeschnitten, wobei man mit sentimentalen Wirkungen nicht spart und allzuoft das „Schicksal" herbeizitiert, wenn eine Künstlerbiographie Rätsel aufgibt. Sowenig Wilhelm Friedemann Bach seinen Lebensweg zu meistern vermochte, sowenig hätte er — der Musiker aus Passion — dafür die Voraussetzungen in der Gesellschaft gefunden. Seine Biographie bestätigt, daß „das Ideal des freien Künstlertums, das ihm vorschwebte und wegen dessen er die Bindungen an das ‚Amt' abwarf, noch nicht zu verwirklichen war". F. Blume, W. F. Bach, a. a. O., Sp. 1054.

78 Allgemeine Musikalische Zeitung II (1799/1800), Sp. 829f.

79 Rochlitz verfaßte Studien über Hiller, Rolle, Reichardt und Danzi.

80 Vgl. folgende Darstellungen: H. G. Nägeli, a. a. O., R. G. Kiesewetter, Geschichte der europäisch-abendländischen oder unsrer heutigen Musik, Leipzig 1834; G. Schilling (Hrsg.), Art. „Carl Phil. Emanuel Bach", in: Encyclopädie der gesammten musikalischen Wissenschaften oder Universallexicon der Tonkunst, Bd. 1, Stuttgart 1840, S. 380ff.

81 Rochlitz schreibt: „So enthalten nun Emanuel Bachs Klavierstücke, besonders die, für das Klavier allein, neben vielen Vorzügen, welche die alte Schule lehrte — in wie weit sich diese mit der neuen Weise vereinigen lassen — ganz unbefangen und unumwunden den eigenen Geist und die eigene Gefühlsart des Urhebers; ja, sie bringen auch in Fülle unverkennbare Merkmale von jenem leichten, neckenden, leichtaufgereizten, wechselvollen und launigen Wesen desselben zum Vorschein. Je höher er in gereiften Jahren sich überhaupt stellen lernte, je höher lernte er auch diese Eigenheiten stellen; und da sie zunächst es waren, worin die Kenner (besonders in Deutschland und England) seine Orginalität bewundernd anerkannten: so befestigte er sich um so mehr in ihnen, breitete sich um so weiter aus, führte sie um so beharrlicher durch; und dies Alles mit einer Geistesfreiheit, Mannichfaltigkeit und Gewandheit, daß man nirgends an ein Absichtliches erinnert wird, sondern, wie wunderlich es auch nicht selten herauskomme, des Glaubens bleibt, es müsse nun einmal so oder gar nicht vorhanden sein. Und dies war es wohl auch eigentlich, was Vater Haydn meinte, wenn, weshalb und worin er ihn gewissermaßen als seinen Lehrer betrachtete: es war, um es kurz zu sagen, außer der Befreiung des Geistes von Allem, was in der bisherigen Musik feststehende Manier gewesen, die Herrschaft, oder doch das Bürgerrecht der individuellen Eigenthümlichkeiten und wechselnden Stimmungen des Meisters, wo nicht

in seiner gesammten Kunst, doch in dem Instrumentenspiel und in den Kompositionen für Instrumente." Rochlitz, a. a. O., S. 299f.

82 Nägeli, a. a. O., S. 137ff.

83 Riemann, a. a. O.

84 Vgl. den Abschnitt „Die Mannheimer Stilreform" in H. Riemann, Handbuch der Musikgeschichte, Bd. 2, Teil 3, Leipzig 1913, S. 129ff.

85 Von Wotquenne stammen neben vielen anderen bibliographischen Arbeiten auch der „Catalogue thématique des œuvres de Chr. W. Gluck", Leipzig 1904, sowie eine Studie über die Werke B. Galuppis, 1902.

86 Da gedruckte und handschriftlich überlieferte Kompositionen separat ausgewiesen werden, ist eine Werkchronologie nur bedingt verfolgbar. Auch das angewandte Gliederungsprinzip überzeugt wenig. So ist die Sololiteratur für Klavier in Sonaten und, nachdem bereits Kammermusik und andere Werkgruppen angeführt sind, in weitere Klavierkompositionen unterteilt. Seit Wotquenne hat sich der Bestand der uns bekannten Werke Bachs erweitert. Das macht die Benutzung neuerer Werkverzeichnisse und Kataloge notwendig. Vgl. Schmid, C. Ph. E. Bach, a. a. O.; Beurmann, a. a. O.; Busch, a. a. O.; Suchalla, a. a. O.; P. Kast, Die Bach-Handschriften der Berliner Staatsbibliothek, Trossingen 1958 (Tübinger Bach-Studien; 2 und 3).

87 Vgl. Suchalla, a. a. O., S. 141.

88 Vgl. RISM, Einzeldrucke vor 1800, a. a. O., Bd. 1, S. 167.

89 Ebenda, S. 162.

90 Nachlaßverzeichnis, a. a. O., 1938, S. 106.

91 Ebenda.

92 W. Schmieder, Die Handschriften Johann Sebastian Bachs, in: Bach-Gedenkschrift, Zürich 1950, S. 190f.

93 G. Poelchau sammelte systematisch Bachsche Handschriften. „So entdeckte er z. B. im Jahre 1814 bei der Sichtung der ‚für den Butterladen bestimmten Papiere in dem Nachlaß des Klavierspielers Palschau zu St. Petersburg' ein Autograph von 3 Violinsonaten" Johann Sebastian Bachs. Vgl. Schmieder, a. a. O., S. 195.

94 Dieser Brief ist zitiert bei Bitter, a. a. O., Bd. 2, S. 307ff.

95 Vgl. Schünemann, a. a. O., S. 28, 44, 49, 83.

96 Vgl. Suchalla, a. a. O., S. 144.

97 Ebenda.

98 Vgl. die Nummern der Amalien-Bibliothek: 85, 87, 88, 170. Blechschmidt, a. a. O.

99 Vgl. G. Thouret, Katalog der Musikaliensammlung auf der Königlichen Hausbibliothek im Schlosse zu Berlin, Leipzig 1895.

100 Vgl. Kast, a. a. O.

101 Vgl. Brief C. Ph. E. Bachs vom 9. Januar 1787 an J. J. H. Westphal: „Im Falle wenn Sie etwas geschriebenes von mir verlangen sollten: wünschte ich, daß Sie Sich gerade an mich wendeten. Ohne den geringsten Eigennutz, bloss für die Copialien, stehe ich zu Ihren Diensten." Bitter, a. a. O., Bd. 2, S. 305.

102 Zit. nach Suchalla, a. a. O., S. 146.

103 Ebenda, S. 147f.

104 Dadelsen, a. a. O., S. 37.

105 Ebenda.

106 Ebenda, S. 38.

107 Im Anhang der Biographie findet sich eine Zusammenstellung der wichtigsten neueren Editionen Bachscher Werke.

108 Steglich, a. a. O., S. 112.

109 Schering, C. Ph. E. Bach, a. a. O., S. 13ff.

110 Ebenda, S. 13.

111 Ebenda, S. 29.

112 Es erübrigt sich, näher auf diese Darstellungen einzugehen, da sie größtenteils in der vorliegenden Biographie als Sekundärliteratur verwendet werden.

113 Genaue bibliographische Angaben im Literaturverzeichnis des vorliegenden Buches.

114 Ebenda.

115 E. H. Meyer, Zu einigen Fragen der Periodisierung der Musik des 17. und 18. Jahrhunderts, in: Musik der Renaissance — Aufklärung — Klassik, Leipzig 1973, RUB 524, S. 30; vgl. auch S. 199, 202, 218, 227f.

116 H. Eisler, Inhalt und Form, in: Materialien zu einer Dialektik der Musik, Leipzig 1973, RUB 538, S. 310.

117 Vgl. Anm. 111 dieses Kapitels.

118 Bachsche Kompositionen haben auch als unmittelbare Vorlagen gedient für Lothar Voigtländer, Variationen über ein Thema von Carl Philipp Emanuel Bach (1972), und Willy Focke, Epitaph für Carl Philipp Emanuel Bach (1975).

119 Dessau hat sich ausführlich über das Wie seiner Bach-Bearbeitung geäußert: „Lange Jahre zögerte ich, den ‚Bauerntanz' von Carl Philipp Emanuel Bach zum Thema eines Variationenwerkes zu verarbeiten. Das hatte besonders darin seinen Grund, weil dieses Stück schon ohne Veränderungen eine Kompliziertheit darbot, die einer Bearbeitung (denn darum geht es schließlich bei Variationen) meines Erachtens im Wege stand. Das aus Viertel- und Achtelnoten bestehende Thema wird gleich durch Halbe- und Viertelnoten (also durch doppelte Werte) begleitet.

Im 5. Takt bereits tritt als dritte Stimme der Hauptgedanke in der Umkehrung auf, was soviel besagt: Aufsteigende Linien werden abwärts geführt und umgekehrt. Im zweiten Abschnitt des ‚Bauerntanzes' beginnt Philipp Emanuel mit der zweiten Hälfte von Teil I, jedoch mit vertauschten Stimmen (das heißt die obere wird zur unteren), und bringt die ersten vier Takte von Teil I als Schlußperiode von Teil II. Der dritte Teil des Tanzes ist eine Wiederholung des ersten. Somit finden wir eine äußerst komplizierte Form von Dreiteiligkeit vor (a — b — a), die, wie gesagt, für die Variationsform durch die von Carl Philipp Emanuel Bach vorweggenommenen Kunstmittel schwer geeignet ist." P. Dessau, Notizen zu Noten, Leipzig 1974, RUB 571, S. 93.

ZEITTAFEL

1714 Carl Philipp Emanuel Bach wird am 8. März als zweiter Sohn Johann Sebastian Bachs in Weimar geboren (Wilhelm Friedemann, geb. 22. November 1710).

1717 Übersiedlung der Familie nach Köthen, wo Johann Sebastian Bach Hofkapellmeister des Fürsten Leopold von Anhalt-Köthen wird. Philipp Emanuel besucht die dortige Lateinschule.

1720 Im Juli stirbt die Mutter Maria Barbara Bach.

1721 3. Dezember: Trauung Johann Sebastian Bachs mit Anna Magdalena Wilcke.

1723 Johann Sebastian Bach übernimmt das Amt des Musikdirektors und Thomaskantors der Stadt Leipzig. Carl Philipp Emanuel wird Schüler der Thomasschule. Seine musikalische Ausbildung liegt in den Händen des Vaters.

1731 Carl Philipp Emanuel Bach wird am 1. Oktober als stud. jur. an der Leipziger Universität immatrikuliert. Als eine seiner ersten Kompositionen entsteht ein „Menuet pour le clavessin“, Wq 111.

1732 21. Juni: Geburt des Bruders Johann Christoph Friedrich Bach, später Kapellmeister in Bückeburg.

1733 Im August erfolglose Bewerbung um die Organistenstelle an der Wenzelskirche in Naumburg.

1734 Fortsetzung des Studiums an der Universität in Frankfurt (Oder). Carl Philipp Emanuel Bach gibt nebenbei Klavierunterricht und leitet in der Oderstadt „eine musikalische Akademie als auch alle damals vorfallenden öffentlichen Musiken bey Feyerlichkeiten“.

1735 5. September: Geburt des Bruders Johann Christian Bach, später auch genannt der „Mailänder“ oder „Londoner“ Bach.

1738 Berufung als Cembalist in die Kapelle des preußischen Kronprinzen Friedrich (des späteren Königs Friedrich II.). Aufenthalt zunächst in Ruppin und Rheinsberg, seit 1740 in Berlin.

1741 Ein Jahr nach Regierungsantritt Friedrichs II. feste Anstellung als Kammercembalist mit einem Anfangsgehalt von 300 Talern jährlich. Carl Philipp Emanuel Bach übernimmt die Begleitung der abendlichen Konzerte auf den Schlössern in Berlin und Potsdam. Er verkehrt in den musikalischen Kreisen um

Quantz, die Brüder Benda und Graun, Agricola, Nichelmann, Krause, Marpurg sowie in den literarischen Zirkeln Berlins um Lessing, Ramler, Gleim und Sulzer. — Im August reist Johann Sebastian Bach nach Berlin.

1742 In Nürnberg werden sechs Bachsche Klaviersonaten, die sogenannten „Preußischen Sonaten", Wq 48, zwei Jahre später die „Württembergischen Sonaten", Wq 49, gedruckt.

1743 Kuraufenthalt im böhmischen Teplitz wegen eines Gichtleidens.

1744 Carl Philipp Emanuel Bach heiratet zu Beginn des Jahres Johanna Maria Dannemann (get. 10. Dezember 1724), die Tochter eines Berliner Weinhändlers.

1745 10. Dezember: Taufe des Sohnes Johann Adam, der später eine juristische Laufbahn einschlägt.

1747 7. bis 8. Mai: Besuch Johann Sebastian Bachs am Hofe Friedrichs II. in Potsdam.
4. September: Geburt der Tochter Anna Karoline Philippine.

1748 26. September: Taufe des Sohnes Johann Sebastian, der später Maler wird und im Alter von dreißig Jahren in Rom stirbt.

1750 28. Juli: Tod des Vaters. Carl Philipp Emanuel Bach fallen große Teile des väterlichen Nachlasses zu. Er bewirbt sich vergeblich um die Nachfolge im Thomaskantorat. Johann Christian wohnt bis 1754 beim älteren Bruder und wird auch von diesem musikalisch unterwiesen.

1751 Bach reist im Januar nach Halberstadt, wo er Gast des Dichters Gleim ist, und nach Braunschweig.

1753 Veröffentlichung des bedeutenden Lehrwerkes „Versuch über die wahre Art das Clavier zu spielen" (2. Teil, 1762). Im selben Jahr wird eine Bewerbung Bachs um das Kantorat an der St. Johannis-Kirche in Zittau abschlägig beschieden.

1756 Beginn des Siebenjährigen Krieges (bis 1763), in dessen Folge Bach mit Frau und Kindern im August 1758 wegen der bedrohlichen Nähe des russischen Heeres Berlin verläßt, um sich für einige Monate in Zerbst bei der befreundeten Familie Johann Friedrich Faschs aufzuhalten.

1758 In Berlin werden „Herrn Professor Gellerts geistliche Oden und Lieder mit Melodien" gedruckt (diese beliebte Liedsammlung erscheint zu Lebzeiten Bachs in fünf Auflagen).

1760 Herausgabe der „Sechs Sonaten für Clavier mit veränderten Reprisen", Wq 50.

1767 Anna Amalia, Prinzessin von Preußen, verleiht Bach den Titel ihres Kapellmeisters.

1768 Im März übernimmt Bach die Stellung des städtischen Musikdirektors an den fünf Hauptkirchen in Hamburg. Wie in Berlin wird sein Haus geselliger Treffpunkt für viele Künstler (Lessing, Klopstock, Gerstenberg, Voß, Forkel, Reichardt). Bach tritt als Dirigent öffentlicher Konzerte (erstes Konzert am 28. April 1768) auf und läßt sich häufig am Cembalo und Clavichord hören.

1772 September: Der englische Musikhistoriker Charles Burney besucht Bach in Hamburg. (In dem 1773 veröffentlichten dritten Teil des „Tagebuchs einer musikalischen Reise" sind eine Schilderung dieser Begegnung und die Selbstbiographie Bachs enthalten.)

1773 Im Auftrag des Gesandten des österreichischen Kaiserhauses in Berlin, Baron Gottfried van Swietens, komponiert Bach sechs „Streichersinfonien", Wq 182.

1775 Erstdruck des Oratoriums „Die Israeliten in der Wüste", Wq 238. Im gleichen Jahr dirigiert Bach den Händelschen „Messias" in der Hansestadt (erste deutsche Aufführung 1772 durch Michael Arne, ebenfalls in Hamburg).

1779 Die erste der „Sechs Sammlungen von Sonaten, freien Fantasien und Rondos für Kenner und Liebhaber" erscheint (weitere Veröffentlichungen 1780, 1781, 1783, 1785, 1787).

1780 Im Leipziger Verlag Schwickert werden die vier „Orchester-Sinfonien mit zwölf obligaten Stimmen", Wq 183, herausgegeben.

1786 Bach führt in einem Konzert „für das hiesige medicinische Armen-Institut" in Hamburg das Credo aus der h-Moll-Messe, BWV 232, seines Vaters auf.

1788 Am 14. Dezember stirbt Carl Philipp Emanuel Bach.
Klopstock und Gleim widmen ihm dichterische Nachrufe.
Die meisten der nachgelassenen Musikalien werden von dem Sammler Georg Poelchau erworben.

WERKVERZEICHNIS
(Auswahl)

Von den zahlreichen älteren und neueren Werkverzeichnissen Bachscher Musik verdienen folgende besondere Beachtung:

1. Das Bachs Selbstbiographie beigefügte Werkverzeichnis in „Carl Burney's der Musik Doctors Tagebuch seiner Musikalischen Reisen“, Bd. 3, Hamburg 1773.
2. Silhouetten jetzlebender Gelehrten en Bou-Magie. Erstes Heft. Nebst einem von ihnen selber durchgesehenen Verzeichnis ihrer Schriften, Hamburg 1778.
3. Verzeichnis des musikalischen Nachlasses des verstorbenen Capellmeisters Carl Philipp Emanuel Bach, Hamburg 1790 (Neudruck in: Bach-Jahrbuch XXXV [1938], S. 103—136; XXXVI [1939], S. 81–112; XXXVII [1940/48], S. 161–181). Einen ausführlich kommentierten Faksimiledruck des Nachlaßverzeichnisses hat R. W. Wade besorgt, New York/London 1981.
4. J. J. H. Westphal, Thematisches Verzeichnis der Werke C. Ph. E. Bachs, Manuskript, Bibliothèque Royale Bruxelles, Fonds Fétis 5218 (ein 2. Exemplar im Besitz der Deutschen Staatsbibliothek Berlin).
5. J. J. H. Westphal, Gesammelte Nachrichten von dem Leben und den Werken des Herrn Carl Philipp Emanuel Bach Kapellmeister in Hamburg nebst einer Sammlung verschiedener Recensionen und Beurtheilungen seiner herausgegebenen Werke, Manuskript, Bibliothèque Royale Bruxelles, Fonds Fétis 4779.
6. A. Wotquenne, Thematisches Verzeichnis der Werke von Carl Philipp Emanuel Bach, Leipzig 1905 (Neudruck: Wiesbaden 1964).
7. Werkverzeichnis von E. F. Schmid in Artikel „Carl Philipp Emanuel Bach“, in: Die Musik in Geschichte und Gegenwart, Bd. 1, Kassel/Basel 1949—1951, Sp. 930—935.
8. Werkverzeichnis von E. E. Helm im Artikel „Carl Philipp Emanuel Bach“, in: The New Grove Dictionary of Music and Musicians, hrsg. von S. Sadie, Bd. 1, London 1980, S. 855–863.
9. E. E. Helm, A New Thematic Catalog of the Works of Carl Philipp Emanuel Bach (in Druck).

Recht zuverlässige Verzeichnisse einzelner Werkbereiche finden sich bei E. Beurmann, Die Klaviersonaten Carl Philipp Emanuel Bachs, Diss., Göttingen 1953; G. Busch, C. Ph. E. Bach und seine Lieder, Regensburg 1957; R. M. Jacobs, The Chamber Ensembles of C. P. E. Bach Using Two or More Wind Instruments, Diss., State Univ. of Iowa 1963, und E. Suchalla, Die Orchestersinfonien Carl Philipp Emanuel Bachs nebst einem thematischen Verzeichnis seiner Orchesterwerke, Diss., Augsburg 1968. R. W. Wade, The Keyboard Concertos of Carl Philipp Emanuel Bach. Sources and Style. Diss. New York Univ. 1979; Ann Arbor 1981.

Die vorliegende Werkübersicht stützt sich vornehmlich auf die Verzeichnisse von A. Wotquenne (im folgenden Wq abgekürzt) und E. F. Schmid. Die Jahreszahlen geben, soweit bekannt, das Entstehungsjahr an. Bei Drucken (jeweils mit Originaltitel zitiert) wird außerdem das Erscheinungsjahr mitgeteilt. Es sind nur Erstauflagen berücksichtigt worden.

A. INSTRUMENTALWERKE

I. Klavierwerke ohne Begleitung

Bei diesem zentralen Werkbereich — wie auch bei den Vokalwerken — wurde eine weitere Unterteilung vorgenommen in selbständige Originaldrucke, Originaldrucke in Sammelwerken und zu Lebzeiten des Komponisten nicht gedruckte, handschriftlich erhalten gebliebene Kompositionen.

1. Selbständige Originaldrucke (chronologisch geordnet)

„Menuet pour le clavessin“ C-Dur, Wq 111, (Leipzig 1731)

„Sei Sonate per Cembalo“ (sog. „Preussische Sonaten“) F-Dur (Berlin 1740), B-Dur (Berlin 1740), E-Dur (Berlin 1741), c-Moll (Berlin 1741), C-Dur (Berlin 1741), A-Dur (Berlin 1742), Wq 48, Nürnberg (1742)

„Sei Sonate per Cembalo“ (sog. „Württembergische Sonaten“) a-Moll (Berlin 1742), As-Dur (Berlin 1742), e-Moll (Teplitz 1743), B-Dur (Berlin 1742), Es-Dur (Teplitz 1743), h-Moll (Berlin 1744), Wq 49, Nürnberg (1744)

„18 Probestücke in 6 Sonaten“ C-Dur (Berlin 1753), d-Moll (Berlin 1753), A-Dur (Berlin 1753), h-Moll (Berlin 1753), Es-Dur (Berlin 1753), f-Moll (Berlin 1753), Wq 63, Berlin 1753 (Beigabe zum „Versuch über die wahre Art das Clavier zu spielen“ Teil 1, Berlin 1753)

„Sechs Sonaten für Clavier mit veränderten Reprisen“ F-Dur (Berlin 1759), G-Dur (Berlin 1759), a-Moll (Berlin 1759), d-Moll (Berlin 1759), B-Dur (Zerbst 1758), c-Moll (Berlin 1759), Wq 50, Berlin 1760

„Fortsetzung von sechs Sonaten fürs Clavier“ C-Dur (Berlin 1760), B-Dur (Berlin 1760), c-Moll (Zerbst 1758), d-Moll (Zerbst 1758), F-Dur (Berlin 1759), g-Moll (Berlin 1750), Wq 51, Berlin 1761

„Zweyte Fortsetzung von sechs Sonaten fürs Clavier“ Es-Dur (Berlin 1747), d-Moll (Potsdam 1759), g-Moll (Berlin 1761), fis-Moll (Berlin

1744), E-Dur (Berlin 1762), e-Moll (Zerbst 1758), Wq 52, Berlin 1763

„Clavierstücke verschiedener Art", 1. Sammlung, Wq 112 (z. T. identisch mit Wq 116,9—14; 117,5—10; 119,5 und 202B, 1—3; insgesamt 19 kleinere Kompositionen), Berlin 1765

„Sechs leichte Clavier-Sonaten" C-Dur (Berlin 1762), B-Dur (Berlin 1764), a-Moll (Berlin 1764), h-Moll (Berlin 1764), C-Dur (Berlin 1762), F-Dur (Berlin 1764), Wq 53, Leipzig 1766

„Kurze und leichte Clavierstücke mit veränderten Reprisen und beygefügter Fingersetzung für Anfänger", 1. Sammlung, Wq 113, Berlin 1766

„Kurze und leichte Clavierstücke mit veränderten Reprisen und beygefügter Fingersetzung", 2. Sammlung, Wq 114, Berlin 1768

„Six Sonates pour le Clavecin" F-Dur (Potsdam 1748), Wq 62,8; h-Moll (Teplitz 1743), Wq 62,13; B-Dur (Frankfurt/Oder 1737), Wq 65,9; A-Dur (Frankfurt/Oder 1737), Wq 65,10; F-Dur (Berlin 1746), Wq 65,18; G-Dur (Berlin 1748), Wq 6522, Paris (vor 1768)

„Six Sonates pour le Clavecin à l'usage des Dames" F-Dur (Potsdam 1766), C-Dur (Potsdam 1766), d-Moll (Potsdam 1765), B-Dur (Potsdam 1766), D-Dur (Potsdam 1765), A-Dur (Potsdam 1766), Wq 54, Amsterdam (1770)

„Sechs Clavier-Sonaten für Kenner und Liebhaber", 1. Sammlung, C-Dur (Hamburg 1773), F-Dur (Berlin 1758), h-Moll (Hamburg 1774), A-Dur (Potsdam 1765), F-Dur (Hamburg 1772), G-Dur (Potsdam 1765), Wq 55, Leipzig 1779

„Clavier-Sonaten nebst einigen Rondos fürs Fortepiano, für Kenner und Liebhaber", 2. Sammlung, Rondo C-Dur (Hamburg 1778), Sonate G-Dur (Hamburg 1774), Rondo D-Dur (Hamburg 1778), Sonate F-Dur (Hamburg 1780), Rondo a-Moll (Hamburg 1778), Sonate A-Dur (Hamburg 1780), Wq 56, Leipzig 1780

„Clavier-Sonaten nebst einigen Rondos fürs Fortepiano, für Kenner und Liebhaber", 3. Sammlung, Rondo E-Dur (Hamburg 1779), Sonate a-Moll (Hamburg 1774), Rondo G-Dur (Hamburg 1780), Sonate d-Moll (Potsdam 1766), Rondo F-Dur (Hamburg 1779), Sonate f-Moll (Berlin 1763), Wq 57, Leipzig 1781

„Clavier-Sonaten und freye Fantasien, nebst einigen Rondos fürs Fortepiano für Kenner und Liebhaber", 4. Sammlung, Rondo A-Dur (Hamburg 1782), Sonate G-Dur (Hamburg 1781), Rondo E-Dur (Hamburg 1781), Sonate e-Moll (Potsdam 1765), Rondo B-Dur (Hamburg 1779), Fantasie Es-Dur (Hamburg 1782), Fantasie A-Dur (Hamburg 1782), Wq 58, Leipzig 1783

„Clavier-Sonaten und freye Fantasien, nebst einigen Rondos fürs Fortepiano für Kenner und Liebhaber", 5. Sammlung, Sonate e-Moll (Hamburg 1784), Rondo G-Dur (Hamburg 1779), Sonate

B-Dur (Hamburg 1784), Rondo c-Moll (Hamburg 1784), Fantasie F-Dur (Hamburg 1782), Fantasie C-Dur (Hamburg 1784), Wq 59, Leipzig 1785

„Una Sonata per il Cembalosolo" c-Moll (Potsdam 1766), Wq 60, Leipzig/Dresden 1785

„Clavier-Sonaten und freye Fantasien, nebst einigen Rondos fürs Fortepiano für Kenner und Liebhaber", 6. Sammlung, Rondo Es-Dur (Hamburg 1786), Sonate D-Dur (Hamburg 1785), Fantasie B-Dur (Hamburg 1786), Rondo d-Moll (Hamburg 1786), Sonate e-Moll (Hamburg 1785), Fantasie C-Dur (Hamburg 1786), Wq 61, Leipzig 1787

VI Sonatine nuove G-Dur (Hamburg 1786), E-Dur (Hamburg 1786), h-Moll (Hamburg 1786), B-Dur (Hamburg 1786), F-Dur (Hamburg 1786), F-Dur (Hamburg 1786), Wq 63,7—12, Leipzig 1787 (Beigabe zur 4. Auflage des „Versuchs über die wahre Art das Clavier zu spielen", Teil 1, Leipzig 1787)

2. Originaldrucke in Sammelwerken (chronologisch geordnet)

F. W. Marpurg, Abhandlung von der Fuge, Teil 2, Berlin 1754 (Wq 119,1),

—, Anleitung zum Clavierspielen, Berlin 1755 (Wq 116,16,17)

—, Raccolta delle più nuove composizioni di clavicembalo di differenti Maestri ed Autori per l'anno 1756, Leipzig 1756 (Wq 62,13; 117,17—20)

—, Raccolta ... per l'anno 1757, Leipzig 1757 (Wq 62,15; 117,21,22; 119,4)

—, Fugen-Sammlung, Berlin 1758 (Wq 119,2)

—, Kritische Briefe über die Tonkunst, Bd. 1, Berlin 1760 (Wq 116,18)

Collection recréative contentant VI Sonates pour le Clavecin Œuvre I, Nürnberg 1760 (Wq 62,22)

Collection ... Œuvre II, Nürnberg 1761 (Wq 62,7)

Œuvres mêlées contenant VI Sonates pour le Clavessin de tant de plus célèbres compositeurs, Nürnberg 1760—1762 (Wq 62,4,5,9,16,17,19)

Musikalisches Allerley von verschiedenen Tonkünstlern, Berlin 1761 (Wq 62,1,6,11,12; 117,28—33; 118,1,2)

Nebenstunden der Berlinischen Musen in kleinen Clavierstücken, 1. Sammlung, Berlin 1762 (Wq 62,2)

Musikalisches Mancherley, Berlin 1762/63 (Wq 62,10,14,18—20; 116,1,2,15; 117,23—27)

F. W. Marpurg, Clavierstücke mit einem practischen Unterricht für Anfänger und Geübtere, 1. Sammlung, Berlin 1762 (Wq 119,4)

—, Clavierstücke ..., 2. Sammlung, Berlin 1762 (Wq 119,6)

—, Clavierstücke ..., 3. Sammlung, Berlin 1763 (Wq 62,3)

Tonstücke für das Clavier, vom Herrn C. P. E. Bach, und einigen andern classischen Musikern, Berlin 1762 (Wq 62,8; 119,3)
Kleine Sing- und Spielstücke fürs Clavier von verschiedenen Meistern, Berlin 1766 (Wq 116,18)
C. Ph. E. Bach, Musikalisches Vielerley, Hamburg 1770 (Wq 62,23,24; 116,1—4,11—13; 118,1 mit Variationen 18—24; 118,2 mit Variationen 18—22)
C. F. Cramer, Flora, 1. Sammlung, Kiel 1787 (Wq 202M, mit Gerstenbergs Textierung)

3. Zu Lebzeiten des Komponisten nicht gedruckt; handschriftlich erhalten

Mehr als 60 Klaviersonaten (Wq 65 und weitere 10 bei Wotquenne nicht verzeichnete Sonaten); 6 Sonatinen (Wq 64); Rondo „Abschied von meinem Silbermannischen Claviere" (Wq 66); Cembalosonate „a due Tastature" (Wq 69); Charakterstücke, Variationen (Wq 117; 118) und zahlreiche kleinere Stücke (Wq 116, z. T. auch in anderen authentischen Bearbeitungen existent); 4 kleine Duette für 2 Klaviere (Wq 115)

II. Orgelwerke (Im folgenden nach steigender Wotquenne-Nummer geordnet)

Sonate A-Dur, Wq 70,1, Zerbst 1758 (erschienen in „Œuvres mêlées", Teil 9, Nürnberg 1762)
Sonate B-Dur, Wq 70,2, Berlin 1758 (erschienen in „III Sonates pour le Clavecin composées par Mrs. C. F. E. Bach, C. S. Binder et C. Fasch", Nürnberg o. J.)
Sonate F-Dur, Wq 70,3, Berlin 1755
Sonate a-Moll, Wq 70,4, Berlin 1755
Sonate D-Dur, Wq 70,5, Berlin 1755
Sonate g-Moll, Wq 70,6, Berlin 1755
Präludium D-Dur, Wq 70,7, Berlin 1756
Fuge Es-Dur, Wq 119,6 (erschienen in F. W. Marpurg, Clavierstücke mit einem practischen Unterricht für Anfänger und Geübtere, 2. Sammlung, Berlin 1762)
Fantasie und Fuge c-Moll, Wq 119,7, Berlin (1755)

III. Werke für ein Melodieinstrument mit Basso continuo

Sonate G-Dur für Flöte und B. c., Wq 123, Frankfurt (Oder) 1735
Sonate e-Moll für Flöte und B. c., Wq 124, Frankfurt (Oder) 1737
Sonate B-Dur für Flöte und B. c., Wq 125, Berlin 1738
Sonate D-Dur für Flöte und B. c., Wq 126, Berlin 1738

Sonate G-Dur für Flöte und B. c., Wq 127, Berlin 1739
Sonate a-Moll für Flöte und B. c., Wq 128, Berlin 1740
Sonate D-Dur für Flöte und B. c., Wq 129, Berlin 1740
Sonate B-Dur für Flöte und B. c., Wq 130, Berlin 1746
Sonate D-Dur für Flöte und B. c., Wq 131, Berlin 1747
Sonate G-Dur für Flöte und B. c., Wq 133, Hamburg 1786
Sonate G-Dur für Flöte und B. c., Wq 134, Frankfurt (Oder) 1735
Solo g-Moll für Oboe und B. c., Wq 135, Frankfurt (Oder) 1735
Solo C-Dur für Viola da gamba und B. c., Wq 136, Berlin 1745
Solo D-Dur für Viola da gamba und B. c., Wq 137, Berlin 1746
Solo g-Moll für Violoncello und B. c., Wq 138, Berlin 1740 (Neufassung Hamburg 1769)

IV. Werke für ein oder zwei Melodieinstrumente allein

Sonate a-Moll für Flöte allein, Wq 132, Berlin 1747 (gedruckt als „Sonata per il Flauto traverso solo senza Basso", Berlin 1763)
Solo G-Dur für Harfe, Wq 139, Berlin 1762
Duo e-Moll für Flöte und Violine, Wq 140, Berlin 1748
Duo d-Moll für zwei Violinen, Wq 141, Berlin 1752
Duo C-Dur für zwei Klarinetten, Wq 142, Hamburg (o. J.)
Fünf Stücke für zwei Flöten c-Moll, Wq 193,4; C-Dur, D-Dur, D-Dur, G-Dur, Wq 193,22—25

V. Triosonaten

Sonate D-Dur für Violine und Cembalo obligato, Wq 71, Leipzig 1731 (Neufassung Berlin 1746)
Duo d-Moll für Violine und Cembalo obligato, Wq 72, Leipzig 1731 (Neufassung Berlin 1747)
Duo C-Dur für Violine und Cembalo obligato, Wq 73,? Potsdam 1745 oder später
Sinfonia D-Dur für Violine und Cembalo obligato, Wq 74, Berlin 1754
Sonate F-Dur für Violine und Cembalo obligato, Wq 75, Potsdam 1763
Sonate h-Moll für Violine und Cembalo obligato, Wq 76, Berlin 1763
Sonate B-Dur für Violine und Cembalo obligato, Wq 77, Potsdam 1763
Sonate c-Moll für Violine und Cembalo obligato, Wq 78, Potsdam 1763
Originaldruck „Zwölf kleine Stücke mit zwey oder drey Stimmen für die Flöte (oder Violin) und das Clavier", Wq 81, Berlin 1758

Originaldruck „Zwölf zwey- und dreystimmige kleine Stücke für die Flöte (oder Violin) und das Clavier", Wq 82, Hamburg 1770
Sonate D-Dur für Flöte und Cembalo obligato, Wq 83, ? Potsdam 1747 oder später
Duo E-Dur für Flöte und Cembalo obligato, Wq 84, ? Potsdam 1749 oder später
Sonate G-Dur für Flöte und Cembalo obligato, Wq 85, Berlin 1754
Sonate G-Dur für Flöte und Cembalo obligato, Wq 86, Berlin 1755
Sonate C-Dur für Flöte und Cembalo obligato, Wq 87, Berlin 1766
Sonate g-Moll für Viola da gamba und Cembalo obligato, Wq 88, Berlin 1759
Sonate h-Moll für Flöte, Violine und B. c., Wq 143, Leipzig 1731 (Neufassung Berlin 1747)
Sonate e-Moll für Flöte, Violine und B. c., Wq 144, Leipzig 1731 (Neufassung Berlin 1747)
Sonate d-Moll für Flöte, Violine und B. c., Wq 145, Leipzig 1731 (Neufassung Berlin 1747)
Sonate A-Dur für Flöte, Violine und B. c., Wq 146, Leipzig 1731 (Neufassung Berlin 1747)
Sonate C-Dur für Flöte, Violine und B. c., Wq 147, Leipzig 1731 (Neufassung Berlin 1747)
Sonate a-Moll für Flöte, Violine und B. c., Wq 148, Frankfurt (Oder) 1735 (Neufassung Berlin 1747)
Sonate C-Dur für Flöte, Violine und B. c., Wq 149, Potsdam 1745
Sonate G-Dur für Flöte, Violine und B. c., Wq 150, Potsdam 1747
Sonate D-Dur für Flöte, Violine und B. c., Wq 151, Potsdam 1747
Trio G-Dur für Flöte, Violine und B. c., Wq 152, Potsdam 1754
Sonate G-Dur für Flöte, Violine und B c., Wq 153, Berlin 1755
Sonate F-Dur für zwei Violinen und B. c., Wq 154, Potsdam 1747
Sonate e-Moll für zwei Violinen und B. c., Wq 155, Potsdam 1747
Sinfonia a-Moll für zwei Violinen und B. c., Wq 156, Potsdam 1754
Sonate G-Dur für zwei Violinen und B. c., Wq 157, Berlin 1754
Sonate B-Dur für zwei Violinen und B. c., Wq 158, Berlin 1754 (veröffentlicht im „Musikalischen Mancherley", Berlin 1762)
Sonate B-Dur für zwei Violinen und B. c., Wq 159, Berlin 1755
Sonate F-Dur für zwei Violinen und B. c., Wq 160, Berlin 1756 (veröffentlicht im „Musikalischen Mancherley", Berlin 1762)
Sonate c-Moll für zwei Violinen und B. c., Wq 161a, Potsdam 1749 („Gespräch zwischen einem Sanguineo und Melancholico")
Sonate B-Dur für Flöte, Violine und B. c., Wq 161b, Potsdam 1748 (zusammen mit Wq 161a gedruckt als „Zwey Trio, das erste für zwo Violinen und Bass, das zweyte für 1 Querflöte, 1 Violine und Bass; bey welchen beyden aber die eine von den Oberstimmen auch auf dem Flügel gespielet werden kann", Nürnberg 1751)

Trio E-Dur für zwei Flöten und B. c., Wq 162, Potsdam 1749
Trio F-Dur für Viola, Baßflöte und B. c., Wq 163, Berlin 1755

VI. Klavierduos und -trios

„Arioso con variazioni" A-Dur für Cembalo und Violine, Wq 79, Hamburg 1781

Fantasie fis-Moll für Cembalo und Violine („C. P. E. Bachs Empfindungen", auch für Klavier allein, Wq 67), Wq 80, Hamburg 1787

6 Sonaten B-Dur, C-Dur, A-Dur, Es-Dur, e-Moll, D-Dur für Klavier, Violine und Violoncello, Wq 89, Hamburg, etwa 1775 (gedruckt als „Six Sonates for the Harpsichord or Piano Forte", London 1776)

3 Sonaten a-Moll, G-Dur, C-Dur für Klavier, Violine und Violoncello, Wq 90, Hamburg 1775 (gedruckt als „C. P. E. Bachs Clavier-Sonaten mit einer Violine und einem Violoncello zur Begleitung", 1. Sammlung, Leipzig 1776)

4 Sonaten e-Moll, D-Dur, F-Dur, C-Dur für Klavier, Violine und Violoncello, Wq 91, Hamburg 1777 (gedruckt als „C. P. E. Bachs Clavier-Sonaten mit einer Violine und einem Violoncello zur Begleitung", 2. Sammlung, Leipzig 1777)

6 Sonaten Es-Dur, Es-Dur, Es-Dur, B-Dur, Es-Dur, B-Dur für Klavier, Klarinette und Fagott, Wq 92, Hamburg, nach 1767

VII. Klavierquartette

„3 Quartette fürs Clavier, Flöte, Bratsche und Baß" a-Moll, D-Dur, G-Dur, Wq 93–95, Hamburg 1788

VIII. Bläsermusik und Tanzmusik

6 kleine Sonaten D-Dur, F-Dur, G-Dur, Es-Dur, A-Dur, C-Dur für zwei Hörner, zwei Flöten, zwei Klarinetten und Fagott, Wq 184, Hamburg 1775

6 kleine Stücke und Märsche D-Dur, C-Dur, F-Dur, G-Dur, Es-Dur, D-Dur für zwei Hörner, zwei Oboen, zwei Klarinetten und Fagott, Wq 185, Hamburg, nach 1767

2 kleine Stücke C-Dur, F-Dur für zwei Hörner, zwei Klarinetten und Fagott, Wq 186, Hamburg, nach 1767

2 Märsche F-Dur, D-Dur für zwei Hörner, zwei Oboen und Fagott, Wq 187

2 Märsche C-Dur, C-Dur für drei Trompeten und Pauken, Wq 188, nach 1767

8 Menuette und Trios D-Dur, D-Dur, G-Dur, G-Dur, G-Dur, F-Dur, D-Dur, D-Dur für zwei Klarinetten, zwei Flöten, zwei Violinen und Baß, Wq 189 (Wq 189,8 zusätzlich mit zwei Hörnern), ? 1765 und später

6 Polonaisen D-Dur, G-Dur, a-Moll, D-Dur, C-Dur, A-Dur für zwei Klarinetten, zwei Violinen und Baß, Wq 190 (Wq 190,2,3,5,6 ohne Klarinetten, Wq 190,4 zusätzlich mit zwei Hörnern), ?1765 und später

2 Menuette D-Dur, D-Dur für drei Trompeten, Pauken, zwei Hörner, zwei Oboen, zwei Flöten, zwei Violinen, Viola und Baß, Wq 191

2 Menuette C-Dur, C-Dur für drei Trompeten, Pauken, zwei Flöten, zwei Fagotte, zwei Violinen und Baß, Wq 192, Berlin 1762

IX. Sonatinen für Cembalo und Orchester

Sonatine D-Dur für Cembalo und Orchester, Wq 96, Berlin 1762
Sonatine G-Dur für Cembalo und Orchester, Wq 97, Berlin 1762
Sonatine G-Dur für Cembalo und Orchester, Wq 98, Berlin 1762
Sonatine F-Dur für Cembalo und Orchester, Wq 99, Berlin 1762
Sonatine E-Dur für Cembalo und Orchester, Wq 100, Berlin 1763
Sonatine C-Dur für Cembalo und Orchester, Wq 101, Berlin 1763
Sonatine D-Dur für Cembalo und Orchester, Wq 102, Berlin 1763
Sonatine C-Dur für Cembalo und Orchester, Wq 103, Berlin 1763
Sonatine F-Dur für Cembalo und Orchester, Wq 104, Potsdam 1764
Sonatine Es-Dur für Cembalo und Orchester, Wq 105, 1764
Sonatine C-Dur für Cembalo und Orchester, Wq 106, Berlin 1763 (gedruckt als „Sonatina a Cembalo concertato, 2 Flauti traversi, 2 Violini, Violetta e Basso“, Berlin 1764)
Sonatine F-Dur für Cembalo und Orchester, Wq 107, Berlin 1764 (gedruckt als „Sonatina II a Cembalo concertato, II Flauti traversi, II Violini, Violetta e Basso“, Berlin 1764)
Sonatine Es-Dur für Cembalo und Orchester, Wq 108, Berlin 1765 (gedruckt als „Sonatina III a Cembalo concertato, II Flauti traversi, II Violini, Violetta e Basso“, Berlin 1766)
Sonatine D-Dur für zwei Cembali und Orchester, Wq 109, Berlin 1762
Sonatine B-Dur für zwei Cembali und Orchester, Wq 110, Berlin 1763

X. Konzerte

1. Klavierkonzerte

Mit Ausnahme von Wq 27, 32, 41 bis 47 verwendet Bach begleitendes Streichorchester.

Konzert a-Moll für Cembalo und Orchester, Wq 1, Leipzig 1733 (Neufassung Berlin 1744)
Konzert Es-Dur für Cembalo und Orchester, Wq 2, Leipzig 1734 (Neufassung Berlin 1743)
Konzert G-Dur für Cembalo und Orchester, Wq 3, Frankfurt (Oder) 1737 (Neufassung Berlin 1745)
Konzert G-Dur für Cembalo und Orchester, Wq 4, Berlin 1738
Konzert c-Moll für Cembalo und Orchester, Wq 5, Berlin 1739 (Neufassung Berlin 1762)
Konzert g-Moll für Cembalo und Orchester, Wq 6, Berlin 1740
Konzert A-Dur für Cembalo und Orchester, Wq 7, Berlin 1740
Konzert A-Dur für Cembalo und Orchester, Wq 8, Berlin 1741
Konzert G-Dur für Cembalo und Orchester, Wq 9, Berlin 1742
Konzert B-Dur für Cembalo und Orchester, Wq 10, Berlin 1742
Konzert D-Dur für Cembalo und Orchester, Wq 11, Potsdam 1743 (gedruckt als „Concerto per il Cembalo concertato, accompagnato da due Violini, Violetta e Basso", Nürnberg 1745)
Konzert F-Dur für Cembalo und Orchester, Wq 12, Berlin 1744
Konzert D-Dur für Cembalo und Orchester, Wq 13, Berlin 1744
Konzert E-Dur für Cembalo und Orchester, Wq 14, Berlin 1744 (gedruckt als „Concerto III per il Cembalo concertato, accompagnato da II Violini, Violetta e Basso", Berlin 1760)
Konzert e-Moll für Cembalo und Orchester, Wq 15, Berlin 1745
Konzert G-Dur für Cembalo und Orchester, Wq 16, Berlin 1745
Konzert d-Moll für Cembalo und Orchester, Wq 17, Berlin 1745
Konzert D-Dur für Cembalo und Orchester, Wq 18, Berlin 1745
Konzert A-Dur für Cembalo und Orchester, Wq 19, Berlin 1746
Konzert C-Dur für Cembalo und Orchester, Wq 20, Berlin 1746
Konzert a-Moll für Cembalo und Orchester, Wq 21, Berlin 1747 (Neufassung Hamburg 1775)
Konzert d-Moll für Cembalo und Orchester, Wq 22, Berlin 1747
Konzert d-Moll für Cembalo und Orchester, Wq 23, Potsdam 1748
Konzert e-Moll für Cembalo und Orchester, Wq 24, Potsdam 1748
Konzert B-Dur für Cembalo und Orchester, Wq 25, Potsdam 1749 (gedruckt als „Concerto per il Cembalo concertato, accompagnato da 2 Violini, Violetta e Basso", Nürnberg 1752)
Konzert a-Moll für Cembalo und Orchester, Wq 26, Berlin 1750
Konzert D-Dur für Cembalo und Orchester, Wq 27, Berlin 1750
Konzert B-Dur für Cembalo und Orchester, Wq 28, Berlin 1751
Konzert A-Dur für Cembalo und Orchester, Wq 29, Potsdam 1753
Konzert h-Moll für Cembalo und Orchester, Wq 30, Potsdam 1753
Konzert c-Moll für Cembalo und Orchester, Wq 31, Berlin 1753
Konzert g-Moll für Cembalo und Orchester, Wq 32, Berlin 1754
Konzert F-Dur für Cembalo und Orchester, Wq 33, Potsdam 1755

Konzert G-Dur für Cembalo (oder Orgel) und Orchester, Wq 34, Berlin 1755
Konzert Es-Dur für Cembalo (oder Orgel) und Orchester, Wq 35, Berlin 1759
Konzert B-Dur für Cembalo und Orchester, Wq 36, Berlin 1762
Konzert c-Moll für Cembalo und Orchester, Wq 37, Berlin 1762
Konzert F-Dur für Cembalo und Orchester, Wq 38, Berlin 1763
Konzert B-Dur für Cembalo und Orchester, Wq 39, Berlin 1765
Konzert Es-Dur für Cembalo und Orchester, Wq 40, Berlin 1765
Konzert Es-Dur für Cembalo und Orchester, Wq 41, Hamburg 1769
Konzert F-Dur für Cembalo und Orchester, Wq 42, Hamburg 1770
6 Konzerte F-Dur, D-Dur, Es-Dur, c-Moll, G-Dur, C-Dur für Cembalo und Orchester, Wq 43, Hamburg 1771 (gedruckt als „Sei Concerti per il Cembalo concertato, accompagnato da due Violini, Violetta e Basso", Hamburg 1772)
Konzert G-Dur für Cembalo und Orchester Wq 44, Hamburg 1778
Konzert D-Dur für Cembalo und Orchester, Wq 45, Hamburg 1778
Konzert F-Dur für zwei Cembali und Orchester, Wq 46, Berlin 1740
Konzert Es-Dur für Cembalo, Hammerklavier und Orchester, Wq 47, Hamburg 1788

2. Konzerte für Oboe

Sämtliche Konzerte für Oboe, Flöte und Violoncello sind auch als Klavierkonzerte überliefert.

Konzert B-Dur für Oboe und Orchester, Wq 164, ? Berlin 1765
Konzert Es-Dur für Oboe und Orchester, Wq 165, ? Berlin 1765

3. Konzerte für Flöte

Konzert a-Moll für Flöte und Orchester, Wq 166, ? Berlin 1750
Konzert B-Dur für Flöte und Orchester, Wq 167, Berlin 1751
Konzert A-Dur für Flöte und Orchester, Wq 168, ? Potsdam 1753
Konzert G-Dur für Flöte und Orchester, Wq 169, ? Berlin 1755 oder später

4. Konzerte für Violoncello

Konzert a-Moll für Violoncello und Orchester, Wq 170, ? Berlin 1750
Konzert B-Dur für Violoncello und Orchester, Wq 171, ? Berlin 1751
Konzert A-Dur für Violoncello und Orchester, Wq 172, ? Potsdam 1753

XI. Sinfonien

Sinfonie G-Dur, Wq 173, Berlin 1741
Sinfonie C-Dur, Wq 174, Potsdam 1755
Sinfonie F-Dur, Wq 175, Berlin 1755
Sinfonie D-Dur, Wq 176, Berlin 1755
Sinfonie e-Moll, Wq 177, Berlin 1756 (gedruckt als „Sinfonia a Violino primo, Violino secundo, Violetta e Basso", Nürnberg 1759)
Sinfonie e-Moll, Wq 178, ? Berlin 1756 (diese Sinfonie unterscheidet sich von der vorhergehenden nur durch die Besetzung)
Sinfonie Es-Dur, Wq 179, Berlin 1757
Sinfonie G-Dur, Wq 180, Berlin 1758
Sinfonie F-Dur, Wq 181, Berlin 1762
6 „Streichersinfonien" G-Dur, B-Dur, C-Dur, A-Dur, h-Moll, E-Dur, Wq 182, Hamburg 1773 (komponiert auf Bestellung des Baron Gottfried van Swieten)
4 „Orchester-Sinfonien mit zwölf obligaten Stimmen" D-Dur, Es-Dur, F-Dur, G-Dur, Wq 183, Hamburg 1775/76 (gedruckt Leipzig 1780)

(Die Sinfonien Wq 173, 175, 177, 180, 181 liegen im Klavierauszug vor und wurden in zeitgenössischen Sammlungen veröffentlicht. Eine gemeinsam mit dem Fürsten Ferdinand Philipp v. Lobkowitz komponierte Sinfonie ist verlorengegangen.)

B. VOKALWERKE

I. Oratorien, Kantaten und Chöre

1. Originaldrucke (chronologisch geordnet)

„Phillis und Tirsis", Wq 232, Berlin 1766
„Die Israeliten in der Wüste", Wq 238, Hamburg 1775
„Klopstocks Morgengesang am Schöpfungsfeste", Wq 239, Leipzig 1784
„Zwey Litaneyen", Wq 204, Kopenhagen 1786
„Carl Wilhelm Rammlers Auferstehung und Himmelfahrt Jesu", Wq 240, Leipzig 1787

2. Zu Lebzeiten des Komponisten nicht gedruckt

Magnificat, Wq 215, Berlin 1749
„Die letzten Leiden des Erlösers", Passionskantate, Wq 233, Hamburg 1770

21 Passionsmusiken nach den vier Evangelisten, z. T. mit ausgiebiger

Verwendung von Stücken aus Passionen und Kantaten Johann Sebastian Bachs und namentlich aus Passionen Telemanns; zahlreiche Ostermusiken, Michaelismusiken, Weihnachtsmusiken für den Hamburger Gottesdienst, mehrere Trauungskantaten, Trauermusiken, Einführungsmusiken, viele einzelne Chöre (z. T. Bearbeitungen seiner Gellert-Lieder, Cramer-Psalmen usw.) zu kirchlichem Anlaß; weltliche Kantaten und „Serenaten“ (Bürgerkapitänsmusiken, Kantate „Selma“, Wq 236, und „Der Frühling“, Wq 237)

II. Lieder und Choralweisen

1. Selbständige Originaldrucke (chronologisch geordnet)

„Herrn Professor Gellerts geistliche Oden und Lieder mit Melodien“, Wq 194, Berlin 1758
„Oden mit Melodien“, Wq 199, Berlin 1762
„Zwölf geistliche Oden und Lieder als ein Anhang zu Gellerts geistlichen Oden und Liedern mit Melodien“, Wq 195, Berlin 1764
„Der Wirth und die Gäste“, Wq 201, Berlin 1766
„Herrn Doctor Cramers übersetzte Psalmen mit Melodien zum Singen bey dem Claviere“, Wq 196, Leipzig 1774
„Herrn Christoph Christian Sturms ... Geistliche Gesänge mit Melodien zum Singen bey dem Claviere“, Wq 197, Hamburg 1780
„Neue Melodien zu einigen Liedern des neuen Hamburgischen Gesangbuchs nebst einigen Berichtigungen“, Wq 203, Hamburg 1787
„Neue Lieder-Melodien nebst einer Kantate zum Singen beym Klavier“, Wq 200, Lübeck 1789

2. Originaldrucke in Sammelwerken (chronologisch geordnet)

Sammlung verschiedener und auserlesener Oden, zu welchen von den berühmtesten Meistern in der Music eigene Melodeyen verfertiget worden, Halle 1737—1743 (fehlt bei Wq 202)
Oden mit Melodien, Teil 1, Berlin 1753 (fehlt bei Wq 202)
F. W. Marpurg, Historisch-Kritische Beyträge zur Aufnahme der Musik, Bd. 1, 1. Stück, Berlin 1754 (fehlt bei Wq 202)
Berlinische Oden und Lieder, Leipzig 1756 (Wq 202,3,8,9,13,15)
Drey verschiedene Versuche eines einfachen Gesanges für den Hexameter, Teil 2, Berlin 1760 (Wq 202A)
Musikalisches Allerley von verschiedenen Tonkünstlern, Berlin 1760—1764 (fehlt bei Wq 202)
Clavierstücke verschiedener Art von Carl Philipp Emanuel Bach, 1. Sammlung, Berlin 1765 (Wq 112,6,12,14 = Wq 202B1—3)
Unterhaltungen, Hamburg 1768—1770 (Wq 202C1—13)
C. Ph. E. Bach, Musikalisches Vielerley, Hamburg 1770 (Wq 202D)

D. B. Münters erste Sammlung geistlicher Lieder mit Melodien von verschiedenen Singcomponisten, Leipzig 1773 (Wq 202E1—6)

Göttinger Musen-Almanach fürs Jahr 1774, 1775 (Wq 202F1,2 und G1,2)

Die Muse, Teil 1, Leipzig 1776 (Wq 202H)

Musen-Almanach, hrsg. von J. H. Voß, Hamburg 1776 (Wq 202I1,2)

Dasselbe, Hamburg 1778 (Wq 202J und Neujahrsode für 1777, fehlt bei Wq 202)

Dasselbe, Hamburg 1781 (Wq 202K1,2)

Dasselbe, Hamburg 1782 (Wq 202L1,2)

J. A. Hiller, Lieder und Arien aus Sophiens Reise, Leipzig 1779 (fehlt bei Wq 202)

Blumenlese für Klavierliebhaber, Teil 2, Speyer 1782 (fehlt bei Wq 202)

Musikalische Anthologie für Kenner und Liebhaber, Speyer 1788ff. (fehlt bei Wq 202)

3. Zu Lebzeiten des Komponisten nicht gedruckt

Vgl. Wq 202O1—5

C. THEORETISCHE WERKE

C. P. E. Bachs Versuch über die wahre Art das Clavier zu spielen, mit Exempeln und 18 Probe-Stücken in 6 Sonaten erläutert, Teil 1, Berlin 1753

C. P. E. Bachs Versuch über die wahre Art das Clavier zu spielen. Zweyter Theil, in welchem die Lehre von dem Accompagnement und der freyen Fantasie abgehandelt wird, Berlin 1762

Verschiedene kleinere Beiträge über Generalbaß, Kontrapunktik u. a., die handschriftlich oder gedruckt vorliegen (vgl. das Werkverzeichnis von E. F. Schmid)

EDITIONEN

(Auswahl)

Aus dem umfangreichen Reservoir praktischer Neuausgaben Bachscher Kompositionen werden vorrangig solche erfaßt, die dem Interessenten in größeren Bibliotheken zugänglich sind. Angestrebt wird eine möglichst alle Werkbereiche berücksichtigende Zusammenstellung. Die verschiedensten Bearbeitungen — Klavierfassungen von Orchesterstücken mit Ausnahme von Klavierauszügen Bachscher Vokalwerke, Uminstrumentierungen von Originalwerken, soweit sie nicht von Bach stammen — finden jedoch ebensowenig Aufnahme in diese Übersicht wie die in zahlreichen Sammlungen verstreuten Sonatensätze, Lieder usw.
Wiedergegeben wird der jeweilige Drucktitel. In der bibliographischen Erfassung der einzelnen Angaben — Besetzung, Verlagsort, Erscheinungsjahr, Werkreihe u. a. — kam der Verfasser nicht umhin, einige Vereinheitlichungen hinsichtlich der Zitierweise vorzunehmen.

A. INSTRUMENTALWERKE

I. Klavierwerke ohne Begleitung

1. Geschlossene Klavierzyklen und Einzelwerke
(nach steigender Wotquenne-Nummer geordnet)

Preußische Sonaten (Wq 48). Hrsg. von R. Steglich. Hannover: Nagel, 1927 (Neudruck 1953) (Nagels Musik-Archiv; 6 und 15)

Württembergische Sonaten (Wq 49). Hrsg. von R. Steglich. Hannover: Nagel, 1927 (Neudruck 1950) (Nagels Musik-Archiv; 21 und 22)

Sechs Sonaten mit veränderten Reprisen für Klavier (Wq 50). Hrsg. von E. Darbellay. Winterthur: Amadeus-Verlag, 1976 (GM 580)

Sechs Sonaten für das Klavier (Cembalo, Clavichord) (Wq 54). Hrsg. von K. Johnen. Halle (Saale): Mitteldeutscher Verlag, 1951

Clavier-Sonaten, Rondos und freie Fantasien für Kenner und Liebhaber, Sammlungen 1.—6. (Wq 55; 56; 57; 58; 59; 61). Hrsg. von E. F. Baumgart. Breslau: Leuckart, 1863

Die sechs Sammlungen von Sonaten, freien Fantasien und Rondos für Kenner und Liebhaber, Sammlungen 1.—6. (Wq 55; 56; 57; 58; 59; 61). Hrsg. von C. Krebs. Leipzig: Breitkopf & Härtel, 1895 (EB 4401—4406)

Die sechs Sammlungen von Sonaten, freien Fantasien und Rondos für Kenner und Liebhaber, Sammlungen 1.—6. (Wq 55; 56; 57; 59; 61).

Hrsg. von C. Krebs, neu durchgesehen von L. Hoffmann-Erbrecht. Leipzig: VEB Breitkopf & Härtel Musikverlag, 1953 (bis 1979 mehrere Neudrucke) (EB 4401—4406)
Sonate per il cembalo solo (Wq 60). Hrsg. von F. Nagel. Adliswil/Mainz usw.: Eulenburg, 1977 (Eulenburg General Music Series; 717)
Sonate G-Dur (Wq 62,11). Hrsg. von H. Albrecht. Lippstadt: Kister & Siegel, 1951 (Reihe 5; 2)
18 Probestücke in sechs Sonaten nebst „Sechs neuen Sonatinen" zum „Versuch über die wahre Art das Clavier zu spielen" (Wq 63). Hrsg. von L. Hoffmann-Erbrecht. Leipzig: VEB Breitkopf & Härtel Musikverlag, 1957 (Neudruck 1972) (EB 5875)
18 Probestücke in sechs Sonaten zum „Versuch über die wahre Art das Clavier zu spielen" (Wq 63,1—6 und 202M ohne Text). Hrsg. von E. Doflein. Mainz: Schott, 1935 (ES 2353/4) (Werkreihe für Klavier)
Sei Sonate nuove (Wq 63,7—12). Hrsg. von F. Goebels. Mainz/London usw.: Schott, 1966 (ES 5458) (Werkreihe für Klavier)
Sechs Sonatinen (Wq 63,7—12). Hrsg. von O. Vrieslander. Hannover: Nagel, 1930 (Neudruck 1952) (Nagels Musik-Archiv; 65)
Sechs Sonatinen (Wq 64). Hrsg. von K. Johnen. Halle (Saale): Mitteldeutscher Verlag, 1952
Abschied von meinem Silbermannischen Claviere (Wq 66). (Herausgeber nicht genannt.) Mitau: Steffenhagen, 1916
Abschied von meinem Silbermannischen Claviere (Wq 66). Hrsg. von K. Geiringer, in: Die Familie Bach. 1604—1845. Wien: Universal-Edition, 1953 (UE 10787)
Abschied von meinem Silbermannischen Claviere (Wq 66) und Fantasie fis-Moll („C. P. E. Bachs Empfindungen") (Wq 67). Hrsg. von A. Kreutz. Mainz: Schott, 1950 (ES 4013) (Werkreihe für Klavier)
Concerto in C per il Cembalo solo (Wq 112,1). Hrsg. von W. Danckert, in: Unbekannte Meisterwerke der Klaviermusik. Kassel: Bärenreiter, 1930
Kurze und leichte Clavierstücke mit veränderten Reprisen und beygefügter Fingersetzung für Anfänger (Wq 113; 114) Hrsg. von O. Vrieslander. Wien: Universal-Edition, 1914 (UE 5395)
Kurze und leichte Klavierstücke mit veränderten Reprisen (Wq 113; 114). Hrsg. von O. Jonas. Wien: Universal-Edition, 1962 (UE 13311) (Wiener Urtextausgabe)
Vier Duette für zwei Klaviere (Wq 115). Hrsg. von F. Oberdörffer. Kassel: Bärenreiter, 1944
Four little duets for two pianos (Wq 115). Ed. by A. Gold and R. Fizdale. New York/London: Schirmer and Chappell, 1971

Solfeggio c-Moll (Wq 117,2). Hrsg. von K. Geiringer, in: Die Familie Bach. 1604—1845. Wien: Universal-Edition, 1953 (UE 10787)

La Xenophon und La Sybille (Wq 117,29). Hrsg. von K. Neumetz-Fiedler. Wien: Österreichischer Bundesverlag, 1950 (ÖBV 6781) (Hausmusik; 31a)

Les Folies (Wq 118,9). Hrsg. von H. Ruf. Lörrach (Baden): Deutscher Ricordi-Verlag, 1955 (Ars musicae et studium; 4)

12 Variations auf die Folie d'Espagne (Wq 118,9). Hrsg. von F. Goebels, in : Folies d'Espagne. Mainz/London usw.: Schott, 1970 (ES 5775) (Werkreihe für Klavier)

2. Teilsammlungen (nach Erscheinungsjahr geordnet)

Ausgewählte Werke für das Pianoforte (Wq 53,13,16; 55,1,2,15; 53,2). Hrsg. von A. Eibenschütz. Leipzig: Breitkopf & Härtel (o. J.) (VN 16391—16396)

Rondo h-Moll, La Xenophone, La Sybille, La Complaisante, Les Langueurs Tendres (Wq 117,29,28,30). Hrsg. von A. Rubinstein, in: Concerts historiques 1; 26. Moskau: P. Jurgenson (o. J.)

Klavierwerke (Bd. 12: Wq 48,1—6; 49,1—6; 62,21,17,7,16,5,4,12,6,1, 7,22,19; 55,1,2,4,6; 57,4—6. Bd. 13: Wq 65,31,20,11; 56,2—4; 59,3; 62,15,8,18,10; 112,7; 57,2; 65,17,28,24,44,27,48,41,45,39,42,49,46; 63,2—6; 58,1,3,5; 59,4; 70,3; 65,13,6,3,37,40). Hrsg. von A. Farrenc, in: Le tresór des pianistes, Bd. 12 und 13. Paris 1861—1863

Sechs Sonaten (willkürlich bearbeitet und entstellt) (Wq 57,6,2; 55,4,6; 57,4; 49,2). Hrsg. von H. von Bülow. Leipzig: Peters, 1862 (Neudrucke 1954, revidiert London: Peters, 1971) (EP 276)

Ausgewählte Klavierkompositionen (Wq 48,6; 52,4; 57,6; 65,20; 117,19,20,25,27; 57,1; 61,6; 114,7; 117,2). Hrsg. von H. Riemann. Leipzig: Steingräber, 1893 (ES 94)

Klavierwerke (Wq 55,1; 56,2; 55,5; 57,2; 55,4; 57,4; 55,2; 57,6; Cantabile aus Wq 55,3; Allegro assai aus Wq 58,4; Largo und Andantino grazioso aus Wq 59,3; 59,2). Hrsg. von H. Schenker. Wien: Universal-Edition, 1902 (Neudruck 1958) (UE 548)

Fantasie in C. Hrsg. von E. de Albert, in: Klavierabende 14. Leipzig: R. Forberg, 1908

Carl Philipp Emanuel Bach-Album (Wq 51,5,4; 58,3,1,5; 56,3; 117,29,28,25,30). Hrsg. von E. Caland. Magdeburg: Heinrichshofen, 1923

Sieben Hauptwerke aus dem Klavierschaffen von Carl Philipp Emanuel Bach (Wq 51,5,4; 53,5; 58,3; 58,1; 117,25,30). Hrsg. von E. Caland und F. Goebels. (Revidierte Interpretationsausgabe von 1923.) Wilhelmshaven/Locarno/Amsterdam: Heinrichshofen, 1975

Sonaten und Charakterstücke (Wq 48,2; 62,6; 117,28,30,33). Hrsg. von

P. Mies. Augsburg: Böhm, 1928

Neues Carl Philipp Emanuel Bach-Album (Wq 52,5; 51,5; 63,5; 59,4; Andantino aus Wq 58,4; Allegro moderato aus Wq 52,3; 63,8,11; 59,6; 58,7). Hrsg. von E. Caland. Münster: Bisping, 1929

Kleine Stücke für Klavier (Wq 112,25,8,11,15,17,18; 116,3,4,5,7; 117,1—4; 63,7—12). Hrsg. von O. Vrieslander. Hannover: Nagel, 1930 (Nagels Musik-Archiv; 65)

Vier leichte Sonaten (Wq 65,22,33,11,14). Hrsg. von O. Vrieslander. Hannover: Nagel, 1932 (Neudruck 1959) (Nagels Musik-Archiv; 90)

Drei Klaviersonaten (Wq 89,3,5; 91,4). Hrsg. von F. Oberdörffer. Berlin-Lichterfelde: Vieweg, 1936 (Deutsche Klaviermusik des 17. und 18. Jahrhunderts)

Sonaten und Stücke (Wq 50,5; 51,3; 52,3; 61,1; 65,48; 116,16,17,21,37; 117,25; 118,9). Hrsg. von K. Herrmann. Leipzig: Peters, 1937 (Neudruck 1952) (EP 4188)

Clavierstücke (Wq 117,18,22,29,30,33; 116,3,8,13; 117,4,12, aus Wq 62). Hrsg. von V. Luithlen und H. Kraus. Wien: Universal-Edition, 1938 (UE 11015)

Leichte Tänze und Stücke (Wq 116,13,51,9; 117,6,34,21,5,39,22,35; 116,36,46; 117,23; 118,5). Hrsg. von K. Herrmann. Hamburg: Sikorski, 1949 (Musikalische Kleinigkeiten)

Musikalisches Mancherlei. Hrsg. von A. Kranz. Wilhelmshaven/Hamburg/Berlin: Heinrichshofen, 1950 (Neudruck 1958) (VN 3121)

Sonaten für Klavier (Cembalo) (Wq 65,22,32). Hrsg. von K. Johnen. Halle (Saale): Mitteldeutscher Verlag, 1951

Negy fantázia zongorára (Wq 58,6,7; 59,6; 61,6) (Vier Fantasien für Klavier). Hrsg. von J. Gát. Budapest: Editio Musica, 1962 (Neudruck 1974) (Thesaurus musicus; 18)

Drei leichte Klaviersonaten (Wq 53,5,6,1). Hrsg. von J. Zürcher. Mainz/London usw.: Schott, 1964 (ES 4707) (Werkreihe für Klavier)

C. Ph. E. Bach. Frankfurter Clavierbüchlein (aus Wq 65; 116 u. a.). Hrsg. von R. Stein. Frankfurt (Oder): 1965

Six sonatas for keyboard (Wq 65,9,16,23; 62,19; 52,2; 53,4). Ed. by P. Friedheim. New York: Galaxa Music, 1967

Sechs Variationen (aus Wq 118). Hrsg. von G. Lorenz, in: Leichte Klaviervariationen aus Barock und Klassik. München/Duisburg: Henle, 1970

II. Orgelwerke

Six sonatas for organ (Wq 70). Ed. by J. Langlais. Chicago: H. T. Fritz Simons, 1957

Orgelwerke (Wq 70; 119,7,6). Hrsg. von T. Fedtke. Frankfurt (Main)/London/New York: Litolff, Peters, 1968 (EP 8009)

III. Werke für ein Melodieinstrument mit Basso continuo

Zwei Sonaten für Flöte und Basso continuo (Wq 123; 124). Hrsg. von K. Walther. Kassel: Bärenreiter, 1936 (Neudruck 1951) (BA 1018) (Hortus musicus; 71). Partitur und Stimmen

Sechs Sonaten für Flöte und Klavier (Wq 125; 126; 127; 129; 130; 134). Hrsg. von K. Walther. Frankfurt (Main): Zimmermann, 1969 (ZM 1800) (Musik für Flöte). Partitur und Stimmen

Sonate B-Dur für Flauto traverso (Violine) und Basso continuo (Wq 125). Hrsg. von G. Scheck und H. Ruf. Lörrach (Baden): Deutscher Ricordi-Verlag, 1954 (Florilegium musicum; 1). Partitur und Stimmen

Sonate G-Dur für Flöte und konzertierendes Cembalo (Wq 127). Hrsg. von G. Scheck und H. Ruf. Lörrach (Baden): Deutscher Ricordi-Verlag, 1954 (Florilegium musicum; 2). Partitur und Stimmen

Zwei Sonaten für Flöte und Basso continuo (Wq 128; 131). Hrsg. von K. Walther. Kassel: Bärenreiter, 1936 (Neudruck 1951) (BA 1591) (Hortus musicus; 72). Partitur und Stimmen

Sonate G-Dur für Flöte und bezifferten Baß (Wq 133). Hrsg. von H.-P. Schmitz. Kassel/Basel: Bärenreiter, 1956 (BA 3006) (Flötenmusik). Partitur und Stimmen

Hamburger Sonate G-Dur für Flöte und Generalbaß (Wq 133). Hrsg. von K. Walther. Mainz: Schott, 1955 (ES 4651) (Antiqua). Partitur und Stimmen

Sonate g-Moll für Oboe und Basso continuo (Wq 135). Hrsg. von G. Scheck und H. Ruf. Lörrach (Baden): Deutscher Ricordi-Verlag, 1954 (Florilegium musicum; 7). Partitur und Stimmen

Sonate g-Moll für Oboe und Generalbaß (Wq 135). Hrsg. von K. Walther. Wiesbaden: Breitkopf & Härtel, 1953 (Breitkopf & Härtels Kammermusik-Bibliothek 2103) (Collegium musicum, Auswahl älterer Kammermusikwerke; 103). Partitur und Stimmen

Sonate für Viola da gamba und Basso continuo (Wq 136) (Ausgabe für Violoncello [Violine] und Klavier). Hrsg. von P. Klengel. Leipzig: Breitkopf & Härtel, 1930 (Neudrucke 1952, 1964) (EB 4169) (Kammersonaten; 6). Partitur und Stimmen

Sonate D-Dur für Viola da gamba (Violoncello) und Generalbaß

(Wq 137). Hrsg. von R. von Leyden. Leipzig: Peters, 1933 (Neudruck 1954) (EP 4287). Partitur und Stimmen

Sonate für Viola da gamba und Basso continuo (Wq 137) (Ausgabe für Violoncello [Violine] und Klavier). Hrsg. von P. Klengel. Leipzig: Breitkopf & Härtel, 1930 (Neudrucke 1952, 1966) (EB 6170) (Kammersonaten; 7). Partitur und Stimmen

IV. Werke für ein oder zwei Melodieinstrumente allein

Sonate a-Moll für Flöte solo (Wq 132). Hrsg. (mit veränderter Satzordnung) von A. Kurth. Berlin/Leipzig: Simrock, 1913 (Neudruck, Hannover/London: 1960) (Elite-Edition; 612)

Sonate a-Moll für Flöte solo (Wq 132). Hrsg. von K. A. Methmann. Hannover: Nagel, 1941 (Nagels Musik-Archiv; 155)

Sonate a-Moll für Flöte solo (Wq 132). Hrsg. von G. Scheck und H. Ruf. Lörrach (Baden): Deutscher Ricordi-Verlag, 1955 (Florilegium musicum; 13)

Sonate a-Moll für Flöte solo (Wq 132). Hrsg. von L. Siber. Leipzig: Hofmeister, 1955 (Hofmeister-Studienwerke; 7,41)

Sonata in A minor for flute alone (Wq 132). Ed. by L. Moyse. New York/London: Schirmer, 1975

Sonate a-Moll für Flöte (Wq 132). Hrsg. von W. Richter. Frankfurt (Main): Zimmermann, 1975

Sonate für Querflöte solo, a-Moll (Wq 132). Hrsg. von H. Teske. Winterthur: Amadeus-Verlag, 1978

Sonate in G-Dur für Harfe (Klavier oder Cembalo) (Wq 139). Hrsg. von H. Neemann. Leipzig: Breitkopf & Härtel, 1941 (EB 5695)

Sonate G-Dur für Harfe (auch auf dem Cembalo und Klavier ausführbar) (Wq 139). Hrsg. von H. J. Zingel. Wiesbaden: Breitkopf & Härtel, 1968 (EB 6593)

Sonate pour harpe (Wq 139). (Hrsg. von) M. Grandjany. Paris: Ducard, 1963

Zwei Duos für Flöte und Violine (zwei Violinen oder Klarinetten oder andere Melodieinstrumente) (Wq 140; 142). Hrsg. von W. Stephan. Hannover: Nagel, 1928 (Neudruck 1951) (Nagels Musik-Archiv; 35)

Duet for two clarinets (Wq 142). Ed. by R. Macginnis. New York: International Music Comp., 1955

V. Triosonaten

Sonate für Klavier (Cembalo obligato) und Violine (Wq 71). Hrsg. von E. F. Schmid. Karlsbad: H. Hohler, 1932. Partitur und Stimmen

Sonate für Klavier (Cembalo obligato) und Violine (Wq 71). Hrsg. von H. Ruf. Lörrach (Baden): Deutscher Ricordi-Verlag, 1954 (Bach,

Sämtliche Werke für Cembalo und Violine). Partitur und Stimmen

Sonate für Klavier (Cembalo obligato) und Violine (Wq 72). Hrsg. von H. Ruf. Lörrach (Baden): Deutscher Ricordi-Verlag, 1954 (Bach, Sämtliche Werke für Cembalo und Violine). Partitur und Stimmen

Sonate für Klavier (Cembalo obligato) und Violine (Wq 73). Hrsg. von H. Ruf. Lörrach (Baden): Deutscher Ricordi-Verlag, 1957 (Bach, Sämtliche Werke für Cembalo und Violine). Partitur und Stimmen

Zwei Sonaten für Klavier (Cembalo obligato) und Violine (Wq 76; 78). Hrsg. von H. Sitt. Leipzig: Peters, 1864 (Neudrucke 1928, 1959) (EP 3619). Partitur und Stimmen

Sonate h-Moll für Violine und konzertierendes Cembalo (Wq 76). Hrsg. von H. Ruf. Mainz/London usw.: Schott, 1965 (ES 5387) (Violin-Bibliothek). Partitur und Stimmen

Sonate für Klavier (Cembalo obligato) und Violine (Wq 77). Hrsg. von L. Landshoff. Leipzig: Peters (o. J.) (EP 4237). Partitur und Stimmen

Sonate für Klavier (Cembalo obligato) und Violine (Wq 77). Hrsg. von H. Ruf. Lörrach (Baden): Deutscher Ricordi-Verlag, 1956 (Bach, Sämtliche Werke für Cembalo und Violine). Partitur und Stimmen

Zehn leichte Duette (aus Wq 81; 82; 193) für zwei Flöten. Hrsg. von K. Walther. Frankfurt (Main): Zimmermann, 1971 (EZ 1853) (Musik für Flöte). Stimmen

Zwölf zwei- und dreistimmige kleine Stücke für zwei Flöten oder Violinen, zum Teil mit Klavier (Wq 81). Hrsg. von F. Oberdörffer. Berlin-Lichterfelde: Vieweg, 1935. Partitur und Stimmen

Zwölf zwei- und dreistimmige kleine Stücke für Flöte oder Violine und Klavier (Wq 82). Hrsg. von R. Hohenemser. Frankfurt (Main)/ Berlin: M. Breslauer, 1928 (2. Auflage bei Bärenreiter, Kassel) (Veröffentlichungen der Musikbibliothek P. Hirsch; 9). Partitur und Stimmen

Zwölf zwei- und dreistimmige kleine Stücke für Flöte oder Violine und Klavier (zusätzlich für Blockflöte eingerichtet) (Wq 82). Hrsg. von K. Johnen und G. Wierzejewski. Halle (Saale): Mitteldeutscher Verlag, 1953. Partitur und Stimmen

Sechs Duette für Klavier und Flöte (aus Wq 82). Hrsg. von V. Bántai und I. Kovács, in: Leichte Kammermusik für Flöte. Budapest: Editio Musica, 1971. Partitur und Stimmen

Sonate für Klavier (Cembalo obligato) und Flöte (Wq 87). Hrsg. von A. van Leeuwen. Leipzig/Riga: Zimmermann, 1923. Partitur und Stimmen

Sonate C-Dur für Flöte und konzertierendes Cembalo (Wq 87). Hrsg.

von G. Scheck und H. Ruf. Lörrach (Baden): Deutscher Ricordi-Verlag, 1955 (Ars musicae et studium; 3). Partitur und Stimmen.

Sonate für Klavier (Cembalo obligato) und Viola da gamba (Wq 88). Hrsg. von F. Grützmacher. Leipzig: Peters, 1881 (Neudruck 1914) (EP 2063). Partitur und Stimmen

Sonata in G minor for viola and piano (Wq 88). Ed. by W. Primrose. New York: International Music Comp., 1955. Partitur und Stimmen

Sonate g-Moll für Viola oder Viola da gamba (Violoncello) und obligates Cembalo (Wq 88). Hrsg. von H. Ruf. Mainz/London usw.: Schott, 1969 (ES 5953) (Viola-Bibliothek). Partitur und Stimmen

Sonate für Flöte, Violine und Basso continuo (Wq 143). Hrsg. von R. Ermeler. Leipzig: Zimmermann, 1932. Partitur und Stimmen

Trio-Sonate d-Moll für Flöte, Violine und Cembalo (Klavier); Violoncello (Gambe) ad libitum oder Violine (Flöte) und obligates Cembalo (Wq 145). Hrsg. von A. Dürr. Celle: Moeck, 1963 (EM 1074) (Moecks Kammermusik; 74). Partitur und Stimmen

Trio-Sonate A-Dur für Flöte, Violine und Cembalo (Klavier); Violoncello (Gambe) ad libitum oder Violine (Flöte) und obligates Cembalo (Wq 146). Hrsg. von A. Dürr. Celle: Moeck, 1963 (EM 1073) (Moecks Kammermusik; 73). Partitur und Stimmen

Triosonate C-Dur für Querflöte, Violine und Basso continuo (Wq 147). Hrsg. von H. Ruf. Kassel/Basel usw.: Bärenreiter, 1964 (BA 3337) (Flötenmusik). Partitur und Stimmen

Trio-Sonate a-Moll für Flöte, Violine und Cembalo (Klavier); Violoncello (Gambe) ad libitum oder Violine (Flöte) und obligates Cembalo (Wq 148). Hrsg. von A. Dürr. Celle: Moeck, 1963 (EM 1072) (Moecks Kammermusik; 72). Partitur und Stimmen

Triosonate für Flöte, Violine (Oboe) und Generalbaß (Klavier oder Cembalo mit Violoncello oder Fagott) (Wq 148). Hrsg. von K. Walther. Frankfurt (Main): Zimmermann, 1975. Partitur und Stimmen

Triosonate D-Dur für Flöte, Violine und Generalbaß (Wq 151). Hrsg. von G. Braun. Neuhausen/Stuttgart: Hänssler, 1972 (HE 16.003) (Collegium instrumentale; 3). Partitur und Stimmen

Triosonate für Flöte, Violine und Generalbaß (Klavier oder Cembalo mit Violoncello) (Wq 151). Hrsg. von K. Walther. Frankfurt (Main): Zimmermann, 1977. Partitur und Stimmen

Sonate für zwei Violinen und Basso continuo (Wq 157). Hrsg. von A. Fuchs. Leipzig: Brockhaus, 1896. Partitur und Stimmen

Sonate für zwei Violinen und Basso continuo (Wq 157). Hrsg. von B. Hinze-Reinhold. Leipzig: Leuckart, 1924 (Neudruck 1970) (Alte Musik; 1). Partitur und Stimmen

Sonate für zwei Violinen und Basso continuo (Wq 157). Hrsg. von H. Riemann. Leipzig: Breitkopf & Härtel, 1904 (Neudrucke 1948,

1956) (Breitkopf & Härtels Kammermusik-Bibliothek 1829) (Collegium musicum; 16). Partitur und Stimmen

Sonate für zwei Violinen und Basso continuo (Wq 158). Hrsg. von B. Hinze-Reinhold. Leipzig: Leuckart, 1924 (Neudruck 1970) (Alte Musik; 2). Partitur und Stimmen

Zwei Sonaten für zwei Violinen (Flöte und Violine) und Basso continuo (Wq 160; 154). Hrsg. von P. Klengel. Leipzig: Peters, 1933 (Neudruck 1959) (EP 4288). Partitur und Stimmen

Sonata c-Moll für 2 Violinen und Generalbaß („Sanguineus und Melancholicus") (Wq 161,1). Hrsg. von K. Hoffmann. Neuhausen/ Stuttgart: Hänssler, 1979 (HE 33.450). Partitur und Stimmen

Sonate für Flöte, Violine (zwei Violinen) und Basso continuo (Wq 161,2). Hrsg. von G. Lorenz. Leipzig: Zimmermann, 1928. Partitur und Stimmen

Trio für Flöte und Violine (zwei Violinen) und Generalbaß, auch für Violine (Flöte) mit Cembalo (Wq 161,2). Hrsg. von L. Landshoff. Leipzig: Peters, 1935 (Neudruck 1954) (EP 4237). Partitur und Stimmen

Sonate für zwei Flöten und Basso continuo bzw. für Cembalo obligato und Flöte (Wq 162 bzw. 84). Hrsg. von K. Walther. Leipzig: Zimmermann, 1935 (Neudruck 1955). Partitur und Stimmen

VI. Klavierduos und -trios

Arioso A-Dur. Variationen für Cembalo und Violine (Wq 79). Hrsg. von H. Ruf. Lörrach (Baden): Deutscher Ricordi-Verlag, 1954. Partitur und Stimmen

Phantasie-Sonate für Violine und Klavier (Wq 80). Hrsg. von A. Schering. Leipzig: Kahnt, 1938 (Perlen alter Kammermusik; 34). Partitur und Stimmen

Drei Klaviersonaten nach Belieben mit Violine und Violoncello (Wq 89,3,5; 91,4). Hrsg. von F. Oberdörffer. Berlin-Lichterfelde: Vieweg, 1936 (Neudruck 1961) (Deutsche Klaviermusik des 17. und 18. Jahrhunderts). Partitur und Stimmen

Drei Trios für Klavier, Violine und Violoncello (aus Wq 89). Hrsg. von E. F. Schmid. Kassel/Basel: Bärenreiter, 1952 (BA 305). Partitur und Stimmen

Sonate für Klavier mit Begleitung einer Violine und eines Violoncellos (Wq 90,3). Hrsg. von F. Oberdörffer. Kassel/Basel: Bärenreiter, 1949 (BA 301) (Hortus musicus; 46). Partitur und Stimmen

Sechs kleine Sonaten für obligates Cembalo mit Begleitung von Klarinette und Fagott (Wq 92). Hrsg. von F. Oberdörffer. Kassel: Bärenreiter, 1944. Partitur und Stimmen

Hat szonáta (Wq 92) (Sechs Sonaten für Klarinette und Fagott oder für Violine und Violoncello mit Cembalo-Begleitung). Hrsg. von

G. Balassa. Budapest: Editio Musica, 1962 (Neudrucke 1965, 1967, 1973). (Thesaurus musicus; 19)

VII. Klavierquartette

Quartett für Klavier, Flöte (Violine), Viola und Violoncello (Wq 93). Hrsg. von E. F. Schmid. Kassel/Basel: Bärenreiter, 1952 (BA 2673). Partitur und Stimmen

Quartett a-Moll für Klavier, Flöte, Viola und Violoncello (Wq 93). Hrsg. von E. F. Schmid. Kassel: Nagel, 1952 (Neudruck 1970) (Nagels Musik-Archiv; 222). Partitur und Stimmen

Quartett D-Dur für Klavier, Flöte (Violine), Viola und Violoncello (Wq 94). Hrsg. von E. F. Schmid. Kassel/Basel: Bärenreiter, 1952 (BA 2674). Partitur und Stimmen

Quartett D-Dur für Klavier, Flöte, Viola und Violoncello (Wq 94). Hrsg. von E. F. Schmid. Kassel: Nagel, 1952 (Neudruck 1973) (Nagels Musik-Archiv; 223). Partitur und Stimmen

Quartett G-Dur für Klavier, Flöte, Viola und Violoncello (Wq 95). Hrsg. von E. F. Schmid. Münster: Bisping, 1930 (Neudruck, Kassel: Nagel, 1971) (Edition Bisping 56) (Nagels Musik-Archiv; 224). Partitur und Stimmen

Quartett G-Dur für Klavier, Flöte (Violine), Viola und Violoncello (Wq 95). Hrsg. von E. F. Schmid. Kassel/Basel: Bärenreiter, 1952 (BA 2675). Partitur und Stimmen

VIII. Bläsermusik und Tanzmusik

Sechs Sonaten für zwei Flöten, zwei Klarinetten (in C), zwei Hörner und Fagott (Wq 184). Hrsg. von U. Leupold. Braunschweig: Litolff, 1937. Partitur und Stimmen

Sei Sonate per sette stromenti a fiato (Wq 184). (Hrsg. von) J. Lorenz. Milano: Ricordi, 1939. Partitur und Stimmen

6 Sonatas for 2 flutes, 2 clarinets, 2 horns and bassoon (Wq 184). Ed. by G. Piccioli. New York: International Music Comp., 1955. Partitur und Stimmen

6 Sonatas for 2 flutes, 2 clarinets, 2 horns and bassoon (Wq 184). Ed. by K. Janetzky. London: Musica Rara, 1958. Partitur und Stimmen

Kleinere Stücke für zwei Flöten (Oboen), zwei Klarinetten, zwei Hörner und Fagott (Wq 184,2,4,5; 185). Hrsg. von F. Oberdörffer. Berlin: R. und W. Lienau, 1935. Partitur und Stimmen

Sechs kleine Märsche für zwei Oboen, zwei Klarinetten, zwei Hörner und Fagott (Wq 185). Hrsg. von J. Lorenz. Berlin: Parrhysius, 1941 (Neudruck 1952). Partitur und Stimmen

Zwei kleine Märsche für zwei Oboen, zwei Hörner und Fagott

(Wq 187). Hrsg. von J. Lorenz. Berlin: Parrhysius, 1941 (Neudruck 1952). Partitur und Stimmen

Kleine Stücke für die Flötenuhr (für zwei Flöten und Violine oder für Klavier) (aus Wq 193). Hrsg. von K. Walther. Wolfenbüttel: G. K. V. (o. J.). Partitur

Adagio g-Moll und Allegro C-Dur für Flöte oder Klavier oder andere Tasteninstrumente (Wq 193,28,29). Hrsg. von H. Zeraschi, in: Drehorgelstücklein aus dem 18. Jahrhundert. Leipzig: VEB Musikverlag Peters, 1974 (EP 9162)

Six little marches for three equal clarinets (Wq 195). Ed. by W. Sutton. Sevenoaks: Novello, 1975

IX. Sonatinen für Cembalo und Orchester

Sonatine in C-Dur für Klavier und Orchester (Wq 106). Hrsg. von H. von Dameck. Berlin: Raabe & Plothow, 1922 (Neudruck, Berlin/Wiesbaden: Bote & Bock, 1961). Partitur und Stimmen

Sonatine d-Moll für zwei Flöten, zwei Violinen, Viola, Violoncello und Kontrabaß mit Cembalo (Klavier) (Wq 107). Hrsg. von F. Oberdörffer. Kassel/Basel: Bärenreiter, 1951 (BA 2006). Partitur und Stimmen

Sonatine Es-Dur für zwei Flöten, zwei Violinen, Viola, Violoncello und Kontrabaß mit Cembalo (Klavier) (Wq 108). Hrsg. von F. Oberdörffer. Kassel/Basel: Bärenreiter, 1951 (BA 2007). Partitur und Stimmen

X. Konzerte

1. Klavierkonzerte

Konzert g-Moll für Cembalo (Klavier) und Streicher (Wq 6). Hrsg. von F. Oberdörffer. Kassel/Basel: Bärenreiter, 1952 (BA 2005). Partitur und Stimmen

Concerto a cembalo concertato, 2 violino, viola e basso (Wq 23). Hrsg. von A. Schering. Leipzig: Breitkopf & Härtel, 1906 (in Neuauflage hrsg. von H. J. Moser, Wiesbaden: Breitkopf & Härtel, 1958) (Denkmäler Deutscher Tonkunst, Folge 1; 29/30). Partitur

Konzert d-Moll für Cembalo und Streicher (Wq 23). Hrsg. von K. Straube. Leipzig: Breitkopf & Härtel, 1926 (Neudruck 1955) (Breitkopf & Härtels Partitur-Bibliothek 3086). Partitur

Concerto d-Moll für Cembalo und Streich-Orchester und Generalbaß (Wq 23). Hrsg. von G. Wertheim. Wiesbaden: Breitkopf & Härtel, 1956 (Breitkopf & Härtels Partitur-Bibliothek 3771). Partitur; (Breitkopf & Härtels Orchester-Bibliothek 3771). Stimmen

Concerto for piano in d minor (Wq 23). Ed. by G. Darvas. London/

New York/Bonn usw.: Boosey & Hawkes, 1968; Budapest: Editio Musica, 1968. Partitur und Stimmen

Konzert für Klavier (oder Flöte oder Violoncello) mit Streich-Orchester (Wq 26; 166 bzw. 170). Hrsg. von G. Amft. Leipzig: Kahnt, 1905. Partitur

Konzert für Klavier (oder Flöte oder Violoncello) mit Streich-Orchester (Wq 26; 166 bzw. 170). Hrsg. von W. Altmann. Leipzig/Wien: Eulenburg, 1938 (Neudruck 1954) (EE 781). Studienpartitur

Harpsichord Concerto in D major (Wq 27). Ed. by E. N. Kulukundis. Madison: A-R Ed., 1970 (Collegium musicum, Yale Univ., Ser. 2; 2). Partitur

Concerto A major for harpsichord (piano) or flute or violoncello and stringorchestra (Wq 29; 168 bzw. 172). Ed. by H. M. Kneihs. London/Mainz usw.: Eulenburg, 1967 (EE 1259). Studienpartitur

Concerto in c-Moll für Cembalo (Klavier) und Streicher (Wq 31). Hrsg. von G. Balla. Budapest: Editio Musica, 1976; Kassel: Nagel, 1976 (Nagels Musik-Archiv; 253). Partitur und Stimmen

Konzert F-Dur für Cembalo (Klavier) und Streicher (Wq 33). Hrsg. von F. Oberdörffer. Kassel/Basel: Bärenreiter, 1952 (BA 2004). Partitur und Stimmen

Konzert G-Dur für Orgel (Cembalo, Klavier), Streicher und Basso continuo (Wq 34). Hrsg. von H. Winter. Hamburg: Sikorski, 1964 (ES 639). Partitur

Konzert Es-Dur für Orgel (Cembalo, Klavier), Streicher und Basso continuo (Wq 35). Hrsg. von H. Winter. Hamburg: Sikorski, 1964 (ES 638). Partitur

Concerto D-Dur für Cembalo (Klavier), zwei Flöten, zwei Hörner und Streicher (Wq 43,2). Hrsg. von L. Landshoff. Wilhelmshaven/Locarno/Amsterdam: Heinrichshofen, 1967 (Pegasus-Ausgabe 1178). Partitur

Doppelkonzert in Es-Dur für Cembalo und Klavier (zwei Klaviere) mit Orchester (Wq 47). Hrsg. von E. R. Jacobi. Kassel/Basel: Bärenreiter, 1958 (BA 2043). Partitur

Concerto Es-Dur per 2 pianoforti e orchestra (Wq 47). Hrsg. von G. Darvas. London/Zürich usw.: Eulenburg, 1969; Budapest: Editio Musica, 1969 (EE 1279). Studienpartitur und Stimmen

2. Konzerte für Oboe

Konzert für Oboe (oder Flöte) mit Streich-Orchester und Cembalo (Wq 164). Hrsg. von O. Kaul. Leipzig: Leuckart, 1942 (Alte Musik für verschiedene Instrumente; 9). Partitur

Concerto Es-Dur für Oboe und Streich-Orchester und Generalbaß (Wq 165). Hrsg. von H. Töttcher und K. Grebe. Hamburg: Sikorski, 1959 (ES 537). Partitur

3. Konzerte für Flöte

Konzert für Flöte (oder Klavier oder Violoncello) mit Streich-Orchester (Wq 166; 26 bzw. 170). Hrsg. von G. Amft. Leipzig: Kahnt, 1905. Partitur

Konzert für Flöte (oder Klavier oder Violoncello) mit Streich-Orchester (Wq 166; 26 bzw. 170). Hrsg. von W. Altmann. Leipzig/Wien: Eulenburg, 1938 (Neudruck 1954) (EE 781). Studienpartitur

Concerto in B flat major for flute, strings and basso continuo (Wq 167). Ed. by D. Lasocki. London: Musica rara, 1975. Partitur und Stimmen

Concerto in A major for flute or harpsichord (piano) or violoncello and string orchestra (Wq 168; 29 bzw. 172). Ed. by H. M. Kneihs. London/Mainz usw.: Eulenburg, 1967 (EE 1259). Studienpartitur

Concerto in G major for flute, strings and basso continuo (Wq 169). Ed. by D. Lasocki. London: Musica rara, 1974. Partitur und Stimmen

4. Konzerte für Violoncello

Konzert für Violoncello (oder Klavier oder Flöte) mit Streich-Orchester (Wq 170; 26 bzw. 166). Hrsg. von G. Amft. Leipzig: Kahnt, 1905. Partitur

Konzert für Violoncello (oder Klavier oder Flöte) mit Streich-Orchester (Wq 170; 26 bzw. 166). Hrsg. von W. Altmann. Leipzig/Wien: Eulenburg, 1938 (Neudruck 1954) (EE 781). Studienpartitur

Konzert in B-Dur für Violoncello (Viola da gamba oder Viola) und Streich-Orchester (Wq 171). Hrsg. von W. Schulz. Leipzig: Breitkopf & Härtel, 1938 (Neudruck 1958) (Breitkopf & Härtels Partitur-Bibliothek 3490). Partitur; (Breitkopf & Härtels Orchester-Bibliothek 2855a/c). Stimmen

Concerto A major for violoncello or harpsichord (piano) or flute and string orchestra (Wq 172; 29 bzw. 168). Ed. by H. M. Kneihs. London/Mainz usw.: Eulenburg, 1967 (EE 1259). Studienpartitur

XI. Sinfonien

Sinfonie in C-Dur für Streicher, zwei Flöten, zwei Hörner und Basso continuo (Wq 174). Hrsg. von F. Oberdörffer. Berlin-Lichterfelde: Lienau, 1935 (Neudrucke 1948, 1963) (Gradus ad Symphoniam, Unterstufe; 10). Partitur

Sinfonie Es-Dur für Streich-Orchester (Wq 179). Hrsg. von A. Wenzinger. Kassel/Basel: Bärenreiter, 1958 (BA 3827). (Material nur leihweise)

Sinfonie G-Dur für Streich-Orchester (Wq 182,1). Hrsg. von W. Lebermann. Mainz/London usw.: Schott, 1970 (ES 6141) (Concertino). Partitur und Stimmen

Sechs Sinfonien für Streicher und Basso continuo (Wq 182). Hrsg. von T. Fedtke. Frankfurt (Main)/London/New York: Litolff, Peters, 1975/76 (Edition Litolff / Peters 8271—8276). Partitur und Stimmen

Sinfonie B-Dur für vierstimmiges Streich-Orchester und Cembalo (Wq 182,2). Hrsg. von E. F. Schmid. Hannover: Nagel, 1933 (Neudruck, Kassel: Nagel, 1952) (Nagels Musik-Archiv; 96). Partitur und Stimmen

Sinfonie C-Dur für vierstimmiges Streich-Orchester und Cembalo (Wq 182,3). Hrsg. von E. F. Schmid. Hannover: Nagel, 1931 (Neudruck 1953) (Nagels Musik-Archiv; 73). Partitur und Stimmen

Sinfonie A-Dur für zwei Violinen, Viola und Basso continuo (Wq 182,4). Hrsg. von E. Suchalla. Wiesbaden: Breitkopf & Härtel, 1965 (Breitkopf & Härtels Partitur-Bibliothek 3889). Partitur; (Breitkopf & Härtels Orchester-Bibliothek 3889). Stimmen

Sinfonie A-Dur für Streich-Orchester (Wq 182,4). Hrsg. von W. Lebermann. Mainz: Schott, 1970 (ES 6140) (Concertino). Partitur und Stimmen

Sinfonie h-Moll für vierstimmiges Streich-Orchester und Cembalo (Wq 182,5). Hrsg. von E. F. Schmid. Hannover: Nagel, 1937 (Nagels Musik-Archiv; 130). Partitur und Stimmen (nur leihweise)

Vier Orchester-Sinfonien mit 12 obligaten Stimmen (Wq 183). Hrsg. von R. Steglich. Leipzig: Breitkopf & Härtel, 1942 (Erbe Deutscher Musik, Reihe 1, Bd. 18). Partitur

Sinfonie D-Dur (Wq 183,1). Hrsg. von F. Espagne. Leipzig/Berlin: C. F. Peters, 1860. Partitur

Erste Orchester-Sinfonie D-Dur für zwei Flöten, zwei Oboen, Fagott, zwei Hörner (in D), Streicher und Basso continuo (Wq 183,1). Hrsg. von G. Kehr. Mainz/London usw.: Schott, 1970 (ES 5855) (Concertino). Partitur und Stimmen

Sinfonie Es-Dur (Wq 183,2). Hrsg. von F. Espagne. Leipzig/Berlin: C. F. Peters, 1860. Partitur

Sinfonie F-Dur (Wq 183,3). Hrsg. von F. Espagne. Leipzig/Berlin: C. F. Peters, 1860. Partitur

B. VOKALWERKE

I. Oratorien, Kantaten und Chöre

Die drei Grazien (Wq 200,22). Solokantate für Sopran und Klavier mit

Violoncello ad libitum. Hrsg. von G. Walther. Berlin: Stahl, 1942. Partitur

Zwei Litaneien aus dem Holsteinschen Gesangbuche (Wq 204). Für zwei vierstimmige Chöre und Generalbaß. Hrsg. von J. Leonhardt. Neuhausen/Stuttgart: Hänssler, 1979 (HE 33.204) (Stuttgarter Bach-Ausgabe). Partitur und Stimmen

Magnificat (Wq 215). Für Soli, Chor und Orchester. Hrsg. von G. Graulich. Neuhausen/Stuttgart: Hänssler, 1971 (Stuttgarter Bach-Ausgabe; 29). Partitur und Stimmen

Magnificat (Wq 215). Für Sopran, Alt, Tenor, Baß, gemischten Chor und Orchester. Hrsg. von G. Darvas. Budapest: Editio Musica, 1971. Partitur

Magnificat (Wq 215). Für Sopran, Alt, Tenor, Baß, gemischten Chor und Orchester. Hrsg. von G. Darvas. Budapest: Editio Musica, 1971; Zürich: Eulenburg, 1971 (Eulenburg Octavo Edition 10034). Studienpartitur

Magnificat (Wq 215). Für Soli, Chor und Orchester. Hrsg. von G. Graulich. Neuhausen/Stuttgart: Hänssler, 1969. Klavierauszug, Vokal- und Chorpartitur

Magnificat (Wq 215). Für Sopran, Alt, Tenor, Baß, gemischten Chor und Orchester. Hrsg. von G. Darvas. Budapest: Editio Musica, 1971; Zürich: Eulenburg, 1971 (General Music Series; 53). Klavierauszug

Heilig (Wq 217). Für Solo-Alt, zwei vierstimmige Chöre und zwei Orchester. Hrsg. von G. Graulich. Neuhausen/Stuttgart: Hänssler, 1975 (Stuttgarter Bach-Ausgabe, Serie E: Carl Philipp Emanuel Bach, Gruppe 2: Geistliche Musik). Partitur, Klavierauszug und Stimmen

Heilig (Wq 217). Für Doppel-Chor und Orchester. Hrsg. von K. Geiringer. St. Louis. 1955. Partitur

Das große Heilig (Wq 217). Hrsg. von H. M. Schletterer. Wolfenbüttel: Holle (o. J.). Klavierauszug

Holy is God (Wq 217). For alto solo, double choir and orchestra. Ed. by P. Steinitz. London: Oxford U. P., 1970. Klavierauszug (deutscher und englischer Text)

Phillis und Tirsis (Wq 232). Solokantate für hohe Stimme, zwei Flöten und Basso continuo. Hrsg. von G. Walther. Berlin-Zehlendorf: Walther, 1919 (Tonwerke alter deutscher Meister des 17. und 18. Jahrhunderts; 3). Partitur

Phillis und Tirsis (Wq 232). Solokantate für Sopran oder Tenor mit zwei Flöten und Basso continuo. Hrsg. von O. Vrieslander. München: Drei Masken Verlag, 1922 (Musikalische Stundenbücher; 19). Partitur

Phillis und Tirsis (Wq 232). Solokantate für Sopran oder Tenor mit zwei Flöten und Basso continuo. Hrsg. von G. Walther, Leipzig: Breitkopf & Härtel, 1928 (Neudruck 1942). Partitur

Die Israeliten in der Wüste (Wq 238). Oratorium für vier Solisten, gemischten Chor und Orchester. Hrsg. von G. Darvas. Budapest: Editio Musica, 1971. Partitur

Die Israeliten in der Wüste (Wq 238). Oratorium für vier Solisten, gemischten Chor und Orchester. Hrsg. von G. Darvas. Budapest: Editio Musica, 1971; Zürich: Eulenburg, 1971 (Neudruck 1976) (EE 1359) (Eulenburg Octavo Edition 10018). Studienpartitur

Die Israeliten in der Wüste (Wq 238). Oratorium. Hrsg. von H. M. Schletterer. Wolfenbüttel: Holle, 1864. Klavierauszug

Die Israeliten in der Wüste (Wq 238). Oratorium für vier Solisten, gemischten Chor und Orchester. Hrsg. von F. Steffin. Berlin/Wiesbaden: Bote & Bock, 1955. Klavierauszug

Die Israeliten in der Wüste (Wq 238). Oratorium für vier Solisten, gemischten Chor und Orchester. Hrsg. von G. Darvas. Budapest: Editio Musica, 1971; Zürich: Eulenburg, 1971 (General Music Series; 31). Klavierauszug

Klopstocks Morgengesang am Schöpfungsfeste (Wq 239). (Herausgeber nicht genannt.) Leipzig: Breitkopf & Härtel, 1924—1928. Partitur

Auferstehung und Himmelfahrt Jesu (Wq 240). Oratorium für drei Solisten, gemischten Chor und Orchester. Hrsg. von G. Darvas. Budapest: Editio Musica, 1974. Partitur

Auferstehung und Himmelfahrt Jesu (Wq 240). Eine geistliche Kantate. Hrsg. von H. M. Schletterer. Wolfenbüttel: Holle, 1865. Klavierauszug

The resurrection and ascension of Jesus (Wq 240) (Auferstehung und Himmelfahrt Jesu). Oratorio for chorus, tenor and bass soloists. Ed. by R. H. Brewer. Delaware Water Gap, Pa.: Shawnee Press, 1970. Klavierauszug (deutscher und englischer Text)

Auferstehung und Himmelfahrt Jesu (Wq 240). Oratorium für drei Solisten, gemischten Chor und Orchester. Hrsg. von G. Darvas. Budapest: Editio Musica, 1975; Adliswil/New York: Eulenburg, 1975 (Eulenburg General Music Series; 192). Klavierauszug

II. Lieder und Choralweisen (nach Erscheinungsjahr geordnet)

Lieder (aus Wq 199). Für Singstimme und Klavier. Hrsg. von R. Wustmann, in: Dreißig Rokokolieder. Leipzig: Breitkopf & Härtel (o. J.)

Lieder (aus Wq 194; 195; 199; 200; 201; 202L; 202O). Für Singstimme und Klavier. Hrsg. von M. Friedlaender, in: Das deutsche Lied im 18. Jahrhundert. Stuttgart/Berlin: Cotta, 1902

Lieder (aus Wq 199; 202L; 202O). Für Singstimme und Klavier. Hrsg. von B. Engelke, in: Rokoko. Eine Sammlung von Gesängen des 18. Jahrhunderts. Leipzig: Steingräber, 1909 (ES 1619)

Ausgewählte Geistliche Gesänge (aus Wq 194; 196; 197; 198). Für Singstimme und Klavier. Hrsg. von J. Dittberner. Leipzig: Kahnt, 1917 (Neudruck, Lindau [Breisgau]: Kahnt, 1956)
30 Geistliche Lieder (aus Wq 194). Für Singstimme und Klavier. Hrsg. von H. Roth. Leipzig: Peters, 1922 (EP 3748)
Lieder und Gesänge (aus Wq 112; 194; 197; 202F—L). Für Singstimme und Klavier. Hrsg. von O. Vrieslander. München: Drei Masken Verlag, 1922 (Musikalische Stundenbücher; 19)

C. THEORETISCHE WERKE

Versuch über die wahre Art das Clavier zu spielen. Hrsg. (sehr entstellt) von G. Schilling. Berlin: Klage, 1853 (weitere Auflage 1856)
Versuch über die wahre Art das Clavier zu spielen. Kritisch revidierter Neudruck von W. Niemann. Leipzig: Kahnt, 1906 (weitere Auflagen 1917, 1921, 1925)
Versuch über die wahre Art das Clavier zu spielen. Faksimilenachdruck der 1. Auflage, Berlin 1753 und 1762. Hrsg. von L. Hoffmann-Erbrecht. Leipzig: VEB Breitkopf & Härtel Musikverlag, 1957 (weitere Auflagen 1969, 1976)
(Dieses Lehrwerk liegt auch in fremdsprachigen Übersetzungen vor.)

WICHTIGSTE SIGEL DER DISKOGRAPHIE:

Et	— Eterna, VEB Deutsche Schallplatten, DDR
Hung	— Hungaroton, Ungarische VR
Mel	— Melodia, UdSSR
Muza	— Muza, VR Polen
Qual	— Qualiton, Ungarische VR
Supr	— Supraphon, ČSSR
Bis	— BIS / Vertrieb durch Disco-Center Kassel (nach dem Schrägstrich wird im folgenden jeweils die Vertriebsfirma genannt)
BM	— Bärenreiter-Musicaphon / Bärenreiter-Verlag
CAL	— Calig / Calig Verlag GmbH
Cam	— Camerata / Möseler Verlag Wolfenbüttel
Chr	— Christophorus / Christophorus Verlag
Clav	— Claves / Disco-Center Kassel
Dacam	— DaCamera Schallplatten Ed. Mannheim / Disco-Center Kassel
Dec	— Decca / TELDEC „Telefunken-Decca"
DGap	— Archiv Produktion / Deutsche Grammophon GmbH
Elec	— EMI Electrola / EMI Electrola GmbH
eur	— eurodisc / Ariola-Eurodisc-GmbH
Fono	— Fono / Fono Schallplattengesellschaft mbH
HM	— harmonia mundi / Harmonia Mundi Schallplattengesellschaft mbH & Co
Hung DC	— Hungaroton / Disco-Center Kassel
Inter	— Intercord / Intercord Tongesellschaft mbH
Mel/eur	— Melodia-eurodisc / Ariola-Eurodisc GmbH
Muza DC	— Muza / Disco-Center Kassel
Phil	— Philips / Phonogramm GmbH
Schw	— Schwann / Pädagogischer Verlag Schwann Düsseldorf
Tel	— Telefunken / TELDEC „Telefunken-Decca"

SCHALLPLATTENVERZEICHNIS
(Auswahl)

Die nachfolgende Schallplattenübersicht übernimmt die Systematik des Werkverzeichnisses. Innerhalb der einzelnen Werkgruppen sind die Kompositionen nach steigenden Wotquenne-Nummern geordnet. Erfaßt wurden Einspielungen Bachscher Werke des Zeitraums von 1965 bis 1980, teilweise auch früher. In der Verwendung der Sigel (nach der Schallplatten-Nr.) folgt der Verfasser den einschlägigen Katalogen, insbesondere dem „Großen Schallplatten-Katalog", Lüdenscheid 1966ff. (seit 1972 weitergeführt als „Gemeinschaftskatalog: Langspielplatten usw.", Starnberg)

A. INSTRUMENTALWERKE

I. Klavierwerke ohne Begleitung

Sonate F-Dur, Wq 48,1. B. v. Asperen, Cembalo. 6.35460 EK Tel
Sonate B-Dur, Wq 48,2. B. v. Asperen, Cembalo. 6.35460 EK Tel
Sonate E-Dur, Wq 48,3. B. v. Asperen, Cembalo. 6.35460 EK Tel
Sonate E-Dur, Wq 48,3. G. Leonhardt, Cembalo. 6775007 Phil
Sonate c-Moll, Wq 48,4. B. v. Asperen, Cembalo. 6.35460 EK Tel
Sonate C-Dur, Wq 48,5. B. v. Asperen, Cembalo. 6.35460 EK Tel
Sonate A-Dur, Wq 48,6. B. v. Asperen, Cembalo. 6.35460 EK Tel
Sonate A-Dur, Wq 48,6. H. Goverts, Cembalo. FSM 127/29 ARM Fono
Sonate a-Moll, Wq 49,1. S. Petrenz, Cembalo. 140816 Inter
B. v. Asperen, Cembalo. 6.35378 EK Tel
Sonate As-Dur, Wq 49,2. S. Petrenz, Cembalo. 140816 Inter
H. Goverts, Cembalo. FSM 127/29 ARM Fono
B. v. Asperen, Cembalo. 6.35378 EK Tel
Sonate e-Moll, Wq 49,3. S. Petrenz, Cembalo. 140816 Inte.
B. v. Asperen, Cembalo 5.35378 EK Tel
Sonate B-Dur, Wq 49,4. S. Petrenz, Cembalo. 140816 Inter
B. v. Asperen, Cembalo. 6.35378 EK Tel
Sonate Es-Dur, Wq 49,5. S. Petrenz, Cembalo. 140816 Inter
B. v. Asperen, Cembalo, 6.35378 EK Tel
Sonate h-Moll, Wq 49,6. S. Petrenz, Cembalo. 140816 Inter
G. Leonhardt, Cembalo. 6775007 Phil
B. v. Asperen, Cembalo. 6.35378 EK Tel
Sonate B-Dur, Wq 51,2. H. Goverts, Cembalo. FSM 127/29 ARM Fono

Sonate fis-Moll, Wq 52,4. H. Goverts, Cembalo. FSM 127/29 ARM Fono
Sonate C-Dur, Wq 55,1. H. Dreyfus, Cembalo. 2533 327 DGap
Sonate F-Dur, Wq 55,2. J. Gát, Cembalo. SHLX 900 32 Hung. LPX 1 151 Qual
Sonate A-Dur, Wq 55,4. H. Goverts, Cembalo. FSM 127/29 ARM Fono
E. Gilels, Klavier. 80 291 XCK Mel/eur
Sonate c-Moll, Wq 56,1. H. Dreyfus, Cembalo. 2533 327 DGap
Sonate G-Dur, Wq 56,2. J. Gát, Cembalo. Hung 1 305 Hung DC
Rondo a-Moll, Wq 56,5. F. Neumeyer, Klavier (Hammerflügel). FSM 43 6 04 toc Fono
Sonate A-Dur, Wq 56,6. F. Neumeyer, Klavier (Hammerflügel). FSM 43 6 04 toc Fono
Rondo E-Dur, Wq 57,1. H. Dreyfus, Cembalo. 2533 327 DGap
Sonate g-Moll, Wq 57,4. H. Dreyfus, Cembalo. 2533 327 DGap
Rondo E-Dur, Wq 58,3. G. Leonhardt, Cembalo. 6775 007 Phil
Fantasia A-Dur, Wq 58,6. H. Dreyfus, Cembalo. 2533 327 DGap
Sonate e-Moll, Wq 59,1 A. Webersinke, Klavier. 5 20 126 Et
G. Leonhardt, Cembalo. 6775 007 Phil
Rondo G-Dur, Wq 59,2. G. Leonhardt, Cembalo. 6775 007 Phil
Sonate B-Dur, Wq 59,3. V. Śvilíková, Klavier. SUF 20080 Supr
J. Gát, Cembalo. Hung 1 305 Hung DC
H. Goverts, Cembalo. FSM 127/29 ARM Fono
Fantasie F-Dur, Wq 59,5. H. Dreyfus, Cembalo. 2533 327 DGap
Fantasie C-Dur, Wq 59,6. J. Gát, Cembalo. Hung 1 305 Hung DC
C. Tilney, Cembalo. 2533 326 DGap. 3310 326 DGap
F. Neumeyer, Clavichord. 1C 065-99 798 Elec
Rondo Es-Dur, Wq 61,1. R. Leonhardt, Cembalo. 6775 007 Phil
Sonate D-Dur, Wq 61,2. G. Leonhardt, Cembalo. 6775 007 Phil
Fantasie B-Dur, Wq 61,3. G. Leonhardt, Cembalo. 6775 007 Phil
Rondo d-Moll, Wq 61,4. H. Dreyfus, Cembalo. 2533 327 DGap
Fantasie C-Dur, Wq 61,6. L. Praetorius, Cembalo, 192 205 Dacam
C. Tilney, Cembalo. 2533 326 DGap. 3310 326 DGap
Sonate C-Dur, Wq 63,1. F. Goebels, Klavier. SM 30 025 LPM Cam
Sonate d-Moll, Wq 63,2. F. Goebels, Klavier. SM 30 025 LPM Cam
Sonate A-Dur, Wq 63,3. F. Goebels, Klavier. SM 30 025 LPM Cam
Sonate D-Dur, Wq 63,4. F. Goebels, Klavier. SM 30 025 LPM Cam
Sonate Es-Dur, Wq 63,5. F. Goebels, Klavier. SM 30 025 LPM Cam
Sonate f-Moll, Wq 63,6. F. Goebels, Klavier. SM 30 025 LPM Cam
H. Goverts, Cembalo. FSM 127/29 ARM Fono
Sonate d-Moll, Wq 65,3. H. Goverts, Cembalo. FSM 127/29 ARM Fono
Sonate e-Moll, Wq 65,4. H. Goverts, Cembalo. FSM 127/29 ARM Fono

Sonate G-Dur, Wq 65,48. H. Goverts, Cembalo. FSM 127/29 ARM Fono

Rondo e-Moll, Wq 66 („Abschied von meinem Silbermannischen Claviere"). M. Kalamkarian, Klavier. STC 80 826 Elec
G. Leonhardt, Cembalo. 6775 007 Phil. 6833 187 Phil

Fantasie fis-Moll, Wq 67. G. Leonhardt, Cembalo 6775 007 Phil

4 kleine Duette für zwei Klaviere B-Dur, F-Dur, a-Moll, Es-Dur, Wq 115. R. Junghans, Cembalo. B. Tracey, Cembalo. FSM 53 6 22 toc Fono

„L'Auguste", Wq 117,22. M. Kalamkarian, Klavier. STC 80 826 Elec

„La Stahl", Wq 117,25. M. Kalamkarian, Klavier. STC 80 826 Elec

Variationen d-Moll, Wq 118,9 („Les Folies d'Espagne"). R. Junghans, Klavier. FSM 43 6 04 toc Fono
M. Kalamkarian, Klavier. STC 80 826 Elec
L. Praetorius, Cembalo. SC 4302 Dacam. HBE 2402 Dacam. 192 205 Dacam
I. Ahlgrimm, Cembalo. 826 312 Et
G. Malcolm, Cembalo. SAD 20 042 Dec

Fantasie c-Moll aus dem „Versuch über die wahre Art das Clavier zu spielen", Berlin 1753. C. Tilney, Cembalo. 2533 326 DGap. 3310 326 DGap

Polonaise g-Moll (aus Wq 116). G. Leonhardt, Cembalo. 6775 007 Phil

Marsch D-Dur (aus Wq 116). G. Leonhardt, Cembalo. 6775 007 Phil

Polonaise g-Moll (aus Wq 116). G. Leonhardt, Cembalo. 6775 007 Phil

Marsch D-Dur, BWV Anh. 122. H. Collum, Cembalo. 8 20 343 Et

Polonaise, g-Moll, BWV Anh. 123. H. Collum, Cembalo. 8 20 343 Et

Marsch G-Dur, BWV Anh. 124. H. Collum, Cembalo. 8 20 343 Et

Polonaise g-Moll, BWV Anh. 125. H. Collum, Cembalo. 8 20 343 Et

Allegro Es-Dur, BWV Anh. 129. H. Collum, Cembalo. 8 20 343 Et

II. Orgelwerke

Sonate A-Dur, Wq 70,1. G. Leonhardt, Orgel. 6.35 058 DX Tel

Sonate B-Dur, Wq 70,2. H. Tachezi, Orgel. 6.35 453 EX Tel

Sonate F-Dur, Wq 70,3. H. Tachezi, Orgel. 6.35 453 EX Tel

Sonate a-Moll, Wq 70,4. J. Bucher, Orgel. SXL 0701 Muza

Sonate D-Dur, Wq 70,5. J. Bucher, Orgel. SXL 0701 Muza
K. P. Schuba, Orgel. SCK 70 349 Chr

Sonate g-Moll, Wq 70,6. V. Lutz, Orgel. FSM 53 1 83 Fono
G. Leonhardt, Orgel. 6.35 058 DX Tel
A. van der Horst, Orgel. SAWT 9447-B Tel
R. Scheidegger, Orgel. CAL 30 416 CAL
V. Lukas, Orgel. 1C 063-29 089 Elec

Fuge d-Moll, Wq 119,2. W. Jacob, Orgel. 8 26 869 Et

Fuge Es-Dur, Wq 119,6. H. Tachezi, Orgel. 6.35 453 EX Tel
Fantasie und Fuge c-Moll, Wq 119,7. J. Bucher, Orgel. SXL 0701 Muza
P. Klee, Orgel. SAWT 9447-B Tel
R. Zartner, Orgel. FSM 637 10 POD Fono
Adagio per il organo. Wq n. v. 66, H. Tachezi, Orgel. 6.35 453 EX Tel

III. Werke für ein Melodieinstrument mit Basso continuo

Sonate G-Dur für Flöte und B. c., Wq 123. Collegium Musica Rara Stuttgart. FSM 53 1 91 Fono
Sonate G-Dur für Flöte und B. c., Wq 124. Collegium Musica Rara Stuttgart. FSM 53 1 91 Fono
H.-M. Linde, Flöte. J. Savall, Viola da gamba. C. Tilney, Cembalo. 1C 065-30 697 Elec. 1C 265-30 697 Elec
Sonate B-Dur für Flöte und B. c., Wq 125. Collegium Musica Rara Stuttgart. FSM 53 1 91 Fono
J.-P. Rampal, Flöte. R. Veyron-Lacroix, Cembalo. Nonesuch Records H 71034 (Frankreich)
Sonate D-Dur für Flöte und B. c., Wq 126. Collegium Musica Rara Stuttgart. FSM 53 1 91 Fono
J.-P. Rampal, Flöte. R. Veyron-Lacroix, Cembalo. Nonesuch Records H 71034 (Frankreich)
Sonate G-Dur für Flöte und B. c., Wq 127. J.-P. Rampal, Flöte. R. Veyron-Lacroix, Cembalo. Nonesuch Records H 71034 (Frankreich)
Sonate a-Moll für Flöte und B. c., Wq 128. H.-M. Linde, Flöte. J. Savall, Viola da gamba. C. Tilney, Cembalo. 1C 065-30 697 Elec. 1C 265-30 697 Elec
Sonate D-Dur für Flöte und B. c., Wq 129. J.-P. Rampal, Flöte. R. Veyron-Lacroix, Cembalo. Nonesuch Records H 71034 (Frankreich)
Sonate B-Dur für Flöte und B. c., Wq 130. J.-P. Rampal, Flöte. R. Veyron-Lacroix, Cembalo. Nonesuch Records H 71034 (Frankreich)
Sonate D-Dur für Flöte und B. c., Wq 131. H. Streubel, Flöte. J. Wolf, Violoncello. L. Praetorius, Cembalo. 192 205 Dacam.
SM 92 205 Dacam
Sonate G-Dur für Flöte und B. c., Wq 133. A. Nicolet, Flöte. G. Donderer, Violoncello. G. Malcolm, Cembalo. 28 906 XBK eur. S 70 977 KK eur
H.-M. Linde, Flöte. J. Savall, Viola da gamba. C. Tilney, Cembalo. 1C 065-30 697 Elec. 1C 265-30 697 Elec

Sonate G-Dur für Flöte und B. c., Wq 134. J.-P. Rampal, Flöte. R. Veyron-Lacroix, Cembalo. Nonesuch Records H 71034 (Frankreich)
Sonate g-Moll für Oboe und B. c., Wq 135. H. Holliger, Oboe. U. Holliger, Harfe. R. Jucker, Violoncello. 6833 097 Phil
Sonate D-Dur für Gambe und B. c., Wq 137. Freiburger Barocksolisten. G. Theis. FSM 53 1 92/3 Fono

IV. Werke für ein oder zwei Melodieinstrumente allein

Sonate a-Moll für Flöte allein, Wq 132. A. Nicolet. Flöte. 6.41 011 AS Tel. Royal Sound Stereo SLT 43 098-B Tel
H.-M. Linde, Flöte. HM 25 154 HM. SM Hms 30 679 HM
K. Zöller, Flöte. 1C 063-29 040 Elec
P. L. Graf, Flöte. Clav 235 Clav
Sonate G-Dur für Harfe, Wq 139. M.-L. Jamet, Harfe. S 73 643 KK eur
M. Kožiková, Harfe. 1 11 0507 Supr
Muza 0976 Muza DC
U. Mazurek, Harfe. Muza 0976 Muza DC
Duo G-Dur für Flöte und Violine, Wq 140. M. Munclinger, Flöte. V. Suítil, Violine. SUA ST 50927 Supr
G. v. Bahr, Flöte. C. Pehrsson, Violine. Bis 6 Bis
Duo C-Dur für Oboe und Klarinette. Wq 142 (original: für zwei Klarinetten). J. Vagoun, Oboe. M. Janda, Klarinette. SUA ST 50927

V. Triosonaten

Sonate D-Dur für Violine und Cembalo obligato, Wq 71. H. Hoever, Violine. H. Goverts, Cembalo. FSM 124/26 ARM Fono
Sonate F-Dur für Violine und Cembalo obligato, Wq 72. H. Hoever, Violine. H. Goverts, Cembalo. FSM 124/26 ARM Fono
Sonate C-Dur für Violine und Cembalo obligato, Wq 73. M. Hoever, Violine. H. Goverts, Cembalo. FSM 124/26 ARM Fono
Sonate C-Dur für Violine und Cembalo obligato, Wq 74. H. Hoever, Violine. H. Goverts, Cembalo. FSM 124/26 ARM Fono
Sonate F-Dur für Violine und Cembalo obligato, Wq 75. H. Hoever, Violine. H. Goverts, Cembalo. FSM 124/26 ARM Fono
Sonate h-Moll für Violine und Cembalo obligato, Wq 76. H. Hoever, Violine. H. Goverts, Cembalo. FSM 124/26 ARM Fono
Sonate B-Dur für Violine und Cembalo obligato, Wq 77. H. Hoever, Violine. H. Goverts, Cembalo. FSM 124/26 ARM Fono

Sonate Es-Dur für Violine und Cembalo obligato, Wq 78. H. Hoever, Violine. H. Goverts, Cembalo. FSM 124/26 ARM Fono

Sonate C-Dur für Flöte und Cembalo obligato, Wq 87. H.-M. Linde, Flöte. J. Savall, Viola da gamba. C. Tilney, Cembalo. 1C 065-30 697 Elec. 1C 265-30 697 Elec

Sonate h-Moll für Flöte, Violine und B. c., Wq 143. Ars Rediviva Ensemble Prag. M. Munclinger, Flöte. V. Suítil, Violine. F. Sláma, Violoncello. J. Hála, Cembalo. 1 11 0640 Supr

Freiburger Barocksolisten, G. Theis. FSM 53 1 92/3 Fono

Sonate d-Moll für Flöte, Violine und B. c., Wq 145. Ars Rediviva Ensemble Prag. M. Munclinger, Flöte. V. Suítil, Violine. F. Sláma, Violoncello. J. Hála, Cembalo. 1 11 0640 Supr

Stuttgarter Kammermusikkreis. 198 319 DGap

Sonate C-Dur für Flöte, Violine und B. c., Wq 147. Ars Rediviva Ensemble Prag. M. Munclinger, Flöte. V. Suítil, Violine. F. Sláma, Violoncello. J. Hála, Cembalo. 1 11 0640 Supr

Sonate a-Moll für Flöte, Violine und B. c., Wq 148. Ars Rediviva Ensemble Prag. M. Munclinger, Flöte. V. Suítil, Violine. F. Sláma, Violoncello. J. Hála, Cembalo. 1 11 0640 Supr

Sonate G-Dur für zwei Violinen und B. c., Wq 157. J. Dubiska, Violine. E. Uminska, Violine. K. Wiłkomirski, Violoncello. J. Lefeld, Cembalo. XL 0287 Muza

Sonate c-Moll für zwei Violinen und B. c., Wq 161a („Gespräch zwischen einem Sanguineo und Melancholico“). Ars Rediviva Ensemble Prag. 25 425 XCK eur SUA

Sonate B-Dur für Flöte, Violine und B. c., Wq 161b. Ars Rediviva Ensemble Prag. 25 425 XCK eur SUA

H. Strebel. Flöte. R. Kußmaul, Violine. J. Wolf, Violoncello. L. Praetorius, Cembalo. SM 92 205 Dacam

Sonate E-Dur für Flöte, Oboe und B. c., Wq 162 (original: für zwei Flöten). Ars rediviva Ensemble Prag. M. Munclinger, Flöte. S. Duchoň, Oboe. F. Sláma, Violoncello. V. Svihliková Cembalo. SUA ST 50389 Supr. 25 425 XCK eur SUA

Freiburger Barocksolisten, G. Theis. FSM 53 1 92/3 Fono

Sonate F-Dur für Baßflöte, Viola und B. c., Wq 163. H.-M. Linde, Flöte. E. Seiler, Viola. K. Storck, Violoncello. R. Zartner, Cembalo. 198 351 DGap

G. v. Bahr, Flöte. Z. Tchardarov, Viola. E. Nordenfelt, Cembalo. Bis 6 Bis

Sonate d-Moll für zwei Violinen und B. c., BWV 1036. Freiburger Barocksolisten, G. Theis. SCK 70 343 Chr

VI. Klavierduos und -trios

„Arioso con variazioni" A-Dur für Cembalo und Violine, Wq 79. H. Hoever, Violine. H. Goverts, Cembalo. FSM 124/26 ARM Fono

Fantasie fis-Moll für Cembalo und Violine, Wq 80 („C. P. E. Bachs Empfindungen"). H. Hoever, Violine. H. Goverts, Cembalo. FSM 124/26 ARM Fono

6 Sonaten Es-Dur, Es-Dur, Es-Dur, B-Dur, Es-Dur, B-Dur für Klavier, Klarinette und Fagott, Wq 92. H. Leuthold, Klarinette. M. Sax, Fagott. H. Barbe, Cembalo. FSM 508 JEC Fono

VII. Klavierquartette

Quartett a-Moll für Cembalo, Flöte, Viola und Violoncello, Wq 93. Freiburger Barocksolisten, G. Theis. FSM 53 1 92/3 Fono
H.-M. Linde, Flöte. E. Seiler, Viola, K. Storck, Violoncello. R. Zartner, Cembalo. 198 351 DGap
H. Kann, Cembalo. H. Riessberger, Flöte. H. Bayerle, Viola. W. Boettcher, Violoncello. AVRS 6358 stereo compatible AM

Quartett D-Dur für Cembalo, Flöte, Viola und Violoncello, Wq 94. Freiburger Barocksolisten, G. Theis. FSM 53 1 92/3 Fono

Quartett G-Dur für Cembalo, Flöte, Viola und Violoncello, Wq 95. Freiburger Barocksolisten, G. Theis. FSM 53 1 92/3 Fono
I. Lechner, Cembalo. K. Zöller, Flöte. S. Ueberschaer, Viola. W. Boettcher, Violoncello. SMC 80 804 Elec
K. Pohlers, Flöte. M. Galling, Klavier. R.-J. Buhl, Violoncello. G. Schmid, Viola. DL 463-1 Vox
Philharmonische Solisten Berlin. 1C 053-28 920 Elec

VIII. Bläsermusik und Tanzmusik

6 kleine Stücke oder Märsche D-Dur, C-Dur, F-Dur, G-Dur, Es-Dur, D-Dur für zwei Hörner, zwei Oboen, zwei Klarinetten und Fagott, Wq 185. Niederländisches Bläserensemble. 6599 172 Phil

2 Märsche F-Dur, D-Dur für zwei Hörner, zwei Oboen und Fagott, Wq 187. Niederländisches Bläserensemble. 6599 172 Phil

Marsch C-Dur für drei Trompeten und Pauken (aus Wq 188). L. Evans, Trompete. I. MacIntosh, Trompete. J. Wilbraham, Trompete. 6.41 727 AS Dec

Menuett (aus Wq 189). Eduard Melkus Ensemble. 2533 303 DGap

5 Polonaisen (aus Wq 190). Eduard Melkus Ensemble. 2533 303 DGap

IX. Sonatinen für Cembalo und Orchester

Sonatine d-Moll für Cembalo und Orchester, Wq 107. I. Küchler, Klavier. Capella Academica Wien. Dirigent: E. Melkus. 2533078 IMS DGap

Sonatine D-Dur für zwei Cembali und Orchester, Wq 109. I. Küchler, Klavier. R. Küchler, Klavier. Capella Academica Wien. Dirigent: E. Melkus. 2533078 IMS DGap

G. Fetz, Cembalo. R. Scheidegger, Cembalo. Kölner Kammerorchester. Dirigent: H. Müller-Brühl. VMS 2044 Schw

Sonatine B-Dur für zwei Cembali und Orchester, Wq 110. Kölner Kammerorchester, Dirigent: H. Müller-Brühl. VMS 352 Schw

X. Konzerte

1. Klavierkonzerte

Konzert d-Moll für Cembalo und Orchester, Wq 23. G. Leonhardt, Cembalo. Collegium aureum. HMS 30869 HM

W. Smigelski, Cembalo. Berliner Philharmoniker. Dirigent: H. v. Benda. STC 91100 Elec. 1C 053-28907 Elec

G. Malcolm, Cembalo. Bach Festival Orchestra. Dirigent: Y. Menuhin. SME 91476 Elec. 1C 063-00294 Elec

F. Neumeyer, Cembalo. Wiener Solisten. AVRS 6202 AM

Konzert G-Dur für Cembalo (oder Orgel) und Orchester, Wq 34. J. Bucher, Orgel. Capella Bydgostiensis. Dirigent: S. Galonski. SXL 0610 Muza

G. Fetz, Cembalo. Kölner Kammerorchester. Dirigent: H. Müller-Brühl. VMS 2044 Schw

Konzert B-Dur für Cembalo (oder Orgel) und Orchester, Wq 35. J. Bucher, Orgel. Capella Bydgostiensis. Dirigent: S. Galonski. SXL 0610 Muza

J. Parker-Smith, Orgel. Prager Kammerorchester. Dirigent: S. Bedford. 1C 151-03420/21 Elec

M. C. Alain, Orgel. Jean-Marie Leclair Instrumental Ensemble. Dirigent: J. F. Paillard. Westminster W 9048 (Großbritannien)

Konzert F-Dur für zwei Cembali und Orchester, Wq 46. J. Küchler, Klavier. R. Küchler, Klavier. Capella Academica Wien. Dirigent: E. Melkus. 2533078 DGap

G. Leonhardt, Cembalo. A. Curtis, Cembalo. Collegium aureum. 1C 065-99785 Elec. 1C 265-99785 Elec. SM HMS 30817 HM. DC 293671 HM. RCA Victrola VIC 1343 (Großbritannien)

T. Schippers, Klavier. B. Blegen, Klavier. New Yorker Philharmoniker. Dirigent: T. Schippers. Columbia MS 7428 (USA)

Konzert Es-Dur für Cembalo. Hammerklavier und Orchester, Wq 47. L. Stadelmann, Cembalo. F. Neumeyer, Klavier. Konzertgruppe der Schola Cantorum Basiliensis. Dirigent: A. Wenzinger. 198 175 DGap. 199 010 DGap

A. Uittenbosch, Cembalo. J. Antonietti, Klavier. Concentus musicus Wien. Leonhardt Consort. Dirigent: G. Leonhardt. 6.41 210 AW Tel. 6.41 174 AN Tel

E. Gröschel, Cembalo. R. Zartner, Klavier. Nürnberger Symphoniker. Dirigent: E. Kloss. 120 878 Inter. 420 878 Inter

2. Konzerte für Oboe

Konzert B-Dur für Oboe und Orchester, Wq 164. H. Holliger, Oboe. English Chamber Orchestra. Dirigent: R. Leppard. 6500 830 Phil

Konzert Es-Dur für Oboe und Orchester, Wq 165. H. Hucke, (Barock-)Oboe. Collegium aureum. HM 30 869 HM. 1 C 065-99 828 Elec. RCA Victrola VICS 1463 (Großbritannien)

H. Holliger, Oboe. English Chamber Orchestra. Dirigent: R. Leppard. 6500 830 Phil

3. Konzerte für Flöte

Konzert d-Moll für Flöte und Orchester, Wq 22. A. Nicolet, Flöte. Stuttgarter Kammerorchester. Dirigent: K. Münchinger. 6.41 469 AW Dec

J.-P. Rampal, Flöte. Ein Kammerorchester. Dirigent: P. Boulez. Vox PL 14,170. HMSO 530545 HM

H.-M. Linde, Flöte. Festival Strings Lucerne. Dirigent: R. Baumgartner. 198 435 DGap

Konzert a-Moll für Flöte und Orchester, Wq 166. A. Nicolet, Flöte. Niederländisches Kammerorchester. Dirigent: D. Zinman. 6747 444 Phil

Konzert B-Dur für Flöte und Orchester, Wq 167. J.-P. Rampal, Flöte. Kammerorchester des Saarländischen Rundfunks. Dirigent: K. Ristenpart. Erato (Frankreich)

A. Nicolet, Flöte. Niederländisches Kammerorchester. Dirigent: D. Zinman. 6747 444 Phil

Konzert A-Dur für Flöte und Orchester, Wq 168. A. Nicolet, Flöte. Niederländisches Kammerorchester. Dirigent: D. Zinman. 6747 444 Phil

Konzert G-Dur für Flöte und Orchester, Wq 169. H.-M. Linde, Flöte. Festival Strings Lucerne. Dirigent: R. Baumgartner. 198 435 DGap

A. Nicolet, Flöte. Niederländisches Kammerorchester. Dirigent: D. Zinman. 6747 444 Phil

4. Konzerte für Violoncello

Konzert a-Moll für Violoncello und Orchester, Wq 170. K. Storck, Violoncello. Berliner Kammermusikkreis. Dirigent: M. Lange. 198351 DGap

Konzert B-Dur für Violoncello und Orchester, Wq 171. K. Wiłkomirski, Violoncello. Kammerorchester der Warschauer Philharmonie. Dirigent: K. Tentsch. SXL 0459 Muza

A. May, Violoncello. Collegium aureum. SM HMS 30817 HM

Konzert A-Dur für Violoncello und Orchester, Wq 172. A. Bylsma, Violoncello. Deutsche Bachsolisten. Dirigent: H. Winschermann. RCA RL 30330 AW

R. Bex, Violoncello. Ein Kammerorchester. Dirigent: P. Boulez. Vox PL 14,170. HMSO 530545 HM

R. Fournier, Violoncello. Festival Strings Lucerne. Dirigent: R. Baumgartner. 138816 DGap

XI. Sinfonien

Sinfonie C-Dur, Wq 174. Academy of Ancient Music (mit Originalinstrumenten), Dirigent und Cembalo : C. Hogwood. 6.35468 EK Dec

Sinfonie D-Dur, Wq 176. Academy of Ancient Music (mit Originalinstrumenten), Dirigent und Cembalo: C. Hogwood. 6.35468 EK Dec

Sinfonie e-Moll, Wq 177. English Chamber Orchestra. Dirigent: R. Leppard. 6709004 Phil

Sinfonie G-Dur, Wq 182,1. Academy of Ancient Music (mit Originalinstrumenten), Dirigent und Cembalo: C. Hogwood. 6.35468 EK Dec

Sinfonie B-Dur, Wq 182,2. Ars Rediviva Ensemble Prag. Dirigent: M. Munclinger. 25418 XDK eur. 1100486 Supr

Collegium aureum. Dirigent: F. Maier. 1C 065-99691 Elec

Collegium aureum. Dirigent: R. Leonhardt. DC 293191 HM

Instrumental-Ensemble Jean-Marie Leclair. Dirigent: J.-F. Paillard. CGLP 75736 Chr

Academy of Ancient Music (mit Originalinstrumenten), Dirigent und Cembalo: C. Hogwood. 6.35468 EK Dec

Sinfonie C-Dur, Wq 182,3. Collegium aureum. Dirigent: F. Maier. 1 C 065-99691 Elec

Collegium aureum. Dirigent: G. Leonhardt. DC 293191 HM

English Chamber Orchestra. Dirigent: R. Leppard. 6709004 Phil

Academy of Ancient Music (mit Originalinstrumenten), Dirigent und Cembalo: C. Hogwood. 6.35468 EK Dec

Collegium aureum. Dirigent: F. Maier. 1 C 065-99 691 Elec
Collegium aureum. Dirigent: G. Leonhardt. DC 293 191 HM

Sinfonie A-Dur, Wq 182,4. Academy of Ancient Music (mit Originalinstrumenten), Dirigent und Cembalo: C. Hogwood. 6.35 468 EK Dec
Collegium aureum. Dirigent: F. Maier. 1 C 065-99 691 Elec
Collegium aureum. Dirigent: G. Leonhardt. DC 293 191 HM
Mainzer Kammerorchester. Dirigent: H. Elsner, PL 14 700 Vox

Sinfonie h-Moll, Wq 182,5. Academy of Ancient Musik (mit Originalinstrumenten), Dirigent und Cembalo: C. Hogwood. 6.35 468 EK Dec

Sinfonie E-Dur, Wq 182,6. Academy of Ancient Music (mit Originalinstrumenten), Dirigent und Cembalo: C. Hogwood. 6.35 468 EK Dec

4 „Orchester-Sinfonien mit zwölf obligaten Stimmen“ D-Dur, Es-Dur, F-Dur, G-Dur, Wq 183 (Gesamtaufnahmen).
Ars Rediviva Ensemble Prag. Dirigent: M. Munclinger. 25 418 XDK eur. 1 10 0576 Supr
Kölner Kammerorchester. Dirigent: H. Müller-Brühl. VMS 2040 Schw
Kammerorchester Berlin. Dirigent: H. Koch. 8 25 923 Et
English Chamber Orchestra. Dirigent: R. Leppard. 6709 004 Phil

Sinfonie D-Dur, Wq 183,1. Ars Viva Orchester. Dirigent: H. Scherchen. AVRS 6256 AM
Amsterdamer Kammerorchester. Dirigent: A. Rieu. SL 1211 BM
Münchener Bachorchester. Dirigent: K. Richter. SAWT 9420-B Tel

Sinfonie Es-Dur, Wq 183,2. Amsterdamer Kammerorchester. Dirigent: A. Rieu. SAWT 9440-B Tel

Sinfonie F-Dur, Wq 183,3. Amsterdamer Kammerorchester. Dirigent: A. Rieu. SAWT 9447-B Tel

Sinfonie G-Dur, Wq 183,4. Amsterdamer Kammerorchester. Dirigent: A. Rieu. SL 1211 BM

B. VOKALWERKE

I. Oratorien, Kantaten und Chöre

Magnificat, Wq 215. D. Siebert, Sopran. H. Rössel-Majdan, Alt. W. Kmentt, Tenor. H. Braun, Baß. Akademiechor und Orchester der Wiener Staatsoper in der Volksoper. Dirigent: F. Prohaska. AVRS 6007 AM. Bach Guild BG-552
E. Ameling, Sopran. M. Lehane, Alt. T. Altmeyer, Tenor.

R. Hermann, Baß. Tölzer Knabenchor. Collegium aureum. Dirigent: K. Thomas. 1C 065-99 624 Elec

A. Stolte, Sopran. H. Töppner, Alt. E. Haeflinger, Tenor. B. McDaniel, Bariton. Städtischer Chor Hamburg. Symphonieorchester des NDR. Dirigent: A. Detel. 198 367 DGap

J. Vyryan, Sopran. H. Watts, Alt. W. Brown, Tenor. T. Hemsley, Baß. Geriant Jones Singers und Orchester. Dirigent: G. Jones. SME 91 477 Elec

F. Palmer, Sopran. H. Watts, Alt. R. Tear, Tenor. S. Roberts, Baß. King's College Choir Cambridge. Academy of St. Martin-in-the-Fields. Dirigent: P. Ledger. 6.35 257 DX Dec

A. Augér, Sopran. H. Watts, Alt. K. Equiluz, Tenor. W. Schöne, Baß. Gächinger Kantorei. Bach-Collegium Stuttgart. Dirigent: H. Rilling. Laudate LAD 91511

Die Israeliten in der Wüste, Wq 238. S. Geszty, Sopran. C. Gayer, Sopran. H. Prey, Bariton. Berliner Singakademie. Radio-Symphonie-Orchester Berlin. Dirigent: M. Lange. 2708 021 DGap

Carl Wilhelm Rammlers Auferstehung und Himmelfahrt Jesu, Wq 240. C. Lehmann, Sopran. K. Markus, Tenor. B. Abel, Baßbariton. Chor und Kammerorchester des Collegium musicum Tübingen. Dirigent: W. Fischer. FSM 53 1 01/2 Fono

II. Lieder

Lied „Der Frühling". H. Prey, Bariton. 6747 058 Phil

Passionslied. H. Prey, Bariton. 6747 058 Phil

LITERATURVERZEICHNIS
(Auswahl)

Bach, C. Ph. E., Versuch über die wahre Art das Clavier zu spielen, 2 Teile, Berlin 1753 und 1762, Faksimilenachdruck, hrsg. von L. Hoffmann-Erbrecht, Leipzig/Wiesbaden 1957

—, Selbstbiographie, in: Carl Burney's der Musik Doctors Tagebuch seiner Musikalischen Reisen, Bd. 3, Hamburg 1773 (Neudruck: Kassel/Basel usw. 1959)

—, Briefe, in: L. Nohl, Musiker-Briefe, Leipzig 1867; La Mara, Musikerbriefe aus fünf Jahrhunderten, Bd. 1, Leipzig 1886; E. Bükken, Musikerbriefe, Leipzig 1940; ferner in den Darstellungen von C. H. Bitter (1868), F. Chrysander (1869), H. v. Hase (1911), E. R. Jacobi (1974), H. Miesner (1929 und 1932), E. F. Schmid (1931), O. G. Sonneck (1906/07), Ch. Petzsch (1965), M. Terry (1969) (genaue bibliographische Angaben vgl. unten)

Barford, P., The Keyboard Music of C. P. E. Bach, London 1965

Baumgart, E. F., Ueber harmonische Ausfüllung älterer Claviermusik, hauptsächlich bei Ph. Em. Bach, in: Allgemeine musikalische Zeitung V (1870), S. 185—189, 193—195, 201 f., 209 f.

Berg, D. M., The Keyboard Sonatas of C. P. E. Bach. An Expression of the Mannerist Principle, Diss., State Univ. of New York at Buffalo 1975

Beurmann, E., Die Klaviersonaten Carl Philipp Emanuel Bachs, Diss., Göttingen 1953

—, Die Reprisensonaten Carl Philipp Emanuel Bachs, in: Archiv für Musikwissenschaft XIII (1956), S. 168—179

Bitter, C. H., Carl Philipp Emanuel und Wilhelm Friedemann Bach und deren Brüder, 2 Bände, Berlin 1868 (Neudruck: Leipzig 1973)

Brewer, R. H., The Two Oratorios of C. P. E. Bach in Relation to Performance, Diss., Univ. of Southern California 1965

Busch, G., C. Ph. E. Bach und seine Lieder, Regensburg 1957 (Kölner Beiträge zur Musikforschung; 12)

Byrt, J. C., Form and Style in the Works of J. S. and C. P. E. Bach, Diss., Oxford Univ. 1970

Canave, P. C. G., A Revaluation of the Role Played by Carl Philipp Emanuel Bach in the Development of the Clavier Sonata, Washington (D. C.) 1956

Chamblee, J. M., The Cantatas and Oratorios of Carl Philipp Emanuel Bach, Diss., Univ. of North Carolina at Chapel Hill 1973

Cherbuliez, A. E., Carl Philipp Emanuel Bach. 1714—1788, Zürich/ Leipzig 1940
Chrysander, F., Eine Klavier-Phantasie von Karl Philipp Emanuel Bach mit nachträglich von Gerstenberg eingefügten Gesangsmelodien zu zwei verschiedenen Texten, in: Vierteljahrsschrift für Musikwissenschaft VII (1891), S. 1—25
—, Briefe von Karl Philipp Emanuel Bach an G. M. Telemann, in: Allgemeine musikalische Zeitung IV (1869), S. 177—181, 185—187
Cohen, P., Theorie und Praxis der Clavierästhetik Carl Philipp Emanuel Bachs, Diss., Hamburg 1973 (Hamburger Beiträge zur Musikwissenschaft; 13)
Cramer, H., Die Violoncell-Kompositionen Philipp Emanuel Bachs, in: Allgemeine Musikzeitung LVII (1930), S. 316—319
—, Einiges zu Ph. E. Bachs Kammermusik, in: Allgemeine Musikzeitung LVII (1930), S. 519f.
Crickmore, L., C. P. E. Bach's Harpsichord Concertos, in: Musik & Letters XXXIX (1958), S. 227—241
Daymond, E. R., Carl Philipp Emanuel Bach, in: Proceedings of the Musical Association, Vol. XXXIII, London 1907, S. 45—52
Fischer, K. v., C. Ph. E. Bachs Variationenwerke, in: Revue Belge de Musicologie VI (1952), S. 190—195
Fischman, N., Estetika F. E. Bacha, in: Sowjetskaja musyka XXVIII (1964), Heft 8, S. 59—65
Flueler, M., Die Norddeutsche Sinfonie zur Zeit Friedrichs d. Gr. und besonders die Werke Ph. Em. Bachs, Diss., Berlin 1908
Friedländer, M., Ein ungedrucktes Lied Philipp Emanuel Bachs, in: Peters-Jahrbuch VI (1899), S. 65—67
Geiringer, K., Die Musikerfamilie Bach, München 1958
Haacke, W., Die Söhne Bachs, Königstein im Taunus (o. J.)
Haag, C. R., The Keyboard Concertos of Karl Philipp Emanuel Bach, Diss., Univ. of California at Los Angeles 1956
Hase, H. v., Carl Philipp Emanuel Bach und Joh. Gottl. Im. Breitkopf, in: Bach-Jahrbuch VIII (1911), S. 86—104
Helm, E., The „Hamlet"-Fantasy and the Literary Element in C. P. E. Bach's Music, in: The Musical Quarterly LVIII (1972), S. 277—296
Holschneider, A., C. Ph. E. Bachs Kantate „Auferstehung und Himmelfahrt Jesu" und Mozarts Aufführung des Jahres 1788, in: Mozart-Jahrbuch 1968/70, S. 264—280
Jacobi, E. R., Das Autograph von C. Ph. E. Bachs Doppelkonzert in Es-dur für Cembalo, Fortepiano und Orchester (Wq 47, Hamburg 1788), in: Musikforschung XII (1959), S. 488f.
—, Three Additional Lettres from C. P. E. Bach to J. J. H. Westphal, in: Journal of the American Musicological Society XXVII (1974), S. 119—125

Jacobs, R. M., The Chamber Ensembles of C. P. E. Bach Using Two or More Wind Instruments, Diss., State Univ. of Iowa 1963
Jalowetz, H., Beethoven's Jugendwerke in ihren melodischen Beziehungen zu Mozart, Haydn und Ph. E. Bach, in: Sammelbände der Internationalen Musikgesellschaft XII (1910/11). S. 417—474
Jurisch, H., Prinzipien der Dynamik im Klavierwerk Philipp Emanuel Bachs, Diss., Tübingen 1959
Kahl, W., Geschichte, Kritik und Aufgaben der K. Ph. E. Bach-Forschung, in: Beethoven-Zentenarfeier, Internationaler Musikhistorischer Kongreß, Wien 1927, S. 211—216
Kellar, A., The Hamburg Bach: Carl Philipp Emanuel Bach as Choral Composer, Diss., State Univ. of Iowa 1970
Lorince, F. E., A Study of Musical Texture in Relation to Sonata-Form As Evidenced in Selected Keyboard Sonatas from C. P. E. Bach trough Beethoven, Diss., Univ. of Rochester 1966
Marks, P. F., Sturm und Drang in the Instrumental Music of C. P. E. Bach, Haydn, and Mozart, Diss., Univ. of Washington (in Vorbereitung)
Meer, J. H. v. d., Die klangfarbliche Identität der Klavierwerke Carl Philipp Emanuel Bachs, Amsterdam 1978
Mersmann, H., Ein Programmtrio Karl Philipp Emanuel Bachs, in: Bach-Jahrbuch XIV (1917), S. 137—170
Miesner, H., Philipp Emanuel Bach in Hamburg, Leipzig 1929 (Neudruck: Wiesbaden 1969)
—, Ungedruckte Briefe von Philipp Emanuel Bach, in: Zeitschrift für Musikwissenschaft XIV (1931/32), S. 224—227
—, Die Grabstätte Emanuel Bachs, in: Bach-Jahrbuch XXIX (1932), S. 164f.
—, Urkundliche Nachrichten über die Familie Bach in Berlin, in: Bach-Jahrbuch XXIX (1932), S. 157–163
—, Beziehungen zwischen den Familien Stahl und Bach, in: Bach-Jahrbuch XXX (1933), S. 71—76
—, Graf v. Keyserlingk und Minister v. Happe, zwei Gönner der Familie Bach, in: Bach-Jahrbuch XXXI (1934), S. 101—115
—, Aus der Umwelt Philipp Emanuel Bachs, in: Bach-Jahrbuch XXXIV (1937), S. 132—143
—, Porträts aus dem Kreise Philipp Emanuel und Wilhelm Friedemann Bachs, in: Musik und Bild, Festschrift Max Seiffert, Kassel 1938, S. 101—112
Mitchell, W. J., C. P. E. Bach's Essay. An Introduction, in: The Musical Quarterly XXXIII (1947), S. 460—480
Müller, J.-P., La technique de l'accompagnement dans la musique de XVIIIe siècle tirée du traité de C. P. E. Bach „Versuch über die wahre Art das Clavier zu spielen“ (Berlin 1762), in: Revue Belge de Musicologie XXIII (1969), S. 3—121

Müller, W., Das Ausdrucksproblem in der Klaviermusik C. Ph. E. Bachs, Diss., Saarbrücken 1959
—, Die Artikulation im Klavierwerk C. Ph. E. Bachs, in: Annales Universitatis Saraviensis, Vol. 9, F. 1, S. 51—63
Newlin, D., C. P. E. Bach and Arnold Schoenberg. A Comparison, in: The Commonwealth of Music, Gedenkschrift C. Sachs, New York 1965, S. 300—306
Newman, W. S., Emanuel Bachs Autobiography, in: The Musical Quarterly LI (1965), S. 363—372
Oppel, R., Über Beziehungen Beethovens zu Mozart und Ph. E. Bach, in: Zeitschrift für Musikwissenschaft V (1922/23), S. 30—39
Ottenberg, H.-G., Carl Philipp Emanuel Bach — Komponist im Umfeld Lessings. Erforschung und Pflege eines wenig bekannten Erbes in der DDR, in: Musik und Gesellschaft XXIX (1979), S. 144—148
Petzsch, Ch., Ein unbekannter Brief von Carl Philipp Emanuel Bach an Ch. G. v. Murr in Nürnberg, in: Archiv für Musikwissenschaft XXII (1965), S. 208—213
Plamenac, D., New Light on the last Years of Carl Philipp Emanuel Bach, in: The Musical Quarterly XXXV (1949), S. 565–587
Randebrock, E., Studie zur Klaviersonate Carl Philipp Emanuel Bachs, Diss., Münster 1953
Riemann, H., Die Söhne Bachs, in: Präludien und Studien, Bd. 3, Leipzig 1897, S. 173—184
Rixman, E. E., The Sacred Cantata God hath awakened the Lord („Gott hat den Herrn aufgeweckt") by Carl Philipp Emanuel Bach, in Ralation to its Performance, Diss., Univ. of Southern California 1969
Rochlitz, F., Karl Philipp Emanuel Bach, in: Für Freunde der Tonkunst, Bd. 4, Leipzig 1832, S. 271—316
Rose, J. M., The Harmonic Idiom of the Keyboard Works of C. P. E. Bach, Diss., Univ. of California Santa Barbara 1970
Salzer, F., Über die Bedeutung der Ornamente in Philipp Emanuel Bachs Klavierwerken, in: Zeitschrift für Musikwissenschaft XII (1929/30), S. 398—418
Schenker, H., Ein Beitrag zur Ornamentik. Als Einführung zu Ph. E. Bachs Klavierwerken, Wien/Leipzig 1908
Schering, A., Carl Philipp Emanuel Bach und das „redende Prinzip" in der Musik, in: Peters-Jahrbuch XLV (1939), S. 13—29
Schmid, E. F., Carl Philipp Emanuel Bach und seine Kammermusik, Kassel 1931
—, Joseph Haydn und Carl Philipp Emanuel Bach, in: Zeitschrift für Musikwissenschaft XIV (1931/32), S. 299—312
—, Artikel „Carl Philipp Emanuel Bach", in: Die Musik in Geschichte und Gegenwart, Bd. 1, Kassel/Basel 1949—1951, Sp. 924—942

Schmidt, Ch., Philipp Emanuel Bach und das Clavichord, in: Schweizerische Musikzeitung XIIC (1952), S. 441—446
Sincero, D., La Sonata di Filippo Emanuele Bach, in: Rivista Musicale Italiana V (1898), S. 677—693
Sonneck, O. G., Zwei Briefe C. Ph. Em. Bachs an Alexander Reinagle, in: Sammelbände der Internationalen Musikgesellschaft VII (1906/07), S. 112—114
Steglich, R., Karl Philipp Emanuel Bach und der Dresdner Kreuzkantor Gottfried August Homilius im Musikleben ihrer Zeit, in: Bach-Jahrbuch XII (1915), S. 39—145
Stevens, J. R., The Keyboard Concertos of Carl Philipp Emanuel Bach, Diss., Yale Univ. (Conn.) 1965
Suchalla, E., Die Orchestersinfonien Carl Philipp Emanuel Bachs nebst einem thematischen Verzeichnis seiner Orchesterwerke, Diss., Augsburg 1968
Terry, M., C. P. E. Bach and J. J. H. Westphal. A Classification, in: Journal of the American Musicological Society XXII (1969), S. 106—115
Vrieslander, O., Carl Philipp Emanuel Bach, München 1923
—, Carl Philipp Emanuel Bach als Theoretiker, in: Von neuer Musik, Köln 1925, S. 222—279
Wade, R. W., The Keyboard Concertos of Carl Philipp Emanuel Bach. Sources and Style, Diss., New York Univ. (in Vorbereitung)
Wien-Claudi, H., Zum Liedschaffen Carl Philipp Emanuel Bachs, Reichenberg 1928
Wyler, R., Form- und Stiluntersuchungen zum ersten Satz der Klaviersonaten Carl Philipp Emanuel Bachs, Biel 1960
Zeraschi, H., C. Ph. E. Bachs Komposition „für eine Drehorgel“, in: Beiträge zur Musikwissenschaft III (1961), S. 61—66

BILDQUELLEN

Bachhaus Eisenach: S. 23
Bärenreiter-Verlag Kassel/Basel usw.: S. 67, 89
Deutsche Fotothek Dresden: S. 14, 52, 200, 208, 212, 214, 219, 256, 262
Deutsche Staatsbibliothek Berlin/DDR-Musikabteilung: S. 2, 16, 25, 38, 49, 53, 55, 71, 81f., 98, 101, 122, 132, 135, 138, 150, 158, 170, 178, 185, 196f., 206, 210, 218, 221f., 239f., 242, 251, 274, 277, 286
Staatsbibliothek Preußischer Kulturbesitz, Berlin (West) Musikabteilung: S. 160, 202f., 285
Händelhaus Halle: S. 102
Konzerthalle „C. Ph. E. Bach" Frankfurt (Oder): S. 104, 287
Kunsthalle Hamburg: S. 231
Kupferstichkabinett Berlin: S. 148
Kupferstichkabinett Dresden: S. 18, 20, 145, 260
Liceo musicale di Bologna: S. 245
Museum der bildenden Künste Leipzig: S. 191
Museum für Deutsche Geschichte Berlin: S. 56, 129
Museum für Geschichte der Stadt Leipzig: S. 74
Musikinstrumenten-Museum der Karl-Marx-Universität Leipzig: S. 103
Nationale Forschungs- und Gedenkstätten der klassischen deutschen Literatur in Weimar: S. 190
Sächsische Landesbibliothek Dresden: S. 39, 227
Staatliche Museen, National-Galerie, Berlin (West): S. 51
Staatliche Schlösser und Gärten Potsdam: S. 92, 120
Staatsarchiv Potsdam: S. 42
Städtisches Museum Erfurt: S. 15
Universitätsbibliothek Jena: S. 96
Universitätsbibliothek Leipzig: S. 94, 192f.
Yale University, New Haven (USA): S. 24

PERSONENREGISTER

INHALT

IV. Carl Philipp Emanuel Bach — Aspekte der Aneignung

Anhang

Im Umkreis der Musik

Ernest Ansermet
Die Grundlagen der Musik im menschlichen Bewußtsein
847 Seiten mit 230 Notenbeispielen und 32 Diagrammen. Serie Piper 388

Ernest Ansermet/J.-Claude Piguet
Gespräche über Musik
120 Seiten. Serie Piper 74

Claudio Arrau
Leben mit der Musik
Aufgezeichnet von Joseph Horowitz. Aus dem Engl. von Rudolf Hermstein.
320 Seiten mit 56 Notenbeispielen. Serie Piper 597

Kurt Blaukopf
Musik im Wandel der Gesellschaft
Grundzüge der Musiksoziologie. 383 Seiten und 4 Farbtafeln. Geb.

Volkmar Braunbehrens
Mozart in Wien
512 Seiten mit 42 Abbildungen auf Tafeln und im Text. Serie Piper 8233

Alfred Brendel
Nachdenken über Musik
Mit einem Interview von Jeremy Siepman.
228 Seiten und 61 Notenbeispiele. Serie Piper 265

Carl Dahlhaus
Musikalischer Realismus
Zur Musikgeschichte des 19. Jahrhunderts. 166 Seiten. Serie Piper 239

Carl Dahlhaus
Richard Wagners Musikdramen
165 Seiten. Serie Piper 752

Piper 30/4 b

Im Umkreis der Musik

Glenn Gould
Vom Konzertsaal zum Tonstudio
Schriften zur Musik II.
Herausgegeben und eingeleitet von Tim Page. Aus dem Amerik. von Hans-Joachim Metzger. 321 Seiten. Leinen

Martin Gregor-Dellin
Heinrich Schütz
Sein Leben – Sein Werk – Seine Zeit.
494 Seiten mit 26 Abbildungen auf Tafeln und 4 Farbtafeln. Serie Piper 717

Martin Gregor-Dellin
Richard Wagner
Sein Leben – Sein Werk – Sein Jahrhundert. 930 Seiten. Leinen

Martin Gregor-Dellin
Richard Wagner
Eine Biographie in Bildern. 220 Seiten mit 325 farbigen und schwarzweißen Abbildungen. Leinen

Gernot Gruber
Mozart und die Nachwelt
323 Seiten. Serie Piper 592

Joachim Kaiser
Große Pianisten in unserer Zeit
292 Seiten mit 25 Notenbeispielen und 27 Fotos. Kt.

Joachim Kaiser
Mein Name ist Sarastro
Die Gestalten in Mozarts Meisteropern von Alfonso bis Zerlina.
299 Seiten mit 25 Abbildungen. Leinen

Im Umkreis der Musik

Wilhelm Kempff
Unter dem Zimbelstern
Jugenderinnerungen eines Pianisten. 282 Seiten. Serie Piper 446

Wilhelm Kempff
Was ich hörte, was ich sah
Reisebilder eines Pianisten. 179 Seiten mit 16 Farbtafeln und 10 Schwarzweißfotos auf Tafeln. Serie Piper 391

Ernst Krause
Puccini
Beschreibung eines Welterfolges. Überarb. Neuausgabe. 425 Seiten mit 39 Abbildungen und 82 Notenbeispielen. Serie Piper 534

Ernst Krause
Richard Strauss
Gestalt und Werk. Überarb. Neuausgabe. 581 Seiten mit 30 Abbildungen. Serie Piper 851

Lust an der Musik
Ein Lesebuch. Herausgegeben von Klaus Stadler. 436 Seiten. Serie Piper 350

Gustav Mahler / Richard Strauss
Briefwechsel 1888–1911
Herausgegeben und mit einem musikhistorischen Essay versehen von Herta Blaukopf. 238 Seiten mit 14 Abbildungen auf Tafeln. Serie Piper 767

Diana Menuhin
Durch Dur und Moll
Mein Leben mit Yehudi Menuhin. Aus dem Engl. von Helmut Viebrock. 334 Seiten mit zahlreichen Fotos. Leinen

Im Umkreis der Musik

Yehudi Menuhin
Ich bin fasziniert von allem Menschlichen
Gespräche mit Robin Daniels. Aus dem Engl. von Hans-Jürgen Baron von Koskull. Vorwort von Lawrence Durrell. 208 Seiten. Serie Piper 263

Yehudi Menuhin
Kunst als Hoffnung für die Menschheit
Reden und Schriften. Mit einer Laudatio von Pierre Bertaux. Ausgewählt, eingeleitet und aus dem Engl. übersetzt von Horst Leuchtmann. 229 Seiten mit 14 Abbildungen auf Tafeln. Leinen

Yehudi Menuhin
Lebensschule
Herausgegeben von Christopher Hope. Aus dem Engl. von Horst Leuchtmann. 173 Seiten mit 60 Abbildungen Geb.

Yehudi Menuhin
Unvollendete Reise
Lebenserinnerungen. Aus dem Engl. von Isabella Nadolny und Albrecht Roeseler. 462 Seiten und 63 Abbildungen auf Tafeln. Geb.

Yehudi Menuhin
Variationen
Betrachtungen zu Musik und Zeit. Aus dem Engl. von Horst Leuchtmann. 256 Seiten. Serie Piper 369

Prokofjew über Prokofjew
Aus der Jugend eines Komponisten. Herausgegeben von David H. Appel. Aus dem Amerik. von Hans-Horst Henschen. 430 Seiten mit Notenfaksimiles und 85 Abbildungen auf Tafeln. Geb.

Reinhard Raffalt
Musica Eterna
Aus fünf Jahrhunderten abendländischer Musik. Mit einem Nachwort von Eugen Jochum. II, 254 Seiten mit 37 Abbildungen und Notenbeispielen. Geb.

Im Umkreis der Musik

Willi Reich
Alban Berg
Leben und Werk. 217 Seiten mit 76 Abbildungen und Notenbeispielen.
Serie Piper 288

Rolf U. Ringger
Von Debussy bis Henze
Zur Musik unseres Jahrhunderts. 187 Seiten. Serie Piper 502

Albrecht Roeseler
Große Geiger unseres Jahrhunderts
397 Seiten mit 70 Abbildungen. Leinen

Romain Rolland
Georg Friedrich Händel
Mit einem Vorwort von Carl Dahlhaus. 195 Seiten mit Notenbeispielen. Serie Piper 359

Max Rostal
Ludwig van Beethoven:
Die Sonaten für Klavier und Violine
Gedanken zu ihrer Interpretation. Mit einem Nachtrag aus pianistischer Sicht
von Günter Ludwig. 195 Seiten mit 13 Abbildungen auf Tafeln,
5 Faksimiles und Notenbeispielen. Geb.

Mstislaw und Galina Rostropowitsch
Die Musik und unser Leben
Aufgezeichnet von Claude Samuel. Aus dem Franz. von Annette Lallemand.
223 Seiten. Serie Piper 781

Sigfried Schibli
Franz Liszt
Rollen, Kostüme, Verwandlungen. 170 Seiten mit 13 Abbildungen und
7 Notenbeispielen. Serie Piper 5238

Piper 30/5 g